수험생 여러분의
합격을
기원합니다.

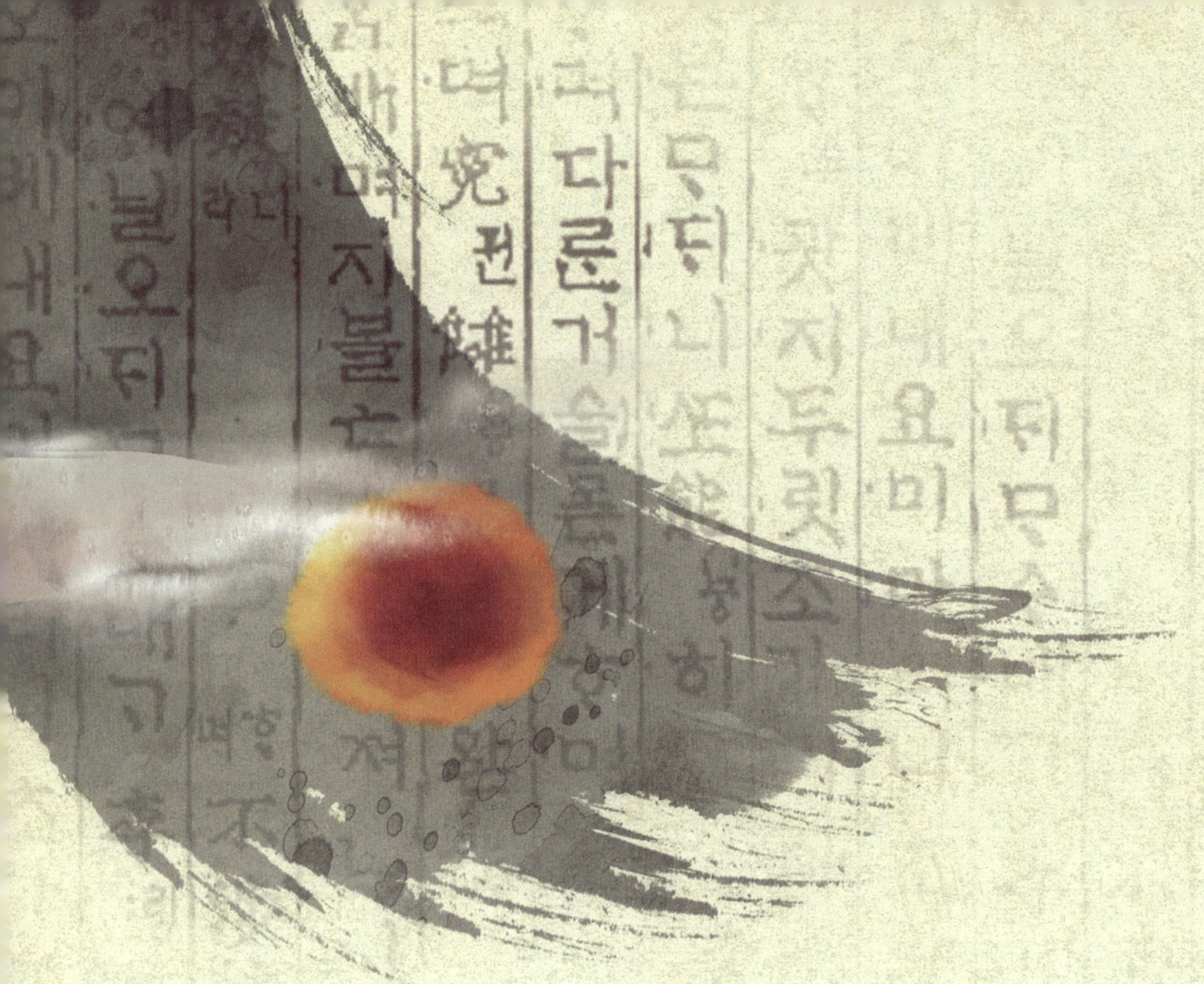

중급

한국사
능력검정시험
실전모의고사

머리말

안녕하세요.

이번에 한국사능력검정시험 중급 시험을 대비하여 문제집을 만든 유쾌발랄 은쌤입니다.
이렇게 여러분을 만나 뵙게 돼서 너무 기분이 좋네요.
여러분의 가뿐한 합격을 위해 한 문제 한 문제 온 정성을 쏟아서 만들었습니다.
지금까지 출제된 문제들을 단 한문제도 빠짐없이 분석을 다하여 출제율이 높은 문제들 위주로 선별을 하여 제작을 하였습니다.
특히 이 문제집을 다 푸신 후 기출문제를 푸시게 된다면 어떠한 문제도 손쉽게 풀 수 있는 자신의 모습을 볼 수 있을 겁니다. ^·^

끝으로 본 문제집을 통해 시험을 준비하시는 모든 수험생에게 합격의 영광이 있기를 간절히 바라며, 이 책이 출간

특징 및 구성

적중도 높은 실력평가모의고사

분류사별 구성은 정치 및 제도사 40%, 사회 및 경제사 30%, 문화사 30% 정도로 배치하였습니다. 이러한 원칙 아래에서 문제들을 먼저 시대별로 구성하고, 시대 중에서도 정치·사회·경제·문화·시사 등으로 배치하였습니다.

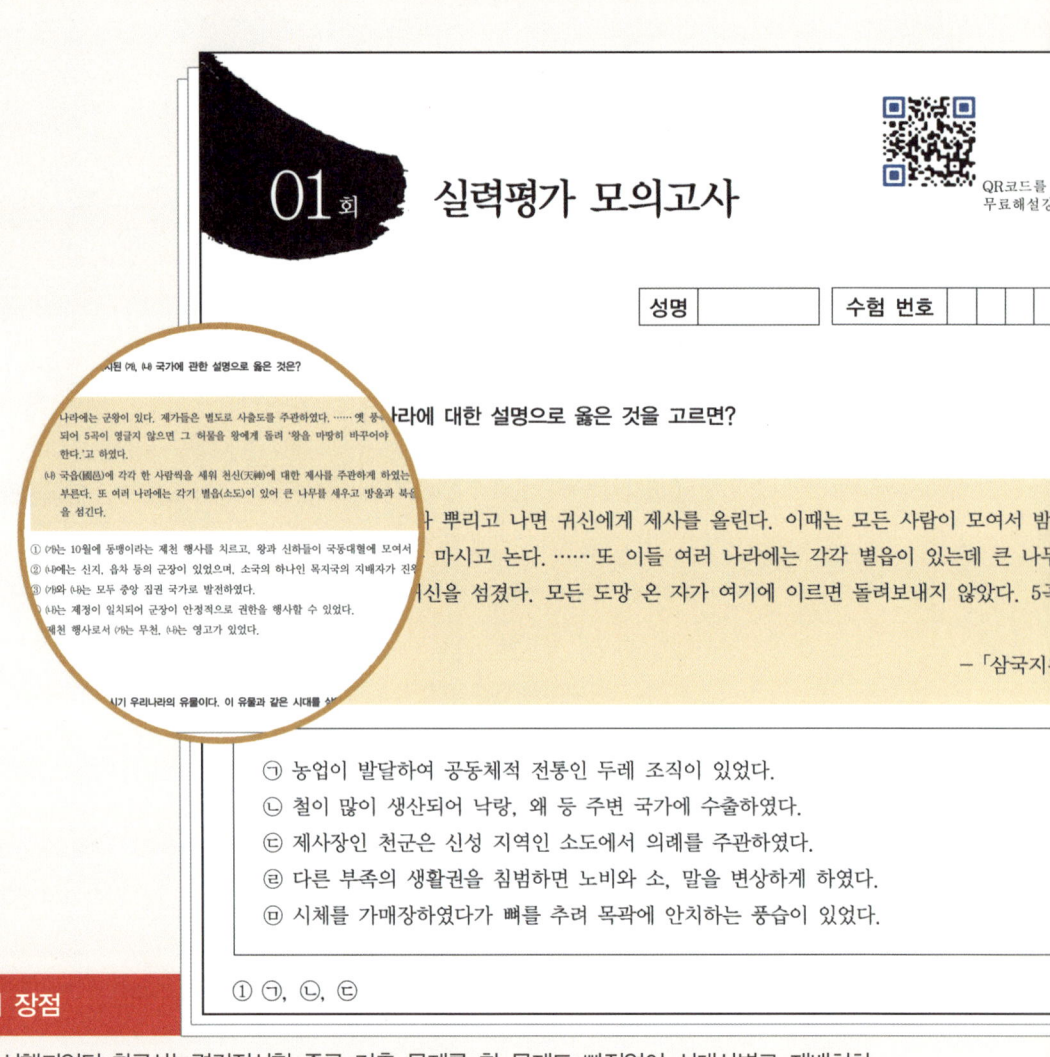

본서의 장점

❶ 전 회차에 걸쳐 시행되었던 한국사능력검정시험 중급 기출 문제를 한 문제도 빠짐없이 시대사별로 재배치하고, 실제 시험 양식으로 구성하여 수험 효율성과 준비를 철저히 할 수 있도록 하였습니다.

❷ 중급 기출 문제뿐만 아니라 고급 기출문제, 7·9급 공무원 기출문제, 그리고 수능 기출문제까지도 분석하여 중요한 문제 및 개념은 문제집에서 여러 번 다루어 쉽게 이해를 알 수 있도록 하여, 실제 시험에서 절대 실수하지 않도록 만들었습니다.

❸ 출제 유형 분석 및 선지별 빠짐없는 해설, 해설 외의 설명을 통해 누구의 도움이 없더라도 문제집만으로 혼자 공부가 가능할 수 있도록 구성하였습니다.

❹ 어렵게 출제되었던 1회~13회까지의 난도에 맞추어 구성하였기 때문에, 향후 어떠한 난이도의 문제가 출제가 되더라도 쉽게 풀 수 있는 능력을 갖출 수 있게 하였습니다.

❺ 현직 EBS 프리미엄 강사가 직접 제작한 문제와 직접 촬영한 동영상 강의를 한꺼번에 누릴 수 있습니다.

친절한 정답 및 해설

해설 부분은 답지의 해설만으로 모든 문제를 풀 수 있도록 꼼꼼하게 만들었습니다. 여기에 각각의 문제마다 해설 외에 더 알아야 하는 부분을 주제별로 선정하여 덧붙여놨습니다.

01회 정답 및 해설

정답	배점	정답	배점	정답	배점	정답	배점	정답	배점	정답	배점	정답	배점
1 ①	2	2 ②	2	3 ④	2	4 ①	1	5 ④	2	6 ②	2	7 ③	
11 ④	2	12 ①	1	13 ⑤	3	14 ①	2	15 ③	2	16 ④	2		
21 ④	2	22 ③	1	23 ①	2	24 ②	3	25 ④	2	26 ①	3		
31 ⑤	3	32 ①	1	33 ⑤	2	34 ⑤	2	35 ②	1	36 ②	2		
41 ③	2	42 ③	1	43 ②	2	44 ④	3	45 ⑤	2	46 ①	2		

답지번호별 빈도표

번호 내용	①	②	③	④	⑤	계	내용	배
문항 수	12	11	10	9	8	50	문항 수	
							점수	

1. 사료 내용의 국가는 삼한이다. 다른 부족의 생활권을 침범하면 노비와 소, 말을 변상하게 하였던 풍습은 책화로 동예이다. 시체를 가매장하였다가 뼈를 추려 목곽에 안치하는 풍습은 세골장(가족 공동묘)으로 옥저이다.

2. (가)는 부여에 관한, (나)는 삼한에 관한 삼국지 위지 동이전의 사료이다.
① 고구려, ② 삼한, ③ (가)와 (나)는 모두 중앙 집권 국가로 발전하지 못하였다. ④ 삼한의 소도 존재는 제정

③ 경북 경주시 황남동 고분도이다. 천마도는 말 양 흙이나 먼지를 막는 외에

④ 가야의 금관으로 현재까지 옥전고분군 등 대가야지역 다. 가야의 금관과 금동관 형태가 정형화되지 않고 세움 장식, 간결한 구성이 있다.

기출문제분석

구분	구성
구석기~철기시대	1문제
고조선과 여러 나라의 성장	1문제
고대사회	6문제
발해	1문제
고려시대	8문제
조선시대	12문제
일제 강점기	12문제
현대사	5문제
통사	4문제

한국사능력검정시험 안내

▶▶▶ 목적
- 학생 및 일반인을 대상으로 '한국사능력검정시험'을 시행함으로써 우리 역사에 대한 관심을 확산·심화시키는 계기를 마련함
- 전 국민이 한국사에 대해 폭넓고 올바른 지식을 공유함으로써 균형 잡힌 역사의식을 갖도록 함
- 한국사 전반에 걸쳐 역사적 사고력을 평가하는 다양한 유형의 평가 문항을 개발함으로써 역사 교육의 올바른 방향을 제시함
- 역사학습을 통해 고차원적 사고력과 문제해결능력을 육성함으로써 학생 및 일반인들의 학습 능력 향상에 도움을 주도록 함

▶▶▶ 기본 방침
- 응시대상은 한국사에 관심 있는 대한민국 국민(외국인도 가능) 모두 해당함
- 시험은 고·중·초급 3종류로 구분하되, 시험 종류별로 성적에 따라 평가 등급을 2개로 나누어 인증
- 합격 기준은 급수별 만점의 60% 이상으로 하되, 70% 이상인 경우 1급(고급)·3급(중급)·5급(초급) 인증
- 공정한 운영을 위해 '한국사능력검정시험자문위원회'의 자문을 받음

▶▶▶ 응시 대상
- 한국사에 관심 있는 대한민국 국민(외국인도 가능)
  - 한국사 학습자
  - 상급 학교 진학 희망자
  - 기업체 취업 및 해외 유학 희망자 등

▶▶▶ 시험종류 및 평가 등급

시험 구분	인증등급	합격점수	문항수(객관식)
고급	1급	70점 이상	50문항 (5지 택1)
고급	2급	60~69점	50문항 (5지 택1)
중급	3급	70점 이상	50문항 (5지 택1)
중급	4급	60~69점	50문항 (5지 택1)
초급	5급	70점 이상	40문항 (4지 택1)
초급	6급	60~69점	40문항 (4지 택1)

※ 배점 : 100점 만점(문항별 1~3점 차등 배점)

▶▶▶ 등급별 평가 내용

시험 구분	평가 기준
고급	한국사 심화과정으로 차원 높은 역사 지식, 통합적 이해력 및 분석력을 바탕으로 시대의 구조를 파악하고, 현재의 문제를 창의적으로 해결할 수 있는 능력 평가
중급	한국사 기초·심화과정으로 한국사에 대한 기본적인 이해를 바탕으로 한국사의 흐름을 대략적으로 이해할 수 있는 능력과, 전반적인 이해를 바탕으로 한국사의 개념과 전개 과정을 체계적으로 파악할 수 있는 능력 평가
초급	한국사 입문과정으로 한국사에 대한 흥미와 관심을 가지고 있으면 누구나 이해할 수 있는 기초적인 역사 상식을 평가

〉〉〉〉 시험시간

등급	시간	내용	소요시간
고급 (1급, 2급)	10:00~10:10	오리엔테이션(시험 시 주의사항)	10분
	10:10~10:15	신분증 확인(감독교사)	5분
	10:15~10:20	문제지 배부 및 파본 검사	5분
	10:20~11:40	시험 실시 (50문항)	80분
중급 (3급, 4급)	10:00~10:10	오리엔테이션(시험 시 주의사항)	10분
	10:10~10:15	신분증 확인(감독교사)	5분
	10:15~10:20	문제지 배부 및 파본 검사	5분
	10:20~11:40	시험 실시 (50문항)	80분
초급 (5급, 6급)	10:00~10:10	오리엔테이션(시험 시 주의사항)	10분
	10:10~10:15	신분증 확인(감독교사)	5분
	10:15~10:20	문제지 배부 및 파본 검사	5분
	10:20~11:20	시험 실시 (40문항)	60분

〉〉〉〉 활용 및 특전

○ 2012년부터 한국사능력검정시험 2급 이상 합격자에 한해 행정안전부에서 시행하는 행정외무고등고시에 응시자격 부여
○ 2013년부터 한국사능력검정시험 3급 이상 합격자에 한해 교원임용시험 응시자격 부여
○ 국비 유학생, 해외파견 공무원, 이공계 전문연구요원(병역) 선발 시 국사시험을 한국사능력검정시험(3급 이상 합격)으로 대체
○ 일부 공기업 및 민간기업의 사원 채용이나 승진시 반영
○ 2014년부터 한국사능력검정시험 2급 이상 합격자에 인사혁신처에서 시행하는 지역인재 7급 견습직원 선발시험에 추천 자격
  연건 부여
○ 대학의 수시모집 · 및 공군 · 육군 · 해군 · 국군간호사관학교 입시 가산점 부여

〉〉〉〉 응시 수수료

시험 구분	고급	중급	초급
응시료	18,000원	16,000원	11,000원

〉〉〉〉 원서접수 방법 및 시험 장소

○ 접수 방법 : 한국사능력검정시험 홈페이지(http://www.historyexam.go.kr)
○ 시험 장소 : 서울, 부산, 대구, 인천, 광주, 대전, 울산, 경기, 강원, 충남, 충북, 경남, 경북, 전남, 전북, 제주
○ 성적통지 방법 : 응시자가 '한국사능력검정시험 홈페이지'에서 확인
  (성적 조회 및 성적 통지서, 인증서 출력 가능)

※ 성적통지서 및 인증서(카드포함) 등은 기관에서 별도로 발급하지 않음

한국사능력검정시험 특징

한국사능력검정시험은 역사에 대한 전 국민적 공감대를 형성하고, 한 나라의 국민으로서 알아야 하는 기본적인 역사적 소양을 측정하기 위한 시험으로,

① 한국사 학습능력을 측정할 수 있는 대표적인 시험이다.
② 입시생, 각종 채용시험뿐만 아니라 다양한 연령층과 직업군의 사람들이 응시한다.
③ 국가기관인 국사편찬위원회가 주관하여 수준 높고 참신한 문항과 공신력 있는 관리를 통해 안정적인 시험운영을 하고 있다.
④ 단순 암기위주의 문항에서 탈피하여, 다양한 영역에서의 여러 접근방법을 통해 풀 수 있는 참신하고, 탐구력을 증진할 수 있는 문항 개발을 위해 노력하고 있다.
⑤ 합격의 당락을 결정하는 선발 시험이 아닌, 한국사의 학습능력을 인증하는 시험이다.

한국사능력검정시험 관리 및 시행기관

국사편찬위원회는 우리 역사에 대한 관심을 제고하고, 한국사 전반에 걸쳐 역사적 사고력을 평가하는 다양한 유형의 문항을 개발하여 한국사 교육의 올바른 방향을 제시하고, 자발적 역사학습을 통해 고차원적 사고력과 문제해결 능력을 배양하고자 한다.

한국사능력검정시험 FAQ

① 문제출제 유형은 어떻게 되나요?

모든 급수의 시험은 서술형 문제없이 선택형(객관식) 문항만으로 시행됩니다. 각 급수별 문제의 유형 및 난이도는 자료실에 공개된 기출문제를 참조하시기 바랍니다.

② 각 급수 별 시험을 준비할 수 있는 문제지나 수험서가 있나요?

국사편찬위원회에서는 한국사능력검정시험과 관련하여 수험서나 문제지를 간행하고 있지 않습니다. 타 출판사에서 출판되는 수험서나 문제지를 참고하시거나 초, 중, 고등학교 국사 교과서 및 역사전공 관련 서적을 중심으로 공부하시기 바랍니다. 각 급수 별 시험출제 난이도는 다음과 같습니다.

- 고급(1급~2급) : 한국사 심화 과정(대학교 전공 및 교양학습 수준)
- 중급(3급~4급) : 한국사 기초, 심화과정(중·고등학교 학습 수준 및 대학교 기초교양)
- 초급(5급~6급) : 한국사 입문과정(초등학교 심화 및 중학교 기초 학습 수준)

③ 국가공인 자격증인가요?

국가공인자격증은 아닙니다. 한국사능력검정시험에 합격한 분에게는 국사편찬위원회 한국사능력검정시험 인증서가 발급됩니다.

④ 시험은 1년에 몇 번 치러집니까?

2012년부터 시험이 4회 치러집니다.

⑤ 각 급수 별 출제범위가 어떻게 됩니까?

1급부터 6급까지 급수에 상관없이 출제 범위는 상고사부터 근·현대사까지입니다.

차례

실력평가모의고사
01회 한국사능력검정시험 중급 실력평가모의고사 ……………………………… 14
02회 한국사능력검정시험 중급 실력평가모의고사 ……………………………… 44
03회 한국사능력검정시험 중급 실력평가모의고사 ……………………………… 72
04회 한국사능력검정시험 중급 실력평가모의고사 ……………………………… 99
05회 한국사능력검정시험 중급 실력평가모의고사 ……………………………… 127
06회 한국사능력검정시험 중급 실력평가모의고사 ……………………………… 154
07회 한국사능력검정시험 중급 실력평가모의고사 ……………………………… 180

정답 및 해설
01회 한국사능력검정시험 중급 정답 및 해설 …………………………………… 213
02회 한국사능력검정시험 중급 정답 및 해설 …………………………………… 224
03회 한국사능력검정시험 중급 정답 및 해설 …………………………………… 235
04회 한국사능력검정시험 중급 정답 및 해설 …………………………………… 247
05회 한국사능력검정시험 중급 정답 및 해설 …………………………………… 260
06회 한국사능력검정시험 중급 정답 및 해설 …………………………………… 273
07회 한국사능력검정시험 중급 정답 및 해설 …………………………………… 286

출제경향

한국사능력검정시험의 문항은 역사교육의 목표 준거에 따라 다음의 여섯 가지 유형으로 구분됩니다.

▶ **역사 지식의 이해**
역사 탐구에 필요한 기본적인 지식, 즉 역사적 사실·개념·원리 등의 이해 정도를 묻는 영역입니다.

▶ **연대기의 파악**
역사의 연속성과 변화 및 발전을 이해하고 있는지를 묻는 영역입니다. 역사 사건이나 상황을 시대 순으로 정확하게 이해하고 인과 관계를 파악할 수 있는가를 묻습니다.

▶ **역사 상황 및 쟁점의 인식**
제시된 자료에서 해결해야 할 구체적 역사 상황과 핵심적인 논쟁점, 주장 등을 찾을 수 있는지를 묻는 영역입니다. 문헌자료, 도표, 사진 등의 형태로 주어진 자료에서 해결해야 할 과제를 포착하거나 변별해내는 능력이 있는지를 측정합니다.

▶ **역사 자료의 분석 및 해석**
자료에 나타난 정보를 해석하여 그 의미를 파악할 수 있는가를 묻는 영역입니다. 정보의 분석을 바탕으로 자료의 시대적 배경과 사회적 의미를 해석할 수 있는가를 측정합니다.

▶ **역사 탐구의 설계 및 수행**
제시된 문제의 성격과 목적을 고려하여 절차와 방법에 따라 역사 탐구를 설계하고 수행할 수 있는 능력이 있는가를 묻는 영역입니다.

▶ **결론의 도출 및 평가**
주어진 자료의 타당성을 판별하고, 여러 자료를 종합하여 결론을 도출할 수 있는가를 묻는 영역입니다.

01회 실력평가 모의고사

성명 ☐ 수험 번호 ☐☐☐☐☐☐☐☐

정답 및 해설 P.213

1 다음에 해당하는 나라에 대한 설명으로 옳은 것을 고르면?

[2점]

> 5월이 되어 씨를 다 뿌리고 나면 귀신에게 제사를 올린다. 이때는 모든 사람이 모여서 밤낮으로 노래하고 춤을 추며 술을 마시고 논다. …… 또 이들 여러 나라에는 각각 별읍이 있는데 큰 나무를 세우고 방울과 북을 달아 귀신을 섬겼다. 모든 도망 온 자가 여기에 이르면 돌려보내지 않았다. 5곡과 벼를 농사짓기에 좋았다.
>
> ─「삼국지위서동이전」─

㉠ 농업이 발달하여 공동체적 전통인 두레 조직이 있었다.
㉡ 철이 많이 생산되어 낙랑, 왜 등 주변 국가에 수출하였다.
㉢ 제사장인 천군은 신성 지역인 소도에서 의례를 주관하였다.
㉣ 다른 부족의 생활권을 침범하면 노비와 소, 말을 변상하게 하였다.
㉤ 시체를 가매장하였다가 뼈를 추려 목곽에 안치하는 풍습이 있었다.

① ㉠, ㉡, ㉢
② ㉠, ㉣, ㉤
③ ㉡, ㉢, ㉣
④ ㉡, ㉢, ㉤
⑤ ㉢, ㉣, ㉤

2 다음 자료에서 제시된 (가), (나) 국가에 관한 설명으로 옳은 것은?

[2점]

> (가) 나라에는 군왕이 있다. 제가들은 별도로 사출도를 주관하였다. …… 옛 풍속에 가뭄이나 장마가 계속되어 5곡이 영글지 않으면 그 허물을 왕에게 돌려 '왕을 마땅히 바꾸어야 한다.'고 하거나 '죽여야 한다.'고 하였다.
>
> (나) 국읍(國邑)에 각각 한 사람씩을 세워 천신(天神)에 대한 제사를 주관하게 하였는데, 이를 천군이라고 부른다. 또 여러 나라에는 각기 별읍(소도)이 있어 큰 나무를 세우고 방울과 북을 매달아 놓고 귀신을 섬긴다.

① (가)는 10월에 동맹이라는 제천 행사를 치르고, 왕과 신하들이 국동대혈에 모여서 제사를 지냈다.
② (나)에는 신지, 읍차 등의 군장이 있었으며, 소국의 하나인 목지국의 지배자가 진왕으로 추대되었다.
③ (가)와 (나)는 모두 중앙 집권 국가로 발전하였다.
④ (나)는 제정이 일치되어 군장이 안정적으로 권한을 행사할 수 있었다.
⑤ 제천 행사로서 (가)는 무천, (나)는 영고가 있었다.

3 다음은 과거 어느 시기 우리나라의 유물이다. 이 유물과 같은 시대를 살았던 사람들의 모습으로 옳은 것은?

[2점]

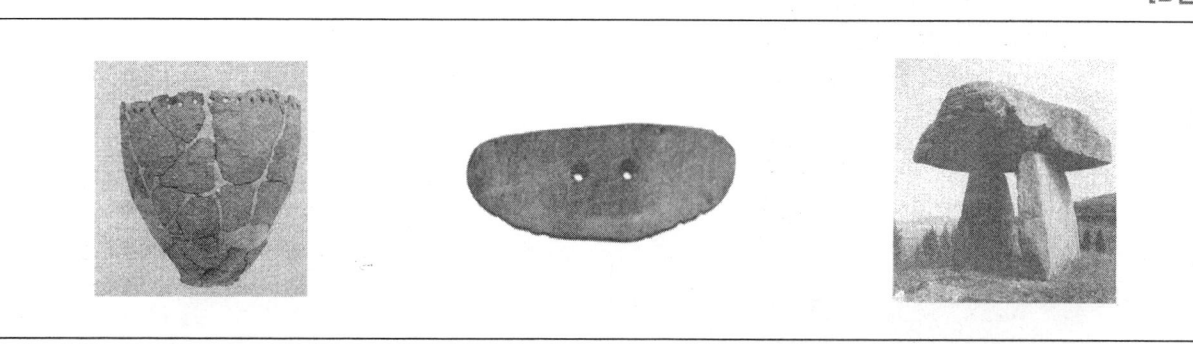

① 무리를 이루어 큰 사냥감을 찾아다녔고 평등한 공동체적 생활을 하였다.
② 자연 현상이나 자연물에도 정령이 있다고 믿는 사람들이 생겨나기 시작했다.
③ 이들의 집은 대개 움집이었는데 취사와 난방을 위한 화덕이 중앙에 위치하였다.
④ 이 시기 한반도 북부지역 사람들은 비파형 동검과 미송리식 토기를 사용했다.
⑤ 이 시대에 중앙 집권 국가 단계의 국가가 나타나기 시작하였다.

4 다음 기획전을 통해 확인할 수 있는 자료로 옳은 것은?

[1점]

①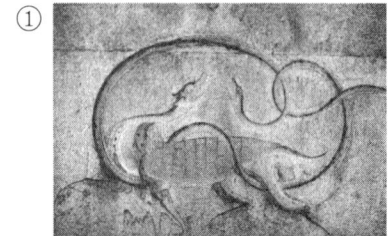

②

③

④

⑤

5 다음 지도와 같은 형세를 이루었던 시기에 있었던 역사적 사실을 〈보기〉에서 모두 고른 것은?

[2점]

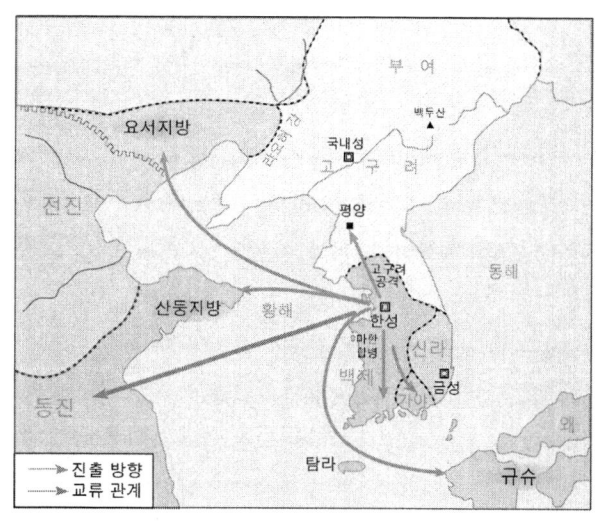

| 보기 |
㉠ 백제는 사비로 천도하고 국호를 남부여라 고쳤다.
㉡ 백제는 왜에 칠지도를 주었다.
㉢ 신라는 율령을 제정하고, 불교를 공인하였다.
㉣ 백제는 고흥으로 하여금 「서기」를 편찬하였다.

① ㉠, ㉡ ② ㉠, ㉢
③ ㉠, ㉣ ④ ㉡, ㉣
⑤ ㉢, ㉣

6 다음의 역사적 사실들을 시대 순으로 바르게 배열한 것을 고른 것은?

[3점]

(가) 율령을 반포하고, 태학을 설립하는 등 국가 체제를 정비하였다.
(나) 수도를 평양으로 천도하고 한강 유역을 점령하였다.
(다) 화랑도를 국가적 조직으로 개편하고, 한강 유역을 점령하였다.
(라) 22담로를 지방에 설치하고, 중국 남조와 교류를 하였다.

① (가) - (나) - (다) - (라) ② (가) - (나) - (라) - (다)
③ (나) - (가) - (라) - (다) ④ (나) - (라) - (가) - (나)
⑤ (다) - (가) - (나) - (라)

7 다음 자료를 바탕으로 당시의 사회 모습을 추론한 것으로 옳지 <u>않은</u> 것은?

[2점]

> 나라 안의 여러 주·군에서 공부를 바치지 않으니 창고가 비고 나라의 쓰임이 궁핍해졌다. 왕이 사신을 보내어 독촉하였지만, 이로 인해 곳곳에서 도적이 벌떼같이 일어났다. 이에 원종·애노 등이 사벌주에서 반란을 일으키니 왕이 영기에게 명하여 잡게 하였다.

① 몰락한 농민들이 유랑하거나 초적이 되었다.
② 전제왕권이 강화되어, 집사부 시중의 권한이 강하였다.
③ 6두품은 정치적 조언자로 활발히 활동하였다.
④ 지방에서는 호족이라 불리는 새로운 세력이 등장하였다.
⑤ 귀족의 반발로 녹읍이 부활되었다.

8 지도의 (가) 나라에 대한 설명으로 옳지 <u>않은</u> 것은?

[2점]

① 전성기에 해동성국이라 불렸다.
② 고구려 계승의식을 뚜렷하게 가지고 있었다.
③ 신라와는 적대적인 관계를 유지하였다.
④ 지방행정조직 정비를 위해 5경 15부 62주를 완비하였다.
⑤ 독자적인 연호를 사용하였다.

9 다음 자료를 통해 추론할 수 있는 것을 〈보기〉에서 고른 것은?

[2점]

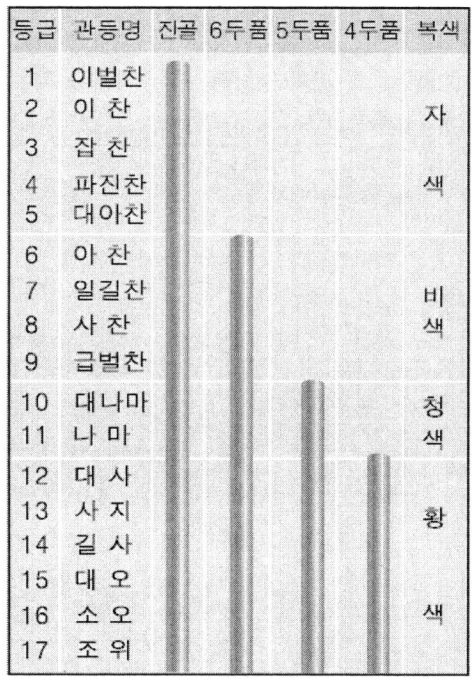

4두품에서 백성에 이르기까지는 방의 길이와 너비가 15척을 넘지 못한다. 느릅나무를 쓰지 못하고, 우물천장을 만들지 못하며, 금은이나 구리 …… 등으로 장식하지 못한다. 담장은 6척을 넘지 못하고, 마구간에는 말 2마리를 둘 수 있다.

| 보기 |

㉠ 일상생활까지 규제를 하는 기준이 되었다.
㉡ 6두품은 자색의 공복을 입을 수 없었다.
㉢ 개인의 능력에 따라 지위가 상승할 수 있었다.
㉣ 5두품은 9등급 급벌찬이 될 수 있었다.

① ㉠, ㉡
② ㉠, ㉢
③ ㉠, ㉣
④ ㉡, ㉣
⑤ ㉢, ㉣

10 다음 자료와 관련된 사건을 계기로 고려가 획득한 지역을 지도에서 고른 것은?

[2점]

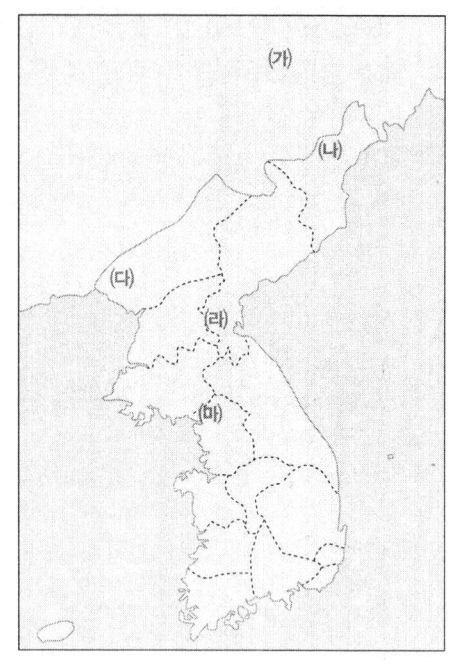

왕에게 아뢰었다. "신이 소손녕과 약속하기를 여진을 소탕하여 평정하고 옛 땅을 수복한 후 조빙을 통하겠다고 하였습니다. 이제 겨우 압록강 안 만을 수복하였으니, 강 밖까지 수복함을 기다려 조빙을 하더라도 늦지 않을 것입니다." 하지만 왕은 "오랫동안 조빙하지 않으면 후환이 있을까 두렵다."라고 하였다.
— 「고려사절요」 —

① (가)
② (나)
③ (다)
④ (라)
⑤ (마)

11 다음 관리들의 대화에서 (가)에 들어갈 통치 기구로 옳은 것은?

[2점]

관리 1: 오늘 도병마사에서 중요한 국방문제를 결정한다고 하는데 사실입니까?
관리 2: 그렇습니다. 저는 이번에 중추원 추밀이 되어 참여를 할 예정인데, 그 쪽도 __(가)__ 이니 같이 회의에 참석해야 되겠습니다.

① 삼사
② 어사대
③ 도평의사사
④ 중서문하성의 재신
⑤ 식목도감

12 다음 내용과 관련된 왕의 정책으로 옳은 것을 〈보기〉에서 고른 것은?

[1점]

- 왕권 안정을 위해 불법으로 노비가 된 자를 양인으로 해방시켜주는 노비안검법으로 호족세력을 약화시켰다.
- 후주에서 귀화한 쌍기의 건의를 받아들여 과거제를 실시하였다.

| 보기 |

㉠ 백관의 공복제정
㉡ '광덕', '준풍'이라는 독자적 연호 사용
㉢ 사심관제도 실시
㉣ 지방에 12목 설치 및 지방관 파견

① ㉠, ㉡
② ㉠, ㉢
③ ㉡, ㉢
④ ㉡, ㉣
⑤ ㉢, ㉣

13 다음 신문 기사를 통해 알 수 있는 시기의 내용으로 적절한 것을 〈보기〉에서 고른 것은?

[3점]

○○○○년 ○월 ○일
여·원 연합군의 일본원정 대실패
일본 원정을 위해 정동행성을 설치하고, 일본의 하카타를 공격하였으나, 질병과 태풍으로 패배하고 말았다.

| 보기 |

㉠ 동북 9성 축조
㉡ 교정도감 설치
㉢ 몽골풍의 유행
㉣ 응방 설치

① ㉠, ㉡
② ㉠, ㉢
③ ㉡, ㉢
④ ㉡, ㉣
⑤ ㉢, ㉣

14 다음 주장의 근거가 되는 사상에 대한 설명으로 옳지 않은 것은?

[2점]

> 묘청은 서경의 중이다. 그는 "상경(개경)은 이미 기운이 쇠하여 궁궐이 불타고 남은 것이 없다. 서경은 왕기가 있으니 주상께서 옮기시어 상경으로 삼는 것이 옳은 것입니다." …… 라는 소문을 만들어 모든 관리에게 서명하라고 하였다. 평장사 김부식, 참지정사 임원기, 승지 이지저만이 서명하지 않았다.

① 삼국 시대에 전래되어 백제가 웅진으로 천도하는 데 영향을 끼쳤다.
② 조선 건국 이후 양반 사대부의 산송문제에 영향을 끼쳤다.
③ 신라 말기 도선에 의해서 중국으로부터 유입되었다.
④ 신라 말 경주 중심의 지리개념에서 벗어나 지방의 중요성을 자각하게 하였다.
⑤ 조선 건국 이후 한양 천도에 영향을 끼쳤다.

15 연표의 (가)~(마) 시기에 있었던 사실로 옳지 않은 것은?

[2점]

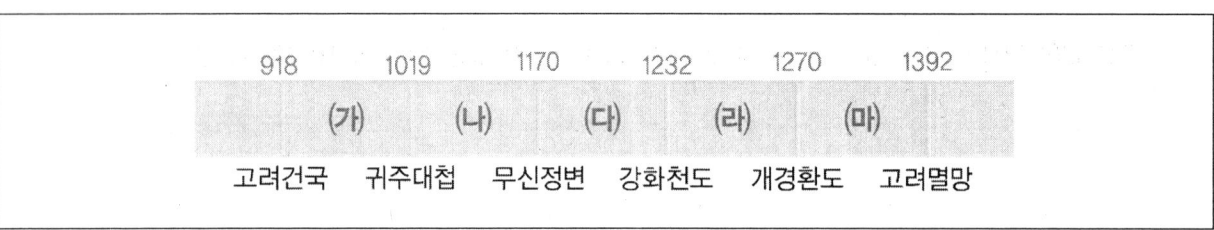

① (가) - 기인제도, 사심관 제도의 시행
② (나) - 삼강청자의 유행
③ (다) - 묘청의 서경천도 운동
④ (라) - 팔만대장경 조판
⑤ (마) - 관제와 왕실용어의 격화

16 다음 가상의 대화를 통해 알 수 있는 국왕의 정책으로 옳은 것은?

[2점]

① 도방 설치
② 전시과 실시
③ 노비안검법 실시
④ 쌍성총관부 수복
⑤ 동북 9성 축조

17 (가)를 이용하여 (나)를 건설하였다. 이 시기의 국왕의 개혁 정책으로 옳지 않은 것은?

[1점]

① 소격서 폐지
② 대전통편 편찬
③ 통공 정책 실시
④ 장용영 설치
⑤ 규장각 설치

18 다음 글에서 설명하고 있는 조선 시대의 문화재는?

[3점]

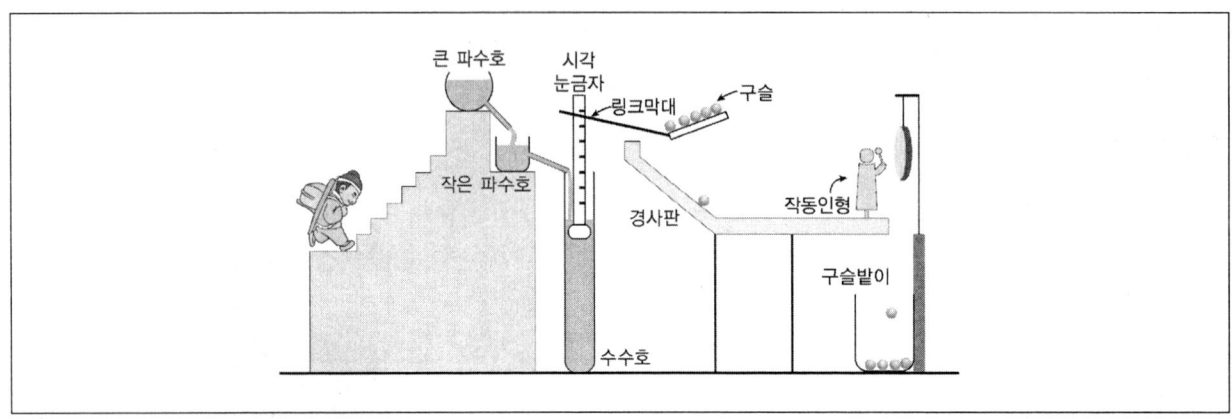

이것은 맨 위에 있는 큰 물그릇에 넉넉히 물을 부어주면 그 물이 아래의 작은 그릇을 거쳐, 제일 아래쪽 길고 높은 물받이 통에 흘러든다. 물받이 통에 물이 고이면 그 위에 떠 있는 잣대가 점점 올라가 미리 정해진 눈금에 닿으며, 그곳에 장치해 놓은 지렛대 장치를 건드려 그 끝의 쇠 구슬을 구멍 속에 굴려 넣어준다. 이 쇠 구슬은 다른 쇠 구슬을 굴려주고 그것들이 차례로 미리 꾸며놓은 여러 공이를 건드려 종과 징·북을 울리기도 하고, 또는 나무로 만든 인형이 나타나 시각을 알려주는 팻말을 들어 보이기도 한다.

①

②

③

④

⑤

19 (가)의 주민에 대한 설명으로 옳은 것을 〈보기〉에서 고른 것은?

[2점]

- 구리·자기·종이·먹 등 여러 __(가)__ 에서 별공으로 바치는 물건들을 함부로 징수해 장인들이 살기가 어려워져 도망갔다.

  -「고려사」-

- 충주 다인에 철을 생산하던 __(가)__ 이/가 있었다. 고종 42년에 토착민이 몽골군을 막는 데 공이 있어 현으로 승격시키고 충주의 속현으로 삼았다.

  -「신증동국여지승람」-

| 보기 |

㉠ 매매·증여·상속의 대상이 되었다.
㉡ 백정으로 국가에 조세·공납·역을 부담하였다.
㉢ 원칙적으로 다른 지역으로의 이주가 금지되었다.
㉣ 수공업 제품이나 광물 생산을 주된 생업으로 하였다.

① ㉠, ㉣   ② ㉠, ㉢
③ ㉡, ㉢   ④ ㉡, ㉣
⑤ ㉢, ㉣

20 다음과 같은 문화활동을 전후한 시기의 농업 기술 발달에 관한 내용으로 옳은 것을 〈보기〉에서 <u>모두</u> 고르면?

[2점]

- 서예에서 간결한 구양순체 대신에 우아한 송설체가 유행하였다.
- 고려 태조에서 숙종대까지의 역대 임금의 치적을 정리한 「사략」이 편찬되었다.

| 보기 |

㉠ 2년 3작의 윤작법이 점차 보급되었다.   ㉡ 원의 「농상집요」가 소개되었다.
㉢ 우경에 의한 심경법이 확대되었다.   ㉣ 상품 작물이 광범위하게 재배되었다.

① ㉠, ㉡   ② ㉡, ㉢
③ ㉠, ㉡, ㉢   ④ ㉡, ㉢, ㉣
⑤ ㉠, ㉡, ㉢, ㉣

21 어느 미술 잡지 표지이다. ㉠~㉤ 중에서 특집 기사의 소제목과 적절하지 않은 것은?

[2점]

청소년 미술
[특집 – 조선 후기 회화를 살펴보자]

㉠
서민 생활모습이 그대로

㉡
자연이 살아있는 것처럼

㉢
양반 풍류생활이 그대로

㉣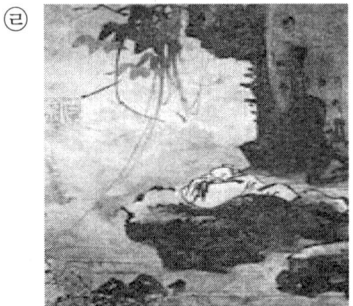
이상세계의 낭만적 표현

㉤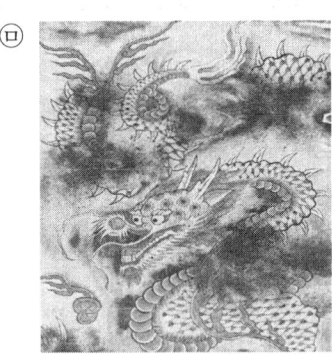
매서운 용의 기운이

① ㉠
② ㉡
③ ㉢
④ ㉣
⑤ ㉤

22 다음 자료에 나오는 책들을 편찬한 목적으로 옳은 것은?

[1점]

> 1432년 효자, 충신, 열녀 각 110인의 행적을 그림과 글로 담은 「삼강행실도」가 간행됐다. 이를 계기로 「속삼강행실도」「이륜행실도」「동국신속삼강행실도」「오륜행실도」 등 유교이념과 관련된 책의 출판이 이어졌다.

① 왕권과 신권의 조화를 위해서
② 불교를 억압하기 위해서
③ 백성들에게 충효 사상 보급을 위해
④ 종족 내부의 결속을 다지기 위해
⑤ 민간신앙에 대한 믿음을 줄이기 위해

23 밑줄 친 '이 전쟁'과 관련된 사실로 옳은 것은?

[1점]

> 전쟁은 가장 격렬한 형태의 문화교류라는 말이 있다. 이 전쟁 때 조선에서 수많은 책을 약탈하고 도공(陶工)을 끌고 간 일본은 그 후 고도의 출판문화, 도자기 문화를 꽃피웠다. 침략을 당한 조선은 어떤가. 포로로 일본에 끌려갔던 강항은 일본의 정치·군사 정보를 수집해서 「간양록」을, 강우성은 포로 경험을 바탕으로 일본어 교서 「첩해신어」를 만들었다. 유성룡도 이 비극의 기억을 「징비록」이라는 기록으로 남겼다. 참혹한 전쟁의 경험을 그냥 흘려버리지 않고 귀중한 정보로 승화시킨 것이다.

① 권율이 행주산성에서 승리를 거두었다.
② 강홍립이 금나라에게 항복하였다.
③ 인조가 삼전도의 굴욕을 당하였다.
④ 신유의 조총 부대가 나·선 정벌에 참여하였다.
⑤ 비변사가 상설기구화 되었다.

24 다음 자료에서 설명하는 인물의 주장으로 옳은 것은?

[3점]

> 천체가 운행하는 것이나 지구가 자전하는 것은 그 세가 동일하니 분리해서 설명할 필요가 없다. 다만 9만 리의 둘레를 한 바퀴 도는데 이처럼 빠르며, 저 별들과 지구와의 거리는 겨우 반경밖에 되지 않는데도 몇 천만 억의 별들이 있는지 알 수 없는데 하물며 천체들이 서로 의존하고 상호 작용하면서 이루고 있는 우주 공간의 또 다른 별들이 있다.
>
> - 「의산문답」 -

① 농지의 공동소유와 공동경작, 노동력에 따라 분배하는 집단농장의 형태를 제시하였다.
② 지전설을 주장하며 중국 중심의 세계관 극복과 민족의 주체성을 강조하였다.
③ 관리, 선비, 농민 등 신분에 따라 차등 있는 토지의 재분배를 주장하였다.
④ 「양반전」, 「허생전」 등을 저술하였다.
⑤ 한 가정의 생활을 유지하는데 필요한 규모의 토지를 영업전으로 정하였다.

25 밑줄 친 (가)에 속한 정치 세력에 대하여 옳게 설명한 것을 <보기>에서 고른 것은?

[2점]

> 「성종실록」 편찬을 담당했던 김일손이 성종 23년 기사를 쓰면서 자기의 스승인 김종직이 죽었다는 사실과 김종직이 사초에 쓴 조의제문을 실었는데, __(가)__ 는 이를 반격의 빌미로 이용하였다. 조의제문은 세조의 왕위 찬탈을 비판하는 것일 뿐 아니라, 세조로부터 왕위를 물려받은 예종, 성종, 연산군 등은 왕권의 전통성을 인정할 수 없다는 것으로 해석될 수 있다.

| 보기 |

㉠ 성리학 이외의 학문은 이단으로 배척하였다.
㉡ 과학과 기술을 중시하였다.
㉢ 주로 전랑과 3사의 언관직을 차지하여 활동하였다.
㉣ 중앙집권과 패도 정치를 주장하였다.

① ㉠, ㉡ ② ㉠, ㉢
③ ㉡, ㉢ ④ ㉡, ㉣
⑤ ㉢, ㉣

26 밑줄 친 '이곳의'에 대한 설명으로 옳은 것은?

[3점]

> 세종은 문치정치를 내세웠지만 강력한 훈구세력의 저항에 부딪힐 수밖에 없었다. <u>이곳의</u> 설치는 그가 짜낸 최고의 묘수 중 하나였다. 당대 최고 수준의 가문에서 당파를 뛰어넘어 혈기 넘치는 청년들을 선발해 '특별 임무'를 부여했다. 용포를 직접 내려 덮어주기도 하고 그들과 호흡을 같이 했다. 비록 몇몇 학사들의 반발도 있었지만 세종과 <u>이곳의</u> 학사들은 왕과 신하의 관계를 넘어 '동지애'로 뭉쳤다.

① 후에 주요 담당기능이 홍문관으로 이어진다.
② 덕행 있는 사람을 국왕에게 추천하였다.
③ 산림과 붕당의 근거지가 되었다.
④ 조선시대 최고의 교육기관이었다.
⑤ 왕명을 출납하는 비서기관이었다.

27 다음과 같은 판소리 작품이 유행했을 때의 사회 모습으로 옳은 것은?

[2점]

① 서얼은 신분상승운동을 전개하였다.
② 양반, 노비의 수가 감소하게 되었다.
③ 붕당정치로 인하여 정국이 안정되었다.
④ 부농층과 관권이 결탁하여 중앙의 관권이 약화되었다.
⑤ 대다수의 농민이 지주로 성장하였다.

28 다음 내용과 관련된 종교에 대한 설명으로 옳은 것을 〈보기〉에서 고른 것은?

[3점]

> 서양인은 싸워서 이기고 빼앗아 뜻대로 이루지 못하는 일이 없다. 그리하여 온 동양이 망해버린다면 우리나라도 같은 운명에 빠짐을 걱정하지 않을 수 없다. 나라를 돕고 민중을 편하게 할 계책이 장차 어디서 나올 것인가. 안타까운 일이다. 지금의 세상 사람들은 시대가 움직이는 형편을 모른다. 그러므로 나의 이 말을 들으면 집에 돌아가서는 마음속으로 옳지 않게 여기고 밖에 나가서는 거리에서 수군거리며 도덕을 따르지 않는다. 나 최제우는 참으로 두려운 일이라 생각한다.
>
> -「동경대전」-

| 보기 |

㉠ 정부의 적극적인 지지를 받았다.
㉡ 삼남지방의 농촌사회에 널리 보급되어 번성하였다.
㉢ 최시형이 교리를 정리하여 「용담유사」를 편찬하였다.
㉣ 평등사상의 유포와 조상에 대한 제사 거부를 이유로 정부로부터 탄압받았다.

① ㉠, ㉡
② ㉠, ㉢
③ ㉡, ㉢
④ ㉡, ㉣
⑤ ㉢, ㉣

29 다음 시정 방침의 발표 계기로 옳은 것은?

[2점]

- 사범학교 설치, 대학교육 허용(경성제국대학)
- 보통경찰제의 실시
- 치안유지법 제정

① 6·10 만세 운동
② 3·1운동
③ 간도참변
④ 대한민국임시정부 수립
⑤ 광주학생항일운동

30 밑줄 친 '위안부'와 관련된 시기의 사실이 아닌 것은?

[2점]

전쟁터로 강제로 끌려 간 일본군 '위안부'들

iCOOP생협은 서울 종로구 일본대사관 앞에서 열린 1020번째 수요시위에서 '위안부' 문제를 통해 평화와 인권의 소중함을 배우자는 취지로 특별성명도 발표했다.
이들은 "유엔(UN) 등 국제기구에서도 반인도적 범죄, 전쟁범죄로 규정하고 일본정부의 책임이행을 권고했다."며 "각국 의회에서도 결의안을 내었지만 일본 정부는 여전히 책임을 회피하고 있다."고 비판했다.
이들은 "할머니들은 진심어린 사과를 받고 하루라도 평안한 마음으로 살아보지 못한 채 한 분 두 분이 고인이 돼 이제 61명만 남았다."며 "일본정부는 일본군 위안부 범죄의 진상을 철저히 규명하고 피해자들에게 공식 사죄해야 한다."고 강조했다.

① 일본식으로 성과 이름을 바꾸게 하였다.
② 신사 참배를 강요하였다.
③ 국가 총동원령이 실시되었다.
④ 화폐 정리 사업이 실시되었다.
⑤ 학도 지원병 제도가 실시되었다.

31 다음 시설이 운영되던 시기에 볼 수 있는 모습이 아닌 것은?

[3점]

우리나라 최초의 서양식 의료기관으로 미국인 H.N. 알렌에 의해 세워졌다. 미국 장로교 선교의사였던 알렌이 우리나라에 와서 미국공사관의 의사로 있던 중 우정국사건에서 부상당한 민영익을 치료하게 되고 그 후 청나라 병사들을 치료하다가 궁중의 전의로 발탁되었다. 그 후 그가 고종에게 건의하여 세운 것이 광혜원이다. 그리고 제중원으로 개칭되었다.

① 기기창에서 무기를 제조하는 모습
② 박문국에 근대적 인쇄술이 도입되는 모습
③ 한성 신보를 읽고 있는 사람들의 모습
④ 조선의 중립화론 대두에 관심을 가지는 관리들의 모습
⑤ 국채보상운동에 적극 동참하는 주부들의 모습

32 다음은 일제 강점기의 독립 운동과 관련된 자료들이다. (가), (나)의 독립 운동을 각각 바르게 짝지은 것은?

[1점]

(가) 금일 오인은 이 거사는 정의, 인도, 생존, 존영을 위하는 민족적 요구이니, 오직 자유적 정신을 발휘할 것이요, 결코 배타적 감정으로 일주하지 말라.

(나) 격문 중 일부
- 대한독립운동가여 단결하라!
- 군대와 헌병을 철수하라!
- 동양척식회사를 철폐하라!
- 일본 물화를 배척하자!
- 일본인 공장의 직공은 총파업하라!

	(가)	(나)
①	3·1 운동	6·10 만세 운동
②	3·1 운동	광주 학생 항일 운동
③	6·10 운동	3·1 운동
④	광주 학생 항일 운동	3·1 운동
⑤	광주 학생 항일 운동	6·10 운동

33 다음 글의 밑줄 친 '이 학교'에 대한 설명으로 옳은 것을 〈보기〉에서 고른 것은?

[2점]

<u>이 학교</u>는 1886년에 설립된 우리나라 최초의 관립 근대 학교이다. 1894년에 폐교될 때까지 양반 고관 자제들을 수용하고 근대 교육을 실시하여 인재를 키웠다.
<u>이 학교</u>는 우리나라 최초의 관립 근대 교육 기관이나 정부 고관 자제만을 수용하는 신분적 제한과 어학 교육을 주도하는 교육내용의 한계, 외국인 교수에 의하여 교육되는 특수 학교였기에 민족 사회에 뿌리내리지 못하고 폐교되었다. 이점에서 사학 최초의 근대 학교인 배재학교와 여러모로 대조가 된다.

| 보기 |

㉠ 교육입국조서 발표를 계기로 설립되었다.
㉡ 개항장 주민들이 적극적으로 설립에 나섰다.
㉢ 국민 대중 교육에는 한계가 있었다.
㉣ 할버트가 영어로 강의하고, 영어원서를 강독하였다.

① ㉠, ㉡ ② ㉠, ㉣
③ ㉡, ㉢ ④ ㉡, ㉣
⑤ ㉢, ㉣

34 다음 자료를 통해 알 수 있는 사건의 결과로 옳은 것은?

[2점]

> 무위영과 장어영으로 구성된 구식군인들은 별기군에 비하여 급료와 장비면에서 많은 차별을 받고 있었고, 또한 개화비용 지출 등으로 어려움을 겪던 명성황후 정권은 이들의 급료마저 장기간 주지 않았다. 이러한 상황에서 13개월이나 밀린 급료의 일부를 지급한다면서 겨와 모래가 섞인 쌀을 주자 분노한 군인들이 폭동을 일으켰다.

① 청의 내정간섭이 약화된다.
② 미국과 수호통상조약을 체결하였다.
③ 통리기무아문을 설치하였다.
④ 민씨 정권이 정계에서 물러나게 된다.
⑤ 청은 독일인 묄렌도르프를 고문으로 임명하게 된다.

35 김구가 자료와 같이 표현한 이유로 옳은 것을 <보기>에서 고른 것은?

[1점]

> 왜적이 항복한다 하였다. 아! 이것은 내게 기쁜 소식이라기보다는 하늘이 무너지는듯한 일이었다. 천신만고 끝에 수년 동안 애를 써서 참전할 준비를 한 것도 다 허사이다.
> 시안과 푸양에서 훈련을 받은 우리 청년들에게 여러 가지 비밀 무기를 주어 산둥에서 미국 잠수함에 태워 본국으로 들여보내어 국내의 중요한 곳을 파괴하거나 점령한 뒤에 미국 비행기로 무기를 운반할 계획까지 미국 육군성과 다 약속이 되었던 것을 한 번 해보지도 못하고 왜적이 항복하였으니……

| 보기 |

㉠ 광복 이후 약해질 한국의 입지 우려
㉡ 미국의 군사적, 경제적 원조 중단 우려
㉢ 신탁통치의 예정 및 실시 확정에 대한 우려
㉣ 오래 준비한 국내진입작전을 못한 아쉬움

① ㉠, ㉢ ② ㉠, ㉣
③ ㉡, ㉢ ④ ㉡, ㉣
⑤ ㉢, ㉣

36 다음 신문기사의 밑줄 친 (가)의 위치를 지도에서 고른 것은?

[2점]

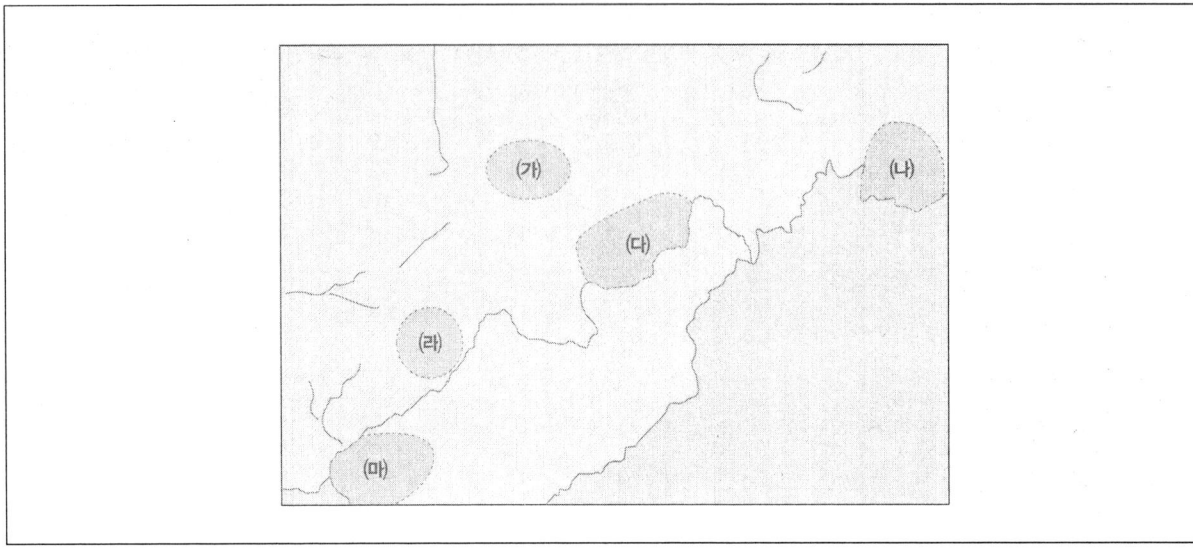

[고려인 중앙亞 이주 70주년 '카레이스키'전]

올해는 일제강점기에 살 길을 찾아 러시아의 __(가)__ 로 간 한국인들이 1937년 스탈린에 의해 중앙아시아로 강제 이주한 지 70년이 되는 해다. 하루아침에 살던 데서 쫓겨난 한인들은 열차 화물칸에 짐짝처럼 실려가 황무지에 내팽개쳐졌다. 추위와 기근으로 노인과 어린이의 60%가 도착 직후 사망했을 만큼 끔찍한 재난이었다. '카레이스키'로 불리는 중앙아시아의 고려인과 후손은 현재 우즈베키스탄, 타지크스탄, 카자흐스탄 등에 55만 명이나 된다.

고려인의 중앙아시아 이주 70주년을 맞아 우즈베키스탄에서 주목받고 있는 고려인 화가 7명의 작품 120여 점을 소개하는 「카레이스키」전이 서울시립미술관 경희궁분관에서 19일까지 열린다.

① (가)
② (나)
③ (다)
④ (라)
⑤ (마)

37 다음은 일제 강점기에 이루어졌던 우리 민족의 한국사 연구 경향을 설명한 것이다. (가)~(다)와 관련된 설명으로 옳은 것은?

[3점]

> (가) 역사 연구를 독립운동의 한 방법으로 인식하여 민족사의 자주성과 주체성을 강조하였다.
> (나) 유물사관을 도입하여 한국사에 있어서 사회적 발전에 주목하고 그 발전과정을 체계적으로 이해하려 하고 식민사관의 정체성론을 비판하였다.
> (다) 랑케 사학을 기초로 하여 민족주의사학이나 사회경제사학과 같은 일정한 공식을 한국사에 적용하기 보다 개별적인 역사적 사실의 정확하고 충실한 이해를 바탕으로 객관적인 역사상황을 정확하게 인식해야 한다고 주장하였다.

① (가)의 대표적인 학자로는 백남운, 안재홍 등이 있다.
② (가)계열의 학자들은 진단학회를 조직하여 국수주의적 성격을 극복하였다.
③ (나)는 문헌고증을 토대로 사회경제사학의 세계사적 발전법칙을 수용하였다.
④ (나)의 대표적인 학자 신채호는 상해 임시정부에 참여하고 조선혁명선언서를 부르짖었다.
⑤ (다)계열의 학자들은 청구학회의 식민사관의 오류를 배격하였다.

38 다음 밑줄 친 '대원군' 집권기에 추진된 정책으로 옳지 않은 것은?

[1점]

> 1조 대원군을 신속히 귀국시키고 청국에 대한 사대허례는 폐지한다.
> 2조 문벌을 폐지하고 인민의 평등 권리를 제정하며 재능에 따라 인재를 등용한다.
> 3조 전국의 지조법을 개혁하고 간리를 근절하며, 궁민을 구제하고 국가 재정을 충실히 한다.

① 호포제 실시
② 대동법 실시
③ 대전회통 편찬
④ 비변사 기능 축소
⑤ 서원 철폐

39 다음 자료를 통해 동학 농민군의 행적을 추적하여 (가)에 들어갈 장면으로 옳은 것을 〈보기〉에서 고른 것은?

[2점]

동학농민군 전주입성비 ⇨ (가) ⇨ 동학혁명군 위령탑(우금치)

| 보기 |

㉠ 정부가 조병갑 탄핵 및 안핵사 파견하는 장면
㉡ 전라도 각 고을에 동학농민군의 자치 기구를 설치하는 장면
㉢ 전봉준이 사발통문을 돌리는 장면
㉣ 전주화약 체결하는 장면

① ㉠, ㉡   ② ㉠, ㉢
③ ㉡, ㉢   ④ ㉡, ㉣
⑤ ㉢, ㉣

40 다음 자료의 의병과 관련된 설명으로 옳은 것은?

[2점]

작년 10월에 저들이 한 행위는 만고에 일찍이 없던 일로서, 억압으로 한 조각의 종이에 조인하여 5백년 전해 오던 종묘사직이 드디어 하룻밤 사이에 망하였으니 …… 나라를 들어 적국에 넘겨 준 이지용 등은 실로 우리나라 만대의 변할 수 없는 원수요, 자기 나라 임금을 죽이고 다른 나라 임금까지 침범한 이토 히로부미는 마땅히 세계 여러 나라가 함께 토벌해야 할 역적이다.

① 양반 유생들이 주도하였다.
② 을미사변이 직접적인 원인이 되었다.
③ 국권회복을 위한 실력양성운동이 전개되었다.
④ 청·일 전쟁 발발 후 일본침략의 본격화가 원인이 되었다.
⑤ 신돌석, 홍범도와 같은 평민의병장이 등장하였다.

41 (가)~(라)는 통일을 위한 노력이다. 시기 순으로 옳게 나열한 것은?

[1점]

(가)

7·4 남북공동선언 지지

(나)

6·15 남북공동선언

(다)

한반도 비핵화 공동선언

(라)

최초의 이산가족 상봉

① (가) - (나) - (다) - (라)
② (가) - (다) - (나) - (라)
③ (가) - (라) - (다) - (나)
④ (나) - (다) - (가) - (라)
⑤ (다) - (라) - (가) - (나)

42 다음 정책을 실시한 정부의 정책으로 옳은 것을 〈보기〉에서 고른 것은?

[2점]

| 보기 |

㉠ 남북기본합의서 체결   ㉡ 공직자 재산 등록제 실시
㉢ 금융실명제 실시   ㉣ 국가보위비상대책위원회 조직

① ㉠, ㉡
② ㉠, ㉢
③ ㉡, ㉢
④ ㉡, ㉣
⑤ ㉢, ㉣

43 다음 법에 의한 개혁에 관하여 옳게 설명한 것을 〈보기〉에서 고른 것은?

[2점]

- 몰수 또는 국유로 된 용지, 소유권자의 명의가 분명하지 않은 농지는 정부에 귀속하며, 농가 아닌 자의 농지, 자경하지 않는 자의 농지, 본법규정의 한도를 초과하는 농지 등은 적당한 보상으로 정부가 매수한다.
- 국유 농지는 현재 농지를 경작하는 농가, 경작 능력에 비하여 과소한 농지를 경작하는 농가, 농업 경영 경험을 가진 순국열사의 유가족, 영농력을 가진 피고용 농가, 국외에서 귀환한 농가의 순위에 따라 분배 소유케 한다. 농지의 분배는 농지의 종목, 등급 등 농가의 능력 기타에 기준한 점수제에 의거하여 1농가당 총 경영 면접 3정보를 초과하지 못한다.

| 보기 |

㉠ 경자유전의 원칙에 따라 진행되었다.
㉡ 무상 몰수·무상 분배의 원칙하에 전개되었다.
㉢ 농지 소유의 하한선이 정해져 있었다.
㉣ 몰락한 농민이 분배 받았던 토지를 다시 매각하기도 하였다.

① ㉠, ㉡
② ㉠, ㉣
③ ㉡, ㉢
④ ㉡, ㉣
⑤ ㉢, ㉣

44 지도와 관련된 전쟁에 대한 설명으로 옳지 않은 것은?

[3점]

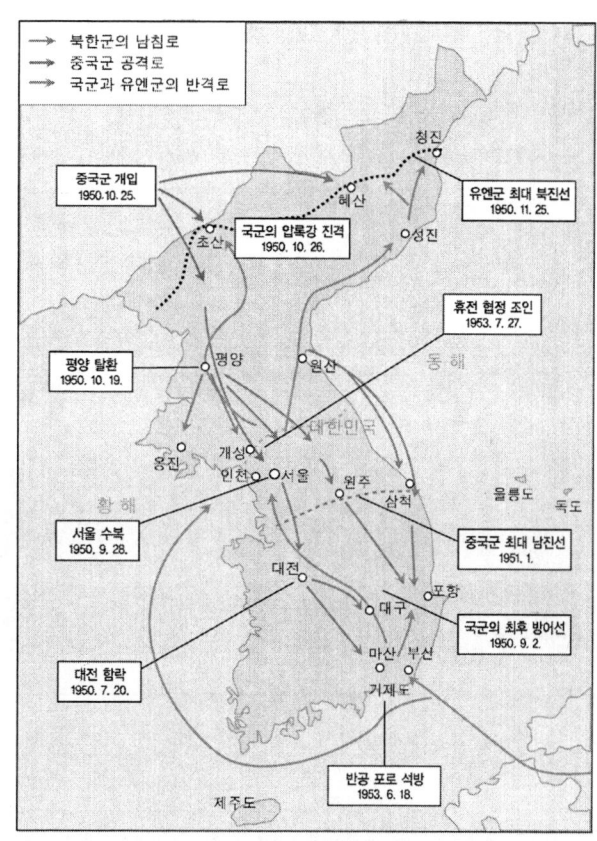

① 소련이 유엔에 휴전을 제의하면서 휴전협상이 시작되었다.
② 전쟁 발발 3일 후 북한군 남진을 막기 위해 한강 대교를 폭파하였다.
③ 중국군의 참전으로 다시 남쪽으로 밀려났다.
④ 이승만은 반공포로를 석방하여 휴전협정을 찬성하였다.
⑤ 휴전협상 이후 한·미 상호방위조약을 체결하였다.

45 다음과 같은 선언이 발표될 당시의 상황에 대한 설명으로 옳지 <u>않은</u> 것은?

[2점]

> 1. 대한민국 헌법을 부정·반대·왜곡 또는 비방하는 일체의 행위를 금한다.
> 2. 대한민국 헌법의 개정 또는 폐지를 주장, 발의 제안 또는 청원하는 일체의 행위를 금한다.
> 3. 유언비어를 날조·유포하는 일체의 행위를 금한다.
> 4. 전 1, 2, 3항에서 금한 행위를 권유·선동·선전하거나 방송·보도·출판, 기타 방법으로 이를 타인에게 알리는 일체의 언동을 금한다.

① 대통령 간선제가 실시되었다.
② 통일주체국민회의가 설립되었다.
③ 한국적 민주주의를 표방하였다.
④ 유신 반대 시위가 일어났다.
⑤ 4·13 호헌조치를 발표하였다.

46 다음 학생들의 대화와 관련된 민주화 운동으로 옳은 것은?

[1점]

① 4·19혁명
② 부마항쟁
③ 6월 민주 항쟁
④ 5·16 군사 정변
⑤ 5·18 민주화 운동

47 다음의 (가)~(라) 문화재에 대한 설명으로 옳지 <u>않은</u> 것은?

[2점]

① (가) - 현존하는 우리나라 최고(最古)의 탑이다.
② (나) - 전형적인 통일 신라의 석탑 양식을 보여주고 있다.
③ (다) - 원나라의 영향을 받은 석탑이다.
④ (라) - 조선시대 원각사지 10층 석탑으로 계승된다.
⑤ (가) - (나) - (다) - (라) 순으로 만들어졌다.

48 다음 자료와 관련된 지역의 설명으로 옳은 것은?

[2점]

> 복잡한 역사적 논박 뒤에 숨겨진 중국의 '동북공정'은 결국 이 지역에 대한 영토적 욕망의 표현이라는 분석이 일반적이다. 이 지역은 대략적으로 중국 지린성 동남쪽, 지금의 옌볜 조선인 자치주에 해당되는 곳인데, 1909년 청과 일본이 체결한 조약에 의해 청의 영토로 편입되었다.

① 을지문덕이 살수에서 수나라를 격퇴하였다.
② 공민왕이 쌍성총관부를 공격하였다.
③ 토문강의 해석 차이로 조선과 청 사이에 영토 귀속 문제가 생겼다.
④ 고려는 거란, 여진의 침입에 대비하기 위해 천리장성을 축조하였다.
⑤ 1937년 소련정부는 한인을 중앙아시아로 강제이주 시켰다.

49 (가)~(라)에 해당하는 서술방식에 대한 설명으로 옳지 <u>않은</u> 것은?

[3점]

> (가) 사마천의 사기와 같이 역사를 본기·세가·지·열전·연표 등으로 나누어 편찬하였다.
> (나) 왕의 업적을 연도별로 정리하였다.
> (다) 사건을 원인과 결과로 나누어 종합적으로 서술하였다.
> (라) 역사의 줄거리를 중심으로 서술하였다.

① (가)의 방식은 「삼국사기」, 「고려사」 등이 대표적이다.
② (나)의 방식은 「조선왕조실록」, 「고려사절요」 등이 대표적이다.
③ (다)의 방식은 「삼국유사」, 「연려실기술」 등이 대표적이다.
④ (라)의 방식은 「동국통감」, 「해동역사」 등이 대표적이다.
⑤ 역사서술은 (가)~(라)의 방식만이 존재하였다.

50 다음 인물들을 시대 순으로 옳게 나열한 것은?

[2점]

㉠
강감찬 동상

㉡
유관순 동상

㉢
정약용 동상

㉣
정몽주 동상

① ㉠-㉡-㉢-㉣
② ㉠-㉣-㉢-㉡
③ ㉠-㉢-㉣-㉡
④ ㉢-㉡-㉣-㉠
⑤ ㉢-㉠-㉣-㉡

# 02회 실력평가 모의고사

QR코드를 스캔하시면
무료해설강의를 보실 수 있습니다.

| 성명 | | 수험 번호 | | | | | | | |

정답 및 해설 P.224

1. 다음 유물을 통하여 추론할 수 있는 사실을 연결한 것으로 옳지 않은 것은?

[1점]

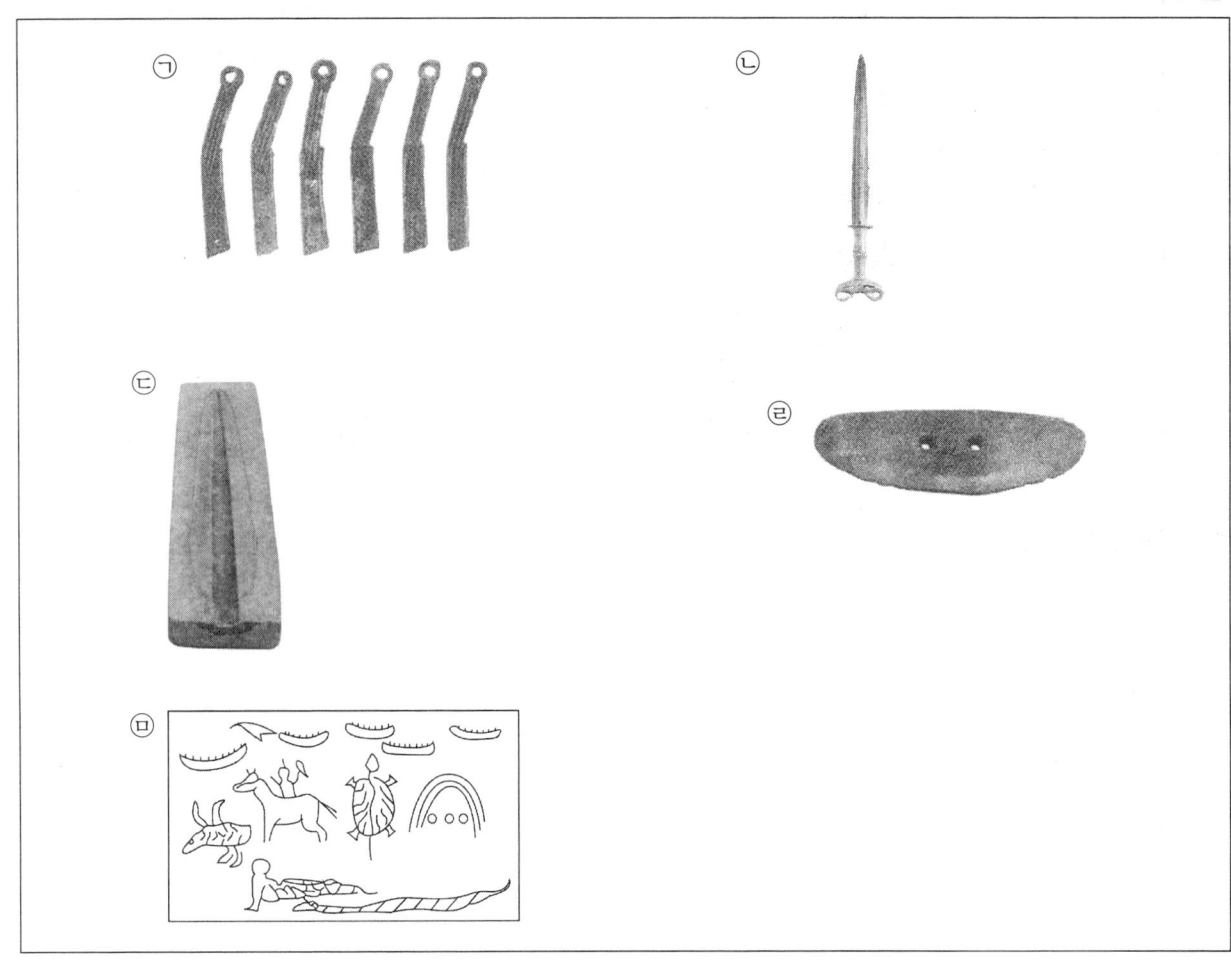

① ㉠ - 중국과 활발하게 교류하였음을 보여주고 있다.
② ㉡ - 청동기가 중국에서 전래되었음을 알려주고 있다.
③ ㉢ - 각종 청동 제품을 제작하였음을 알려주고 있다.
④ ㉣ - 이 유물을 제작한 시기에 농경이 더욱 발달했음을 보여주고 있다.
⑤ ㉤ - 사냥과 고기잡이의 성공과 풍성한 수확을 기원하고 있다.

2 (가), (나) 나라에 대한 설명으로 옳은 것을 고른 것은?

[2점]

(가) 혼인을 할 때는 신부 쪽 집의 뒤에 조그만 집 하나를 짓는데 이를 사윗집이라고 부른다. 사위될 사람이 저녁에 신부의 집에 와서 문밖에 꿇어앉아 신부와 함께 자겠다고 간청한다. 두세번 간청하면 부모가 비로소 허락하고 집 뒤 조그만 집에 가서 자게 한다. 이때 돈과 비단을 늘어놓는다. 이렇게 혼인을 하고 아이를 낳아 크게 자라면 데리고 신랑의 집으로 돌아간다.
— 「삼국지위서동이전」 —

(나) 사람들의 체격은 매우 크고 성품이 강직, 용맹하며 근검, 후덕해서 다른 나라를 노략질하지 않았다. 나라에는 왕이 있으며 벼슬은 가축의 이름을 따라 마가, 우가, 저가, 구가, 그 밖에 대사자, 사자라 칭했으며 부락에는 호민(豪民)이 있고, 하호(下戶)라 부리는 백성은 다 노복이 되었다.
— 「삼국지위서동이전」 —

㉠ (가)의 건국 세력은 (나)의 한 계통임을 자처하였다.
㉡ (가)와 (나)는 중국과 거리가 가까워 늘 중국과 친선 관계를 유지하였다.
㉢ (가), (나)의 초기 정치 체제는 왕과 부족장들이 다스리는 5부족 연맹체였다.
㉣ (가)는 연맹왕국 단계에서 멸망하였으나 (나)는 중앙집권적 고대 국가로 성장하였다.

① ㉠, ㉡ ② ㉠, ㉢
③ ㉠, ㉣ ④ ㉡, ㉢
⑤ ㉢, ㉣

3 다음 설명의 왕의 업적으로 옳은 것은?

[2점]

왕이 대궐로 돌아와 그 대나무로 피리를 만들어 원성의 천존고에 간직해 두었는데, 이 피리를 불면 적병이 물러가고 병이 나으며, 가물 때는 비가 내리고……. 바람이 자고 파도가 가라앉았으므로 이것을 국보로 삼았다.

— 「삼국유사」 —

① 병부(兵部)를 설치하여 군사권을 장악하였다.
② 당군과 합세하여 평양을 함락, 고구려를 멸망시켰다.
③ 관료전(官僚田)을 사급하는 제도가 실시되고, 녹읍을 혁파하였다.
④ 율령을 제정하여 왕을 정점으로 하는 국가권력을 강화하였다.
⑤ 화랑 제도를 정비하고 대가야를 정복하여 영토를 확장하였다.

4 다음 자료와 관련된 역사적 사실에 해당되는 것으로 옳은 것은?

[1점]

> 영락 9년 백제가 서약을 어기고 왜와 화통하므로, 왕은 평양으로 순수해 내려갔다. 신라가 사신을 보내 왕에게 말하기를, '왜인이 국경에 가득차 성을 부수었으니, 노객은 백성 된 자로서 왕에게 귀의하여 분부를 청한다고 하였다. …… 영락 10년 보병과 기병 5만을 보내 신라를 구원하게 하였다.

① 신라는 화랑도를 국가적인 조직으로 개편하였다.
② 백강에서 왜와 함께 당군을 공격하였다.
③ 태학을 설립하여 귀족 자제들에게 유교 경전을 가르쳤다.
④ 수도를 국내성에서 평양으로 옮겼다.
⑤ 신라 내물왕은 광개토대왕의 원조를 받았다.

5 다음 자료와 관련된 역사적 사실에 해당되는 것으로 옳은 것은?

[2점]

> 도침 등이 웅진강(공주 앞 금강) 어귀에 책 두 개를 세워 관군에게 저항하자 유인궤는 신라병과 함께 사방에서 협공하였다. 도침 등은 이에 유인원에 대한 포위를 풀고 임존성으로 물러나 보전하였다. 신라병은 군량이 다하여 군사를 이끌고 돌아갔다.
>
> - 「구당서」 -

① 황산벌에서 계백의 백제군은 신라에 패하였다.
② 나·당 연합군이 사비성을 함락함으로써 백제는 멸망하였다.
③ 고구려는 연개소문 사후, 지도층이 내분되었다.
④ 왕족 복신 등은 왕자 부여풍을 왕으로 추대하였다.
⑤ 수·당과의 오랜 전쟁으로 고구려는 국력이 소모되었다.

6 다음 글의 밑줄 친 '이 단체'에 대한 설명으로 옳지 <u>않은</u> 것은?

[1점]

> 신라의 <u>이 단체</u>는 도의로서 연마하고, 노래와 춤으로 서로 즐기며, 산천을 찾아 노닐었는데, 먼 곳까지 가지 않는 곳이 없었다. 이러한 환경 속에서 맺어진 이들의 우애는 속세를 초월하여 지극히 고매한 정신세계를 구축해 나갔으며, 죽음까지도 함께 하는 숭고한 것이었다.
> 이들은 의 없이 사는 것은 의 있게 죽는 것만 못하게 여겼으며, 위로 국가를 위할 뿐 아니라, 아래로 지기를 위하여 죽기도 서슴치 않았다.

① 원광의 세속 5계를 가르쳐 운영원리로 삼았다.
② 진흥왕 때 장려하여 국가조직으로 확대되었다.
③ 계층 간의 대립과 갈등을 조절하고 완화하였다.
④ 평민은 선발되지 못하였다.
⑤ 원시 사회의 청소년 집단에서 유래되었다.

7 다음 자료에 해당하는 왕의 활동으로 옳은 것은?

[2점]

① '개국'이라는 독자적 연호를 사용하였다.
② 고구려를 공격하여 함경도까지 진출하였다.
③ 풍속교정을 통해 순장풍속을 금지하였다.
④ 관등과 공복을 제정하고 율령을 반포하였다.
⑤ 우경을 권장하였다.

8 다음과 같은 (가)~(나)의 벽화에 해당되는 내용으로 적절하지 않은 것은?

[2점]

① (가)를 통해 당시 생활풍속, 문화 등을 알 수 있다.
② (가)는 굴식돌방무덤에 그려져 있다.
③ (나)는 도교의 영향을 받았다.
④ (나)는 돌무지무덤에 그려져 있다.
⑤ (가), (나)는 고구려의 고분벽화이다.

9 다음 문화유산을 남긴 나라에 대한 설명으로 옳은 것은?

[2점]

① 여진의 침략으로 멸망하였다.
② 매소성에서 당의 군대를 물리쳤다.
③ 지배층의 대다수가 말갈족이었다.
④ 김흠돌 모역 사건을 계기로 왕권을 강화하였다.
⑤ '인안', '대흥' '건흥' 등의 독자적 연호를 사용하였다.

10 다음 상황이 전개되던 시기의 사회상으로 옳은 것을 〈보기〉에서 고른 것은?

[2점]

> 충선왕 즉위년 11월 대사령을 선포하고 하교하였다. "…… 태조께서 나라를 세우실 때에는 법도가 모두 갖추어졌지만 후대에 내려오면서 점차 쇠퇴하였다. 게다가 요즈음에는 간신이 세력을 잡고 국권을 우롱하고 기강을 어지럽히고 있다. 공·사 논밭과 노비를 모두 간신에게 빼앗기게 되니 백성들이 먹기가 어렵게 되었다. ……"

| 보기 |

㉠ 농민 : 젠장, 응방을 설치해서 매까지 사육시키고 징발할 줄이야…….
㉡ 장군 : 오늘은 중방에서 회의가 있다고 하는구만…….
㉢ 여자 : 나는 이미 결혼을 했으니깐, 공녀로 바쳐지지 않겠지.
㉣ 유생 : 다음달에 드디어 과거제가 처음으로 시행된다고 하는구만…….

① ㉠, ㉡
② ㉠, ㉢
③ ㉡, ㉢
④ ㉡, ㉣
⑤ ㉢, ㉣

11 다음 가상대화가 이루어진 시기에 볼 수 있는 사회모습으로 옳은 것은?

[3점]

> 농민 1 : 허허 …… 저 사람이 그 황제도 두렵지 않다는 무신들의 최고 우두머리라던데…….
> 농민 2 : 나도 들었어. 이의민을 죽이고 왕까지 바꿨다지.

① 금에 대한 사대관계를 주장하였다.
② 풍수지리설과 결부된 자주적 사상을 내세웠다.
③ 사회 개혁책으로 봉사 10조를 제시하였다.
④ 최무선이 화포를 이용하여 왜구를 격퇴하였다.
⑤ 원으로부터 목화가 들어왔다.

12 다음 자료를 통하여 알 수 있는 당시의 사회 모습으로 적절한 것은?

[2점]

> 신 박유가 아뢰었다. "우리나라는 남자는 적고 여자가 많은데도 신분의 고하를 막론하고 처를 하나 두는데 그치고 있습니다. 아들이 없어도 감히 첩을 두려 생각하지 않습니다. 청컨대 신하들로 하여금 품계에 따라 처와 첩을 두게 하고, 백성들은 한 명의 처와 한명의 첩을 두도록 법을 만든다면 원성은 줄어들고 인구는 번성하게 될 것입니다." 하오나 이 건의는 묵살 되었다. 박유가 임금을 모시고 연등회 행사를 갔을 때 한 노파가 박유를 가르켜 "첩을 두자고 건의한 거렁뱅이 같은 늙은이!"라고 소리치자, 주변의 부인들이 모두 박유에게 손가락질을 하며 야유를 보냈었다.

① 사위가 처가의 호적에 입적하여 생활하기도 하였다.
② 아들이 없을 경우 양자를 들였다.
③ 사위에게는 음서의 혜택이 없었다.
④ 재가한 여성의 자식은 벼슬을 할 수가 없었다.
⑤ 부모의 유산은 자녀들에게 차등 분배되었다.

13 다음 토지 제도와 관련된 설명으로 옳은 것은?

[3점]

시기		등급	1	2	3	4	…	11	12	13	14	15	16	17	18	지급 기준	지급 대상
경종 (976)	시정 전시과	전지	110	105	100	95		60	55	50	45	42	39	36	33	관직, 인품	현직, 산직
		시지	110	105	100	95		60	55	50	45	40	35	30	25		
목종 (998)	개정 전시과	전지	100	95	90	85	…	50	45	40	35	30	27	23	20	관직	현직, 산직
		시지	70	65	60	55		25	22	20	15	10					
문종 (1076)	경정 전시과	전지	100	90	85	80		45	40	35	30	25	22	20	17	관직	현직 관료
		시지	50	45	40	35		12	10	8	5						

산직 : 일이 주어지지 않은 관직

① 관리들에게 지급되는 전지·시지는 점차 줄어들고 있다.
② 경종 때가 목종 때 보다 좀 더 객관적인 토지지급 기준을 가지고 있었다.
③ 땔감을 얻을 수 있는 시지는 모든 관료들에게 지급되었다.
④ 관리들에게 토지 소유권을 지급하였다.
⑤ 경기도에 한하여 관리에게 수조권을 지급하였다.

14 다음 글을 쓴 인물의 주장으로 옳은 것은?

[2점]

> 교종을 공부하는 사람은 내적인 것을 버리고 외적인 것만을 구하려는 경향이 강하고, 선종을 공부하는 사람은 외부의 대상을 잊고 내적으로만 깨달으려는 경향이 강하다. 이는 모두 양 극단에 치우친 것이므로, 양자를 골고루 갖추어(내외겸전)안팎으로 모두 조화를 이루어야 한다.
> － 「대각국사 문집」－

① 백련사에서 신앙결사 운동을 전개하였다.
② 수선사 결사운동을 확대하였다.
③ 정혜쌍수·돈오점수를 주장하였다.
④ 천태종을 창시하고 전파하였다.
⑤ 불국토의 이상 세계의 구현에 힘썼다.

15 다음과 같은 기능을 수행한 조선 시대의 정치 기구로 옳은 것은?

[2점]

> 구성 : 중서문하성의 낭사와 어사대
> 기능 : 간쟁, 봉박, 서경의 권한
> 특징 : 왕권을 견제, 왕권과 신권의 갈등 조정

① 사간원과 사헌부
② 집현전과 홍문관
③ 의금부와 승정원
④ 병조와 이조
⑤ 의정부와 비변사

16 다음 내용에 해당되는 도자기로 가장 적절한 것은?

[1점]

> 도자기의 빛깔이 푸른 것은 비색이라 부른다. 근년에 와서 만드는 솜씨가 교묘하고 빛깔도 더욱 예뻐졌다. 술그릇의 모양은 오이 같은데 위에 작은 뚜껑이 있어서 연꽃에 엎드린 오리 모양을 하고 있다. 또한 주발, 접시, 술잔, 사발 등도 만들 수 있지만 모두 일반적으로 도자기를 만드는 법에 따라 한 것이므로 생략하고 그리지 않는다. 단 술 그릇만은 다른 그릇과 다르기 때문에 특히 드러내 소개해 둔다. 사자 모양을 한 도제 향로 역시 비색이다. …… 여러 그릇들 가운데 이 물건이 가장 정밀하고 뛰어나다.
>
> - 「고려도경」 -

①

②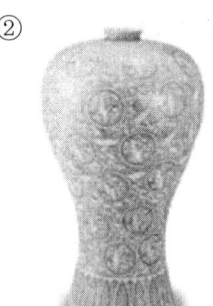

③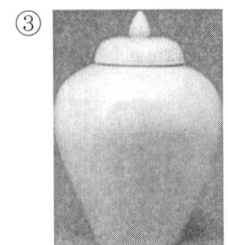

④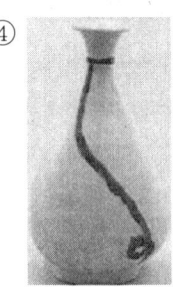

⑤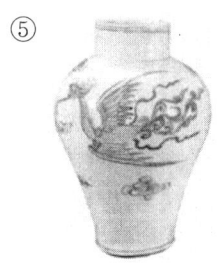

17 다음 드라마의 주인공이 활동했던 시기의 국왕의 정책으로 옳은 것은?

[2점]

방송시간		
KBS	MBC	SBS
9:00 KBS 뉴스	9:00 특별기획 드라마 하얀거탑	9:00 한밤의 TV연예
10:10 특집 자연 다큐 사막의 신비	10:00 세바퀴	10:00 조선 민중의 영웅, **무사 백동수**
11:00 KBS스포츠	11:00 뉴스데스크	11:00 SBS 뉴스

① 경국대전을 완성하였다.
② 북진정책을 실시하였다.
③ 초계문신제를 실시하였다.
④ 당백전을 발행하였다.
⑤ 나선정벌에 조총부대를 파견하였다.

18 다음과 같은 사실을 입증하기 위한 탐구 활동으로 적절하지 <u>않은</u> 것은?

[3점]

> 관찰사는 전국 8도에 각각 임명되었다. 관찰사는 감찰권, 행정권, 군사권을 가진 중요한 직책이었다. 고려시대 안찰사는 실권이 거의 없었던데 비해 관찰사는 막강한 권한을 행사하였다.

① 향리의 역할과 권한에 대해 조사한다.
② 고려와 조선의 속현의 수를 비교한다.
③ 조선 시대 향약과 유향소를 조사한다.
④ 조선 시대 수령의 권한을 조사한다.
⑤ 조선 시대 상피제에 대해 조사한다.

19. 밑줄 친 '이들'에 대한 설명으로 옳은 것을 〈보기〉에서 모두 고른 것은?

[3점]

신분계층으로서 이들은 역관, 의관, 산관, 율관 등의 기술관과 서리, 향리, 군교, 서얼 등을 일컫는다. 양반이 상급 지배 신분층이라면, 이들은 하급지배 신분층으로서 양반이 입안한 정책을 실제로 수행하는 행정 실무자이다.

| 보기 |

㉠ 재산으로 취급되어 매매, 상속, 증여의 대상이었다.
㉡ 서얼들은 차별 폐지 운동을 펼치기도 하였다.
㉢ 행정 실무자로 양반들의 인정과 존중을 받았다.
㉣ 서리, 향리는 직역을 세습하고, 관청에서 가까운 곳에 거주하였다.

① ㉠, ㉢ ② ㉠, ㉣
③ ㉡, ㉢ ④ ㉡, ㉣
⑤ ㉢, ㉣

20. (가), (나)의 그림과 관련된 설명으로 옳은 것을 〈보기〉에서 고른 것은?

[2점]

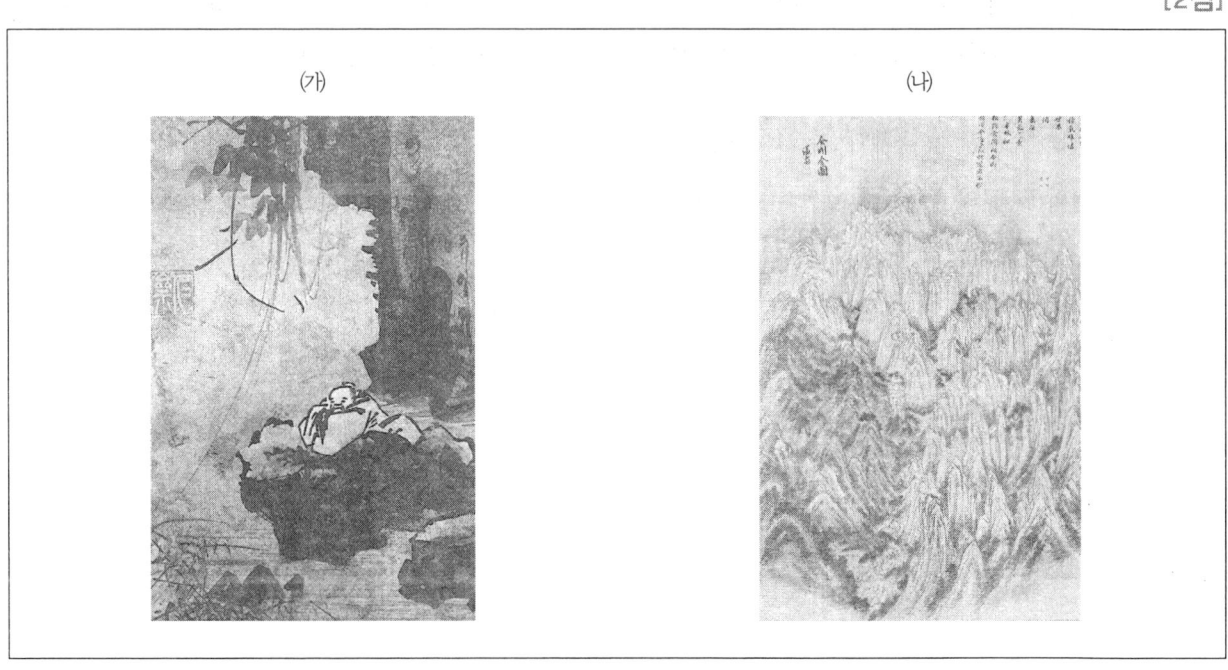

| 보기 |

㉠ (가)는 (나)보다 이른 시기에 그려졌다.
㉡ (가)가 그려진 시기에는 민화가 유행하였다.
㉢ (나)는 우리 자연을 사실적으로 표현하였다.
㉣ (나)가 그려진 시기에는 사군자, 산수화가 유행하였다.

① ㉠, ㉢ ② ㉠, ㉣
③ ㉡, ㉢ ④ ㉡, ㉣
⑤ ㉢, ㉣

21 다음 게시문의 인물에 대한 설명으로 옳은 것은?

[2점]

[시대를 앞서간 개혁가!]

유교적 이상정치 구현하려는 다양한 노력
1. 소격서 폐지
2. 향약 전국적 시행 추진
3. 현량과 실시

① 관학파의 학풍을 계승하였다.
② 무오사화로 인해 사사되었다.
③ 훈구파 견제를 위해 위훈삭제를 추진하였다.
④ 계유정난을 통해 공신의 작위를 받았다.
⑤ 「경세유표」를 집필하였다.

22 다음 주장을 한 인물에 대한 설명으로 옳은 것을 〈보기〉에서 고른 것은?

[1점]

> 대체로 재물은 비유하건대 샘과 같은 것이다. 퍼내면 차고 버려두면 말라버린다. 그러므로 비단 옷을 입지 않아서 나라에 비단을 짜는 사람이 없게 되면 여공이 쇠퇴하고, 쭈그러진 그릇을 싫어하지 않고 기교를 숭상하지 않아서 수공업자가 도야하는 일이 없게 되면 기예가 망하게 되며, 농사가 황폐하여져서 그 법을 잃게 되므로 사·농·공·상의 4민이 모두 곤궁하여 서로 구제할 수 없게 된다.

| 보기 |

㉠ 「의산문답」에서 지전설을 주장하였다.
㉡ 「우서」를 저술하여 중국과 우리나라의 문물제도를 비교하였다.
㉢ 「북학의」를 저술하고 청의 풍속·제도를 소개하였다.
㉣ 생산과 소비의 관계를 '우물론'에 비유하였다.

① ㉠, ㉡
② ㉠, ㉢
③ ㉡, ㉢
④ ㉡, ㉣
⑤ ㉢, ㉣

23 다음 정치 세력에 대한 설명으로 옳은 것은?

[3점]

- 임진왜란 당시 의병을 일으키고 향촌사회의 기반을 유지하여 전란이 끝난 뒤 정국을 주도할 수 있었다.
- 인목대비를 서인(庶人)으로 낮추고 왕의 적통인 영창 대군 살해에 관여하였다.

① 예송논쟁을 통해 서인과 대립을 하였다.
② 명과 후금사이에 중립외교를 주장하였다.
③ 숙종 때 환국을 통해 중앙정계를 장악하였다.
④ 명에 대한 의리 명분론을 강화하였다.
⑤ 영조의 탕평정치의 실시에도 정국을 주도하게 된다.

24 다음 그림이 그려진 시기의 경제 상황에 대한 설명으로 옳지 <u>않은</u> 것은?

[2점]

① 선상, 객주, 여각 등이 활발하게 상행위를 하였다.
② 쌀의 상품화 현상으로 밭을 논으로 바꾸는 일이 자주 발생하였다.
③ 이앙법의 보급으로 인해 광작이 실시되었다.
④ 금난전권으로 시전상인들은 사상을 억압하였다.
⑤ 상품의 유통이 활발해지고, 상품작물의 재배가 증가하였다.

25 (가), (나)의 사건에 대한 설명으로 옳지 <u>않은</u> 것은?

[3점]

> (가) 평서대원수는 급히 격문을 띄우노니 관서의 부로(父老)와 자제와 공·사 천민들은 모두 이 격문을 들으라 조정에서는 관서를 버림이 분토(糞土)와 다름없다. 심지어 권세 있는 집의 노비들도 서토의 사람을 보면 반드시 '평안도 놈'이라고 말한다. 어찌 억울하고 원통하지 않은 자 있겠는가.
>
> (나) 진주 안핵사 박규수가 상소하였다. "임술년 2월, 진주만 수만 명이 스스로 죄에 빠진 것은 반드시 이유가 있을 것입니다. 그것은 곧 삼정이 모두 문란해진 것에 불과한데, 살을 베어 내고 뼈를 깎는 것 같은 고통은 환향이 가장 큰일입니다. …… 단성현은 호수가 수천에 불과 하지만 환향의 각곡이 9만 9,000여 석이고, 적량진은 호수가 100에 불과하지만 환향의 각곡이 10만 8,900여 석인데, 이를 보충시킬 방도는 모두 정도를 어기고 사리를 해치는 이야기입니다."

① (가)는 몰락 양반이었던 홍경래의 지휘아래 일어났다.
② (가)는 수령의 수탈과 서북인의 차별이 원인이 되었다.
③ (나)는 진주민란을 계기로 전국에서 농민봉기가 발생하였다.
④ (나)는 삼정의 문란이 원인이 되었다.
⑤ (가), (나)는 모두 동학사상의 영향이 계기가 되었다.

26 다음 자료를 통해 당시 경제적 변화를 옳게 설명한 것을 〈보기〉에서 고른 것은?

[2점]

> 농민이 밭에 심는 것은 곡물만이 아니다. 모시, 오이, 배추, 도라지 등의 농사도 잘 지으면 그 이익이 헤아릴 수 없이 크다. 도회지 주변에는 파밭, 마늘밭, 배추밭, 오이밭 등이 많다. 특히, 서도 지방의 담배밭, 북도 지방의 삼밭, 한산의 모시밭 …… 수확은 모두 상상등전(上上等田)의 논에서 나는 수확보다 그 이익이 10배에 이른다.
>
> -「경세유표」-

| 보기 |

㉠ 소작료의 형태는 타조법이 일반적이었다.
㉡ 쌀의 상품화가 활발하여 밭을 논으로 바꾸는 현상이 자주 일어났다.
㉢ 전분 6등법에 의거하여 전세를 징수하였다.
㉣ 이모작이 전국적으로 확대되면서 보리 재배가 늘어났다.

① ㉠, ㉡ ② ㉠, ㉢
③ ㉡, ㉢ ④ ㉡, ㉣
⑤ ㉢, ㉣

27 다음 신문기사의 밑줄 친 '월인석보'와 관련 있는 왕의 업적으로 옳은 것은?

[1점]

> ○○○○년 ○월 ○일
>
> ### 보물 745호 월인석보의 운명은?
>
> 부실 저축은행 수사 과정에서 압수한 91점의 미술품 경매가 20일 시작된다. 유명 화가들의 작품이 즐비하다. 압수물 중에는 보물인 <u>월인석보 9, 10권</u>도 포함돼 있다. 어떻게 처리할지 예보의 고민이 깊다.

① 「팔만대장경」을 간행하였다.
② 보우를 중용하고 승과를 부활시켰다.
③ 간경도감을 설치하여 한글로 불교 경전을 해석하였다.
④ 의정부서사제를 실시하였다.
⑤ 선을 중심으로 불교를 통합하려고 하였다.

28 다음 자료를 통해 가상의 신문기사를 만든다면 제목으로 가장 적절한 것은?

[2점]

> 서울 시내의 민폐를 말하자면 이들이 그 으뜸이며, 백성들에게 혜택을 주고자 하면 이들을 폐지하는 것이 급선무입니다. 우리나라의 법은 국역을 지는 육의전에게 이익을 독점하도록 허용하였습니다. 그러나 근래에는 무뢰배들이 삼삼오오로 시전을 만들어 일상 생활품을 독점하고 있습니다. …… 내가 어릴 때와 비교하면 물가가 3배 내지 5배가 올랐을 뿐만 아니라 심지어 채소와 옹기 등을 전매하는 시전도 생겨서 사사로이 매매를 할 수 없습니다. 이 때문에 백성들은 소금을 구할 수 없고, 가난한 선비는 제사용품을 구할 수 없어 제사를 지내지 못합니다.

① 도고, 이들의 횡포는 어디까지인가?
② 돈을 벌고 싶은가? 광산으로 오라!
③ 수공업의 새로운 형태, 선대제 수공업
④ 밀착 취재, 보부상의 하루
⑤ 모든 물화가 모이는 곳, 한강을 가다.

29 다음 문학작품을 통해 추론 할 수 있는 사회 모습으로 옳은 것은?

[3점]

> 나는 무엇인지 그리워서
> 이 많은 별빛이 내린 언덕 위에
> 내 이름자를 써 보고
> 흙으로 덮어 버리었습니다.
> 딴은, 밤을 새워 우는 벌레는
> 부끄러운 이름을 슬퍼하는 까닭입니다.
> 그러나 겨울이 지나고 나의 별에도 봄이 오면
> 무덤 위에 파란 잔디가 피어나듯이
> 내 이름자 묻힌 언덕 위에도 자랑처럼 풀이 무성할 거외다.
>
> - 윤동주, 별 헤는 밤 -

① 관리와 교원에게 제복과 칼을 착용하게 하였다.
② 우민화 정책을 통해 일본의 지배에 순종하게 하였다.
③ 회사령을 발표하여 민족 기업의 설립을 억제하였다.
④ 치안 유지법을 제정하여 사회주의세력을 억압하였다.
⑤ 헌병 경찰에게 즉시 처분권을 부여하였다.

30 다음 사진에 해당하는 건물과 관련된 역사적 사실로 옳지 <u>않은</u> 것은?

[2점]

① 총독은 일본 육·해군 대장 중에서 임명되었다.
② 광복 이후 대한민국 정부의 청사로 이용되기도 하였다.
③ 광복 이후 국립 중앙 박물관으로 이용되기도 하였다.
④ 1995년에 청사는 철거 되었고, 건물의 부재는 독립기념관으로 옮겨졌다.
⑤ 우리나라 최초의 순수한 고딕양식의 연와조 건물이었다.

31 다음 자료와 같은 시기의 사회 모습으로 옳은 것을 <보기>에서 고른 것은?

[2점]

> 조선인 사이에 사상이 더욱 악화되는 경향이 있다는 것은 말할 필요도 없다. 그러나 근대 조선 청년들은 기존의 성급하고 열광적인 운동이 효과가 없음을 깨닫고 점차 실력을 양성하여 일본의 속박에서 벗어나 독립을 회복하려 하고 있다. 근래 배움을 중시하는 경향이 현저해진 점이나 지방 도청에 청년회가 설립되고 있다는 점 등이 그 증거이다. …… 그러나 압박을 가해 이것을 질식시킨다는 것은 결코 바람직하지 않다. 그렇다고 해서 아무 방책도 강구하지 않고 내버려 두는 것도 위험스럽기 짝이 없다. 오히려 이러한 경향을 이용하여 이를 일선병합의 재정신과 대이상인 일선동화로 귀결시켜야 한다. 그 방책은 위력 있는 문화운동 뿐이다.
>
> – 사이토 마코토 문서9, 조선통치에 관한 의견서 –

| 보기 |

㉠ 보통경찰제가 실시되었다.   ㉡ 치안유지법이 제정되었다.
㉢ 황국신민화를 구호로 내세웠다.   ㉣ 토지조사사업이 실시되었다.

① ㉠, ㉡
② ㉠, ㉢
③ ㉡, ㉢
④ ㉡, ㉣
⑤ ㉢, ㉣

32 (가), (나)의 세력에 대한 설명으로 옳은 것을 〈보기〉에서 고른 것은?

[2점]

(가) 오륜의 원리는 하늘로부터 부여된 것으로 만고불변의 진리입니다. 이에 반해 배, 수레, 군대나 농업에 관련된 기계는 백성들의 편리와 나라를 이롭게 하는 외형적인 것입니다. 제가 변혁을 꾀하고자 하는 것은 기(器)이지 도(道)가 아닙니다. …… 전하께서 준재를 널리 선발하여 기계 제조의 관리를 두시고, 그들로 하여금 해외로 출입케 해서 그 제조법을 배워 오게 하여 급속히 그 효용을 보게 하면, 재주와 지략과 정교한 기술이 어찌 다른 나라에 뒤떨어지겠습니까?

- 윤선학 상소문 -

(나) 이제 세계가 상업을 주로 하여 서로 생업의 많음을 경쟁하는 때를 맞이하였으니, 양반을 배제하여 그 폐단의 근원을 모조리 없애는 데 힘쓰지 않으면 국가의 패망이 기다릴 뿐입니다.

- 갑신정변 실패 후 김옥균이 일본에서 올린 상소문 -

| 보기 |

㉠ (가) 일본의 메이지유신을 모델로 삼았다.
㉡ (가) 김홍집, 김윤식, 어윤중이 주요 인물이다.
㉢ (나) 정치, 사회제도의 개혁까지 포함하는 급진적 개혁을 추구하였다.
㉣ (나) 전통적인 청과의 관계를 중시하였다.

① ㉠, ㉡
② ㉠, ㉢
③ ㉡, ㉢
④ ㉡, ㉣
⑤ ㉢, ㉣

33 다음 자료와 관련된 민족 운동에 대한 설명으로 옳은 것은?

[1점]

이날 서울 거리의 광경은 열광적으로 독립 만세를 연창하는 군중, …… 사람이 너무도 어마어마하게 많으니까, 이것을 바라보는 일본 사람도 기가 꽉 질리지 않을 수가 없었을 것이다. 이 날 우리는 일본인을 구타하거나 그들의 물품을 파괴 또는 약탈하는 등의 일은 전혀 하지 않았다.

① 대한민국 임시 정부 수립의 계기가 되었다.
② 민족주의계와 사회주의계의 대립과 갈등을 극복하는 계기가 되었다.
③ 일제의 민족차별과 식민지교육이 운동의 배경이 되었다.
④ 순종의 인산일을 기해 일어났다.
⑤ 신간회의 지원으로 전국적 규모로 확대될 수 있었다.

34 다음은 김원봉의 일생을 요약한 것이다. 밑줄 친 단체 (가)에 대한 설명으로 옳지 않은 것은?

[2점]

- 1919년, 만주 길림에서 신채호의 '조선혁명선언'을 활동지침으로 하는 __(가)__ 단체 조직
- 1926년, 황포군관학교 입학
- 1935년, 독립운동단체를 규합하여 민족혁명당 결성

① 무정부주의의 영향을 받았으며 본부를 일정한 곳에 두지 않았다.
② 조선총독부, 경찰서 등 식민지배기구를 파괴하였다.
③ 중국정부의 지원 아래 조선혁명 간부학교를 세웠다.
④ 태평양전쟁 발발 직후 대일선전포고를 하였다.
⑤ 나석주가 동양척식주식회사에 폭탄을 던졌다.

35 다음 자료를 통해 알 수 있는 단체에 대한 설명으로 옳은 것은?

[2점]

회고하여 보면 조선의 여성운동은 거의 분산되어 있었다. 통일된 조직이 없었고 통일된 목표와 지도정신도 없었다. …… 우리가 실제로 우리 자신을 위하여, 우리 사회를 위하여 분투하려면 조선 자매 전체의 역량을 하나로 모아 운동을 전면적으로 전개하지 않으면 안 된다.

① 신민회의 자매단체였다.
② 농촌진흥운동을 적극 지원하였다.
③ 신간회가 해소되면서 해체되었다.
④ 기독계 계열의 여성만이 참여하였다.
⑤ 3·1 만세 운동을 적극 지원하였다.

36 다음 자료를 통해 알 수 있는 민족운동에 대한 설명으로 옳은 것은?

[2점]

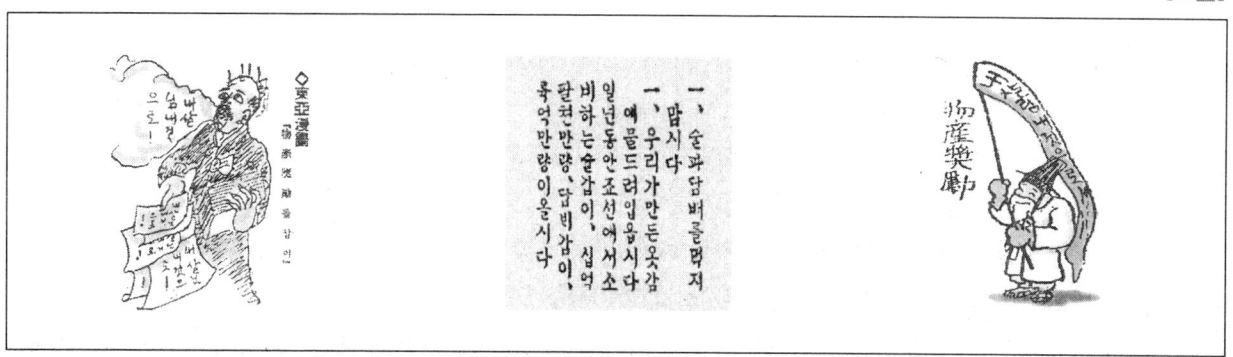

① 대구의 서상돈을 중심으로 시작하여 전국으로 확대되었다.
② '한민족 1천만이 한 사람이 1원씩' 이라는 구호를 내세웠다.
③ 민족자본, 산업육성을 통해 민족경제의 자립을 달성하고자 하였다.
④ 일제가 농촌 진흥 운동을 추진하는 계기가 되었다.
⑤ 신간회가 결성되는 데 영향을 주었다.

37 다음 자료를 저술한 인물의 활동으로 옳은 것은?

[3점]

> 김부식의 「삼국사기」는 일부 노예성의 산출물이라. 그 인물관이 더욱 창피하여 영웅인 애국자 곧 동서양 오랜 역사에 비교될 예가 별로 없을 부여복신을 전기에서 빼고 …… 연개소문이 비록 야심가이나 정치사상의 가치로는 도한 천 년에 드문 기이한 인물이거늘 …… 오직 「신구당서」를 초록하여 개소문전이라 칭할뿐이오, …… 독립적, 창조적인 설원·영랑·원효 등은 지워 없애버리고, 오직 중국 사상의 노예인 최치원을 코가 깨지도록, 이마가 터지도록, 손이 발이 되도록 절하며, 기리며, 뛰며, 노래하면서 기리었다.

① '조선 얼'을 강조하였다.
② 저서로 「조선사회경제사」, 「조선봉건사회경제사」가 있다.
③ '시일야방성대곡'을 써서 을사조약을 비판하였다.
④ 유교구신론을 주장하였다.
⑤ 역사를 '아(我)'와 '비아(非我)'의 투쟁으로 이해하였다.

38 다음 기구에 대한 설명으로 옳은 것은?

[2점]

제1조 중추원은 의정부의 자문에 응하고 다음의 사항을 심사, 의정한다.
1. 법률, 칙령안
2. 의정부가 결의하여 상주하는 일체 사항
3. 중추원의 임시 건의사항
4. 인민의 건의를 채용하는 사항

제2조 중추원은 다음의 직원으로 구성된다.
의장 1인, 부의장 1인, 의관 50명으로 선임하고, 그 반수는 독립협회의 회원 투표로 선거하며, 나머지 반수는 국왕이 임명한다.

① 광무개혁을 적극적으로 지지하였다.
② 무단통치가 실시되면서 폐지되었다.
③ 친일파들이 주요 요직을 차지하였다.
④ 관민 공동회의 건의로 관제가 개편되었다.
⑤ 무장독립투쟁이 발달하는 계기가 되었다.

39 다음 자료와 관련된 단체의 활동으로 옳지 않은 것은?

[2점]

105인 사건은 일제가 안중근의 사촌 동생 안명근이 황해도 일원에서 독립 자금을 모금하다가 적발되자 이를 빌미로 일제는 항일 기독교 세력과 단체를 탄압하기 위해 총독 암살 미수 사건을 조작하여 수백 명의 민족 지도자를 검거한 일이다.

① 만주 지역에 독립운동 기지를 건설하였다.
② 공화정체의 근대국민국가 건설을 주장하였다.
③ 대성학교와 오산학교를 설립하였다.
④ 사회 각계각층 인사들이 조직한 비밀결사 단체였다.
⑤ 고종의 강제 퇴위 반대 운동을 전개하였다.

40 다음 자료와 관련된 신문에 대한 설명으로 옳은 것을 〈보기〉에서 고른 것은?

[3점]

편집실 - 중앙에 앉은 마른 사람은 양기탁

사장 시절 베델

| 보기 |

㉠ 의병 활동에 대해 호의적인 기사를 실었다.
㉡ 장지연의 '시일야방성대곡'을 게재하였다.
㉢ 국채 보상 운동에 적극적으로 지원하였다.
㉣ 구독대상이 주로 지식층, 유생들이었다.

① ㉠, ㉡
② ㉠, ㉢
③ ㉡, ㉢
④ ㉡, ㉣
⑤ ㉢, ㉣

41 (가), (나) 정부 때에 있었던 사실로 옳은 것을 〈보기〉에서 고른 것은?

[2점]

(가) • 프로축구, 야구 및 씨름 구단의 창설
 • 컬러 TV의 방송

(나) • 국제통화기금(IMF)에 구제 금융 요청
 • 금융실명제 실시

| 보기 |

㉠ (가) - 서울 올림픽을 개최하였다.
㉡ (가) - 4·13 호헌 조치를 발표하였다.
㉢ (나) - 경제개발협력기구(OECD)에 가입하였다.
㉣ (나) - 남북한 유엔 동시가입이 이루어졌다.

① ㉠, ㉡
② ㉠, ㉢
③ ㉡, ㉢
④ ㉡, ㉣
⑤ ㉢, ㉣

42 다음 자료에 나타난 민주화 운동에 대한 설명으로 옳은 것은?

[1점]

> 오늘 우리는 전 세계 이목이 우리를 주시하는 가운데 40년 독재정치를 청산하고 희망찬 민주국가를 건설하기 위한 거보를 전 국민과 함께 내딛는다. 국가의 미래요, 소망인 꽃다운 젊은이를 야만적인 고문으로 죽여 놓고 그것도 모자라서 뻔뻔스럽게 국민을 속이려 했던 현 정권에게 국민의 분노가 무엇인지를 분명히 보여 주고, 국민적 여망인 개헌을 일방적으로 파기한 4·13 폭거를 철회시키기 위한 민주장정을 시작한다.

① 5년 단임의 대통령 직선제로 개헌을 이루어냈다.
② 유신체제가 시작되는 계기가 되었다.
③ 대통령 간선제 개헌을 이루어냈다.
④ 3선 개헌안이 통과되는 계기가 되었다.
⑤ 자유당 정권을 무너뜨렸다.

43 다음 우표와 관련된 '운동'에 대한 설명으로 옳은 것은?

[2점]

① 농촌 생활환경의 개선을 꾀하였다.
② 농지개혁법이 운동 실시의 계기가 되었다.
③ 제2차 석유파동으로 중단되었다.
④ 농민들의 이촌향도를 막을 수 있었다.
⑤ 도시로는 확대되지 않았다.

44 다음 성명이 발표된 시기를 연표에서 옳게 고른 것은?

[2점]

첫째, 통일은 외세에 의존하거나 외세의 간섭을 받음이 없이 자주적으로 해결하여야 한다.
둘째, 통일은 서로 상대방을 반대하는 무력행사에 의거하지 않고 평화적 방법으로 실현하여야 한다.
셋째, 사상과 이념, 제도의 차이를 초월하여 우선 하나의 민족으로서 민족적대단결을 도모하여야 한다.

1948	1953	1961	1972	1979	1987
(가)	(나)	(다)	(라)	(마)	
대한민국 정부 수립	한·미 상호방위 조약 체결	5·16 군사 정변	유신헌법 공포	10·26 사태	6월 민주 항쟁

① (가) ② (나)
③ (다) ④ (라)
⑤ (마)

45 밑줄 친 (가)에 대한 설명으로 옳은 것은?

[2점]

건국헌법에 친일파 처벌법 제정 근거가 마련됨에 따라 8월 5일 ___(가)___ 위원회가 구성되었다. 이는 남조선과도입법의원에서 만든 특별조례법률을 토대로 일본의 공직자 추방령, 중국 장제스 정부의 전범처리법안 등을 참고해 8월 16일 국회에 초안을 상정했고, 9월 7일 찬성 103명, 반대 6명으로 국회를 통과했다.

① 많은 친일파들이 처벌되고, 사형이 집행되기도 하였다.
② 이승만 정부는 (가)의 친일파 처벌에 소극적이었다.
③ 제헌 국회에서는 (가)의 활동을 반대 하였다.
④ 신탁 통치 문제를 해결하기 위해 조직되었다.
⑤ 미 군정청에서 적극적으로 지원을 하였다.

46 밑줄 친 '좌우 합작 위원회'에 참여한 인물로 옳은 것을 〈보기〉에서 고른 것은?

[1점]

한국 임시정부 수립 문제를 해결할 목적으로 중도파와 좌우 정치인들이 중심이 되어 1946년 5월 25일 구성했다. 1946년 초 서울에서 열린 제1차 미소공동위원회가 아무 성과 없이 결렬되고 좌·우익 대립이 격화되면서 중도파 세력들은 위기감을 느꼈다. 좌우파의 중도계열 인사들은 좌·우파 협의 기구 설립에 나섰고 미군정 당국도 이를 지원하였고 이에 '좌우 합작 위원회'가 구성되었다.

| 보기 |

㉠
김규식

㉡
여운형

㉢
김구

㉣
이승만

① ㉠, ㉡
② ㉠, ㉢
③ ㉡, ㉢
④ ㉡, ㉣
⑤ ㉢, ㉣

47 다음 두 사상에 대한 설명으로 옳지 <u>않은</u> 것은?

[1점]

> (가) 이것은 경험에 의한 인문지리적 지식을 활용하려는 학설인데, 뒤에 예언적인 도참 신앙과 결부되었다.
>
> (나) 이것은 고구려와 백제의 귀족 사회에 전래되어 민간신앙과 결합하여 널리 번성하였다. 특히 연개소문은 당나라로부터 이를 수입하여 장려하였다.

① (가)사상은 묘청의 서경천도 운동과 관련이 있다.
② (가)사상은 조선의 한양 천도에 영향을 주었다.
③ (나)사상은 백제의 금동대향로에 반영되어 있다.
④ (나)사상은 고구려 고분의 사신도에 반영되어 있다.
⑤ (가), (나)사상은 6두품, 호족세력의 경제적 성장을 반영하였다.

48 다음 사진과 같은 행사에 소개될 수 있는 유물로 옳은 것을 〈보기〉에서 고른 것은?

[3점]

| 보기 |

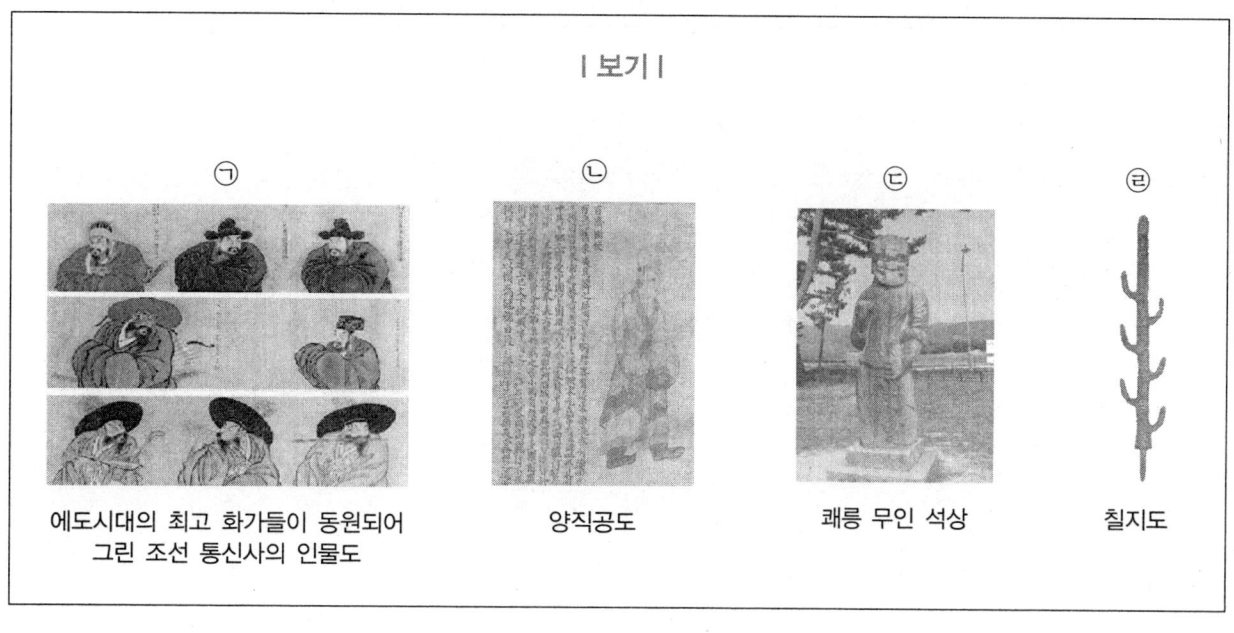

ㄱ. 에도시대의 최고 화가들이 동원되어 그린 조선 통신사의 인물도
ㄴ. 양직공도
ㄷ. 괘릉 무인 석상
ㄹ. 칠지도

① ㄱ, ㄷ　　　　　　　　② ㄱ, ㄹ
③ ㄴ, ㄷ　　　　　　　　④ ㄴ, ㄹ
⑤ ㄷ, ㄹ

49 박물관 가상 전시실의 유물을 보고 작성한 기록으로 옳지 <u>않은</u> 것은?

[2점]

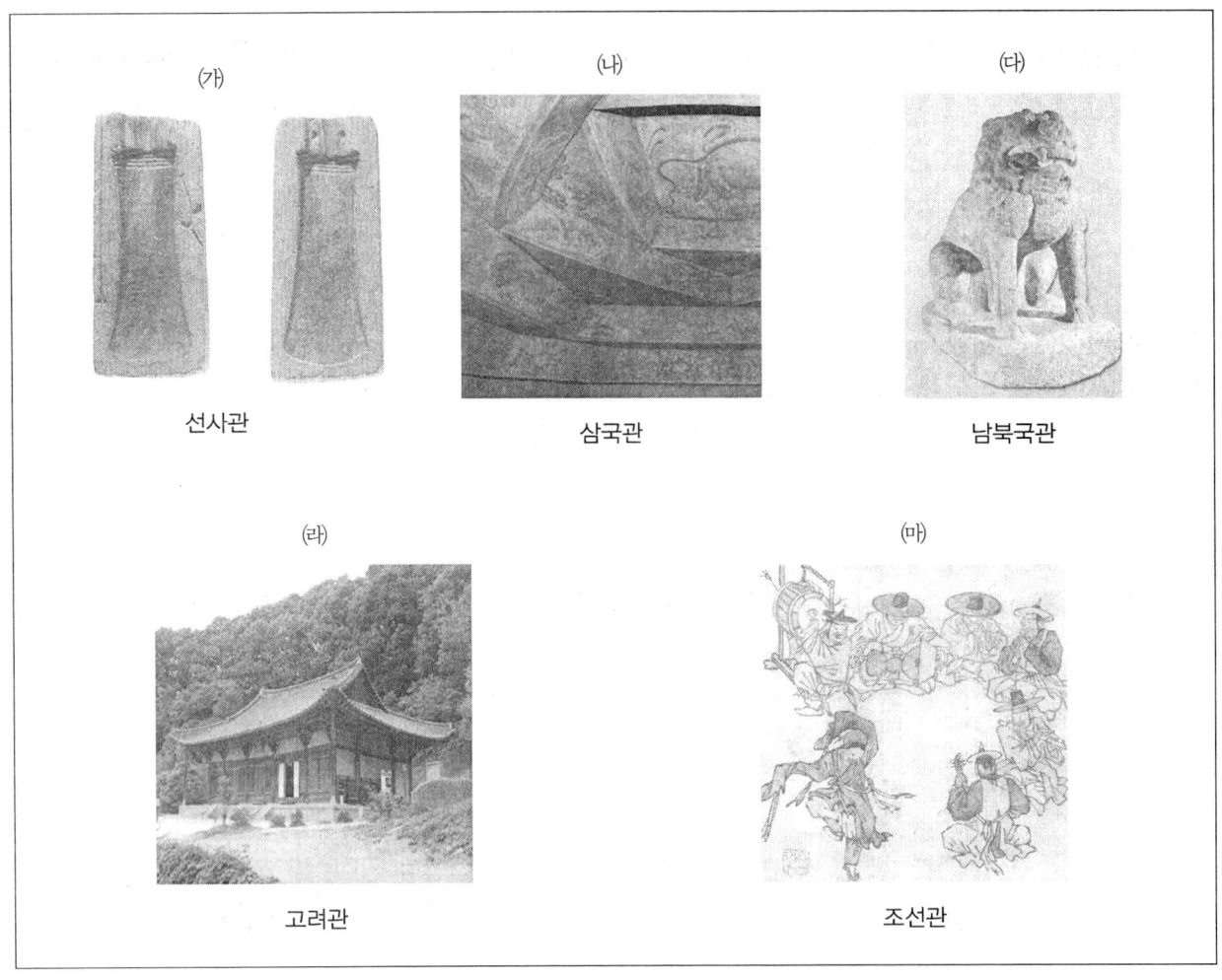

① (가) - 청동제품을 제작하던 틀이다.
② (나) - 신라의 무덤에서 볼 수 있는 구조이다.
③ (다) - 발해가 고구려를 계승한 것을 잘 보여주는 유물 중 하나이다.
④ (라) - 주심포 양식의 기본 수법과 배흘림기둥을 살펴볼 수 있다.
⑤ (마) - 김홍도가 춤추는 아이를 그린 작품으로 조선 후기의 대표적인 풍속화이다.

50 다음 포스터에 해당하는 지역에 대한 우리의 주장으로 적절하지 않은 것은?

[1점]

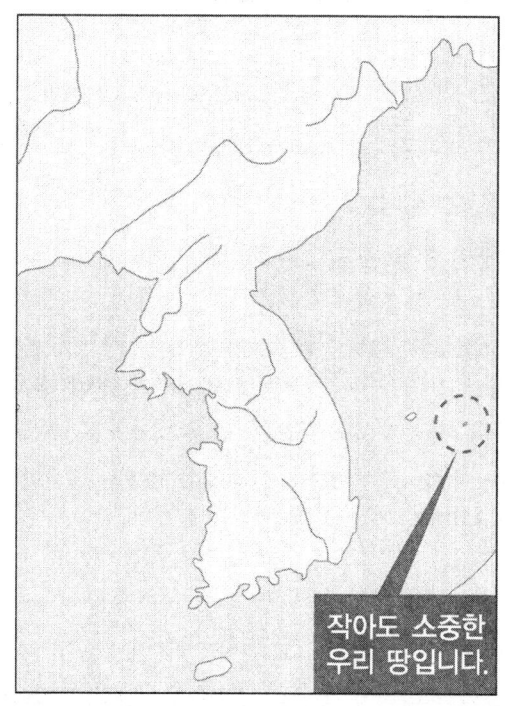

작아도 소중한 우리 땅입니다.

① 안용복이 일본에 가서 우리 영토를 확인받음
② 신라 지증왕이 우산국을 신라에 귀속시킴
③ 세종실록지리지에서 강원도 울진현에 편입
④ 일본 태정관이 조선의 영토로 기술
⑤ 일본은 이지역을 중국에 넘겨주는 대가로 남만주 철도 부설권 획득

03회 실력평가 모의고사

1 다음 자료에 대하여 옳게 설명한 것을 <u>모두</u> 고른 것은?

[2점]

> (가) 탕평책을 실시하여 붕당 간의 지나친 갈등을 억제하고 정치 질서의 안정을 추구하였다.
> (나) 정치집단 간의 대립구도 자체가 무의미해지고 소수의 가문 출신이 중앙 정치를 주도하게 되었다.
> (다) 각 붕당이 서로의 학문적 입장을 인정하는 토대 위에서 상호 비판적인 공존 체제를 이루어 나갔다.
> (라) 붕당 간의 균형이 무너지면서 특정한 붕당이 권력을 독점하는 일당 전제화의 추세가 나타났다.

> ㉠ (가)시기는 강력한 왕권으로 붕당 간의 다툼을 일시적으로 억누른 것이었다.
> ㉡ (나)시기에 권력에서 소외된 나머지 붕당들은 해체, 소멸되고 말았다.
> ㉢ (다)시기에는 백성들의 여론도 붕당을 통해 중앙 정치에 반영될 수 있었다.
> ㉣ (라)시기에는 정치권력이 고위 관원에게 집중되면서 비변사의 기능이 강화되었다.

① ㉠, ㉡
② ㉠, ㉣
③ ㉡, ㉢
④ ㉠, ㉡, ㉢, ㉣
⑤ ㉠, ㉢, ㉣

2 다음 기구가 제작된 시기의 과학 기술에 대한 설명으로 옳은 것은?

[2점]

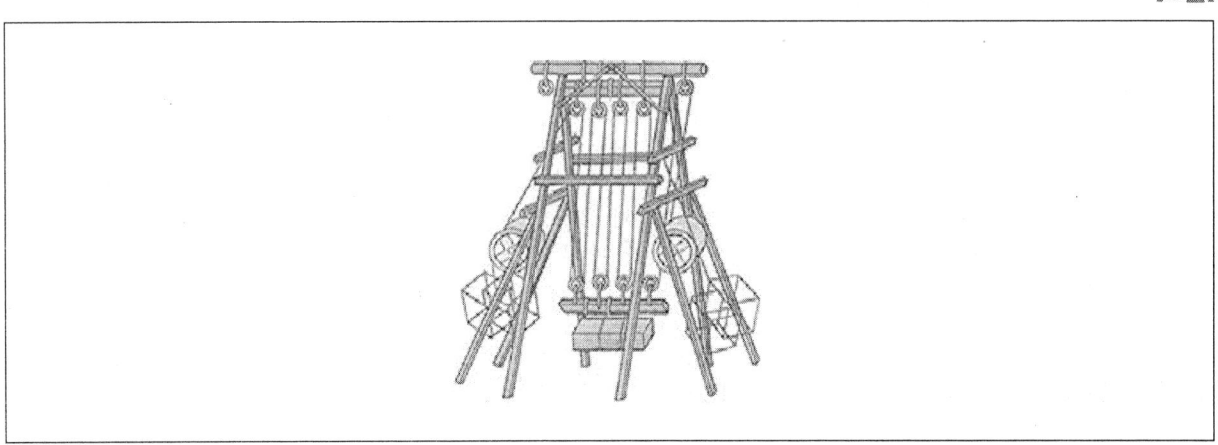

8개의 도르래를 사용해 적은 힘으로 무거운 물건을 쉽게 들어올릴 수 있게 했던 기구로 서양 선교사가 지은 기기도설을 참고하여 제작하였다. 한강에 배다리를 가설할 때 사용된 바 있으며, 당시 진행되던 축성 공사에 도입되어 공사 기간 단축과 공사비 절감에 크게 기여하였다.

① 수시력과 회회력을 참고하여 칠정산을 편찬하였다.
② 전통적 우주관의 전환을 가져온 지전설이 제기되었다.
③ 세계 최초로 측우기를 제작하여 강우량을 측정하였다.
④ 최무선이 화약 제조법을 터득하여 화포를 제조하였다.
⑤ 현존 동양에서 가장 오래된 천문대를 축조하였다.

3 ㉠~㉣에 대한 설명으로 옳은 것을 〈보기〉에서 고른 것은?

[2점]

조선 태종 때에는 세계지도적인 ㉠혼일강리역대국도지도를 만들었다. 이 지도의 필사본이 일본에 현존하고 있는데, 지금 남아 있는 세계지도 중 동양에서는 가장 오래된 것이다. 세조 때에는 양성지 등이 동국지도를 완성하였다. 16세기에도 많은 지도가 만들어졌는데, 그 중에서 ㉡조선방역지도가 현존하고 있다. 조선 후기에는 정밀하고 과학적인 지도가 많이 제작되었다. 정상기는 ㉢동국지도를 만들었고, 김정호의 ㉣대동여지도는 산맥, 하천, 포구, 도로망의 표시가 정밀하고, 목판으로 인쇄되었다.

㈎ ㉠은 원나라의 세계지도를 바탕으로 한반도와 일본 자료를 추가한 것이다.
㈏ ㉡은 만주와 대마도를 포함하고 있어 당시 영토의식을 엿볼 수 있다.
㈐ ㉢은 거리를 알 수 있도록 10리마다 눈금이 표시되어 있다.
㈑ ㉣은 100리를 1척으로 정하여 지도를 제작함으로써 정확한 지도를 만들 수 있다.

① ㈎, ㈏
② ㈏, ㈐
③ ㈐, ㈑
④ ㈎, ㈑
⑤ ㈏, ㈑

4 다음 학생들이 말할 수 있는 내용으로 옳은 것은?

[2점]

> 학생 1 : 신라의 설계두는 귀족의 자손인데 골품을 따져 뛰어난 재주와 큰 공이 있어도 한도를 넘지 못하는 현실 때문에 배를 타고 당으로 갔다네.
> 학생 2 : 왕권이 무너져 진골귀족이 대두되면서 골품제 모순이 나타는 것 같아.
> 학생 3 : 그래서 좌절하여 은둔하거나 다른 길을 모색하지 않았을까?

① 호족과 결탁하여 반신라적인 새로운 사상을 만들려고 하지 않았을까?
② 권문세족은 어떻게 권력을 잡았을까?
③ 무신정권기에 농민들이 봉기했던 이유는 무엇일까?
④ 신진 사대부들이 어떻게 등장하게 되었을까?
⑤ 호족들은 어떻게 중앙정계로 진출할 수 있었을까?

5 밑줄 그은 '이 나라'와 관련된 역사적 사실을 〈보기〉에서 옳게 고른 것은?

[3점]

> 이 나라를 끌어들여 같은 종족을 멸망시키고 도적을 불러들여 형제를 죽이는 것과 다를 바 없는 것이다. 이는 삼척동자라도 알 수 있는 것이다. …… 앞에서도 말했듯이 신라의 역대 왕들이 항상 외세의 도움을 받아 고구려, 백제를 멸망시키고자 하였거니와, …… 태종 대왕에 이르러 이 일을 위하여 마음과 힘을 다하고 수완을 다하여 마침내 이 일을 이룬 뒤에는 득의양양하였다.
>
> - 「조선상고사」 -

| 보기 |

㉠ 발해는 지배층의 내분과 '이 나라'의 침략으로 멸망하게 되었다.
㉡ 백제는 '이 나라'에 칠지도를 하사하였다.
㉢ 신라는 기벌포와 매소성에서 '이 나라'를 물리쳤다.
㉣ 고구려는 천리장성을 쌓고 '이 나라'의 침략에 대비하다.

① ㉠, ㉡ ② ㉠, ㉢
③ ㉠, ㉣ ④ ㉡, ㉣
⑤ ㉢, ㉣

6 (가)에 해당하는 유물로 옳은 것은?

[1점]

신라는 제17대 마립간 시기에는 국제 정세의 어수선한 분위기 속에 왜의 침략을 막기 위해 고구려 광개토 대왕에게 군사 원조를 요청하게 되지. 이와 같은 신라와 고구려의 긴밀한 관계는 신라의 경주 호우총에서 발견된 (가)를 통해 알 수 있지.

①

②

③

④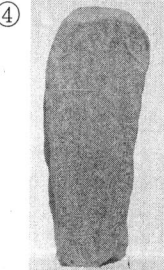

⑤

7 다음 자료가 유행하였던 시기의 모습으로 옳은 것은?

[2점]

명주 굴산을 개창한 통효대사는 이름은 범일이고 경주 김씨였다. …… 백달사에서 좌선을 하고 있었는데, 명주도독 김공이 굴산사에 주석하기를 청했다. 한번 숲속에 앉아 40여 년이 지났다. 늘어선 소나무로 도를 행하는 행랑을 삼고 평평한 바위로 참선하는 자리를 삼았다.

– 「조당집」 –

① 무신들이 중앙 권력을 독점하였다.
② 공민왕은 전민변정도감을 실시하였다.
③ 6두품은 중앙 정계에 진출하여 정국을 주도하였다.
④ 지방에서 호족이라 불리는 새로운 세력이 성장하였다.
⑤ 문벌 귀족이 과거와 음서를 통해 권력을 유지하였다.

8 다음의 대회에서 볼 수 있는 왕으로 옳지 <u>않은</u> 것은?

[1점]

(가) 근초고왕 : 요서지방, 산둥반도, 규슈지방 진출
(나) 침류왕 : 불교 공인
(다) 무령왕 : 백제 중흥 기틀 마련, 중국 남조와 교류
(라) 성왕 : 사비(부여)로 천도, 국호를 남부여로 고침.
(마) 눌지왕 : 나·제동맹을 체결하여 반고구려적 분위기를 고조시킴.

① (가) ② (나)
③ (다) ④ (라)
⑤ (마)

9 다음 글의 밑줄 친 부분에 해당하는 왕조에 대한 설명으로 옳지 <u>않은</u> 것은?

[1점]

> <u>의 나라는</u> 고구려 옛 땅에 세운 나라이다. 사방 이천 리이며, 주현이나 관역이 없다. 곳곳에 마을이 있는데 모두 말갈 부락이다. 백성에는 말갈이 많고 토인이 적다. 토인이 촌장이 되었다. 큰 촌락에는 도독이라 하고 다음 크기는 자사라 한다. 그 아래에는 백성들이 모두 수령이라 불렀다.
>
> - 「유취국사」 -

① 고구려 장군 출신 대조영이 나라를 세웠다.
② 전국을 9주 5소경으로 정비하였다.
③ 멸망 후 유민들의 부흥운동이 이어졌다.
④ 정혜공주 묘에서 고구려 계승의식을 볼 수 있다.
⑤ 해동성국이라 불리었다.

10 다음과 같은 상황을 개선하기 위한 정부의 대응책으로 옳은 것을 〈보기〉에서 고른 것은?

[2점]

> 고려 중기에는 최충의 문헌공도를 비롯한 사학 12도가 육성하였다. 12도는 9경 3사를 교과내용으로 하였다. 국자감의 관학교육은 위축되었으며, 문벌귀족사회는 발달하였다.

| 보기 |

㉠ 장학기관인 양현고를 설치하였다.
㉡ 전문 강좌인 7재를 설치하여 전문성을 높였다.
㉢ 9재 학당을 적극 후원하였다.
㉣ 지방에 경당을 설치하였다.

① ㉠, ㉡
② ㉠, ㉢
③ ㉡, ㉢
④ ㉡, ㉣
⑤ ㉢, ㉣

11 다음은 어느 시대의 농민들의 가상 대화이다. (가)에 들어갈 말로 적절한 것은?

[2점]

> 농민1 : 며칠 전부터 갑자기 예전에 없던 전염병이 유행하고 있는데 무슨 방법이 없겠나?
> 농민2 : 지난해 흉년으로 인한 문제는 의창에서 도움을 받았었는데, 전염병은 어쩌지?
> 농민3 : ___(가)___

① 사창제에서 도움을 받으면 된다고 하던데.
② 제생원에 가면 구호품을 지원해 준다네.
③ 구제도감이나 구급도감이 곧 설치된다고 하니 기다려 보세.
④ 상평창에서 곧 나설 것이라고 하던데.
⑤ 흑창에서 도움을 받은 사람이 있더군.

12 다음 자료의 밑줄 친 왕에 대한 설명으로 옳은 것은?

[2점]

> • <u>왕</u>은 6월 원나라 연호인 지정을 쓰지 않고 교지를 내렸다.
> • <u>왕</u>은 즉시 변발을 풀어버리고 그에게 옷과 요를 하사하였다.

① 기철 등의 친원세력을 제거하였다.
② 강화도에서 개경으로 다시 수도를 옮겼다.
③ 정방을 설치하여 인사권을 장악하였다.
④ 동녕부와 탐라총관부를 폐지하였다.
⑤ 원의 수도에 만권당을 설립하였다.

13 다음 선생님의 질문에 대한 답변으로 옳지 <u>않은</u> 것은?

[2점]

자 여러분!
오늘은 고려 후기의 농민들의
생활상을 한번 알아볼까요?

① 밭농사는 2년 3작의 윤작법이 보급되었다.
② 신속이 「농가집성」을 편술하여 간행하였다.
③ 남부 일부 지방에 이앙법이 보급되기도 하였다.
④ 원으로부터 문익점이 목화를 들여왔다.
⑤ 깊이갈이가 보급되어 휴경기간이 단축되었다.

14 지도의 (가), (나)와 관련된 역사적 사실로 옳은 것을 〈보기〉에서 고른 것은?

[2점]

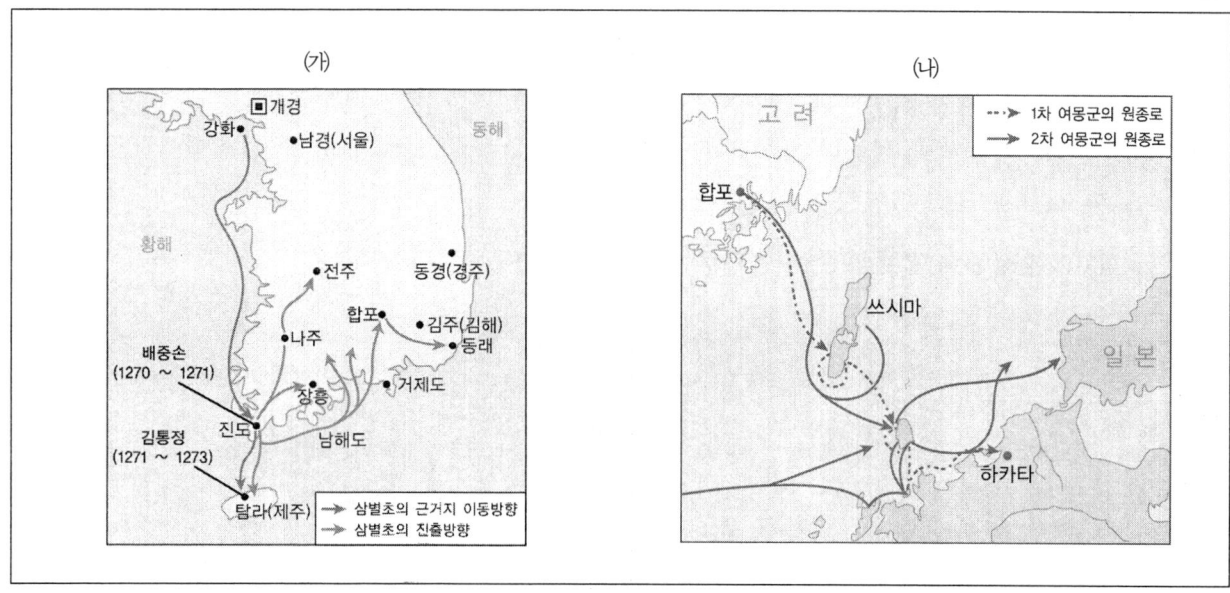

| 보기 |

㉠ (나)는 외세의 요구가 아닌 자주적인 원정이었다.
㉡ (나)의 원정을 위해 정동행성이 설치되었다.
㉢ (가)는 몽고와의 굴욕적인 강화에 반대하여 일어난 것이다.
㉣ (가)는 몽고와의 전쟁이 발발하면서 조직되었다.

① ㉠, ㉡
② ㉠, ㉢
③ ㉡, ㉢
④ ㉡, ㉣
⑤ ㉢, ㉣

15 다음은 고려 시대의 사상을 제시한 것이다. (가)~(다)에 대한 설명으로 옳지 <u>않은</u> 것은?

[3점]

> (가) 이론의 연마와 실천을 아울러 강조하는 교관겸수(敎觀兼修)와 지관(止觀)을 강조하였다.
> (나) 명리에 집착하는 당시 불교계의 타락상을 비판하고, 선(禪)수행과 노동에 힘쓰기를 강조하였다.
> (다) 안향의 소개로 우주의 근본 원리와 인간의 심성을 밝히는 학문이 들어왔다.

① (가)와 (나)는 교종과 선종을 통합하려 하였다.
② (가)는 왕실의 후원을, (나)는 무신의 후원을 받았다.
③ (나)에 이르러 비로소 선교일치의 완성된 철학체계를 마련하였다.
④ (다)를 통해 신진 사대부가 권문세족을 비판하였다.
⑤ (다)를 통해 혜심의 유·불 일치설이 발전하였다.

16 (가) 토지 제도에 대한 설명으로 옳은 것은?

[2점]

> 역분전 → 시정전시과 → 개정전시과 → __(가)__

① 관리에게 지급되는 토지의 결수는 점차 늘어났다.
② 관직과 인품이 반영되어 토지가 지급되었다.
③ 현직관리에 한해 토지를 지급하였다.
④ 경기도의 토지를 분배하였다.
⑤ 관리에게 토지 소유권을 지급하였다.

17 다음 자료와 관련이 있는 국왕의 정책으로 옳은 것을 〈보기〉에서 고른 것은?

[2점]

> 이인좌의 난은 조선 후기 이인좌, 이웅보 등의 소론이 주도한 반란이다. 소론은 경종의 치세하에 노론과의 대립에서 우위를 점하였다. 그러나 노론이 지지한 국왕이 즉위하자 위협을 느끼게 되었다. 이에 소론의 과격파들은 국왕이 숙종의 아들이 아니며 경종의 죽음에 관계되었다고 주장하며, 왕과 노론을 제거하고 소현세자의 증손을 왕으로 추대하고자 하였다. 여기에 일부 남인들도 가담하였으나 결국 난은 진압되었다.

| 보기 |

㉠ 규장각 설치 ㉡ 「속오례의」 편찬
㉢ 균역법 실시 ㉣ 장용영 설치

① ㉠, ㉡ ② ㉠, ㉢
③ ㉡, ㉢ ④ ㉡, ㉣
⑤ ㉢, ㉣

18 다음 자료를 통해 알 수 있는 제도에 대한 설명으로 옳은 것은?

[2점]

> 의정부 서사를 나누어 6조에 귀속시켰다. …… 처음에 왕은 의정부의 권한이 막중함을 염려하여 이를 혁파할 생각이 있었지만, 신중하게 여겨 서두르지 않았는데 이때에 이르러 단행하였다. 의정부가 관장한 것은 사대문서와 중죄수의 심의뿐이었다.

① 세종 때 처음 실시되었다.
② 왕권과 신권의 조화를 추구하였다.
③ 정도전이 추구하는 정치와 일치하였다.
④ 왕권 강화를 위해 실시되었다.
⑤ 6조의 모든 일들을 의정부에서 심의하였다.

19 다음과 같은 놀이문화가 본격적으로 등장하게 된 배경으로 적절하지 않은 것은?

[1점]

① 서민 의식이 성장하였다.
② 성리학이 전래되었다.
③ 상업 경제가 발전하였다.
④ 신분제가 동요되었다.
⑤ 농업 생산력이 향상되었다.

20 다음에서 설명하고 있는 의학 서적으로 가장 적절한 것은?

[1점]

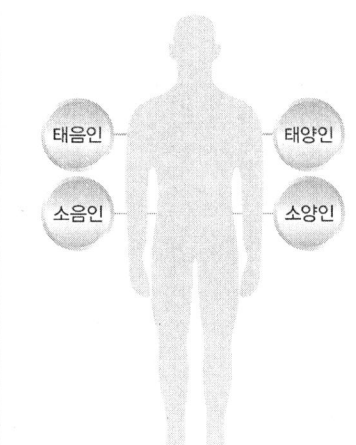

병은 사회적 관계 속에서 생기고, 따라서 관계를 통해서만 고칠 수 있다는 것이 그의 사상의학의 핵심이다. 그는 인의예지를 각각 태양, 소양, 태음, 소음에 연결시키고, 인의예지가 사욕에 가려지듯이 타고난 체질의 장점이 사심 때문에 치우치게 된다고 보았다. 모든 병은 타인과 소통하지 못하는 데서 비롯된다고 보았고 약을 처방할 때도 약재, 음식과 함께 마음수양법을 자세히 적어주었다. 그에게 치료란 사회적 관계 맺음을 통해 이루어지는 '사회적 치료'였던 셈이다.

① 마과회통
② 동의보감
③ 동의수세보원
④ 향약집성방
⑤ 의방유취

21 다음 자료를 통해 당시의 사회상을 바르게 추론한 것을 〈보기〉에서 모두 고른 것은?

[2점]

그(허생)는 안성의 한 주막에 자리 잡고서 밤, 대추, 감, 배, 귤 등의 과일을 모두 사들였다. 허생이 과일을 도거리로 사두자, 온 나라가 잔치나 제사를 치르지 못할 지경에 이르렀다. 따라서 과일 값은 크게 폭등하였다. 허생은 이에 10배의 값으로 과일을 되팔았다. 이어서 허생은 그 돈으로 곧 칼, 호미, 삼베, 명주 등을 사 가지고 제주도로 들어가서 말총을 모두 사들였다. 말총은 망건의 재료였다. 얼마 되지 않아서 망건 값이 10배나 올랐다. 이렇게 하여 허생은 50만 냥에 이르는 큰돈을 벌었다.

| 보기 |

㉠ 관영수공업이 발달하였다.
㉡ 정부는 한양에 시전을 처음 설치하였다.
㉢ 장시는 전국적인 유통망으로 연결되었다.
㉣ 선대제 수공업이 성행하였다.

① ㉠, ㉡
② ㉠, ㉢
③ ㉡, ㉢
④ ㉡, ㉣
⑤ ㉢, ㉣

22 다음 자료를 통해 당시의 사회상을 바르게 추론한 것을 〈보기〉에서 모두 고른 것은?

[2점]

> 친영제도는 남자가 여자를 자신의 집으로 데리고 와서 혼례를 올리고 남자 집에서 생활하는 혼인풍습으로, 조선 초부터 유교적인 친영제가 정책적으로 권장되었다. 성리학적 윤리가 정착된 17세기 이후에는 남귀여가혼이 소멸되고 친영제가 정착하였다. 이에 따라 부계 중심의 가족제도가 강화되었다.

| 보기 |

㉠ 적·서의 차별이 엄격하였다.
㉡ 과부의 재가를 금지하였다.
㉢ 부모의 유산은 자녀에게 고루 분배하였다.
㉣ 후사를 이을 아들이 없는 집은 딸이 제사를 모시기도 하였다.

① ㉠, ㉡　　　　　　　　　　② ㉠, ㉢
③ ㉡, ㉢　　　　　　　　　　④ ㉡, ㉣
⑤ ㉢, ㉣

23 다음 그림이 그려진 시기에 볼 수 있는 장면으로 옳은 것을 〈보기〉에서 고른 것은?

[3점]

| 보기 |

㉠ 보람 : 고추장에 음식을 찍어 먹어야겠어.
㉡ 윤아 : 곧 겨울이니 솜을 넣어 옷을 만들어야겠어.
㉢ 유리 : 오늘 저녁에는 호박전을 해야겠어.
㉣ 소연 : 오늘은 김치를 담가야겠어.

① ㉠, ㉡　　　　　　　　　　② ㉠, ㉢
③ ㉡, ㉢　　　　　　　　　　④ ㉡, ㉣
⑤ ㉢, ㉣

24 다음과 같이 수취 체제가 개편된 결과로 옳은 것을 〈보기〉에서 고른 것은?

[1점]

> 선조 41년 5월 임신 선혜청을 설치하였다. 처음에 영의정 이원익이 아뢰었다. "각 고을의 진상과 공물이 각 관청의 방납인에 막혀 물건 값이 3~4배에서 수십, 수백 배가 되어 폐해가 큽니다. 특히 경기도가 심합니다. 지금 따로 담당 관청을 설치하여 해마다 봄, 가을에 백성들에게 토지 1결마다 2번에 걸쳐 각각 8두씩 거두어들이게 합니다. 담당 관청은 때에 따라 물가 시세를 보아 쌀을 방납인에게 지급하여 수시로 물건을 조달하도록 해야겠습니다. 때를 보아 16두 중에서 2두를 지방에 내려주어 수령의 공사 비용으로 쓰게 하면 될 것입니다."라고 하니, 왕이 받아들였다. 왕의 교지 가운데에 선혜라는 말이 있어 담당 관청의 이름으로 삼았다.
>
> – 「광해군 일기」 –

| 보기 |

㉠ 공인이 등장할 것이다.
㉡ 농민의 부담은 증가할 것이다.
㉢ 국가 재정이 악화될 것이다.
㉣ 양반 지주층의 부담이 증가될 것이다.

① ㉠, ㉢ ② ㉠, ㉣
③ ㉡, ㉢ ④ ㉡, ㉣
⑤ ㉢, ㉣

25 다음과 같은 문제점을 해결하기 위해 실시한 개혁에 대한 설명으로 옳은 것은?

[2점]

> 우리나라의 난전을 금하는 법은 오로지 육의전이 국가에 필요한 물건을 공급하게 하고 그들로 하여금 이익을 독차지 하게 하자는 것입니다. …… 이에 제각기 가게를 벌여 놓고 배나 되는 값을 받는데, 평민들이 사지 않으면 그만이지만 만약 부득이 사지 않을 수 없는 경우에 처한 사람은 그 가게를 버리고서는 다른 곳에서 물건을 살 수가 없습니다. 이 때문에 그 값이 나날이 올라 물건 값이 비싸기가 신이 젊었을 때에 비해 3배 또는 5배나 됩니다. 이에 2~30년 사이에 새로 벌인 영세한 가게 이름을 조사해 내어 모조리 혁파하도록 해야 합니다.

① 경시서를 처음 설치하였다.
② 객주와 여각의 상업 활동을 위축시켰다.
③ 시전과 결탁한 서인들의 세력을 견제하였다.
④ 영세 상인과 수공업자의 활동이 위축되었다.
⑤ 모든 시전상인의 금난전권을 폐지하였다.

26 다음과 같은 규칙을 운영한 향촌 조직이 보급되면서 나타난 현상으로 옳은 것은?

[2점]

> 향약 규약에는 네 가지가 있다. 첫째, 아버지·형·윗사람을 잘 섬기며, 밖에 나가서는 벗들과 화목하고, 법령을 준수하고, 조세를 정성껏 부담해야 한다. 둘째, 술주정·도박·싸움·언행 불손 등을 제재한다. 셋째, 윗사람과 아랫사람 사이에 예의범절을 지켜야 한다. 넷째, 수재·화재·도적을 맞은 경우 등 어려움을 당한 사람을 즉시 협조하여 도와주어야 한다.

① 사림과 농민이 향촌 사회에서 평등한 관계가 되었다.
② 전통적인 농민 공동체의 조직이 활성화되었다.
③ 향촌에 대한 국가의 지배력이 강화되었다.
④ 지방 사림의 농민 지배력이 강화되었다.
⑤ 중앙과 지방의 행정 연락을 담당하였다.

27 다음 글의 밑줄 친 ㉠~㉤에 대한 설명으로 옳지 않은 것은?

[2점]

> 조선은 고려의 교육제도를 이어받아 서울에 국립 교육 기관인 ㉠성균관을 두었으며, 중등 교육 기관으로 중앙의 ㉡4부학당(4학)과 지방의 ㉢향교가 있었다. 또, 사립 교육 기관으로 ㉣서원과 ㉤서당 등이 있었는데, 이들은 계통적으로 연결되지 않고 각각 독립된 교육 기관이었다.

① ㉠ - 조선시대 최고의 교육기관이었다.
② ㉡ - 소학, 4서를 중심으로 교수·훈도가 지도하였다.
③ ㉢ - 지방양반, 향리의 자제 및 양인이 입학하였다.
④ ㉣ - 유교 윤리를 보급하는데 기여하였다.
⑤ ㉤ - 고등교육기관으로 사학이었다.

28 다음 대화를 통해 (가)에 들어갈 내용으로 옳은 것은?

[2점]

선생님 : 이 시기에는 과학기구인 앙부일구, 자격루, 측우기 등이 제작되었고, 칠정산과 천문도 같은 천문학과 역법이, 향약집성방 같은 의학 서적이 편찬 되었어요.
학생 : 아하. 그러면 __(가)__ 가 배경이 되었겠군요.

① 민생안정과 부국강병을 위한 과학 기술의 중요성 인식
② 하늘에 국가의 안녕과 왕실의 번성을 기원
③ 주자가례 중심의 생활규범서가 출현
④ 성리학에 대한 이해의 심화
⑤ 국왕의 권위와 신분질서 유지

29 다음 사진은 일제의 식민지 지배 정책의 변천을 나타낸 것이다. (가)에 해당하는 시기에 일제가 실시한 정책으로 옳지 않은 것은?

[2점]

일제가 토지조사를 위해 측량하는 모습

⇨

치안유지법에 의해 송치되는 민족운동가

⇨ (가)

① 국가 총동원령
② 징병제 실시
③ 황국 신민 서사 암송
④ 신사 참배 강요
⑤ 헌병 경찰제 실시

30 다음과 같은 역사 연구 방법론에 대한 설명으로 옳은 것은?

[3점]

> 역사 연구의 임무는 생활 진전의 일반적인, 인간에 대한 보편적 법칙을 발견하는 데에도 있을 것이나, 또 민족의 구체적인 실상과 그 진전의 정세를 구체적으로 파악하여 역사로서 그것을 구성하는 데에도 있을 것이다. 따라서 그 연구의 도정에서도, 무슨 일반적인 법칙이나 공식만을 미리 가정하여 그것을 어떤 민족의 생활에 견강부회하는 방법을 취하여서는 안 된다.
> - 이상백, 「조선문화사 연구 논고」 -

① 일제의 정체성론을 비판하였다.
② 양명학의 사상적 영향을 받았다.
③ 한국 역사학의 방향을 실증사학으로 전환시켰다.
④ 유물사관을 도입하였다.
⑤ 화랑도의 낭가사상을 강조하였다.

31 (가)에 들어갈 역사적 사실로 옳은 것은?

[1점]

[동학 농민 운동의 전개 과정]
고부 농민 봉기 → (가) → 집강소 설치 → 우금치 전투

① 조병갑의 가혹한 수탈이 원인이 되었다.
② 전봉준 등의 동학지도자가 체포되었다.
③ 백산에서 4대 강령이 발표되었다.
④ 외국군대 철수, 폐정개혁안을 조건으로 정부와 화친하였다.
⑤ 일본이 경복궁을 점령하고 내정간섭을 하였다.

32. 밑줄 친 '이 기관'에서 시행한 개혁으로 옳은 것은?

[3점]

주도세력은 김홍집을 총재관으로 한 유길준, 박정양, 김가진, 안경수 등 17명의 회의원으로 국왕의 결재는 형식적이었고 국왕이나 대원군의 간섭을 받지 않아 이 기관의 결정이 곧 정책 시행으로 이어져 여러 관제, 행정을 비롯한 군정과 그 외의 정무를 심의 결정하는 초정부적인 회의기관으로서 개혁을 주도하였다.

① 원수부를 설치하였다.
② 단발령을 실시하였다.
③ 종두법을 실시하였다.
④ 교정청을 설치하였다.
⑤ 신분제를 폐지하였다.

33. 다음 자료와 관련된 의병 운동을 주제로 신문기사를 쓰려고 한다. 기사 제목으로 옳은 것은?

[2점]

나라에 대한 불충은 어버이에 대한 불효요, 어버이에 대한 불효는 나라에 대한 불충이다. 그러므로 나는 3년상을 치른 뒤 다시 의병을 일으켜 일본을 소탕하고 대한을 회복하겠다.

① 의병 연합 부대, 서울 진격 준비 중!
② 혜성같이 평민 의병장이 등장하다!
③ 을미사변의 비통함, 의병 조직되다!
④ 고종 의병해산권고 조칙, 결국 받아들이다!
⑤ 을사조약, 전국에 의병을 일으키다!

34 다음 밑줄 친 '복합 상소'가 나오게 된 원인을 제공한 인물의 설명으로 옳지 <u>않은</u> 것은?

[2점]

> 서원의 설치는 최초에는 좋은 생각에서 시작되었다. 「심경」, 「근사록」을 읽고 몸을 수양하던 사람도 변경에 변란이 있으면 자진해서 창을 매고 군대에 편입하는데 점차 그 자손들이 많은 곡식을 쌓아두면서 마음이 교활해지지 않을 수 없다. 서원 철폐의 명령이 내리자 백성들은 별다른 일이 없었으나 변을 당한 서원의 유생들은 하루아침에 장소를 잃고 미쳐서 날뛰며 반대하는 <u>복합 상소</u>가 연달았으니 상식 있는 이들의 비웃음을 받았다.

① 대전회통을 편찬하였다.
② 경복궁을 중건하였다.
③ 당백전을 발행하였다.
④ 사창제를 실시하였다.
⑤ 통리기무아문을 설치하였다.

35 (가), (나) 조약이 체결된 시기 사이의 상황으로 옳은 것을 〈보기〉에서 고른 것은?

[1점]

> (가) 일본국 인민이 조선국 지정의 각 항구에 머무르는 동안에 만약 죄를 범한 것이 조선국인민에게 관계되는 사건일 때에는 모두 일본국 관리가 심의한다.
> (나) 제14조 조선국이 어느 때인지 어느 국가나 어느 나라 상인 또는 공민에게 항해, 정치, 기타 어떤 통교에 연관된 것임을 막론하고 본 조약에 의하여 부여되지 않은 어떤 권리나 특권, 또는 특혜를 허가할 때는 이들이 미합중국의 관민과 상인 및 공민에게도 무조건 부여된다.

| 보기 |

㉠ (가)로 인해 일본 상품에 관세를 부여하였다.
㉡ (가)로 인해 황국 중앙 총상회가 상권 수호 운동을 하였다.
㉢ (나)는 열강들에게 이권 침탈의 빌미를 제공하였다.
㉣ (나)는 청나라의 알선으로 이루지게 되었다.

① ㉠, ㉡
② ㉠, ㉢
③ ㉡, ㉢
④ ㉡, ㉣
⑤ ㉢, ㉣

36. (가), (나) 자료와 관련된 독립전쟁으로 옳은 것을 <보기>에서 고른 것은?

[2점]

(가)

(나)

| 보기 |

㉠ (가)는 신민회의 전폭적인 지원을 받았다.
㉡ (가)는 홍범도의 대한독립군이 큰 위세를 떨쳤다.
㉢ (나)에서 김좌진이 인솔하는 북로군정서군이 대승을 거두었다.
㉣ (가), (나)의 대승으로 인해 자유시참변이 일어나게 되었다.

① ㉠, ㉡ ② ㉠, ㉢
③ ㉡, ㉢ ④ ㉡, ㉣
⑤ ㉢, ㉣

37. 다음 자료에 밑줄 친 '신흥무관학교'에 해당하는 지역을 지도에서 찾은 것은?

[2점]

지난해 신흥무관학교 설립 100돌을 맞아 발족한 '100주년 기념 사업회'는 "지난 한 해 동안 여러 사업을 통해 대한민국 국군의 뿌리이자 한국판 '노블레스 오블리주'의 전형인 이 곳의 설립 정신을 널리 알리고자 노력해 왔다."면서 "그 성과를 바탕으로 '기념 사업회'로 새롭게 출발하고자 한다."고 9일 밝혔다. 신흥무관학교는 1911년 지린성 류허현에서 우당 이회영·석오 이동녕 선생 등의 지사들이 신흥강습소로 개교한 이래 20년까지 2천명이 넘는 독립군 간부를 배출했다.

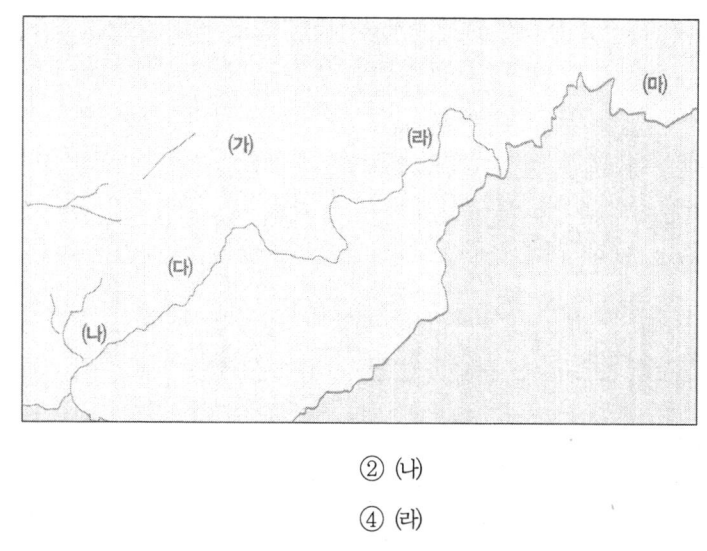

① (가)
② (나)
③ (다)
④ (라)
⑤ (마)

38 선생님의 질문에 대한 학생의 답변으로 옳은 것은?

[2점]

여러분!
갑신정변, 동학농민운동, 갑오개혁, 독립협회가 공통적으로 추진하였던 계획은 무엇일까요?

① 재정의 일원화
② 조세 개혁
③ 평등 사회 추구
④ 전제 군주제 확립
⑤ 외세 배격

39 밑줄 친 '그 나라'와 관련 있는 역사적 사실을 〈보기〉에서 옳게 고른 것은?

[3점]

중국을 근거로 활동하던 그 나라 상인 오페르트.
그는 1868년(고종 5년) 충청도 덕산에 있는 흥선 대원군의 아버지 남연군의 묘를 도굴하려 했다. 시체와 부장품을 볼모로 삼아 대원군을 압박하려는 속셈이었다. 하지만 봉분 속의 단단한 벽을 뚫지 못해 도굴을 포기했다.

| 보기 |
㉠ 러시아의 남하정책을 저지하기 위해 거문도를 점령하였다.
㉡ 부들러는 한반도의 영세중립화를 조선 정부에 건의하였다.
㉢ 1960년대에 우리나라의 간호사와 광부가 파견되었다.
㉣ 근대 무기제조기술, 군사훈련법 습득을 위해 영선사가 파견되었다.

① ㉠, ㉡ ② ㉠, ㉢
③ ㉡, ㉢ ④ ㉡, ㉣
⑤ ㉢, ㉣

40 (가), (나)의 인물에 대한 내용으로 옳지 <u>않은</u> 것은?

[2점]

(가) 김원봉 (나) 김구

① (가) - 의열단을 조직하여 활동하였다.
② (가) - 남만주 지역에서 중국군과 한·중 연합 작전을 전개하였다.
③ (나) - 대한민국 임시정부에서 주석으로 선임되었다.
④ (나) - 한인애국단을 조직하여 임시정부의 침체를 극복하려고 하였다.
⑤ (가), (나) - 대한민국 임시정부에서 활동하며, 서로 대립하기도 하였다.

41 (가), (나) 사건과 관련된 각 정부의 시책으로 옳은 것은?

[2점]

(가) 이 정권은 금융실명제 단행을 최대의 업적으로 꼽았고, 이와 관련한 금융사고는 특히 엄하게 다뤘다. 지난 1월 서울은행 김영석 행장과 동화은행 선우윤 행장을 사퇴시킨 것도 금융실명제 위반 책임을 물은 것이었다.

(나) 고 정주영 현대 명예회장의 오랜 노력과 정부의 정책에 힘입어 6월 16일 정주영 회장이 소 500마리를 트럭에 싣고 방북, 반세기 동안 굳게 닫혔던 분단의 문을 열었다. 당시 북한에 고향을 둔 실향민들은 임진각까지 정 회장을 환송하며 정 회장의 방문이 남북분단의 큰 물줄기를 트기를 눈물로 기원했다.

① (가) - 끊어진 경의선과 동해선의 연결을 추진하였다.
② (가) - 경제 협력 개발 기구(OECD)에 가입하는 등 시장개방정책을 하였다.
③ (나) - 제2차 경제개발 5개년 계획을 실시하였다.
④ (나) - 북방 정책을 실시하여 소련·중국과 수교하였다.
⑤ (가), (나) - 남북 간의 긴장 완화를 위해 남북정상회담을 실현하였다.

42 다음 포고령과 관련된 미국의 정책으로 옳지 않은 것은?

[3점]

조선인민에게 고함.
태평양 방면 미국 육군부대 총사령관으로서 나는 이에 다음과 같이 포고한다.
일본국 정부의 연합국에 대한 무조건 항복은 일본제국 군대 간에 오랫동안 속행되어온 무력투쟁을 끝냈다. 일본천황의 명령에 의하여 그를 대표하여 일본국 정부와 일본 대본영이 조인한 항복문서 내용에 의해, 나의 지휘 하에 있는 승리에 빛나는 군대는 금일 북위 38도 이남의 조선영토를 점령한다.
조선인민의 오랫동안의 노예상태와 적당한 시기에 조선을 해방 독립시키라는 연합국의 결심을 명심하고, 조선인민은 점령목적이 항복문서를 이행하고 자기들의 인간적 종교적 권리를 보호함에 있다는 것을 새로이 확신하여야 한다.

① 대한민국임시정부를 인정하지 않았다.
② 친일 관리, 경찰들을 대거 고용하였다.
③ 공산주의 활동을 인정하여 사회 안정을 유지하였다.
④ 한국의 자치적인 행정과 치안 활동을 인정하지 않았다.
⑤ 치안유지법과 사상범예방구금법을 철폐하였다.

43 다음 시의 밑줄 친 '그날의 빛나는 죽음'과 관련된 역사적 사실로 옳은 것은?

[2점]

```
늬들 마음을 우리가 안다
사랑하는 학생들아!
가르치기는 옳게 가르치고 行하기는 옳게 行하지 못하게 하는 세상
제자들이 보는 앞에서 스승의 따귀를 때리는 것쯤은 보통인
그 무지한 깡패 떼에게 정치를 맡겨 놓고
원통하고 억울한 것은 늬들만이 아니었다.

하늘도 경건히 고개 숙일 그날의 빛나는 죽음 앞에
해마다 해마다 더 많은 꽃이 피리라.

아 자유를 정의를 진리를 염원하던
늬들 마음의 고향 여기에
이제 모두 다 모였구나
우리 영원히 늬들과 함께 있으리라.

                    - 1960년 4.19 혁명 직후 제자들에게 쓴 헌시 -
```

① 계엄군에 의한 시민들의 희생이 직접적인 원인이 되었다.
② 신군부가 국가보위비상대책위원회를 조직하여 권력을 장악하게 된다.
③ 부·마 항쟁으로 절정을 이루게 된다.
④ 6·29 선언이 발표되고 5년 단임 대통령 직선제로 개헌되었다.
⑤ 대통령이 사임하고 장면 내각이 출범하였다.

44 다음 노래가 등장한 시기의 경제 발전에 대한 설명으로 옳은 것은?

[3점]

- 월남에서 돌아온 새까만 김 상사 이제서 돌아왔네
  월남에서 돌아온 새까만 김상사 너무나 기다렸네
  굳게 닫힌 그 입술 무거운 그 철모 웃으며 돌아왔네
- 새벽종이 울렸네 새 아침이 밝았네
  너도 나도 일어나 새마을을 가꾸세
  살기 좋은 내 마을 우리 힘으로 만드세

① 시장 경제의 자율성을 도모하였다.
② 수출 상품을 생산하는 기업에 많은 혜택을 주었다.
③ 개성공단을 건설하였다.
④ 경제 협력 개발 기구(OECD)에 가입하였다.
⑤ 미국 등의 원조를 받아 삼백산업이 발달하였다.

45 다음 선거 이후의 상황으로 옳은 것은?

[2점]

> 우리나라 역사상 최초로 실시된 보통 선거로, 선거권은 만 21세에 달하는 남녀 모두 국민에게 부여되었고, 피선거권은 만 25세에 이르는 모든 국민에게 인정되었다. 그러나 일본정부로부터 작위(爵位)를 받은 자나 일본 제국의회 의원이 되었던 자에게는 피선거권을 부여하지 않았다. 또 판임관(判任官) 이상자, 경찰관·헌병·헌병부, 고등관 3등급 이상자, 고등경찰이었던 자, 훈(勳) 7등 이상을 받은 자, 중추원의 부의장·고문·참의 등에게도 피선거권을 주지 않았다.

① 좌·우 합작위원회가 결성되었다.
② 조선건국준비위원회가 결성되었다.
③ 제2차 미·소 공동 위원회가 결렬되었다.
④ 이승만은 정읍에서 남한만의 단독 정부 수립을 주장하였다.
⑤ 반민족행위처벌법을 제정·공포하였다.

46 다음 합의서에 대한 설명으로 옳은 것은?

[1점]

> 남과 북은 분단된 조국의 평화적 통일을 염원하는 온 겨레의 뜻에 따라, 7·4 남북공동성명에서 천명된 '조국통일 3대 원칙'을 재확인하고, 정치 군사적 대결 상태를 해소하여 민족적 화해를 이룩하고, 무력에 의한 침략과 충돌을 막고 긴장 완화와 평화를 보장하며, 다각적인 교류협력을 실현하여 민족 공동의 이익과 번영을 도모하며, 쌍방 사이의 관계가 나라와 나라 사이의 관계가 아닌 통일을 지향하는 과정에서 잠정적으로 형성되는 특수 관계라는 것을 인정하고, 남과 북의 경제교류를 민족 내부 교류로 규정했다. 또한 평화통일을 성취하기 위한 공동의 노력을 경주할 것을 다짐하였다.

① 금강산 관광이 시작되는 계기가 되었다.
② 이산가족이 최초로 상봉하는 계기가 되었다.
③ 남북한의 화해와 불가침, 교류의 협력에 관한 합의서를 채택하였다.
④ 남북한이 처음으로 통일 원칙에 합의하고 발표하였다.
⑤ 남·북한이 UN에 동시 가입하였다.

47 다음 (가)~(라) 석탑에 대한 설명으로 옳은 것은?

[3점]

① (가) - 한때 '평제탑'으로 불러지기도 하였다.
② (나) - 목판인쇄술인 무구정광대다라니경이 발견되었다.
③ (다) - 선종이 유행하면서 만들어진 탑이다.
④ (라) - 일제강점기에 무단반출 되었다가 광복 후에 반환받았다.
⑤ (다), (라) - 중국 송나라의 영향을 받아 만들어졌다.

48 선생님의 질문에 대한 학생들의 대답으로 적절하지 <u>않은</u> 것은?

[2점]

① 유리 : 묘청의 서경 천도 운동을 조사하겠습니다.

② 윤아 : 이규보의 「동명왕편」을 읽겠습니다.

③ 효린 : 서희와 강동 6주에 관해 조사하겠습니다.

④ 태희 : 인조반정으로 집권한 서인의 친명배금정책을 조사하겠습니다.

⑤ 가인 : 고려 태조의 북진정책에 대해 조사하겠습니다.

49 (가)~(라)에 들어갈 내용으로 적절하지 <u>않은</u> 것은?

[3점]

① (가) - 만상은 대청 무역을 주로 전개하였다.
② (나) - 6·15 남북 정상 회담이 개최되었다.
③ (다) - 흥선대원군은 경복궁을 중건하였다.
④ (라) - 망소·망소이의 봉기가 발생하였다.
⑤ (마) - 신라의 5소경 중 서원경에 해당하였다.

50 다음에서 설명하고 있는 유네스코 인류 무형 문화유산으로 옳은 것은?

[1점]

「삼국유사」 권2 「기이 편」2에 나오는 신라 헌강왕 때의 설화에서 출발한다. 신라시대 동해 용왕의 아들이 밤놀이에 취해 늦게 귀가하여 아내를 범한 역신을 쫓아내는 축귀의식에서 유래한 것이다. 즉 당시 왕을 모시는 국무의 성격이 강하며, 무당이 베푸는 굿 의식에서 행해졌다. 그리고 민간에서는 용왕 아들의 특별한 능력을 신으로 받아들여 집집마다 그의 화상을 문에 걸어두고 잡귀를 쫓기도 하였다.

고려와 조선시대를 거치면서 궁중을 비롯한 상층의 무용으로 정착되었다. 주로 섣달그믐날 잡귀를 쫓는 나례의식에서 행해졌으며, 그 외에 산대잡희, 각종 연회, 중국 사신 접대, 정조의 궁중다례 때에도 연희되었다.

①
강강술래

②
남사당놀이

③
영산재

④
제주 칠머리당영등굿

⑤
처용무

04회 실력평가 모의고사

성명 □ 수험 번호 □□□□□□□

QR코드를 스캔하시면
무료해설강의를 보실 수 있습니다.

정답 및 해설 P.247

1 다음 (가)~(마)에 들어갈 내용으로 적절하지 <u>않은</u> 것은?

[2점]

[박물관 특별전 안내]
- 전시명 : 신석기 시대 마을 풍경
- 전시 기간 : ○월○일~○일
- 전시 내용
 - 경제 생활 : (가)
 - 도구 사용 : (나)
 - 종교 : (다)
 - 취락의 발달 : (라)
 - 사회의 변화 : (마)

① 돌로 만든 농기구를 사용하여 땅을 일구는 모습
② 가락바퀴, 뼈바늘 등의 유물
③ 애니미즘, 토테미즘, 샤머니즘 등의 원시 신앙 발생
④ 움집의 형태가 대체로 직사각형, 점차 지상 가옥화
⑤ 지배층과 피지배층의 관계가 발생하지 않음

2 다음 글의 (가)에 들어갈 내용으로 적절한 것을 〈보기〉에서 고른 것은?

[2점]

> 기원전 2세기 초, 중국이 혼란에 휩싸이게 되자 위만이 이끄는 세력이 고조선으로 들어왔다. 위만은 이주민 세력을 통솔하면서 세력을 점차 확대하여 준왕을 몰아내고 왕이 되었다. 이후 고조선은 ___(가)___ 함으로써 발전하였으나, 기원전 108년 왕검성이 함락되면서 멸망하였다.

㉠ 중계 무역으로 부를 축적	㉡ 철기 문화를 본격적으로 수용
㉢ 한 군현을 설치	㉣ 법 조항이 60여조로 증가

① ㉠, ㉡
② ㉠, ㉢
③ ㉠, ㉣
④ ㉡, ㉣
⑤ ㉢, ㉣

3 다음 지도의 빗금 친 영역을 다스렸던 국가에 대한 설명으로 옳은 것을 〈보기〉에서 고른 것은?

[2점]

| 보기 |

㉠ 독자적인 연호를 사용하였다.
㉡ 청동기문화를 바탕으로 등장하였다.
㉢ 일찍부터 벼농사를 지어 농경문화가 발달하였다.
㉣ 연맹국가로서 역사 속에서 사라졌다.

① ㉠, ㉡
② ㉠, ㉢
③ ㉠, ㉣
④ ㉡, ㉣
⑤ ㉢, ㉣

4. 다음 지도와 같은 형세를 이루었던 시기에 있었던 역사적 사실을 〈보기〉에서 모두 고른 것은?

[2점]

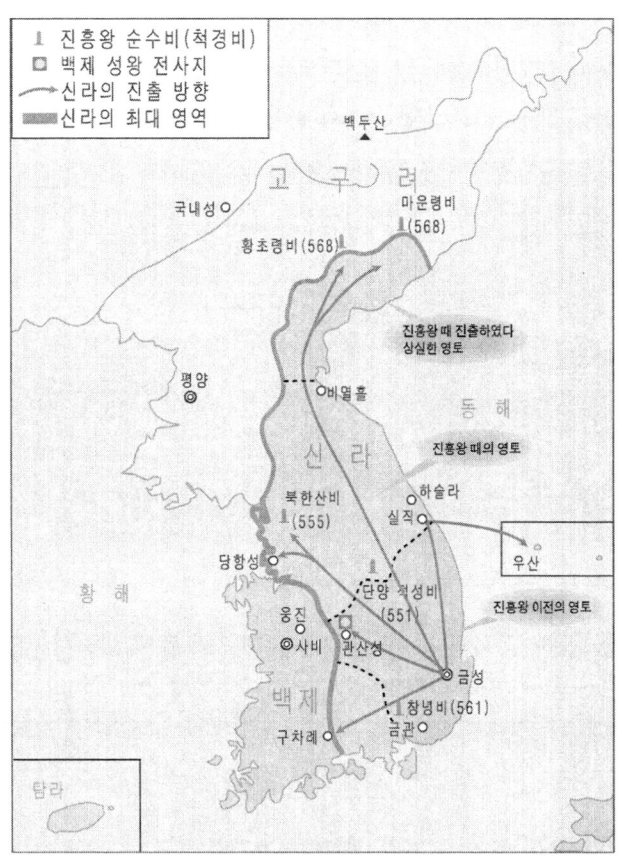

| 보기 |

㉠ 나·제동맹이 결렬되었다.
㉡ 고구려는 율령을 반포하고 불교를 수용했다.
㉢ 신라는 대가야를 점령하였다.
㉣ 백제는 수도를 위례성에서 웅진으로 천도하였다.

① ㉠, ㉡
② ㉠, ㉢
③ ㉠, ㉣
④ ㉡, ㉣
⑤ ㉢, ㉣

5 다음은 어느 인물에 관한 대화를 나누는 모습이다. 이 인물에 대한 설명으로 옳지 <u>않은</u> 것은?

[2점]

> 농민 1 : 당의 해적들을 모두 소탕했다고 하는구만.
> 농민 2 : 그 덕에 해상무역권을 장악해서 중계무역을 한다고 하는구만.

① 완도에 청해진을 설치하였다.
② 대당무역을 주도하였다.
③ 유교 정치 이념을 바탕으로 개혁을 시도하였다.
④ 왕위 쟁탈전에 관여하기도 하였다.
⑤ 당시의 대표적인 해상세력이었다.

6 다음 어느 인물의 일생을 통해 당시의 사회모습을 추론한 것으로 적절하지 <u>않은</u> 것은?

[2점]

857년 서라벌에서 출생함.
12세 부친의 권유에 따라 당나라로 유학을 떠남.
18세 빈공과에 합격함.
29세 신라로 귀국함.
38세 진성여왕에게 시무책 10여 조를 건의함. 태수를 그만두고 유랑생활을 시작함.
42세 가야산에 은거하며 뛰어난 문장과 저술을 남김.

① 6두품은 골품제도에 많은 불만을 가지고 있었다.
② 진골귀족들의 권력 싸움이 벌어졌다.
③ 지방에서 스스로 장군, 성주라고 칭하는 세력이 나타났다.
④ 선종 불교가 유행하였다.
⑤ 전제왕권의 강화로 집사부 시중의 권한이 강해졌다.

7 (가)~(라)의 문화재에 대한 설명으로 옳지 않은 것은?

[2점]

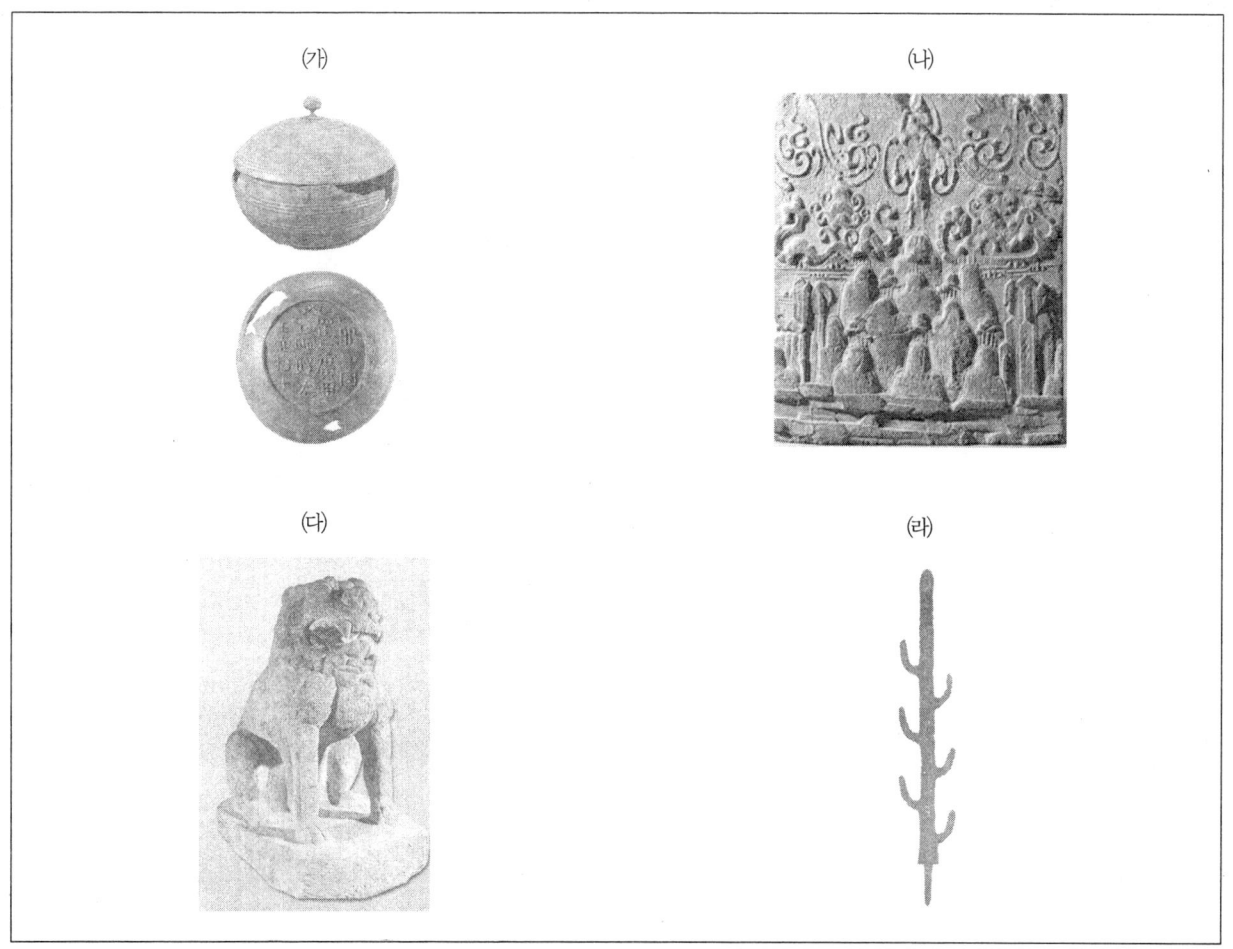

① (가)를 통해 고구려가 신라에 영향력을 미쳤음을 알 수 있다.
② (나)는 자연과 더불어 살고 싶은 생각이 담겨있다.
③ (다)는 발해의 석상으로 힘차고 생동감이 있다.
④ (라)는 백제왕이 중국에게 전해주었다.
⑤ (나), (라)는 같은 국가의 유물이다.

8 다음 가상 일기의 ㉠~㉣ 중 역사적 사실로 옳은 내용만을 있는 대로 고른 것은?

[2점]

689년 1월 ○○일
2년 전에 관료전을 차등 지급하도록 하셨는데, 드디어 ㉠녹읍을 혁파한다는 명을 내리셨다. 이것으로 진골을 포함한 귀족들의 경제적 위상은 낮아질 것이다.

689년 2월 ○○일:
나는 ㉡6두품이어서 이벌찬은 고사하고 대아찬까지도 오르지 못하는 것이 한스럽다. 내 신세가 처량하다.

689년 3월 ○○일
국학에 입학한 아들이 ㉢독서삼품과에서 상품(上品)을 받았다고 좋아한다. 정말 기특하다.

689년 4월 ○○일
왕께서 9서당을 직접 사열하셨다. ㉣옛 고구려인과 백제인, 말갈인도 포함된 서당군의 위용이 늠름하다며 칭찬하셨다.

① ㉠, ㉢
② ㉠, ㉣
③ ㉡, ㉢
④ ㉠, ㉡, ㉣
⑤ ㉡, ㉢, ㉣

9 발해의 대외관계에 대한 옳은 설명으로만 묶인 것은?

[1점]

㉠ 발해는 당나라의 문화를 받아들였으며, 정혜공주의 묘는 전형적인 당나라 양식의 벽돌무덤이다.
㉡ 발해는 북으로 돌궐과 통하였고, 일본과 친선관계를 맺고자 여러 차례 사신을 파견하였다.
㉢ 발해는 당나라에 유학생을 파견하여 빈공과 급제자를 배출하였다.
㉣ 발해는 신라와 연합하여 당나라의 공격에 대항하였다.

① ㉠, ㉡
② ㉠, ㉣
③ ㉡, ㉢
④ ㉢, ㉣
⑤ ㉡, ㉣

10 다음의 내용을 통해 불교가 우리나라에 전래할 당시의 역할을 추론한 것으로 적절한 것을 〈보기〉에서 고르면?

[2점]

삼국시대의 사회는 이미 초부족적인 상태로 변하였으므로, 샤머니즘 등의 원시 종교를 가지고서는 확대된 사회를 이끌어 갈 수 없게 되었다. 이에 부족과 부족을 통합할 수 있는 이념을 가진 새로운 종교인 불교가 이를 대신하여 큰 세력을 얻게 되었다. 원래 불교는 인도에서 창시되었는데, 중국을 통해 우리나라의 삼국시대에 전래되었다.

| 보기 |
㉠ 새로운 사회 윤리를 보급하는 데 이바지하였다.
㉡ 부족적인 전통을 초월하는 중앙집권국가의 신앙이 되었다.
㉢ 지방 토착세력의 세력 강화를 위한 지도 이념으로 수용되었다.
㉣ 불교를 수용하는 데 있어서 선도적인 역할을 한 것은 귀족들이었다.
㉤ 서역과 중국의 문화를 우리나라에 전달하여 고대 문화의 발달에 공헌하였다

① ㉠, ㉡, ㉢
② ㉠, ㉡, ㉤
③ ㉠, ㉢, ㉤
④ ㉡, ㉣, ㉤

11 삼국간의 항쟁 시기에 일어났던 사건들이다. 이들을 시대 순으로 올바르게 나열한 것은?

[1점]

㉠ 근초고왕이 평양성을 공격하여 고국원왕을 전사시키자 고구려와 신라는 접근하여 연합하였다.
㉡ 장수왕이 남하정책을 취하여 서울을 평양으로 천도하자 백제와 신라는 연맹을 체결하였다.
㉢ 진흥왕이 한강 하류 지역을 장악하자 고구려·백제·일본·돌궐 등이 연결하여 신라를 견제하였다.
㉣ 광개토대왕은 요동 방면을 포함한 만주 대부분을 확보하고 신라를 도와 남해안에 침입한 왜구를 격퇴하였다.
㉤ 영양왕 때 수나라 양제의 침입을 을지문덕이 적을 유인한 뒤 살수에서 크게 격파하였다.

① ㉠→㉣→㉡→㉢→㉤
② ㉠→㉣→㉤→㉡→㉢
③ ㉣→㉠→㉡→㉢→㉤
④ ㉣→㉠→㉡→㉤→㉢
⑤ ㉠→㉡→㉤→㉣→㉢

12 지도에 표시된 지역을 확보한 왕의 업적으로 옳게 설명한 것을 〈보기〉에서 고른 것은?

[3점]

| 보기 |

㉠ 전민변정도감을 실시하였다.
㉡ 12목에 지방관을 파견하였다.
㉢ 호족세력을 통합하기 위해 정략결혼을 하였다.
㉣ 훈요10조를 남겨 후대 왕들에게 교훈을 삼고자 하였다.

① ㉠, ㉡ ② ㉠, ㉢
③ ㉡, ㉢ ④ ㉡, ㉣
⑤ ㉢, ㉣

13 다음 자료와 관련된 사실로 옳은 것은?

[2점]

- 향나무를 땅에 묻는 활동을 하였다.
- 내세의 행운과 국태민안 기원
- 위기에 닥쳤을 때 미륵을 만나 구원받고자 하였다.

① 유교 윤리의 실천을 중시하였다. ② 과거제를 통해 관직에 진출하였다.
③ 불교적인 신앙조직과 관련이 있다. ④ 대규모 유교행사에 참여하였다.
⑤ 세속 5계를 따랐다.

14 다음 자료의 시기에 주조한 화폐를 〈보기〉에서 고른 것은?

[3점]

숙종 7년, 왕이 명하기를 "백성들을 부유하게 하고 나라의 이익이 되는데 돈보다 중요한 것은 없다. 이제 금속을 녹여 돈을 만든다는 법령을 제정한다. 돈 15,000꾸러미를 주조하여 문무 양반과 군인들에게 나누어 주어 돈 통용의 시초를 삼도록 하라."고 하였다.

– 「고려사」 –

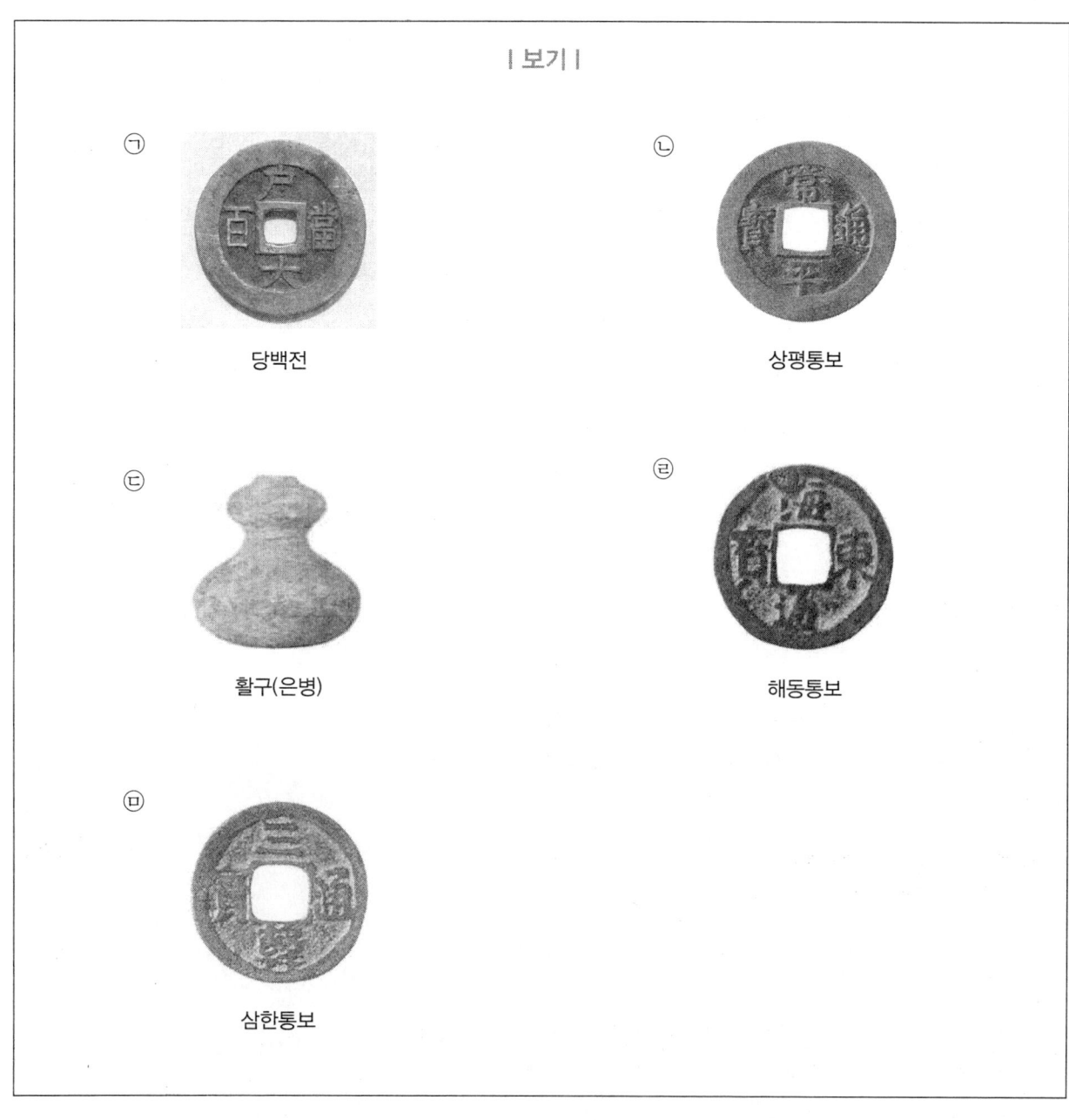

① ㄱ, ㄴ, ㄷ
② ㄱ, ㄹ, ㅁ
③ ㄴ, ㄷ, ㄹ
④ ㄴ, ㄹ, ㅁ
⑤ ㄷ, ㄹ, ㅁ

15 다음 (가), (나)는 고려 시대의 대표적인 승려가 주장한 것이다. 이에 대한 설명으로 옳은 것을 <보기>에서 고른 것은?

[2점]

(가) 정원 법상에게서 교관(敎觀)을 배웠다. 법사는 훈시하되 "관(觀)을 배우지 않고 경(經)만 배우면 비록 오주의 인과를 들었더라도 삼중의 성덕에는 통하지 못하며, 경을 배우지 않고 관만 배우면 비록 삼중의 성덕을 깨쳤으나 오주의 인과를 구별하지 못한다. 그런 즉 관도 배우지 않을 수 없고, 경도 배우지 않을 수 없다."라고 하였다.

(나) 하루는 같이 공부하는 사람 10여명과 약속하였다. 마땅히 명예와 이익을 버리고 산림에 은둔하여 같은 모임을 맺자. 항상 선을 익히고 지혜를 고르는 데 힘쓰고, 예불하고 경전을 읽으며 힘들여 일하는 것에 이르기까지 각자 맡은 바 임무에 따라 경영한다. 인연에 따라 성품을 수양하고 평생을 호방하게 고귀한 이들의 드높은 행동을 따른다면 어찌 통쾌하지 않겠는가.

| 보기 |
㉠ (가)는 왕실의 지지를 (나)는 무신정권의 지지를 받았다.
㉡ (가)는 개경 국청사를 중심으로 천태종을 창시하였다.
㉢ (나)는 유교와 불교의 근본이 다르지 않다고 주장하였다.
㉣ (가), (나)는 교종의 입장에서 선종을 통합하려고 하였다.

① ㉠, ㉡
② ㉠, ㉢
③ ㉡, ㉢
④ ㉡, ㉣
⑤ ㉢, ㉣

16 다음은 수행 평가 과제이다. (가)에 들어갈 내용으로 적절한 것은?

[1점]

• 주제 : 고려의 신분제도와 신분변동
• 주제 관련 자료 : __(가)__
• 결론 : 고려 사회는 이전의 통일 신라에 비해 개방적이었다.

① 외거 노비는 재산 증식이 불가하여 신분상승이 힘들었다.
② 군인이 공을 세워 무반으로 출세할 수 있었다.
③ 공명첩을 통해 신분상승을 하였다.
④ 공노비 해방으로 양인이 되었다.
⑤ 백정은 법제적으로 과거 응시 제약이 있어 신분상승이 힘들었다.

17 다음 칼럼의 밑줄 친 '왕이 추진한 정책으로 옳은 것을 〈보기〉에서 고른 것은?

[2점]

요사이 한정식당에 나오는 음식 중에서 탕평채(蕩平菜)만큼 정치적 의미를 지니고 사람들 입에 오르내리는 것도 없을 듯하다. "노란 창포묵에 붉은 돼지고기, 파란 미나리, 검은 김을 초장에 찍어먹는 3월의 시식(時食)이다. 노랗고 붉고 파랗고 검은 사색당쟁을 탕평코자 왕은 도처에 탕평비를 세우고 이렇게 음식까지 만들어 먹게 함으로써 파당을 화합토록 했던 것이다."

| 보기 |

㉠ 산림의 존재를 부정하고, 서원을 대폭 정리하였다.
㉡ 신문고제도를 부활시켰다.
㉢ 시전상인들의 금난전권을 폐지하였다.
㉣ 왕권왕화를 위해 수원화성을 수축하였다.

① ㉠, ㉡
② ㉠, ㉢
③ ㉡, ㉢
④ ㉡, ㉣
⑤ ㉢, ㉣

18 다음 건의를 받아들여 시행된 정책으로 옳지 <u>않은</u> 것은?

[2점]

유·불·도의 삼도는 각각 다른 목적이 있어 이를 혼동하여 하나로 할 수 없습니다. 불교를 행하는 것은 수신(修身)의 근본이요, 유교를 행하는 것은 치국(治國)의 근원입니다.
수신은 내생의 복을 구하는 것이며, 치국은 금일의 임무입니다. 금일은 지극히 가깝고 내생은 머니, 가까움을 버리고 먼 것을 구함은 또한 그릇된 것이 아니겠습니까.

① 중앙에는 국립대학격인 국자감을 설치하였다.
② 연등회와 팔관회를 폐지시켰다.
③ 관리를 선발하기 위해 과거제도를 최초로 실시하였다.
④ 지방에 12목을 설치하고 지방관을 파견하였다.
⑤ 유교를 숭상하는 문치주의를 바탕으로 통치체제를 정비하였다.

19 다음 글의 밑줄 친 ㉠~㉤에 대한 설명으로 옳은 것은?

[3점]

> 조선 시대에 과거제는 ㉠문과, ㉡무과, ㉢잡과가 있었다. 과거가 아닌 ㉣음서, ㉤천거를 통하여 관직에 나아가기도 하였다. 조선 시대에는 합리적인 인사 행정을 위해 서경, 근무 성적 평가 등의 제도가 갖추어졌다.

① ㉠ - 노비만 제외하면 누구나 응시할 수 있었다.
② ㉡ - 문과에 비해 우대받아 양반들이 독점하였다.
③ ㉢ - 궁술, 격구, 병서 등을 시험하였다.
④ ㉣ - 고려 시대에 비해 혜택이 대폭 축소되었다.
⑤ ㉤ - 성균관 유생들 중에 선발하였다.

20 밑줄 친 '경연'에 대한 설명으로 옳은 것을 〈보기〉에서 모두 고른 것은?

[2점]

> 임금으로 즉위해서는 이른 새벽에 옷을 입고, 날이 밝으면 조회를 받고 다음에 정사를 살피고, 그 다음에 윤대하고 경연에 나아갔는데, 한 번도 게으른 적이 없었다. 신하를 부림에는 예의로써 하고 간언을 따라 어기지 않았으며, 정성으로 사대하고 신의로 이웃나라와 사귀었으며, 인륜을 밝히고 모든 사물에 자상하였다.

| 보기 |

㉠ 중단과 존속이 반복되었다.
㉡ 학술과 정책을 토론하였다.
㉢ 왕의 권한을 강화시켰다.
㉣ 국왕과 3정승만이 참석하였다.

① ㉠, ㉡   ② ㉠, ㉢
③ ㉡, ㉢   ④ ㉡, ㉣
⑤ ㉢, ㉣

21 자료를 통해 알 수 있는 당시 경제생활의 모습으로 옳지 <u>않은</u> 것은?

[2점]

> 우리나라는 동·서·남의 3면이 모두 바다이므로, 배가 통하지 않는 곳이 거의 없다. 배에 물건을 싣고 오가면서 장사하는 장사꾼은 반드시 강과 바다가 이어지는 곳에서 이득을 얻는다. 전라도 나주의 영산포, 영광의 법성포, 흥덕의 사진포, 전주의 사탄은 비록 작은 강이나, 모두 바닷물이 통하므로 장삿배가 모인다. 충청도 은진의 강경포는 육지와 바다사이에 위치하여 바닷가 사람과 내륙 사람이 모두 여기에서 서로의 물건을 교역한다. 매년 봄, 여름 생선을 잡고 해초를 뜯을 때는 비린내가 마을에 넘치고, 큰 배와 작은 배가 밤낮으로 포구에 줄을 서고 있다.
>
> ―「택리지」―

① 포구를 거점으로 한 상인으로 경강상인이 대표적인 선상이다.
② 포구의 과도한 성장으로 장시의 규모가 축소되었다.
③ 선상의 활동으로 전국 각지의 포구가 하나의 유통권이 되었다.
④ 객주, 여각은 운송, 보관, 숙박, 금융 등의 업무도 하였다.
⑤ 장시보다 큰 규모로 상거래가 이루어졌다.

22 다음 자료의 조세 제도에 대한 설명으로 옳은 것은?

[3점]

> 토지의 조세는 비옥도와 연분의 높고 낮음에 따라 거둔다. 감사는 각 읍(邑)마다 연분을 살펴 정하되, 곡식의 작황이 비록 같지 않더라도 종합하여 10분을 기준으로 삼아 소출이 10분이면 상상년, 9분이면 상중년 …… 2분이면 하하년으로 각각 등급을 정하여 보고한다. 이를 바탕으로 의정부와 6조에서 의논하여 결정한다.

① 토산물을 쌀, 삼베나 무명, 동전 등으로 납부하게 하였다.
② 토지 1결당 미곡 2두의 결작을 지주에게 부담시켰다.
③ 토지 1결당 4두를 일정하게 납부하게 하였다.
④ 연분 9등법에 따라 토지 1결당 미곡 4~20두를 납부하게 하였다.
⑤ 수확량의 10분의 1만큼만 납부하게 하였다.

23 다음 자료의 조치와 관련된 내용으로 옳은 것은?

[1점]

> 판부사 송시열이 아뢰었다. "이경억이 충청 감사로 있을 때 상소하여 공·사노비가 양인 처를 맞이하여 낳은 자식은 남녀를 가리지 않고 한결같이 어미의 역을 따르도록 청하였습니다. 이는 일찍이 이이가 주장한 것인데 당시 조정에서 막아 시행하지 못하였습니다. 지금 양민이 날로 줄어들고 있는 것은 실로 이 법을 시행하지 않기 때문입니다. 속히 제도를 만들어 변통하소서." 이에 왕이 공·사노비의 양인 처 소생은 어머니의 역을 따르도록 법을 세우라고 명하였다.
>
> － 「현종실록」 －

① 수령과 아전의 수탈이 줄었다.
② 양인의 수를 늘리기 위한 방안이었다.
③ 성리학적 질서가 강화되었다.
④ 19세기 농민 봉기의 직접적인 원인이 되었다.
⑤ 노비제도가 법제적으로 폐지되었다.

24 밑줄 친 (가)에 해당하는 내용으로 옳지 <u>않은</u> 것은?

[2점]

> 정부에서는 일찍부터 가뭄으로 인한 위험 부담 때문에 ___(가)___ 를 금지시켰다. 그러나 ___(가)___ 는 점차 확산되어 조선후기에는 일반적인 농사법이 되었다.

① 고려시대부터 시행된 농법이다.
② 노동력의 절감과 수확량의 증대를 가능하게 하였다.
③ 조선 후기 전국적으로 보급되면서 부농층을 형성시켰다.
④ 조선 전기에 정부는 (가)대신 직파법을 권장하였다.
⑤ 「농상집요」는 이앙법 보급에 공헌하였다.

25 다음 자료에서 나타나는 문제점을 해결하기 위해 시행한 정책의 결과로 옳은 것은?

[3점]

- 비록 자기 군현에서 생산되는 토산물이 있더라도, 백성들이 스스로 납부하지 못하게 하고 반드시 방납하는 사람이 있습니다. 이들은 권력자에 연줄을 대고서 대납권을 손에 넣어 원래 물품가격의 몇 배를 징수합니다.

  -「포저집」-

- 지금 군현의 공물 가운데 토산물이 아닌 것이 많습니다. 이 때문에 공물을 다른 군현에서 구입하거나 도성 시장에서 사서 납부하게 되니, 백성들의 부담이 100배에 이르고 국가의 재정 또한 넉넉하지 못합니다.

  -「선조수정실록」-

① 관청에서 조세를 수취하여 관리에게 나누어 주었다.
② 농민에게 군포를 1년에 1필을 부과하였다.
③ 전분6등법에 따라 조세를 걷었다.
④ 별공, 진상 등은 여전히 농민의 부담으로 남아 있었다.
⑤ 상품경제 발달을 억제하는데 영향을 주었다.

26 다음과 같은 규칙을 운영한 향촌 조직에 대한 설명으로 옳은 것을 〈보기〉에서 고른 것은?

[2점]

모인 사람들은 나이와 덕망과 학술이 높은 한 사람을 추대하여 도약정으로 삼고, 학문과 덕행이 투철한 두 사람을 뽑아 부도약정으로 삼는다. 약중(約中)에서 직월과 사화를 교대로 뽑되, 직월은 반드시 심부름을 시킬 만한 노복이 있는 사람을 뽑고, 사화는 서원의 유생 중에서 뽑는다. 도약정과 부약정은 사고가 있지 않으면 바꾸지 않으며, 직월은 모임이 있을 때마다 바꾸고, 사화는 1년에 한 번씩 바꾼다.

-「율곡전서」-

| 보기 |

㉠ 수령 보좌와 향리 감찰을 목적으로 만들었다.
㉡ 지방 사림의 지위를 강화시키는 기능을 하였다.
㉢ 중앙 정부와 지방과의 연락이 쉬워졌다.
㉣ 전통적 농민 공동 조직에 유교 윤리가 더해졌다.

① ㉠, ㉡ ② ㉠, ㉢
③ ㉡, ㉢ ④ ㉡, ㉣
⑤ ㉢, ㉣

27 다음의 정치기구에 대한 설명으로 옳지 않은 것은?

[2점]

> 본래 왜구와 여진족의 침입에 대비하여 설치된 임시 기구였으나, 점차 국방의 중요성이 강조되어 16세기 중엽에는 상설 기구가 되었다. 임진왜란을 겪는 속에서 이것의 기능은 더욱 강화되어 국방 문제뿐만 아니라 외교와 내정까지도 관장하였다.

① 처음에는 여진족, 왜구의 침입을 대비한 임시기구였다.
② 임진왜란 이후 의정부의 기능을 대신하여 국정을 장악하였다.
③ 흥선대원군은 이 기구를 강화시켜 왕권을 강화시켰다.
④ 16세기 초 중종 때 3포 왜란을 계기로 설치되었다.
⑤ 세도 정치 기간에는 왕실 외척이 장악하였다.

28 다음과 같은 도자기가 주로 유행하였던 시기를 순서대로 바르게 나열한 것은?

[1점]

① (가) - (나) - (다)
② (가) - (다) - (나)
③ (나) - (가) - (다)
④ (나) - (다) - (가)
⑤ (다) - (가) - (나)

29 다음 주장을 한 인물이 취했던 태도로 옳게 설명한 것은?

[2점]

"하늘이 통치자를 세우는 이유는 백성들을 잘 살도록 보살펴 주고 편안하게 다스리라는 것이다. 그러므로 임금의 도리를 잘 하고 못하는데 따라 인심이 따르기도 하고 배반하기도 하는 것으로서 하늘의 의사가 오고 가는 것도 다 여기에 달렸다."

- 「삼봉집」 -

① 온건 사대부로 고려 왕조를 유지하려고 하였다.
② 성리학을 토대로 민본적 통치 규범을 마련하려고 하였다.
③ 권문세족의 경제기반 약화를 위해 전민변정도감 설치를 건의하였다.
④ 역성혁명 사상에 반대하였다.
⑤ 불교를 중심으로 유교 통합을 주장하였다.

30 다음 상황을 볼 수 있었던 시기에 일어난 민족운동으로 옳은 것은?

[3점]

소년병학교에 강제 편입되는 조선인학생들

징병되어 가는 아들을 전송하는 어머니

① 봉오동에서 대한독립군은 일본군을 격퇴하였다.
② 대구에서 국채보상운동이 일어났다.
③ 신민회가 만주에서 독립 운동 기지를 건설하였다.
④ 김익상이 조선 총독부에 폭탄을 투척하였다.
⑤ 한국광복군은 일본에 선전 포고하였다.

31 다음 신문기사에 해당하는 시기의 사회적 모습으로 옳지 않은 것은?

[1점]

> ○○○○년 ○월 ○일
> 오늘 서대문과 청량리 사이에 처음 설치된 전차의 개통식이 있다고 해서 독립문 앞에서 친구를 만나 함께 구경을 갔다. 많은 사람들이 운집하여 개통식을 기다리고 있었다. 마침내 웅장한 모습을 띈 전차가 출발을 하자 많은 사람들은 경탄성을 지르면서 박수를 쳤었다.

① 연설을 하는 독립 협회 회원
② 경복궁에 전화선을 설치하는 직원
③ 명동성당에 예배를 하러가는 시민들
④ 별기군에 선발되어 훈련받는 군인들
⑤ 커피숍에서 커피를 마시며 담화는 나누는 시민들

32 일제 강점기에 실시된 다음 정책이 가져온 결과로 가장 적절한 것은?

[2점]

> 제1조 토지의 조사 및 측량은 본령에 의한다.
> 제2조 토지의 소유자는 조선의 총독이 정하는 기간 내에 주소, 씨명, 명칭 및 소유지의 소재, 지목, 자번호, 사표, 등급, 지적, 결수를 임시 토지조사국장에게 신고해야 한다. 단 국유지는 보관 관청이 임시 토지조사국장에게 통지해야 한다.
> 제6조 토지의 조사 및 측량을 할 때 조사 및 측량 지역 내의 2인 이상의 지주로 총대를 선정하고, 조사 및 측량에 관한 사무에 종사하게 할 수 있다.

① 민족 자본가의 기업 활동이 제한되었다.
② 일본 상품의 관세가 철폐되었다.
③ 지주의 권한이 강화되고 소작농의 권리가 약화되었다.
④ 수리시설이 확충되고 토지개량사업이 실시되었다.
⑤ 국민징용령을 제정·공포하였다.

33 다음과 같은 협약이 맺어진 시기의 역사적 사실로 옳은 것을 〈보기〉에서 고른 것은?

[2점]

- 한국정부는 일본정부가 추천하는 일본인 1명을 재정고문으로 하여 한국정부에 용빙하고, 재무에 관한 사항은 일체 그 의견을 물어 시행할 것
- 한국정부는 일본정부가 추천하는 외국인 1명을 외교고문으로 하여 외부에 용빙하고 외교에 관한 요무는 일체 그 의견을 물어 시행할 것
- 한국정부는 외국과의 조약 체결, 기타 중요한 외교 안건, 즉 외국인에 대한 특권 양여와 계약 동의처리에 관하여는 미리 일본 정부와 협의할 것

| 보기 |

㉠ 재정고문에 메가타, 외교고문에 스티븐스를 두었다.
㉡ 화폐정리사업이 실시되었다.
㉢ 헤이그특사를 보내게 되는 계기가 되었다.
㉣ 통감부를 설치하여 모든 내정에 간섭하였다.

① ㉠, ㉡
② ㉠, ㉢
③ ㉡, ㉢
④ ㉡, ㉣
⑤ ㉢, ㉣

34 다음 선언문에 밑줄 친 (가)에 해당하는 독립군의 설명으로 옳은 것은?

[2점]

대한민국 임시정부는 대한민국 원년에 정부가 공포한 군사조직법에 의거하여 중화민국 영토 내에 광복군을 조직하고 대한민국 22년 9월 17일에 __(가)__ 를 창설함을 선언한다. __(가)__ 는 중화민국 국민과 합작하여 우리 두 나라의 독립을 회복하고자 공동의 적인 일본 제국주의자들을 타도하기 위해 연합군의 일원으로 항전을 계속한다. …… 우리 민족의 확고한 독립정신은 불명예스러운 노예 생활에서 벗어나기 위하여 무자비한 압박자에 대한 영웅적 항쟁을 계속하여 왔다. …… 이 때 우리는 큰 희망을 갖고 우리 조국의 독립을 위해 우리의 전투력을 강화할 시기가 왔다고 확신한다.

① 일본군을 상대로 정부 수집, 포로 심문, 대적 방송 등에 종사하였다.
② 국내 진공 작전 계획을 성공하였다.
③ 안창호 의거로 중국 국민당 정부의 지원을 얻게 되었다.
④ 중국 공산당의 팔로군과 함께 화북 각지의 항일전에 참전하였다.
⑤ 무정부주의의 영향을 받았으며, 일정한 곳에 본부를 두지 않았다.

35 다음과 같은 재외동포가 발생한 배경으로 옳은 것은?

[1점]

① 모스크바 3국 외상 회의 결정
② 조·러 통상 조약
③ 3부 통합운동의 전개
④ 소련의 강제 이주
⑤ 한·중 연합작전

36 다음 운동이 전개되던 시기에 일제가 실시한 정책으로 옳은 것을 <보기>에서 고른 것은?

[3점]

1. 의복은 우선 남자는 두루마기, 여자는 치마를 음력 계해년 정월 1일로부터 조선인 상품 또는 가공품을 염색하여 착용할 것
2. 음식물에 대하여는 식염, 사탕, 과자, 청량음료 등을 제외하고는 모두 조선인 물산을 사용할 것
3. 일용품은 조선인 제품으로 대용하기 가능한 것은 이를 사용할 것

| 보기 |

㉠ 성과 이름을 일본식으로 바꾸도록 강요하였다.
㉡ 치안유지법을 제정하여 독립운동을 탄압하였다.
㉢ 민립 대학 설립 운동을 저지하기 위해 경성 제국 대학을 설립하였다.
㉣ 남면북양 정책을 실시하였다.

① ㉠, ㉡   ② ㉠, ㉢
③ ㉡, ㉢   ④ ㉡, ㉣
⑤ ㉢, ㉣

37 다음 개혁안이 제기되었던 시기에 일어났던 사실로 옳은 것은?

[2점]

- 노비문서를 소각한다.
- 무명의 잡세는 일체 폐지한다.
- 토지는 평균하여 분작한다.
- 왜와 통하는 자는 엄징한다.

① 제1차 갑오개혁이 실시되었다.
② 영국은 거문도 사건을 일으켰다.
③ 신민회가 국내에서 결성되었다.
④ 통리기무아문을 설치하였다.
⑤ 김홍집이 「조선책략」을 들여왔다.

38 다음과 같은 토론회를 개최한 단체에 해당하는 사실로 옳은 것을 〈보기〉에서 고른 것은?

[2점]

제1회 : 조선의 급선무는 민중의 교육이다.
제2회 : 인민의 견문을 넓히려면 우선 국내에 신문을 반포해야 한다.
제5회 : 부녀를 교육하는 것은 의리상 경제상에 마땅하다.
제25회 : 의회원을 설립하는 것이 정치상에 필요하다.

| 보기 |

㉠ 일제의 황무지 개간권 요구에 반대하였다.
㉡ 만민공동회를 개최하였다.
㉢ 민중계몽운동을 전개하였다.
㉣ 국채보상운동을 주도하였다.

① ㉠, ㉡   ② ㉠, ㉢
③ ㉡, ㉢   ④ ㉡, ㉣
⑤ ㉢, ㉣

39 다음 자료와 같은 주장을 펼친 정치세력의 정책으로 옳지 않은 것은?

[1점]

> 강화를 맺고 나면 저들은 물화를 교역하는 데 욕심을 낼 것입니다. 저들의 물화는 모두 지나치게 사치스럽고 기이한 노리개로, 손으로 만든 것이어서 그 양이 무궁합니다. 우리의 물화는 모두가 백성들의 생명이 달린 것이고 땅에서 나는 것이므로 한정이 있습니다. …… 저들이 비록 왜인이라고 하나 실은 양적입니다.
>
> - 「최익현의 상소문」 -

① 천주교를 인정하였다.
② 주로 보수적 유생층이 주도하였다.
③ 개화정책에 반대하여 영남만인소를 올리기도 하였다.
④ 조선의 봉건적 질서를 유지하려고 하였다.
⑤ 흥선대원군의 통상 수교 거부정책을 지지하였다.

40 다음 지도의 독립 운동 조직에 대한 설명으로 옳은 것을 〈보기〉에서 고른 것은?

[1점]

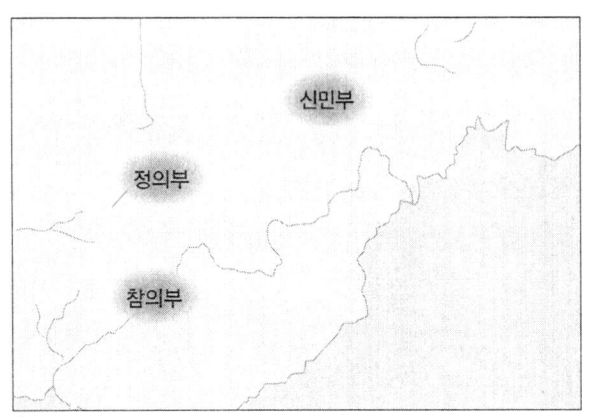

| 보기 |

㉠ 자유시 참변으로 무장해제를 당하였다.
㉡ 군정과 민정 조직을 갖춘 자치 기구였다.
㉢ 참의부는 임시정부의 직할부대를 표방하였다.
㉣ 화북 지역으로 이동한 후 조선 의용군으로 개편되었다.

① ㉠, ㉡
② ㉠, ㉢
③ ㉡, ㉢
④ ㉡, ㉣
⑤ ㉢, ㉣

41 다음 조약에 대한 설명으로 옳은 것을 〈보기〉에서 고른 것은?

[2점]

1관 조선은 자주국이며 일본과 평등한 권리를 가진다.
4관 조선 정부는 부산과 제5관에서 제시하는 두 항구를 개방하고 일본인이 자유롭게 왕래하면서 통상할 수 있게 한다.
9관 양국 국민은 각자 임의에 따라 무역을 하며, 양국의 관리는 조금도 이에 관여하거나 금지 또는 제한하지 못한다.

| 보기 |

㉠ 일본의 경제·정치·군사적 침략의 발판을 마련해주었다.
㉡ 치외 법권을 인정한 불평등한 조약이다.
㉢ 조선을 자주국가로 인정하였다.
㉣ 최혜국 대우 조항이 포함되어 있었다.

① ㉠, ㉡ ② ㉠, ㉢
③ ㉡, ㉢ ④ ㉡, ㉣
⑤ ㉢, ㉣

42 다음 (가), (나) 사건을 계기로 개정된 헌법에 대한 설명으로 옳은 것은?

[2점]

(가)
3·15 부정선거 항의 시위

(나)
호헌 조치 철폐와 독재타도 요구 시위

① (가) - 대통령의 권한이 대폭 강화된 유신헌법이 제정되었다.
② (가) - 사사오입 개헌이 시행되었다.
③ (나) - 3선 개헌이 시행되었다.
④ (나) - 5년 단임의 대통령직선제로 개헌되었다.
⑤ (가), (나) - 국민들의 민주화 요구가 수용되지 못하였다.

43 다음의 자료와 관련된 시기 이후에 있었던 사실로 옳은 것은?

[2점]

① 시민들의 자발적 참여로 금 모으기 운동이 전개되었다.
② 제2차 경제개발 5개년 계획에 박차를 가하였다.
③ 제1차 석유 파동으로 인해 국제 수지가 악화되었다.
④ 통화 개혁이 단행되어 화폐 가치가 조절되었다.
⑤ 미국의 경제 원조를 받기 위해 국군을 베트남에 파견하였다.

44 다음과 같은 헌법 체제가 시행되었던 시기를 연표에서 옳게 고른 것은?

[2점]

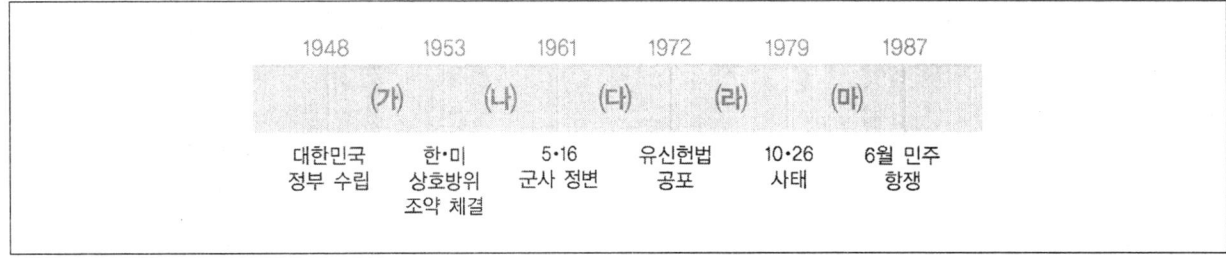

- 대통령은 통일 주체 국민회의에서 토론 없이 무기명 투표로 설명한다.
- 통일 주체 국민회의는 국회의원 정수의 3분의 1에 해당하는 수의 국회의원을 선거한다.
- 대통령은 천재지변 또는 중대한 재정 경제상의 위기에 처하거나, 국가의 안전 보장 또는 공공의 안녕 질서가 중대한 위협을 받거나 받을 우려가 있어, 신속한 조치를 할 필요가 있다고 판단할 때에는 내정, 외교, 국방, 경제, 사법 등 국정 전반에 걸쳐 필요한 조치를 할 수 있다.
- 대통령은 국회를 해산할 수 있다.

① (가)   ② (나)
③ (다)   ④ (라)
⑤ (마)

45 다음 자료와 관련 있는 인물에 대한 설명으로 옳은 것은?

[3점]

> 한국에 있어야 한국 사람이 있고, 한국 사람이 있고야 민주주의도 공산주의도 또 무슨 단체도 있을 수 있는 것이다. 그러면 우리의 자주 독립적 통일정부를 수립하여 하는 이때에 있어서 어찌 개인이나 자기 집단의 사리사욕에 탐하여 국가 민족의 백년대계를 그르칠 자가 있으랴? …… 마음속의 38도선이 무너지고야 땅 위의 38도선도 철폐될 수 있다. …… 현실에 있어서 나의 유일한 염원은 3천만 동포와 손을 잡고 통일된 조국의 달성을 위하여 공동 분투하는 것뿐이다. …… 나는 통일된 조국을 건설하려다 38도선을 베고 쓰러질지언정 일신에 구차한 안일을 취하여 단독 정부를 세우는 데는 협력하지 아니하겠다.

① 제헌국회의 일원이었다.
② 좌·우 합작 운동에 참여하지 않았다.
③ 이승만의 정읍발언을 지지하였다.
④ 유엔의 한국 문제 처리 결정에 동의하였다.
⑤ 5·10 총선거에 참여하였다.

46 다음 각서에 해당되는 내용으로 옳은 것을 〈보기〉에서 고른 것은?

[3점]

> 총 14개 항으로 이루어진 이 각서의 주요 골자는 이렇다.
> 제1조 추가 파병에 따른 비용은 미국 정부가 부담한다.
> 제2조 한국군 육군 17개 사단과 해병대 1개 사단의 장비를 현대화한다.
> 제3조 베트남 주둔 한국군을 위한 물자와 용역은 가급적 한국에서 조달한다.
> 제4조 베트남에서 실시되는 각종 구호와 건설 등 제반 사업에 한국인 업자를 참여시킨다.
> 제5조 미국은 한국에 추가로 AID 차관과 군사 원조를 제공하고, 베트남과 동남아시아로 수출증대를 가능케 할 차관을 추가로 대여한다.
> 제6조 한국이 탄약 생산을 늘리는 데 필요한 자재를 제공한다.

| 보기 |

㉠ 한·미 상호방위조약 체결의 계기가 되었다.
㉡ 6·25 전쟁의 피해 복구에 주안점을 두었다.
㉢ 미국은 한국군의 현대화와 경제 원조를 제공하기로 하였다.
㉣ 미국의 강력한 파병 요청이 있었다.

① ㉠, ㉡
② ㉠, ㉣
③ ㉡, ㉢
④ ㉡, ㉣
⑤ ㉢, ㉣

47 다음 역사서의 공통점으로 옳은 것은?

[1점]

- 「삼국유사」
- 「제왕운기」
- 「삼국사절요」
- 「해동역사」

① 고조선의 역사를 담고 있다.
② 성리학적인 내용을 담고 있다.
③ 왕권강화에 이용되었다.
④ 실학사상이 담겨져 있다.
⑤ 고려 시대에 저술되었다.

48 밑줄 친 '우리의'에 해당되는 계층에 대한 설명으로 옳지 않은 것은?

[2점]

하늘에서 내린 인류의 권리는 모두 똑같은데, 가축 고기를 먹는 사람은 존귀한 대우를 받으면서, 가축을 잡아 고기로 제공해 주는 사람들은 비천한 대우를 받으니 얼마나 잘못된 일인가. 이를 알리기 위해 우리의 취지가 성공해야 할 것이다.

① 고려시대에서는 화척에 해당된다.
② 법제적으로 갑오개혁 때 신분이 해방되었다.
③ 박성춘은 만민 공동회에서 관민 단결을 호소하는 연설을 하였다.
④ 조선 정조 집권기에 해방운동으로 인해 신분상승을 할 수 있었다.
⑤ 일제 강점기에 이력서 등을 작성할 때 차별을 받았다.

49 선생님의 질문에 대한 답변으로 옳지 <u>않은</u> 것은?

[1점]

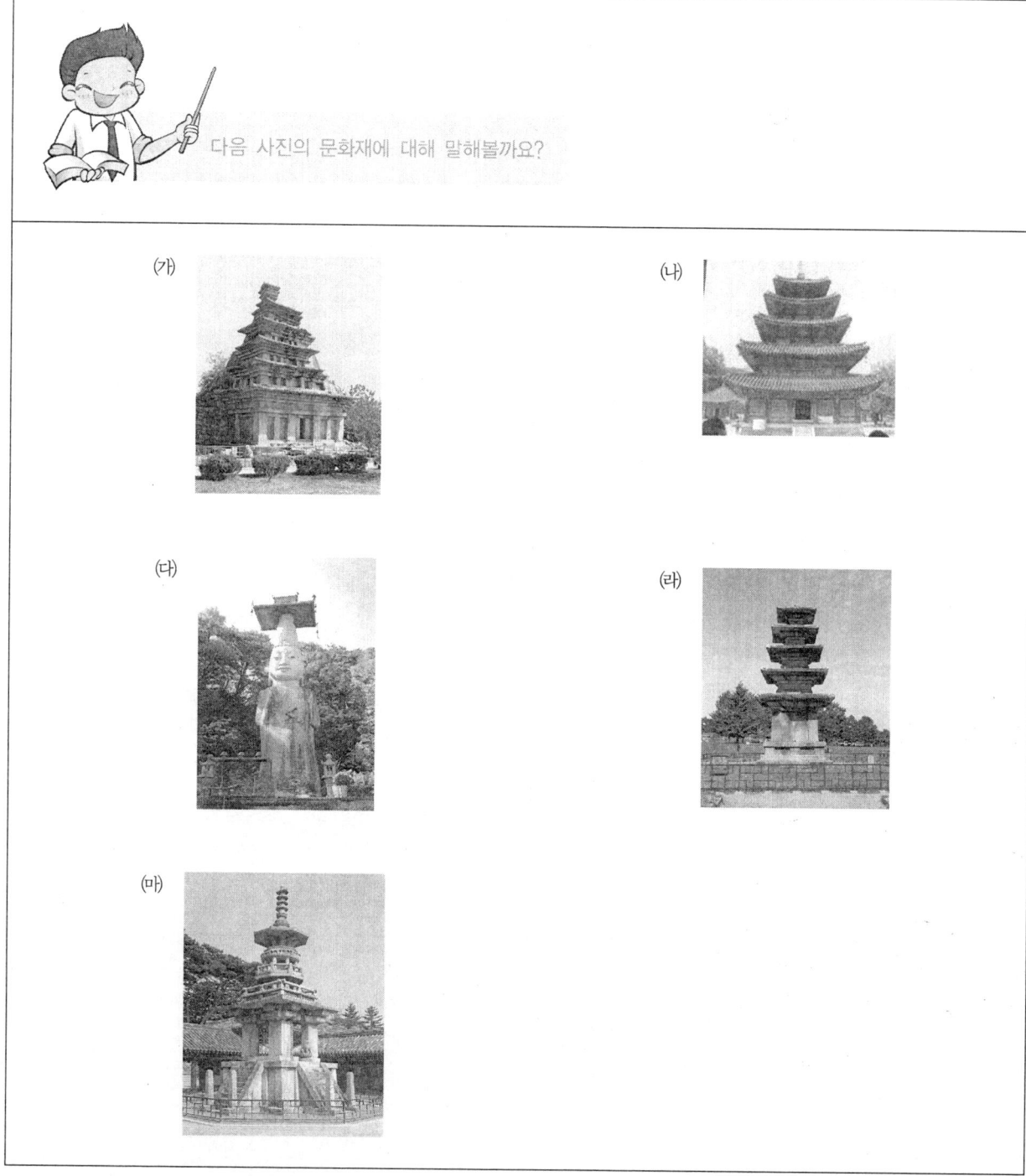

① 수영 : ㈎는 백제의 익산 미륵사지 석탑입니다.
② 은미 : ㈏는 조선 후기의 충북 보은에 위치한 법주사 팔상전입니다.
③ 미경 : ㈐는 고려 초기의 충청도에 위치한 논산 관촉사 석조미륵보살입상입니다.
④ 은혜 : ㈑는 백제의 부여 정림사지 석탑입니다.
⑤ 나리 : ㈒는 신라의 설악산에 위치한 다보탑입니다.

50 다음 지역과 관련된 설명으로 옳지 않은 것은?

[3점]

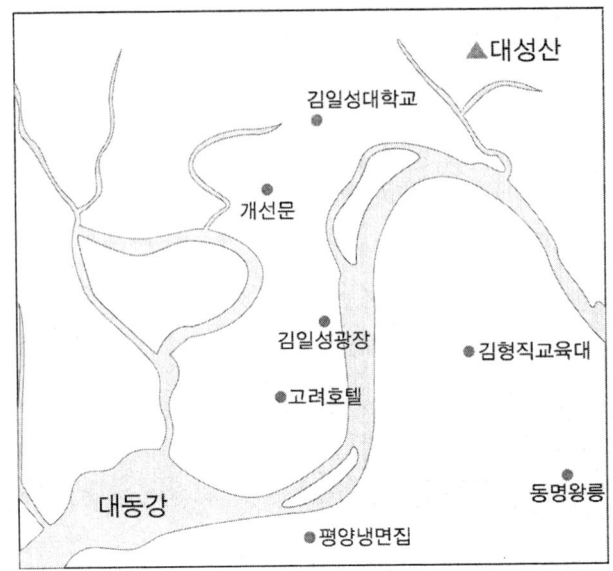

① 프랑스군이 천주교 탄압을 구실로 침입하였다.
② 물산 장려 운동이 처음 시작되었다.
③ 묘청이 풍수지리 사상을 바탕으로 천도를 주장하였다.
④ 미국 상선 제너럴셔먼호가 관민에 의해 불탔다.
⑤ 조위총이 반란을 일으켰다.

05회 실력평가 모의고사

QR코드를 스캔하시면
무료해설강의를 보실 수 있습니다.

성명 □   수험 번호 □□□□□□□

정답 및 해설 P.260

1 다음 유적지에 살았던 사람들에 대한 탐구 내용 중 옳은 것을 고른 것은?

[2점]

① 이동생활을 벗어나 한 곳에 머물러 살기 시작하였다.
② 주로 해안이나 강가에서 움집을 짓고 살았다.
③ 전문 장인이 출현하였으며 사유 재산과 계급이 나타나게 되었다.
④ 삽, 괭이, 낫 같은 철제 농기구를 사용하였다.
⑤ 주먹도끼, 찍개, 긁개 등을 사용하였다.

2 밑줄 친 '이 나라'에 대한 설명으로 옳은 것은?

[2점]

> <u>이</u> 나라에는 왕이 있고, 벼슬로는 상가, 대로, 패자, 고추가, 사자, 조의, 선인 등이 있으며, 신분의 높고 낮음에 따라 각각 등급을 두었다. 왕의 종족으로서 대가는 모두 고차로 불린다. 모든 대가(大加)들도 스스로 사자, 조의, 선인을 두었는데 그 명당은 모두 왕에게 보고해야 한다.
> - 「삼국지위서동이전」 -

① 특산물로 단궁, 과하마, 반어피 등이 유명하였다.
② 영고라는 제천 행사가 있었다.
③ 중국과 왜에 철을 수출하였다.
④ 서옥제라는 혼인 제도가 있었다.
⑤ 다른 읍락을 침범하면 소, 말 등으로 갚게 하였다.

3 다음과 같은 사실들이 나타났던 시기의 상황으로 옳지 <u>않은</u> 것은?

[2점]

> • 국내 여러 주군이 공부를 납부하지 않으므로 국고가 고갈되어 국용이 궁핍해졌다. 이에 왕이 자사를 보내어 독촉하니 도적들이 들고 일어났다. 이 때, 원종과 애노 등이 사벌주를 근거로 하여 반란을 일으켰다.
>
> ―「삼국사기」―
>
> • 지금 국읍은 모두 도적의 소굴이 되었고, 산천은 모두 전장이 되었으니 어찌 하늘의 재앙이 우리 해동에만 흘려드는 것입니까!
>
> ―「동문선」―

① 스스로 성주나 장군으로 자칭하는 세력이 등장하였다.
② 진골 귀족 중심들의 왕위 쟁탈전이 일어났다.
③ 몰락한 농민들이 초적이 되었다.
④ 풍수지리설이 유행하였다.
⑤ 귀족들에게 지급하던 녹읍을 폐지하였다.

4 다음 자료의 밑줄 친 부분과 관련 있는 문화유산으로 옳은 것은?

[1점]

> 연개소문이 왕에게 아뢰었다. "들으니 중국에는 삼교(유·불·도)가 함께 있는데 우리나라에는 아직 <u>도교</u>가 없습니다. 사신을 당에 보내어 구해 오기를 바랍니다." 왕이 마침내 표문을 보내어 청하였다. 이에 불교 사원들을 바꾸어 도교 사원으로 삼았다.
>
> ―「삼국유사」―

①
②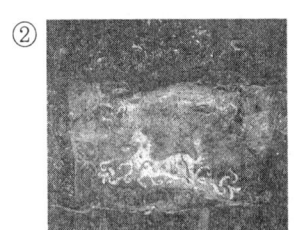
③
④
⑤

5 다음 지도와 같은 형세를 이루었던 시기에 있었던 역사적 사실로 옳은 것을 〈보기〉에서 고른 것은?

[2점]

| 보기 |

㉠ 가야연맹의 주도세력은 대가야였다.
㉡ 백제 무령왕은 지방에 22담로를 설치하였다.
㉢ 신라는 당항성을 축조하여 당과 교류를 하였다.
㉣ 고구려는 중국 남북조와 교류를 하며, 평양으로 천도를 하였다.

① ㉠, ㉡
② ㉠, ㉢
③ ㉠, ㉣
④ ㉡, ㉣
⑤ ㉢, ㉣

6 밑줄 그은 '이 사람'이 행한 역사적 사실로 옳은 것은?

[2점]

이 사람은 정복군주로서 '개국'이라는 연호를 사용하고, 남쪽으로 대가야를 정복하고 「국사」라는 역사책을 편찬케 하였습니다.

① 광개토대왕에게 군사원조를 요청하였다.
② 수도를 웅진(공주)로 천도하였다.
③ 단양의 적성을 점령하고 단양적성비를 세웠다.
④ 나·제 동맹을 맺었다.
⑤ 요서, 산둥, 규슈 지역으로 진출하였다.

7 다음 자료는 어느 나라의 시조 설화이다. 이 나라에 대한 설명으로 옳은 것을 〈보기〉에서 고른 것은?

[3점]

시조는 이진아시왕인데, 그로부터 도설지왕까지 대략 16대 520년이다. 최치원이 지은 이정 스님의 전기에 이르기를 "산신인 정견모주가 천신인 이비가지에게 감응을 받아 뇌질주일과 뇌질청예를 낳았는데, 뇌질주일은 이진아시왕의 별칭이고, 뇌질청예는 수로왕의 별칭이다."라고 하였다.

| 보기 |

㉠ 변한의 철기문화를 바탕으로 등장하였다.
㉡ 연맹국가로 시작하여, 중앙집권화를 이룩하였다.
㉢ 농경문화가 발달하였다.
㉣ 김씨에 의한 왕위 세습권을 확립하였다.

① ㉠, ㉡   ② ㉠, ㉢
③ ㉠, ㉣   ④ ㉡, ㉣
⑤ ㉢, ㉣

8 다음 자료에 해당하는 인물의 내용으로 옳은 것은?

[1점]

지엄의 문하에서 현수와 더불어 화엄종을 당나라에서 연구하고 귀국했다. 국가의 지원을 얻어 부석사를 짓고 화엄의 교종을 확립하는데 힘썼다.

① 호국불교를 통해 불교 대중화에 힘썼다.
② 기행문인 「왕오천축국전」을 남겼다.
③ 화쟁사상을 주장하였다.
④ 아미타신앙과 함께 관음사상을 이끌었다.
⑤ 「대승기신론소」, 「금강삼매경론」 등을 저술하였다.

9 다음 신라사 연표의 (가)시기 농민 생활상으로 옳은 것을 〈보기〉에서 고른 것은?

[3점]

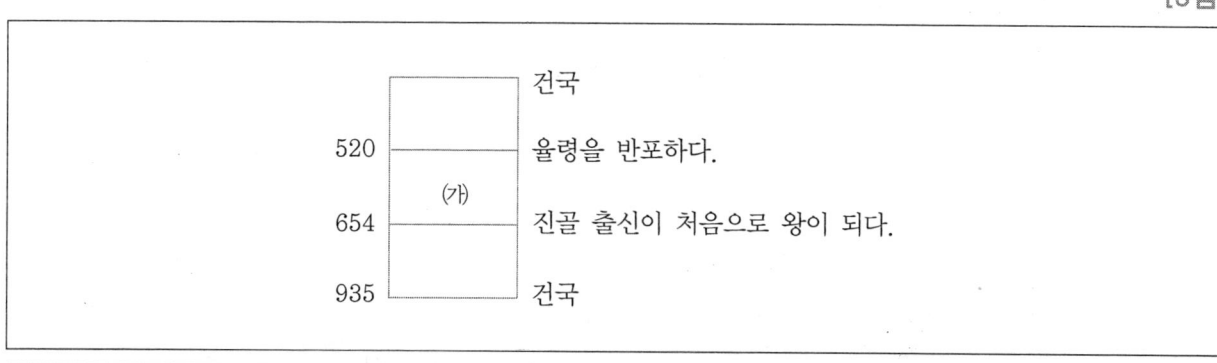

㉠ 인부 : 첨성대를 만드는 일을 하다가 다리를 다쳤어.
㉡ 농부 : 우경을 하니 밭갈이가 훨씬 수월해.
㉢ 농부 : 배도 고픈데 집에 가서 감자나 쪄 먹어야겠어.
㉣ 여자 : 목화솜으로 옷을 지어 입었더니 따뜻하네.

① ㉠, ㉡ ② ㉠, ㉢
③ ㉠, ㉣ ④ ㉡, ㉣
⑤ ㉢, ㉣

10 (가) 국가의 경제에 대한 설명으로 옳지 않은 것은?

[2점]

> 그는 '남북국'이라는 시대개념과 함께 역사연구의 필요성을 제기하였다. "부여씨(백제)가 망하고 고씨(고구려)가 망함에 이르러, 김씨(신라)가 남쪽을 소유하고 대씨 (가) 가 북쪽을 소유하여 (가) 라 하였으니, 이것이 바로 남북국이다."

① 주로 담비가죽 등의 모피류를 수출하였다.
② 신라도를 통해 신라와 대외무역을 전개하였다.
③ 당의 산둥반도에 발해관이 있었다.
④ 주로 귀족 수요품인 비단, 책 등을 수입하였다.
⑤ 벽란도를 통하여 아라비아 상인이 왕래하였다.

11 다음 자료와 관련된 역사적 사실로 옳은 것은?

[1점]

> 김윤후는 고종 때의 사람으로 일찍이 중이 되어 백현원에 있었다. 적들이 이르자, 윤후가 처인성으로 난을 피하였는데, 원수 살리타가 와서 성을 치매 윤후가 이를 사살하였다. 왕은 그 공을 가상히 여겨 상장군의 벼슬을 주었으나 이를 사양하고 받지 않았다.

① 4군 6진 개척
② 몽고의 침입
③ 동북 9성 축조
④ 쌍성총관부 탈환
⑤ 교정도감 설치

12 (가)~(라)의 정치세력에 대해 옳게 설명한 것을 〈보기〉에서 고른 것은?

[3점]

> (가) 신라 말 고려 초의 사회변동을 주도적으로 이끌었으며, 광대한 토지와 막대한 사병을 거느리고 성주나 장군으로 자처하였다.
> (나) 고려 전기의 지배 계층으로 음서 제도, 공음전의 특권과 왕실과의 혼인을 통해 권력을 유지하였으며 무신 정변으로 몰락하였다.
> (다) 무신정권 붕괴 이후 정계의 요직을 장악하고 농장을 소유한 최고의 권력층이었으며, 도평의사사를 통해 권력을 장악하였다.
> (라) 붕당을 형성하면서 지방 곳곳에 서원을 건립하였다.

| 보기 |

㉠ ㈎ - 교종의 전통과 권위에 대항하는 선종을 선호하였다.
㉡ ㈏ - 중방에서 국정의 전반을 통치하는 중방정치가 행해졌다.
㉢ ㈐ - 대규모 농장과 음서로 권력을 독점하였다.
㉣ ㈑ - 고려 말 혁명파 사대부로 정도전, 권근이 대표적인 인물이다.

① ㉠, ㉡ ② ㉠, ㉢
③ ㉠, ㉣ ④ ㉡, ㉣
⑤ ㉢, ㉣

13 다음 어느 시대 농민들의 가상 대화를 통해 알 수 있는 사회 모습으로 옳은 것은?

[2점]

> 농민 : 망이·망소이 형제가 가혹한 수탈에 못 이겨 봉기를 하였다고만.
> 농민 : 그러게 말이게. 주변 지역 향, 소, 부곡에서도 봉기를 계획하고 있는데, 세금부담을 줄이고, 일반 백성과 같은 대우를 해달라고 요구한다구만……

① 쌍기의 건의로 과거 제도가 실시되었다.
② 최승로의 시무28조가 받아들여졌다.
③ 묘청이 금국을 정벌할 것을 주장하였다.
④ 무신들은 문신들이 지내던 고관요직을 모두 차지하였다.
⑤ 외교적으로 친원적인 성향을 가진 세력이 집권하였다.

14 다음 밑줄 친 '이자겸'에 대한 설명으로 옳은 것은?

[1점]

> 이자겸의 아들들이 앞 다투어 큰집을 지어 집들이 거리에 이어졌다. 세력이 더욱 커짐에 따라 뇌물이 공공연히 오고 갔다. 사방에서 바치는 음식과 선물이 넘치게 되니 썩어서 버리는 고기가 항상 수만 근이나 되었다.
>
> - 「고려사」 -

① 친원세력으로 농장을 소유하였다. ② 금나라의 사대 요구를 수용하였다.
③ 북진정책을 주장하였다. ④ 성리학을 학문의 주류로 삼았다.
⑤ 무신정변을 통해 집권하였다.

15 다음 지도를 통해 알 수 있는 국가의 사회상으로 옳지 <u>않은</u> 것은?

[2점]

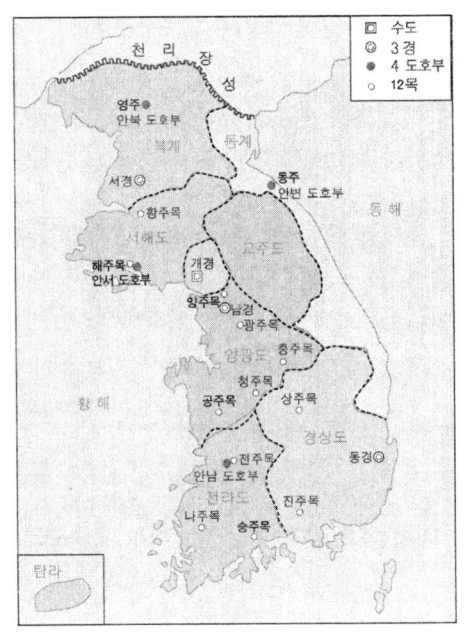

① 노비는 재산으로 간주되어 국가로부터 엄격히 관리되었다.
② 일반 군현민들이 반란을 일으킨 경우 군현을 부곡 등으로 강등하였다.
③ 백정은 조세·공납·역의 의무가 없었다.
④ 외거노비는 주인과 따로 살며, 일정량의 신공을 바쳤다.
⑤ 각 지방의 호족 출신은 향리로 편제되어 있었다.

16 다음 자료와 관련 있는 왕의 업적으로 옳은 것은?

[2점]

- 고려 제1대 왕(재위 918~943).
- 궁예의 휘하에서 견훤의 군사 격파.
- 고려를 세운 후 수도를 송악으로 옮김.
- 불교를 호국 신앙으로 삼음.
- 신라와 후백제 병합하여 후삼국 통일.

① 과거제 시행
② 북진 정책 실시
③ 정동행성 폐지
④ 전시과 시행
⑤ 노비안검법 시행

17 다음 자료를 통해 알 수 있는 당시의 사회상으로 옳게 설명한 것을 〈보기〉에서 고른 것은?

[2점]

"의붓아버지가 가난을 이유로 따로 공부시키지 않고 자기 친아들과 동업하게 하자, (이승장의) 어머니는 그럴 수 없다 고집하며 이렇게 말했다. '먹고 살기 위해 부끄럽게도 전 남편과 의리를 저버렸으나, 유복자(이승장)가 다행히 잘 자라 학문에 뜻을 둘 나이가 되었으니, 그 친아버지가 (생전에) 다니던 사립학교에 입학시켜 뒤를 잇게 해야 해요. 아니 그러면 죽은 뒤에 제가 무슨 낯으로 전 남편을 보겠어요?' 마침내 (새 남편이) 결단해 (이승장을) 솔성재에서 공부하게 하니, 전 남편의 옛 학업을 뒤따르게 한 것이다."

| 보기 |
㉠ 아들이 없는 경우 양자를 들이는 것이 일반화되었다.
㉡ 가부장 중심의 대가족 제도가 일반적이었다.
㉢ 혼인한 딸이 친정 부모와 함께 살기도 하였다.
㉣ 사위나 외손자에게도 음서의 혜택이 있었다.

① ㉠, ㉡
② ㉠, ㉢
③ ㉡, ㉢
④ ㉡, ㉣
⑤ ㉢, ㉣

18 다음 자료와 관계가 깊은 국왕의 업적과 그 의의를 연결한 것으로 옳지 <u>않은</u> 것은?

[2점]

서얼과 노비에 대한 차별을 완화하였으며, 재정수입을 늘리고 상공업을 진흥시키기 위하여 자유로운 상업행위를 허락하는 통공정책을 시행하는 등 사회 전반에 걸쳐 제도와 그것의 운영을 개선하려는 노력을 기울였다.

① 초계문신제 시행으로 신진 인물 및 하급 관리 재교육
② 「대전통편」 편찬으로 통치 규범 재정비
③ 외교문서를 정리한 「동문휘고」를 편찬
④ 탕평정치를 실시하고, 탕평비를 건립
⑤ 규장각을 통해 정약용, 유득공 등이 정치 참여

19 다음 자료와 관련된 이민족에 대한 설명으로 옳은 것을 <보기>에서 고른 것은?

[3점]

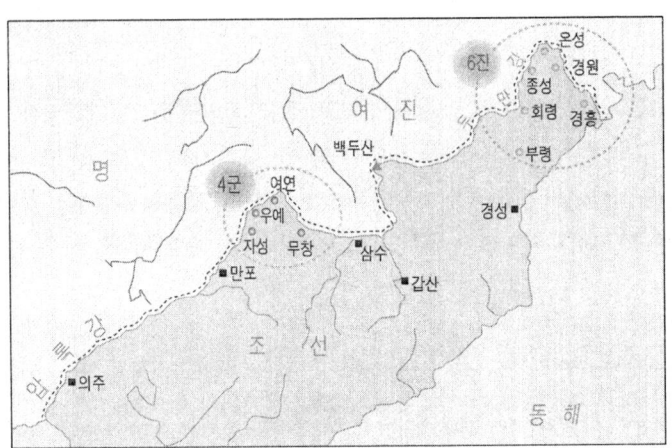

동북면은 처음으로 왕업을 일으킨 땅이다. 위엄을 두려워하고 은덕을 생각한지 오래되어 <u>야인 추장들</u>이 먼 데서 태조를 섬겼다. 언제나 활과 칼을 차고 잠저에 들어와서 가까이 모시었다.

|보기|

㉠ 조선통신사를 파견하여 교류를 하였다.
㉡ 회유와 토벌의 양면정책을 취하였다.
㉢ 무역소를 통한 국경무역을 허용하였다.
㉣ 3포를 개항하고 계해약조를 맺었다.

① ㉠, ㉡ ② ㉠, ㉢
③ ㉡, ㉢ ④ ㉡, ㉣
⑤ ㉢, ㉣

20 주어진 주제에 맞춰 가상의 연극을 하였다. 연극의 대사로 적절하지 <u>않은</u> 것은?

[2점]

선생님 : 이번 연극은 사헌부, 사간원, 홍문관에서 일어나는 일들을 주제로 할 거예요!

① 전하께서 질문하신 내용에 답변 하겠습니다.
② 전하! 이번에 내리신 명령은 부당하옵니다.
③ 전하! 이번에 김대감의 비리가 밝혀졌습니다.
④ 전하! 김대감은 이 직책에 어울리지 않으므로, 임용에 동의하지 않겠습니다.
⑤ 전하께서 내리신 어명을 대신들에게 알리겠습니다.

21 다음 지도와 같은 행정 구역이 성립된 시기의 사실로 옳은 것은?

[2점]

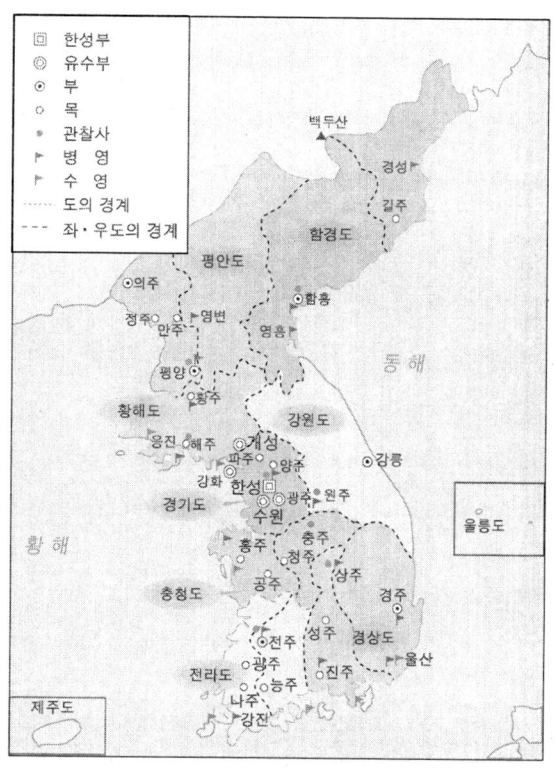

| 보기 |

㉠ 모든 군·현에 지방관이 파견되었다.
㉡ 특별 행정 구역인 서경, 남경, 동경의 3경을 운영하였다.
㉢ 향리는 수령의 행정실무를 보좌하는 아전으로 격하되었다.
㉣ 속현·향·소·부곡이 생겨났다.

① ㉠, ㉡
② ㉠, ㉢
③ ㉡, ㉢
④ ㉡, ㉣
⑤ ㉢, ㉣

22 다음 대화에서 알 수 있는 유적에 대한 설명으로 옳은 것은?

[3점]

농민 1 : 이번에 임진왜란 때 불탄 그것을 중건한다고 하는구먼
농민 2 : 그것 때문에 흥선 대원군이 당백전을 발행하고 원납전을 징수를 한다구먼.

① 조선의 왕들이 가장 오래 거처했던 곳이다.
② 조선왕조의 건립에 따라 창건되었고, 큰 복을 누리라는 뜻이 담겨있다.
③ 한때 동물원으로 운영되기도 하였다.
④ 부속 건물로 돈화문이 있었다.
⑤ 창건 당시 거중기를 사용하였다.

23 다음 기사의 '이것' 해당하는 도자기로 가장 적절한 것은?

[1점]

○○일보 ○○○○년 ○○월 ○○일

경매 떴다 하면 18억·15억 …… 이것이 뜨는 까닭은

첫째, 양질의 작품이 많아 시장이 형성될 수 있었다. 이것은 흰 몸통에 코발트 안료로 그림을 그린 도자기다. 조선 초엔 중국이 아라비아에서 수입한 것을 재수입해 썼다. 안료도 귀했다.

둘째, 장식성이 뛰어나 감상 가치가 높다. 시장에서 쳐주는 이유다. "이것들 중에선 18세기 후반의 것이 고가가 많다. 영·정조 시대, 즉 조선 후기 문화부흥기의 것들"이라고 말했다.

①
②
③
④
⑤

24 (가)에 들어갈 전시물로 적절하지 않은 것은?

[1점]

[2012년 과학 특별전]
주제 : 조선 전기 15세기 과학 기술
일시 : ○○○○년 ○월 ○일~○월 ○일
장소 : ○○박물관 특별 전시관
대표 전시물 : (가)

①
자격루

②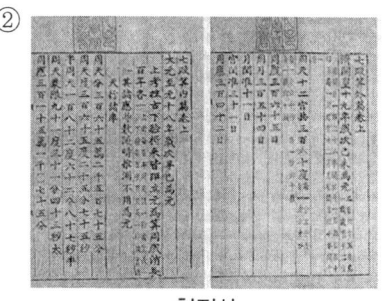
칠정산

③
곤여만국여전도

④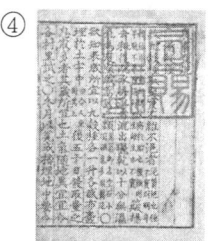
농사직설

⑤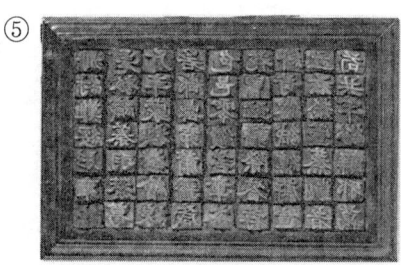
갑인자

25 다음 대화를 통해 추론할 수 있는 정치 세력에 대한 설명으로 옳지 않은 것은?

[2점]

① 군사학과 기술학을 중시하였다.
② 의리와 도덕을 숭상하고 정신문화를 중시하였다.
③ 16세기 이후 사상계를 지배하였다.
④ 불교 또는 도교와 관련된 종교행사를 폐지하였다.
⑤ 유교적 이상 정치를 추구하였다.

26 다음과 같은 자료를 저술한 인물로 옳은 것은?

[2점]

> 윤회설이 판명되면 인과설은 판명하지 않아도 명백해진다. …… 그런데 과연 불씨의 설과 같다면 사람의 화복과 질병이 음양오행과는 관계없이 모두 인과응보에서 나오는 것이 되는데, 어찌하여 우리 유가의 음양오행을 버리고 불씨의 인과응보설을 가지고서 사람의 화복을 정하고 사람의 질병을 진료하는 사람이 한 사람도 없느냐, 불씨의 설이 황당하고 오류에 가득 차 족히 믿을 수 없다.
> - 「불씨잡변」 -

① 이황
② 이이
③ 조광조
④ 정도전
⑤ 정몽주

27 다음 자료에서 설명하는 인물의 주장으로 옳은 것은?

[2점]

> 국가는 마땅히 한 집의 생활에 맞추어 재산을 계산해서 토지 몇 부를 한 집의 영업전으로 하여 당나라의 제도처럼 한다. 그러나 땅이 많은 자의 것을 빼앗지 않고, 돈이 있어 사고자 하는 자는 무한정 허락한다. 오직 영업전 몇 부 안에서 사고파는 것만을 철저히 살핀다. 영업전을 산 자는 다른 사람의 영업전을 빼앗은 죄로 다스리고 판 자도 몰래 판 죄로 다스린다.

① 신분에 따라 토지를 차등 있게 분배할 것을 주장하였다.
② 모든 농민들이 토지를 가질 수 있도록 하자고 주장하였다.
③ 청과 통상을 강화와 문물 수용을 적극적으로 주장하였다.
④ 생산과 소비의 관계를 '우물론'에 비유하며 소비를 권장하였다.
⑤ 노비제의 모순을 비판하고 폐지를 주장하였다.

28 밑줄 친 '임꺽정'이 실제로 활동하던 시기의 역사적 사실로 옳은 것은?

[3점]

[특명! 최고 임꺽정을 찾아라!]
괴산군은 2회 전국 임꺽정 선발대회 참가자를 모집한다고 21일 밝혔다. 군은 2011년 괴산고추축제에 맞춰 소설속의 주인공인 임꺽정을 고추축제 콘텐츠로 승화시켜 괴산청결고추와 괴산고추축제를 전국에 홍보하기 위해 오는 9월 3일(토) 제2회 전국 <u>임꺽정</u> 선발대회를 실시한다.

① 군역의 부담을 경감하기 위하여 균역법을 시행하였다.
② 외척을 비롯한 척신들의 권력 다툼으로 사화가 일어났다.
③ 광작의 운영으로 대지주가 등장하였다.
④ 향촌사회의 지배권을 두고 향전이 발생하였다.
⑤ 공노비 66,000여 명이 해방되었다.

29 다음 그림이 그려진 시기의 경제 상황에 대한 설명으로 옳지 않은 것은?

[2점]

① 선상, 객주, 여각 등이 활발하게 상행위를 하였다.
② 쌀의 상품화 현상으로 밭을 논으로 바꾸는 일이 자주 발생하였다.
③ 이앙법의 보급으로 인해 광작이 실시되었다.
④ 금난전권으로 시전상인들은 사상을 억압하였다.
⑤ 상품의 유통이 활발해지고, 상품작물의 재배가 증가하였다.

30 다음 자료와 관련된 시기의 일제의 조치로 옳은 것은?

[2점]

강제 공출된 놋그릇 　　　일본어 교육을 받는 초등학생

① 회사령 시행
② 보통 경찰 통치
③ 치안 유지법 제정
④ 토지 조사 사업 시행
⑤ 황국신민화 정책

31 다음 자료와 관련된 종교 단체에 대한 설명으로 옳은 것은?

[2점]

종교의식

초대 교주 나철

① 한용운이 '조선불교유신론'을 제창하였다.
② 지나친 복음주의를 강조하였다.
③ 동학의 전통을 계승하였다.
④ 중광단, 북로군정서 등에 참여하여 항일무장투쟁에 앞장섰다.
⑤ 허례 폐지, 미신 타파 등 새생활 운동을 전개하였다.

32 일제가 다음의 목표 달성을 위해 실시한 정책의 결과로 옳은 것을 〈보기〉에서 고른 것은?

[2점]

> 토지 소유에 필요한 복잡한 서류를 구비하여 기한부 신고제의 번잡한 수속을 밟아야만 소유권을 인정받게 되었다. 따라서 신고를 기피하거나 기회를 놓친 한국인의 농토나 공공 기관에 속해 있던 토지는 거의 조선 총독부의 소유가 되고 말았다. 이는 전국 농토의 약 40%나 되었는데, 조선 총독부는 이 토지를 동양 척식주식회사 등에 넘겨서 한국에 이주해 온 일본인에게 헐값으로 불하하였다.

| 보기 |

㉠ 소작농민은 경작권을 상실하고 기한부 계약농이 되었다.
㉡ 몰락한 농민들은 만주, 연해주 등 국외로 이주하였다.
㉢ 한반도 전체의 농지 면적이 증가하였다.
㉣ 대한제국이 대지주가 되었다.

① ㉠, ㉡
② ㉠, ㉢
③ ㉡, ㉢
④ ㉡, ㉣
⑤ ㉢, ㉣

33 다음과 같은 노래와 관련 있는 사실로 옳은 것을 〈보기〉에서 고른 것은?

[2점]

남문을 열고 파루를 치니 계명산천이 밝아 온다.
을축 4월 갑자일에 경복궁을 이루었네

우리나라 좋은 나무는 경복궁 건설에 다 들어갔네
덜커덩 웬 소리냐 경복궁 짓느라고 헛방아 찧는 소리다.

석수쟁이 거동을 보소 방망치를 갈라 잡고 눈만 껌벅거린다.
도편수란 놈의 거동 보소 먹통 메고 갈팡질팡한다.

남문 밖에 떡장수들아 한 개를 베어도 큼직큼직 베어라.
남문 밖에 막걸리 장수야 한 잔을 걸러도 큰 애기 솜씨로 걸러라.
경복궁 역사가 언제나 끝나 그리던 가족을 만나볼까.

- 「경복궁 타령」 -

| 보기 |

㉠ 왕실의 권위를 회복하기 위해 중건하였다.
㉡ 원납전을 강제로 징수하였다.
㉢ 당백전 발행으로 인해 물가가 떨어지게 되었다.
㉣ 전황이 발생하게 되었다.

① ㉠, ㉡
② ㉠, ㉢
③ ㉡, ㉢
④ ㉡, ㉣
⑤ ㉢, ㉣

34 다음 자료와 관련된 민족 운동에서 제기된 주장을 〈보기〉에서 고른 것은?

[3점]

우리가 의를 들어 이에 이름은 그 본의가 다른 데 있지 아니하고, 창생을 도탄에서 건지고 국가를 반석 위에 두자 함이다. 안으로는 탐학한 관리의 머리를 베고, 밖으로는 횡포한 강적의 무리를 구축하고자 함이다. 양반과 부호의 앞에 고통을 받는 민중들과 방백과 수령의 밑에서 굴욕을 받는 소리들은 우리와 같이 원한이 깊은 자이라. 조금도 주저하지 말고 시각으로 일어서라. 만일 기회를 잃으면 후회해도 미치지 못하리라.

| 보기 |
㉠ 모든 재정은 호조에서 관할한다.
㉡ 7종의 천인 차별을 개선하고 백정이 쓰는 평량갓을 없앤다.
㉢ 젊어서 과부가 된 여성의 개가를 허용한다.
㉣ 언론과 집회의 자유를 보장한다.

① ㉠, ㉡ ② ㉠, ㉢
③ ㉡, ㉢ ④ ㉡, ㉣
⑤ ㉢, ㉣

35 다음은 뮤지컬 포스터이다. 관람 시에 볼 수 있는 장면으로 적절하지 않은 것은?

[1점]

① 명성 황후를 시해하기 위해 궁궐의 담을 넘는 일본 낭인들의 모습
② 시아버지와 언성을 높이며 대립하는 모습
③ 개화파들이 가져온 신식문물을 살펴보는 모습
④ 고종의 강제퇴위에 눈물을 흘리는 모습
⑤ 일본 공사관을 습격하는 구식 군인들의 모습

36 다음 조항이 포함된 조약에 대한 설명으로 옳은 것은?

[2점]

> 2조 조선 상민이 중국에 있어 이미 연안 지방에서 소유한 일체 재산, 범죄 등 사건은 피고, 원고가 어떤 국민임을 막론하고 모두 중국 지방관으로 하여금 법문을 접수하여 심판하고, 아울러 조선 상무위원에게 통지하여 비치하게 한다.
>
> 4조 조선 상민으로서 베이징에 주재하는 자를 제하고는 의례 교역을 준허하고, 또 중국 상민은 조선에 입국하여 양화진, 한서에서 좌매 행상하는 것을 준허하며, 각색 물화를 집합하여 내지에 반입하고 점포에 진열, 판매하는 것을 불허한다.

① 최초로 최혜국 대우를 인정하는 조항이 포함되었다.
② 외국과 맺은 최초의 근대적 조약이다.
③ 화폐 가치가 하락하여 물가가 상승하였다.
④ 최초로 무관세 협정을 체결하였다.
⑤ 청·일 상인간의 치열한 상권 경쟁을 유발시켰다.

37 다음의 밑줄 친 (가)와 관련이 깊은 신문은?

[1점]

> '광무 신문지법'은 1908년 4월 29일 일부가 개정되었고 1952년 4월 4일 법률 제237호 의해 폐지됐다. 모두 41조로 구성된 신문지법은 형식상 일본의 신문지법을 모방한 것이나 내용은 그보다 훨씬 가혹했다. 신문 창간시 사전에 내부대신의 허가를 받아야 하는 점과 신문을 발행하기에 앞서 관할 관청에 2부를 납부케 해 사전검열을 제도화한 점이 그것이다. 이 법은 처음에는 국내 발행의 민간신문만을 대상으로 했으나 1908년 개정 법률에는 미국과 러시아의 한국인교포들이 발행하는 신문과 베델 명의의 __(가)__ 도 단속대상에 포함시켰다. 결국 해외에서 들어오는 민족지의 유입을 막고, 국내에서 발행하는 __(가)__ 를 탄압할 목적으로 제정했음을 알 수 있다.

① 한성순보
② 대한매일신보
③ 만세보
④ 제국신문
⑤ 독립신문

38 다음 자료와 관련된 단체에 대한 설명으로 옳은 것을 〈보기〉에서 모두 고른 것은?

[2점]

105인 사건 당시 끌려가는 민족 지도자들

1. 독립군 기지는 만주 일대에 설치하되 후일 독립군의 국내 진입에 가장 편리한 지대를 최적지로 결정한다.
2. 최적지가 선정되면 자금을 모아 일정 면적의 토지를 구입한다.
3. 무관학교를 중심으로 강력한 독립군을 양성한다.

| 보기 |
㉠ 교육 운동으로 서전서숙, 명동 학교를 설립하였다.
㉡ 공화 정체의 근대 국민 국가 수립을 지향하였다.
㉢ 만민 공동회를 개최하고 의회 설립을 추진하였다.
㉣ 안창호, 양기탁, 신채호 등의 주도적 인물이 조직하였다.

① ㉠, ㉡
② ㉠, ㉢
③ ㉡, ㉢
④ ㉡, ㉣
⑤ ㉢, ㉣

39 다음 신문기사가 쓰였던 시기에 볼 수 있는 모습으로 옳지 않은 것은?

[2점]

○○○○년 ○월 ○일
[마침내 서울 영등포에서 경부선 철도 기공식 예정!]
이번 경부선 건설은 조선 민중의 피와 땀으로 이루어졌다.
일제는 헐값에 토지를 수용하고, 조선 백성들을 강제 부역에 동원하였다. 일꾼들에게는 품삯 대신 군용표 한 장으로 때웠다.
결국 경부선은 세계 철도 역사상 가장 적은 비용으로 완전 개통된 것이다.

① 전차를 타고 청량리로 가는 시민들
② 덕수궁 석조전 완공 기념행사를 가는 관리
③ 서울시내에서 전화를 거는 학생
④ 나운규의 아리랑을 보러 가는 시민들
⑤ 명동성당에 예배를 가는 신자

40 다음과 같은 이동경로를 보인 단체에 대한 설명으로 옳지 않은 것은?

[3점]

① 삼균주의를 선포하였다.
② 최초의 민주공화제 정부였다.
③ 초대 임시 대통령에는 이승만이 선임되었다.
④ 침체 극복을 위해 의열단을 조직하였다.
⑤ 독립운동 방법을 놓고 대립을 하기도 하였다.

41 다음 연표의 (가)~(마) 시기에 볼 수 있는 모습으로 옳지 않은 것은?

[2점]

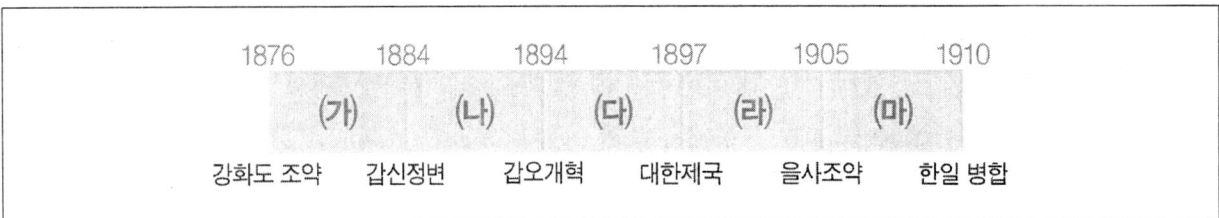

① (가) - 해안측량을 하고 있는 일본 관리들
② (나) - 국채보상운동을 홍보하는 시민들
③ (다) - 차별을 받지 않는 역인, 백정들
④ (라) - 독립문을 지나는 학생들
⑤ (마) - 장지연의 '시일야방성대곡'을 읽는 학생들

42 다음의 밑줄 친 '우루과이라운드'를 체결하였던 정부와 관련된 사실로 옳지 <u>않은</u> 것은?

[1점]

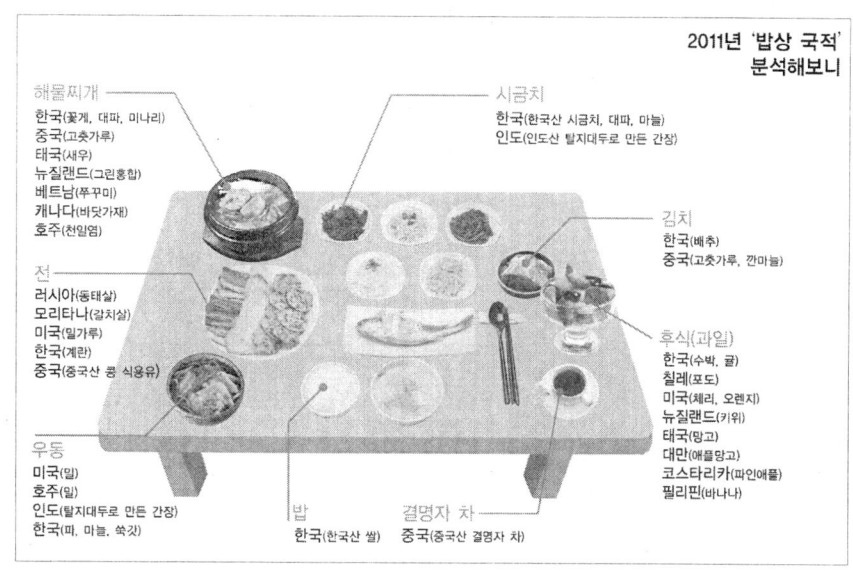

요즘 이렇게 차린 밥상은 사실 '무늬만 한식'이다. 한국인 밥상에 자주 오르는 16개 요리를 만드는 데 들어간 식재료의 원산지 국가를 따져보니 한국을 제외하고 25개 나라에 달했다. 국내 농축수산물 시장 개방은 우루과이라운드(UR) 타결 이후 본격화됐다.

① 금융실명제를 실시하였다.
② 조선총독부 건물을 완전히 철거하였다.
③ 공직자 재산 등록제를 실시하였다.
④ 북방외교에 총력을 기울였다.
⑤ 한반도 에너지개발기구(KEDO)에 의한 원자로 건설 사업을 추진하였다.

43 다음 밑줄 친 '햇볕정책을 추진한 정부와 관련된 사실로 옳은 것은?

[2점]

남북한 간의 긴장관계를 완화하고 화해와 포용을 통하여 북한을 개혁·개방으로 유도하기 위해 정부는 햇볕정책을 추진하였다. 이는 대통령이 영국을 방문을 했을 때 런던대학교에서 행한 연설에서 처음 사용된 용어이다. 이는 겨울 나그네의 외투를 벗게 만드는 것은 강한 바람이 아니라 따뜻한 햇볕이라는 이솝우화에서 비롯한 것이다.

① 경부고속도로가 개통되었다.
② 이산가족 상봉이 최초로 이루어졌다.
③ 서울올림픽이 개최되었다.
④ 금강산 관광이 시작 되었다.
⑤ 북한은 핵확산금지조약(NPT)에서 탈퇴하였다.

44 다음 자료에 나타난 사건에 대한 정부 대응으로 옳은 것은?

[2점]

박종철 / 박종철 관련 신문기사

① 4·13 호헌조치를 발표하였다.
② 발췌개헌을 통과시켰다.
③ 내각책임제로 개헌하였다.
④ 3선 개헌안으로 개헌하였다.
⑤ 사사오입으로 개헌하였다.

45 다음 우표에 나타나는 '계획'을 실시한 시기의 경제 상황으로 옳은 것은?

[2점]

① 기업이 주도하여 수출 주도형 성장 전략을 시행하였다.
② 낮은 임금을 이용한 노동 집약적 산업이 발달하였다.
③ 공업 구조가 경공업 중심에 중화학 공업 중심으로 바뀌었다.
④ 미국의 경제 원조를 바탕으로 한 삼백 산업이 발달하였다.
⑤ 저유가, 저금리, 저달러의 3저 호황을 누렸다.

46 다음 개헌안에 대해 옳게 설명한 것을 〈보기〉에서 고른 것은?

[3점]

제55조 제1항
대통령과 부통령의 임기는 4년으로 한다. 단, 재선에 의하여 1차 중임할 수 있다. ……

부칙
이 헌법 공포 당시의 대통령에 대하여는 제55조 제1항 단서의 제한을 적용하지 아니한다.

| 보기 |
㉠ 처음에 개헌은 부결되었다가 후에 가결이 된다.
㉡ 초대 대통령의 연임 제한을 철폐하는 것이 목적이다.
㉢ 대통령 간선제를 직선제로 바꾸는 내용의 발췌개헌이다.
㉣ 3선 연임 금지를 4선 연임 금지로 변경하려고 하였다.

① ㉠, ㉡
② ㉠, ㉣
③ ㉡, ㉢
④ ㉡, ㉣
⑤ ㉢, ㉣

47 다음 결정사항이 국내에 알려진 후 나타난 사실로 옳은 것은?

[2점]

1. 조선을 독립 국가로 재건설하며, 조선을 민주주의적 원칙하에 발전시키는 조건을 조성하고, …… 조선 인민의 민족 발전에 필요한 모든 시설을 취할 임시 조선 민주주의 정부를 수립할 것이다.
2. 조선 임시 정부 구성을 원조할 목적으로 …… 남조선 미합중국 점령군과 북조선 소연방 점령군 대표자들로 공동 위원회가 설치될 것이다.
3. 공동 위원회의 제안은 최고 5년 기한으로 4개국 신탁 통치의 협약을 작성하기 위하여 미·영·소·중 4국 정부가 공동 참작할 수 있도록 조선 임시 정부와 협의한 후에 제출되어야 한다.

① 김구와 대한민국 임시정부 핵심인사들은 찬탁운동을 전개하였다.
② 신탁통치 문제는 극심한 좌우대립을 초래하였다.
③ 자주 독립국가 건설을 위해 조선 건국 준비 위원회가 결성되었다.
④ 신탁통치 문제로 얄타회담이 열리게 된다.
⑤ 미·소 공동위원회의 결성으로 신탁통치문제는 해결되었다.

48 (가)~(다)에 대한 설명으로 옳은 것은?

[2점]

① (가) - 교종의 유행과 관련이 있다.
② (나) - 세련되고 절제된 신라 특유의 온화함을 느낄 수 있다.
③ (다) - 석재를 벽돌모양으로 만들어 쌓은 탑이다.
④ (가), (나) - 6두품, 호족세력의 경제적 성장을 반영하고 있다.
⑤ (가)는 (다)보다 제작시기가 이르다.

49 다음 주장에 대해 반박하기 위한 근거로 옳은 것을 〈보기〉에서 고른 것은?

[1점]

고구려는 장기간 주로 중국 전통 강계 내에 있었기 때문에, 그것은 주로 중국의 지방 민족 정권이었다. 신복하였을 때에는 중국의 지방 민족 자치 정권이었고, 신복하지 않고 배반했을 때에는 중국 전통 강계 내의 지방 민족 할거 정권이었을 뿐 독립 국가는 아니었다.

| 보기 |
㉠ 고구려는 중국의 침입을 이민족 침입으로 규정하여 적극적으로 대처하였다.
㉡ 고구려는 중국의 책봉을 받았다.
㉢ 발해 수도의 주작대로는 고도의 기술력과 화려함을 보여준다.
㉣ 광개토대왕릉비 내용에서 고구려 중심의 천하관을 볼 수 있다.

① ㉠, ㉢ ② ㉠, ㉣
③ ㉡, ㉢ ④ ㉡, ㉣
⑤ ㉢, ㉣

50 다음 지역과 관련된 내용으로 옳지 <u>않은</u> 것은?

[3점]

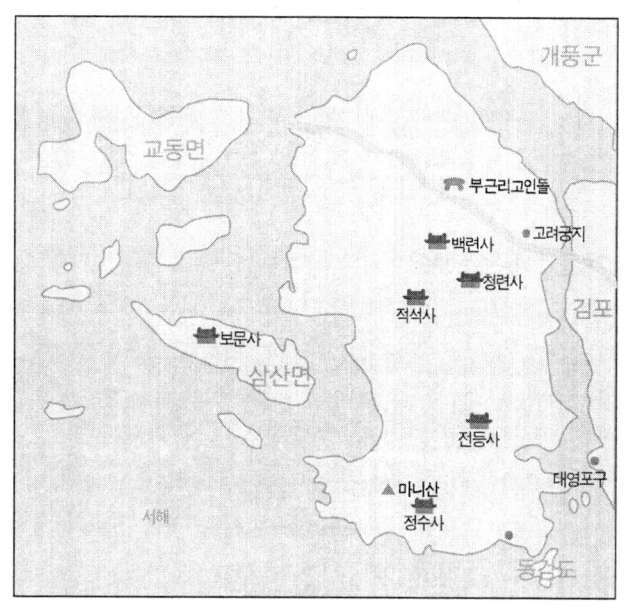

① 조선 후기 정제두를 비롯한 양명학자들이 학파를 형성하였다.
② 조선 인조가 청나라의 침입으로 삼전도의 굴욕을 겪은 곳이다.
③ 단군이 하늘에 제사를 지냈다고 전해지는 참성단이 있다.
④ 신미양요 때 어재연 부대가 미국 군을 무찌른 곳이다.
⑤ 임진왜란 이후 역대 실록들과 서책들을 옮겨 보관하는 사고가 설치된다.

06회 실력평가 모의고사

QR코드를 스캔하시면
무료해설강의를 보실 수 있습니다.

성명　　　　수험 번호

정답 및 해설 P.273

1 다음 집터에서 발굴된 유물로 옳은 것은?

[2점]

- 배산임수의 형태에 위치
- 주거용 외 창고, 공동 작업장, 집회소 등이 존재
- 중앙의 화덕은 한쪽 벽으로 이동, 저장 구덩은 따로 설치된 흔적이 발견됨

①

②

③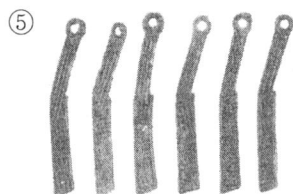

④

⑤

2 다음과 같은 특징을 지닌 국가를 지도에서 옳게 고른 것은?

[2점]

- 왕이 없는 군장국가로서 각 읍락을 읍군(邑君), 삼로(三老)라 불리는 군장이 다스렸다.
- 풍습으로 가족 공동 무덤과 민며느리제가 있었다.
- 특산물로 어물, 소금 등 해산물이 풍부하였으나 고구려에 수탈을 당하였다.

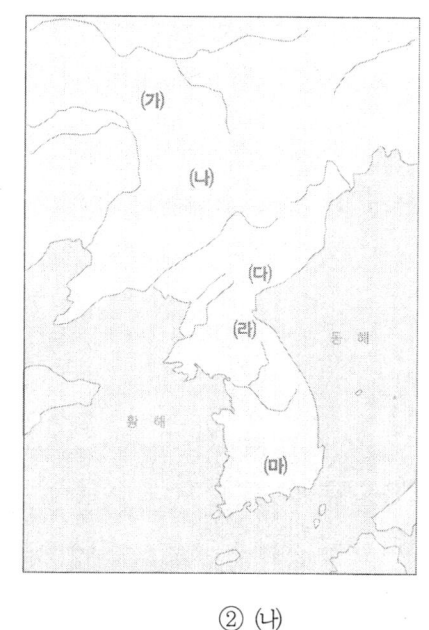

① (가) ② (나)
③ (다) ④ (라)
⑤ (마)

3 다음 자료와 관련된 나라의 유물·유적으로 옳은 것은?

[1점]

> 호암사에는 정사암이란 바위가 있다. 나라에서 장차 재상을 뽑을 때에 후보 3~4명의 이름을 써서 상자에 넣고 봉해서 바위 위에 두었다가 얼마 후에 가지고 와서 열어 보고 그 이름 위에 도장이 찍혀 있는 사람을 재상으로 삼았다. 이런 이유로 정사암이라 하였다.
>
> - 「삼국유사」 -

①
②
③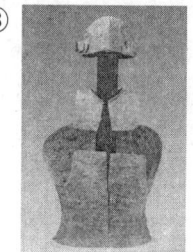
④
⑤

4 다음 사료와 관련 있는 불교 종파의 내용으로 옳지 <u>않은</u> 것은?

[2점]

> 교종의 기성 사상 체계에 의존하지 않고, 스스로 사색하여 진리를 깨닫는 것을 중시하며, 개인적인 정신세계를 찾는 경향이 강하였다. 이 종파는 지방에서 독자적 세력을 구축하려는 호족의 취향에 어울렸을 뿐 아니라, 호족 세력과 관계를 가지면서 각 지방에 본거지를 두고 여러 종파를 이루었는데, 그중에서 유력한 것이 9산이었다.

① 고려 왕조 개창의 사상적 기반이 되었다.
② 구체적인 실천수행을 통하여 깨달음을 얻었다.
③ 경전의 이해를 통하여 깨달음을 추구하였다.
④ 지방 문화를 활성화시키는데 기여하였다.
⑤ 교종체제를 뒤엎는 개혁이었다.

5 다음 시가 쓰여진 시기의 역사적 사실로 옳은 것은?

[1점]

> 신묘한 계책은 천문을 꿰뚫어 볼 만하고
> 기묘한 방략은 지리를 통달하였소
> 싸워서 이긴 공이 이미 높으니
> 족함을 알거든 그치기를 바라노라.

① 신라는 고구려를 통하여 중국과 간접적으로 교류하였다.
② 백제는 산둥, 요서, 규슈지방에 진출하였다.
③ 고구려의 남진에 대비하여 나·제동맹이 결성되었다.
④ 고구려는 옥저와 동예를 정복하고 요동으로 진출하였다.
⑤ 수나라는 국력소모와 내란으로 멸망하게 된다.

6 (가)~(라)에 해당되는 내용으로 옳은 것은?

[3점]

| 거서간 | 차차웅 (가) | 이사금 (나) | 마립간 (다) | 왕 (라) |

① (가)는 연장자라는 의미가 내포되어 있다.
② (나)는 박, 석, 김의 3부족이 연맹장을 교대로 선출하였다.
③ (다)의 지증왕은 우경을 실시하였다.
④ (라)의 내물왕은 고구려에게 군사원조를 요청하였다.
⑤ 백제의 왕호변천과 관련이 있다.

7 다음 자료를 통해 (가), (나)사이에 있었던 사실로 옳은 것은?

[3점]

> (가) (고구려)왕이 병사 3만 명을 거느리고 백제를 침입해서 수도인 한성을 함락시키고, 백제왕을 죽였으며, 포로로 남녀 8천 명을 사로잡았다.
>
> — 「삼국사기」 —
>
> (나) 백제왕이 관산성을 공격하였다. …… 신주 군주 김무력이 주병을 이끌고 와서 이들과 교전하였는데, 비장인 삼년산군의 고간 도도가 재빨리 공격하여 백제왕을 죽였다.
>
> — 「삼국사기」 —

① 성왕은 국호를 남부여로 바꾸고, 사비로 도읍을 천도하였다.
② 근초고왕은 산둥지방, 요서지방, 규슈지방으로 진출하였다.
③ 광개토대왕은 요동지방을 확보하였다.
④ 소수림왕은 불교를 공인하고 태학을 건립하였다.
⑤ 연개소문의 건의로 천리성이 축조되었다.

8 다음 자료와 관련된 시기의 문화유산으로 옳은 것은?

[2점]

중앙귀족들에게 대항하는 지방 유력자들이 지방 곳곳에서 등장하였다.
진골 귀족 세력의 반발로 녹읍이 부활하였다.
귀족들의 사치와 향락으로 농민들의 부담이 가중되었다.

①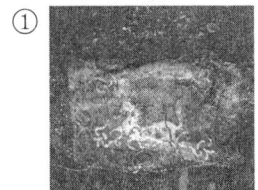
②
③
④
⑤

9 밑줄 친 '왕'에 대한 설명으로 옳은 것은?

[2점]

759년 발해의 왕은 일본에 사신을 보내면서 스스로를 '고려국왕 대흠무'라고 불렀다.
― 「속일본기」 ―

왕은 대흥이라는 연호를 쓰고 이전과는 다르게 당과 친선관계를 유지하여 문화를 크게 발전시켰다.
― 「발해고」 ―

① 장문휴를 수군제독으로 삼아 산둥 지방을 공격하였다.
② 전성기에 해동성국이라 불렸다.
③ 5경 15부 62주의 지방행정제도를 완비하였다.
④ '인안'이라는 독자적인 연호를 사용하였다.
⑤ 발해와 신라의 교통로인 신라도를 개설하였다.

10 밑줄 친 '이 정치 세력'에 대한 설명으로 옳은 것은?

[2점]

> 기철의 누이동생이 원 순제의 황후가 되어 태자를 낳자, 기 황후와 원을 등에 업고 의 정치 세력이 결집하여 남의 토지를 빼앗는 등의 권세를 부렸다.

① 과거제를 통해 관직에 나아갔다.
② 국정운영을 위한 교정도감이 설치되었다.
③ 몽골풍의 폐지를 주장하였다.
④ 신진사대부의 등용에 적극적이었다.
⑤ 도평의사사에 참여하여 권력을 독점하였다.

11 다음은 어느 시기의 교육 환경을 알려 주는 가상의 신문기사이다. 이와 관련된 당시 정부의 시책으로 옳은 것은?

[2점]

> ○○년 ○월 ○일
> 이 시대 최고의 강사!
> 오늘 드디어 해동공자 최충 선생님의 족집게 강의를 할 예정입니다.
> 한 달 전부터 수강생 마감이 끝났으며, 과거시험을 향한 학생들의 뜨거운 열정이 개경을 달구고 있습니다.
> 학생들의 열화와 같은 성원에 힘입어 수강생을 추가 모집중이니 신속하게 접수해주시기 바랍니다.

① 독서삼품과를 마련하여 유학을 보급하였다.
② 화랑도를 국가적인 조직으로 개편하였다.
③ 국자감을 재정비하고, 전문강좌인 7재를 설치하였다.
④ 전국에 서원을 세워 많은 후진을 양성하였다.
⑤ 양현고와 서적포를 폐지하였다.

12 다음 자료의 (가), (나)에 대한 설명으로 옳은 것은?

[1점]

- (가) 는 성종 때 흑창을 개칭한 것으로 각 주에 설치, 평시에 곡물을 배치하였다가 흉년에 빈민을 구제하는 것으로 후에 조선시대 사창·환곡으로 이어졌다.
- (나) 는 성종 때 개경·서경·12목에 설치하고, 물가를 안정시켜 백성들의 생활안정을 도모하였다.

① (가)는 상설기관이 아닌 임시기관으로 설치되었다.
② (가)는 기금을 마련한 뒤 이자로 빈민을 구제하였다.
③ (나)는 곡식의 값이 내렸을 때 사들였다가 값이 오르면 싸게 팔았다.
④ (나)는 가난한 백성들에게 약을 제조하였다.
⑤ (가), (나)는 민간에서 자치적으로 운영하였다.

13 다음 자료와 관련된 역사적 사실로 옳은 것은?

[3점]

1104년 10월 윤관이 아뢰었다. "신이 패한 까닭은 그들은 기병인데 우리는 보병이라 대적할 수 없었습니다." 이에 건의하여 비로소 별무반이 설립되었다. 문·무·산관·이서로부터 장사하는 사람, 종 및 주·부·군·현에 이르기까지 무릇 말을 가진 자를 신기군으로 삼았다. …… 문무 양반과 여러 진·부의 군인을 일 년 내내 쉬지 않고 훈련시켰다. 또 승려를 뽑아서 항마군을 삼아 다시 군사를 일으키려 하였다.

① 저고여 피살사건으로 몽골은 6차례에 걸쳐 침입하였다.
② 몽골의 무리한 조공 요구로 강화도로 천도하였다.
③ 북쪽에는 홍건적이, 남쪽에서는 왜구가 침입하였다.
④ 함경도 일대로 진출하고 동북 9성을 축조하였다.
⑤ 철령 이북에 쌍성총관부를 설치하였다.

14 다음 밑줄 친 '대장경'에 대한 설명으로 적절하지 <u>않은</u> 것은?

[2점]

- 불교사상에 대한 이해체제가 정비되어 불교에 관련된 서적을 모두 모아 체계화한 것이 바로 <u>대장경</u>이다.
- 거란 및 몽골의 침입을 받았던 고려는 부처의 힘을 빌려 이를 물리치고자 <u>대장경</u>을 간행하였다.

① 초조대장경은 거란의 침입을 막고자 만들었다.
② 속장경은 의천의 주도로 편찬되었다.
③ 흥왕사에 설치된 교장도감에서 모든 대장경이 제작되었다.
④ 팔만대장경은 현재 합천 해인사에 보관중이다.
⑤ 팔만대장경은 몽골 침입의 격퇴 의지를 담아 제작하였다.

15 다음 토지제도와 관련된 설명으로 옳은 것을 〈보기〉에서 고른 것은?

[3점]

전시과의 토지 지급 액수

시기		등급	1	2	3	4	5	6	7	8	9	10	11	12	13	14	15	16	17	18
경종 (976)	시정 전시과	전지	110	105	100	95	90	85	80	75	70	65	60	55	50	45	42	39	36	33
		시지	110	105	100	95	90	85	80	75	70	65	60	55	50	45	40	35	30	25
목종 (998)	개정 전시과	전지	100	95	90	85	80	75	70	65	60	55	50	45	40	35	30	27	23	20
		시지	70	65	60	55	50	45	40	35	33	30	25	22	20	15	10			
문종 (1076)	경정 전시과	전지	100	90	85	80	75	70	65	60	55	50	45	40	35	30	25	22	20	17
		시지	50	45	40	35	30	27	24	21	18	15	12	10	8	5				

| 보기 |

㉠ 관리에게 지급하는 토지의 결수가 점차 줄어났다.
㉡ 경기에 한하여 토지만 지급하여 후에 조선 토지제도의 골격이 되었다.
㉢ 귀족들의 토지 독점 및 세습으로 인해 원칙대로 운영되지 못하였다.
㉣ 지급된 토지는 자유로운 매매, 기증, 임대가 가능하였다.

① ㉠, ㉡
② ㉠, ㉢
③ ㉡, ㉢
④ ㉡, ㉣
⑤ ㉢, ㉣

16 지도의 빗금 친 지역의 역사와 관련 있는 것을 〈보기〉에서 고른 것은?

[2점]

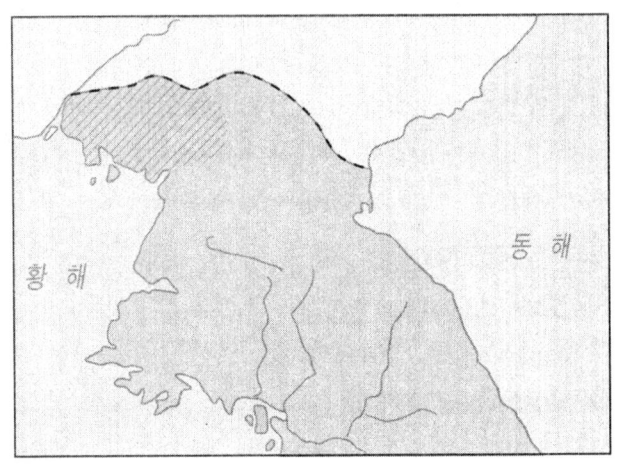

| 보기 |

㉠ 만적의 난이 일어난 곳을 살펴본다.
㉡ 서희가 외교를 통해 확보한 강동 6주를 살펴본다.
㉢ 세종 때 설치된 4군 6진을 살펴본다.
㉣ 강감찬 장군이 대승을 거둔 귀주대첩을 살펴본다.

① ㉠, ㉡ ② ㉠, ㉢
③ ㉡, ㉢ ④ ㉡, ㉣
⑤ ㉢, ㉣

17 다음 연예 기사에 밑줄 친 '광해군'과 관련된 역사적 사실로 옳지 않은 것은?

[1점]

이병헌 주연의 영화 '조선의 왕'(추창민 감독, 리얼라이즈픽쳐스 제작)이 크랭크인 했다. 이병헌은 데뷔 후 최초 사극인 이 영화에서 왕 <u>광해군</u>과 가짜 왕 역할을 하게 되는 하선을 맡아 1인 2역에 도전한다. 왕과 천민이라는 극과 극 캐릭터를 오가며 전혀 다른 색깔의 파격적인 연기 변신을 보여줄 예정이다.

① 명과 후금 사이에서 중립외교를 실시하였다.
② 허준의 동의보감이 간행되었다.
③ 서인세력이 정권을 장악하고 있었다.
④ 대동법을 실시하였다.
⑤ 인목대비를 유폐시켰다.

18 다음 (가)와 (나)에 해당되는 관청으로 옳은 것을 <보기>에서 고른 것은?

[2점]

- (가) 는 재상과 대등하다. 일정한 직책에 메이지 않고 천하의 득실과 백성의 이해, 나라의 주요한 일에 관여하는 것은 재상만이 할 수 있는데, (가) 는 이에 대해 말할 수 있으니, 그 지위는 낮지만 직무는 재상과 다를 바 없다.
- (나) 는 비록 같은 언관이지만 그 직책은 달라, 규찰을 맡아 백관의 비리를 다스린다. 그러므로 임금에게 잘못이 있으면 (가)가 글을 올려 아뢰고, 신하가 법을 어기면 (나) 가 상소하여 탄핵한다.

－「경제문감」－

| 보기 |

㉠ 사간원　　　　　　㉡ 사헌부
㉢ 의금부　　　　　　㉣ 승정원

　　(가) (나)　　　　　　　　　(가) (나)
① ㉠ ㉡　　　　　　② ㉠ ㉢
③ ㉡ ㉢　　　　　　④ ㉡ ㉣
⑤ ㉢ ㉣

19 조선 시대에 만들어진 (가)~(다) 그림을 시대 순으로 바르게 나열한 것은?

[1점]

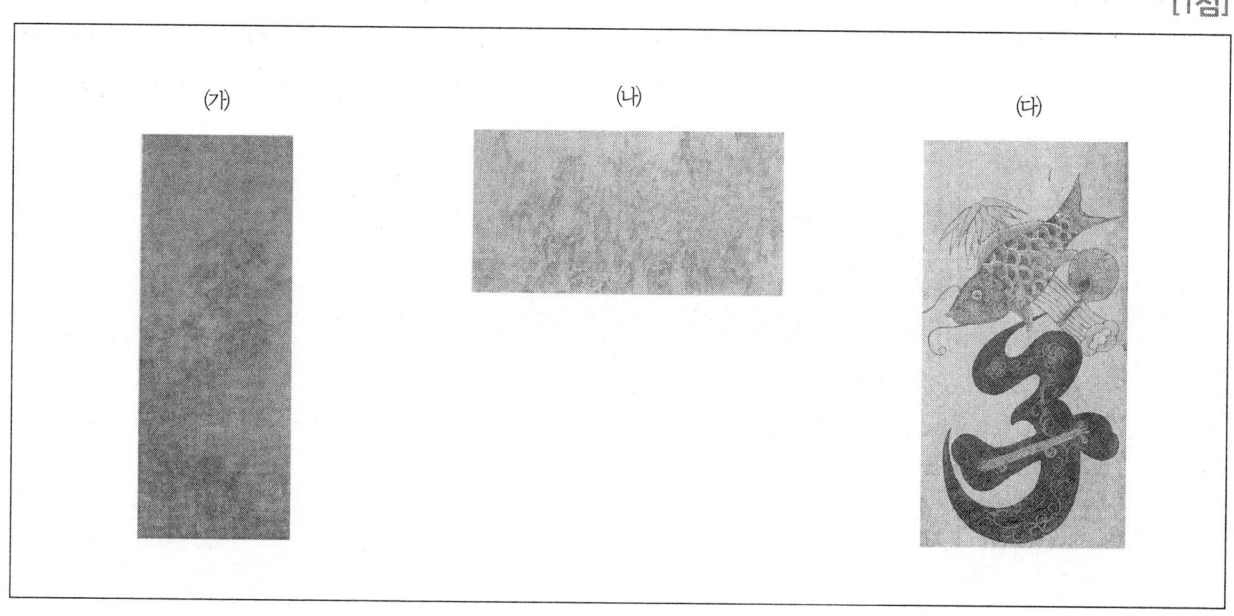

① (가) - (나) - (다)　　② (가) - (다) - (나)
③ (나) - (가) - (다)　　④ (나) - (다) - (가)
⑤ (다) - (가) - (나)

20 다음 인물과 관련이 없는 것은?

[2점]

- 1762년 경기도 광주에서 출생함.
- 1783년 진사시에 합격하여 줄곧 정조의 총애를 받음
- 1789년 한강에 배다리[舟橋]를 준공
- 1801년 정조가 승하한 이듬해 신유사옥으로 인해 유배

① 초계문신제 ② 목민심서
③ 마과회통 ④ 거중기
⑤ 혼천의

21 다음 자료의 내용과 성격을 같이 하는 주장으로 옳지 않은 것은?

[2점]

- 대체로 재물은 비유하건대 샘과 같은 것이다. 퍼내면 차고 버려두면 말라버린다. 그러므로 비단 옷을 입지 않아서 나라에 비단을 짜는 사람이 없게 되면 여공이 쇠퇴하고, 쭈그러진 그릇을 싫어하지 않고 기교를 숭상하지 않아서 수공업자가 도야하는 일이 없게 되면 기예가 망하게 되며, 농사가 황폐하여져서 그 법을 잊게 되므로 사·농·공·상의 4민이 모두 곤궁하여 서로 구제할 수 없게 된다.
- 다른 나라와 무역을 하는 것이 무슨 해가 있겠는가? 홀로 우리나라만 전쟁이 일어날까봐 감히 장사하지 못하고 있다. 고려 시기 송나라와 아침저녁으로 내왕했어도 화를 입었다는 소리를 듣지 못했다. 서남쪽 사람들과 통상을 하면 능히 부유하게 살 수 있다.

① 기술혁신을 통해 생산성 향상을 시키자!
② 농업 중심의 유교적 이상국가 실현을 중시하자!
③ 청나라 문물을 적극적으로 받아들이자!
④ 선박, 수레를 사용하자!
⑤ 화이론적 명분론에서 탈피하자!

22 밑줄 친 '윤휴, 허목, 윤증'에 대한 설명으로 옳은 것을 〈보기〉에서 고른 것은?

[3점]

송시열을 비난했던 윤선도가 사문난적으로 몰려서 매장되었고, 주자학의 절대성을 부정한 ㉠윤휴는 사문난적으로 몰려 처형되고 그의 학문에 대한 연구조차 1908년 무렵까지 금지되었다. 송시열의 정적인 ㉡허목은 주자학의 절대성을 인정하지 않고 다른 학문도 진리일수 있다는 주장을 했다하여 사후 사문난적으로 몰렸으며, 스승 송시열과 회니시비로 절교한 ㉢윤증 역시 사문난적으로 몰렸다.

| 보기 |
㉠ 6경과 제가백가 등을 통해 모순해결의 사상적 기반을 찾았다.
㉡ 폐쇄적이고 배타적인 성리학의 흐름에 대하여 개방성과 포용성을 강조하였다.
㉢ 이이의 학문을 계승하여 기호학파의 주류를 이루었다.
㉣ 사문난적을 계기로 중앙정계를 장악하게 된다.

① ㉠, ㉡　　② ㉠, ㉣
③ ㉡, ㉢　　④ ㉡, ㉣
⑤ ㉢, ㉣

23 밑줄 친 '이들'에 대한 설명으로 옳은 것은?

[2점]

이들은 포구를 거점으로 활동하던 선상으로, 선박을 이용하여 서남 연해안을 오가며 지방의 물품을 구입해 포구에서 처분하였다. 이들은 선박을 통한 운송업으로 전국적인 해상유통망을 형성하였다. …… 포구의 상거래는 장시보다 훨씬 규모가 컸다. 대상인으로 성장한 이들은 축적된 자본을 이용하여 선박 건조 등 생산 분야에까지 활동을 넓혀 나갔다.

① 전국에 송방이라는 지점을 설치하였다.
② 한강을 근거지로 삼아 미곡, 소금 등의 운송과 판매를 장악하였다.
③ 주로 인삼의 재배·판매를 하였다.
④ 왜관을 통해 은, 구리, 황 등을 수입하였다.
⑤ 농촌의 장시를 하나의 유통망으로 연계시켰다.

24 다음 자료를 통해 추론한 사실로 적절하지 <u>않은</u> 것은?

[2점]

- 이앙법은 제초에 편하나 만일 한번만 큰 가뭄을 만나면 실수하니 농가의 위험한 일이다.
  　　　　　　　　　　　　　　　　　　　　　　　　　　　　　　－「농사직설」－
- 이앙을 하는 것은 세 가지 이유가 있다. 김매기의 노력을 더는 것이 첫째요, 두 땅의 힘으로 하나의 모를 서로 기르는 것이 둘째이며, 좋지 않은 것을 솎아내고 성성하고 튼튼한 것을 고를 수 있는 것이 셋째이다.
  　　　　　　　　　　　　　　　　　　　　　　　　　　　　　　－「임원경제지」－
- 이른바 이앙의 이체는 봄보리를 갈아먹고 물을 몰아 모내기를 하여 벼를 수확하니 1년에 두번 농사지음이 그것이다.
  　　　　　　　　　　　　　　　　　　　　　　　　　　　　　　－「석천유집·후집」－

① 농민들은 가뭄의 위험에도 이앙법을 했을 것이다.
② 가뭄의 위험으로 인해 정부는 금하였을 것이다.
③ 가뭄에 대비한 저수지 축조가 활발해졌을 것이다.
④ 이앙법으로 인해 벼와 보리의 이모작이 가능해졌을 것이다.
⑤ 이앙법으로 농가소득이 증대하여 모든 농민이 부농이 되었을 것이다.

25 다음 대화를 통해 (가)의 답변으로 옳은 것을 <보기>에서 고른 것은?

[3점]

선생님 : 자, 여러분! 임진왜란 이전에 있었던 작물로 요리를 만들어서 제출해주세요.
학생 : 선생님 저는 ___(가)___ 를 요리했어요.

| 보기 |

㉠ 태희 : 저는 맛있는 군고구마를 만들었습니다.
㉡ 윤아 : 저는 달콤한 호떡을 만들었습니다.
㉢ 유리 : 저는 시원한 백김치를 담가 봤습니다.
㉣ 소연 : 저는 담백한 두부조림을 만들었습니다.

① ㉠, ㉡　　　　　　　　　　　　② ㉠, ㉣
③ ㉡, ㉢　　　　　　　　　　　　④ ㉡, ㉣
⑤ ㉢, ㉣

26 다음과 같이 왕의 하교가 이루어진 배경으로 옳은 것을 〈보기〉에서 고른 것은?

[2점]

> 양역을 절반으로 줄이라고 말하였다. 왕이 하교하였다. "구전은 한 집안에서 거둘 때 주인과 노비의 명분이 문란해지고, 결포는 이미 정해진 세율이 있어 더 부과하기 어렵다. 호포나 결포는 모두 문제점이 있으므로, 이제 1필로 줄이도록 결정할 것이니 경들은 대책을 강구하라."

| 보기 |
㉠ 방납의 폐단으로 인해 농민들의 부담이 심화되었다.
㉡ 과도한 역의 부담으로 많은 농민들이 유망하였다.
㉢ 풍흉에 따라 거두는 세금에 농민들의 불만이 많았다.
㉣ 감영과 군영 등에서 독자적으로 군포를 징수하였다.

① ㉠, ㉡
② ㉠, ㉣
③ ㉡, ㉢
④ ㉡, ㉣
⑤ ㉢, ㉣

27 당시에 일어난 사건을 토대로 가상의 신문기사를 만들었다. 사건의 원인으로 옳은 것은?

[1점]

> 서북 지방 대혼란에 휩싸이다!
> 정부, 군대 급파!
> 서북민들이 정부 정책에 강한 불만을 품고 난을 일으켰다. 반란을 일으킨 우두머리는 평서대원수를 자처하면서 세력 확산을 꾀하고 있는 것으로 알려졌다.
> 정부 관계자의 말에 따르면, 반란 지역의 영세 농민, 중소 상인, 광산 노동자 등이 대거 참여하였다고 한다. 평안도 가산에서 봉기를 하여 현재 청천강 이북 지역까지 장악을 하였다고 한다.

① 문벌귀족들의 무신차별
② 권문세족들의 가혹한 수탈
③ 세도정치에 따른 삼정의 문란
④ 성리학적 질서의 강화
⑤ 훈구 세력과 사림 세력 간의 정권 다툼

28 다음과 관련된 조선 시대 향촌 조직에 대한 설명으로 옳은 것은?

[2점]

- 초상이 나면 동네 사람들 각자가 쌀 1되씩 낸다. 혹시 빈궁하여 이를 내지 못하면 노동으로 대신한다.
- 장례 때에는 집집마다 장정 1명씩 내어 일을 돕고, 양반 사족으로서 장정을 보내지 않는 사람은 쌀 1되씩을 낸다.
- 30세 이하의 일반인은 소학, 효경 등의 서적을 반드시 읽어야 한다.
- 병환으로 농사를 폐기한 사람이 있으면 마을에서 각각 지원하여 경작을 도와준다.
- 가난하여 혼기를 놓친 처녀가 있으면 관청에 보고하여 지원을 받도록 주선한다.

① 선현에 대한 제사와 후진 교육의 기능을 하였다.
② 서로 이웃하고 있는 다섯 집을 하나로 묶어서 관리하였다.
③ 지방자치의 실현으로 지방관 파견이 사라지게 되었다.
④ 경재소의 강한 통제를 받았다.
⑤ 향촌민의 교화와 질서 유지의 기능을 하였다.

29 다음 자료를 통해 일제의 식민 통치 정책 목적을 가장 적절하게 추론한 것은?

[2점]

- 귀족, 양반, 유생, 부호, 교육가, 종교가에 침투하여 계급과 사정을 참작하여 각종 친일 단체를 조직케 할 것
- 친일적 민간 유지들에게 편의와 원조를 주고 수재 교육의 이름 아래 우수한 조선 청년들을 친일 분자로 양성할 것
- 친일적 민간 유지 속에서 상당한 학식을 가지면서도 놀고 있는 자를 구제할 것
- 조선인 부호, 자본가에 대해서 일본과 조선의 자본가 간의 유착을 촉진할 것

① 조선인의 불만을 달래고 우리 민족을 분열시키고자 하였다.
② 조선의 자치권을 인정하여 불만을 약화시키려고 하였다.
③ 신사참배와 황국신민서사의 암송을 강요하였다.
④ 전쟁에 필요한 자원을 수탈하고자 하였다.
⑤ 학교와 관공서에서 한국어 사용을 금지시켰다.

30 다음 민족 운동에 관한 설명으로 옳은 것은?

[1점]

[격문 중 일부]
- 학생, 대중이여 궐기하라!
- 검거된 학생들은 즉시 우리 손으로 탈환하자.
- 경찰의 교내 침입을 절대 반대한다.
- 언론·출판·집회·결사·시위의 자유를 획득하자.
- 식민지적 노예교육제도를 철폐하라.

① 순종의 인산일을 기해 일어났다.
② 아시아의 반제국주의 민족운동에 영향을 주었다.
③ 무단통치에서 문화통치로 전환하게 되는 계기가 되었다.
④ 종교계 지도자들이 계획하고 주도하였다.
⑤ 신간회가 진상 조사단을 파견하여 지원하였다.

31 일제가 다음과 같은 정책을 실시하게 된 배경으로 옳은 것은?

[2점]

- 상태가 매우 양호한 갑종 백동화는 개당 2전 5리의 가격으로 새 돈과 교환하여 주고, 상태가 좋지 않은 을종 백동화는 개당 1전의 가격으로 정부에서 매수하며, …… 단, 형질이 조악하여 화폐로 인정하기 어려운 병종 백동화는 매수하지 않는다.
- 아무런 예고도 하지 않고 돌연히 이와 같은 발포를 하고 바로 실시함은 실로 배우지 못한 백성을 죽이는 것으로, 어떤 근거도 찾을 수 없다. ……

① 3·1 운동의 전국적인 확산
② 고종의 아관파천으로 서양 열강이권침탈 강화
③ 일본인 재정 고문의 정책
④ 군국기무처에서 추진된 개혁
⑤ 독일인 묄렌도르프를 고문으로 임명

32 다음을 행동지침으로 삼았던 단체의 독립투쟁 방식으로 옳은 것은?

[2점]

> 민중은 우리 혁명의 대본영이다. 폭력은 우리 혁명의 유일무기이다.
> 우리는 민중 속에 가서 민중과 손을 잡고 끊임없는 폭력 — 암살·파괴·폭동으로써, 강도 일본의 통치를 타도하고, 우리 생활에 불합리한 일체 제도를 개조하여, 인류로써 인류를 압박치 못하며, 사회로써 사회를 수탈하지 못하는 이상적 조선을 건설할지니라.

① 외교투쟁 중시
② 무장투쟁 중시
③ 실력양성 중시
④ 비폭력투쟁 중시
⑤ 미국과 연합을 통한 투쟁 중시

33 다음과 같은 과정을 거친 이후에 실시된 개혁에 대하여 옳게 설명한 것은?

[2점]

> 경운궁(오늘날 덕수궁)으로 환궁→연호는 광무→제천단인 원구단에서 황제즉위식을 거행, 대한제국 선포→명성황후 장례식 치름

① 고종이 러시아 공사관을 옮겨 가면서 시작되었다.
② 양지아문을 설치하고 지계를 발급하였다.
③ 입헌군주체제를 추진하였다.
④ 토지조사사업을 실시하였다.
⑤ 5군영을 2영으로 개편하고 시위대를 창설하였다.

34 다음 강령을 내건 단체에 대한 설명으로 옳은 것을 〈보기〉에서 고른 것은?

[2점]

> • 우리는 정치적·경제적 각성을 촉진한다.
> • 우리는 단결을 공고히 한다.
> • 우리는 기회주의를 일체 부인한다.

| 보기 |

㉠ 비밀결사로 활동하였다.
㉡ 광주학생운동을 지원하였다.
㉢ 근우회와 연계하여 활동하였다.
㉣ 비타협적 민족주의계 인사들만 참여하였다.

① ㄱ, ㄴ
② ㄱ, ㄷ
③ ㄴ, ㄷ
④ ㄴ, ㄹ
⑤ ㄷ, ㄹ

35 다음 자료에서 나타난 문제점을 해결하기 위한 흥선대원군의 정책으로 옳은 것은?

[1점]

> 시아버지 죽어서 이미 상복 입었고
> 갓난아이 배냇물도 안 말랐는데
> 3대의 이름이 군적에 오르다니
> 달려가서 억울함을 호소하려 하여도
> 범 같은 문지기 버티어 있고
> 이정이 호통치며 소까지 끌고 갔네.
>
> — 정약용, 「애절양」 —

① 서원철폐
② 경복궁 중건
③ 척화비 건립
④ 사창제 실시
⑤ 호포제 실시

36 (가)에 해당하는 기구에 대한 설명으로 옳지 <u>않은</u> 것은?

[2점]

설립 기념 우표

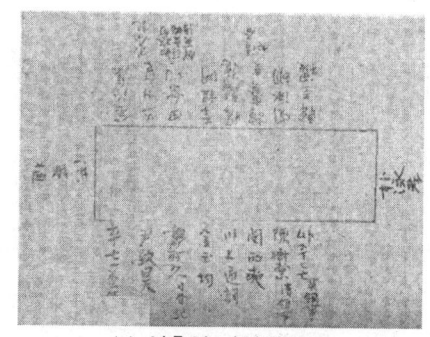
(가) 신축연 좌석배치도

(가)의 개국 축하연을 계기로 정변을 일으켜 권력을 장악하고 개화당 정부를 수립하여 14개조 개혁 정강을 반포하였다.

① 초대 책임자로 홍영식이 총판으로 임명되었다.
② 갑오개혁으로 인해 한동안 폐지되었다.
③ 종래의 역참제가 점차 쇠퇴하는 계기가 된다.
④ 한국 최초의 우편행정관서이다.
⑤ 을미개혁으로 다시 시작하게 되었다.

37 다음 자료와 관련 있는 단체가 활동했던 시기에 볼 수 있는 장면으로 옳은 것을 〈보기〉에서 고른 것은?

[2점]

| 보기 |

㉠ 러시아의 절영도 조차 요구를 저지하는 장면
㉡ 김홍집이 「조선책략」을 가지고 오는 장면
㉢ 궁궐 앞에서 유생들이 서원 철폐 반대를 외치는 장면
㉣ 황국협회가 만민공동회를 탄압하는 장면

① ㉠, ㉢ ② ㉠, ㉣
③ ㉡, ㉢ ④ ㉡, ㉣
⑤ ㉢, ㉣

38 밑줄 친 '조약'에 대한 우리 민족의 대응으로 옳지 않은 것은?

[2점]

> 이와 같이 중요한 조약을 그와 같이 용이하게 급격히 체결한 것을 보게 된 것은 천재의 유한이라 …… 대신 등의 무능·무기력은 마음으로부터 견딜 수 없다. …… 각 대신은 일본과 동복이 되어 짐을 협박하여 조약을 조인하였으니 짐의 적자는 일제히 일어나 이 슬픔을 함께 하라.

① 민영환 등의 우국지사들은 자결순국을 하였다.
② 고종은 헤이그에 특사를 파견하였다.
③ 장지연의 '시일야방성대곡'이 황성신문에 게재되었다.
④ 이상설, 안병천 등은 조약파기 상소를 올렸다.
⑤ 해산된 군인이 의병대열에 합류하여 전투력을 향상시켰다.

39 다음 자료에 해당하는 신문의 설명으로 옳은 것을 〈보기〉에서 고른 것은?

[2점]

| 보기 |

㉠ 발행인이 영국인이었다.
㉡ 최초의 신문으로 정부 관료가 주요 독자였다.
㉢ 장지연의 '시일야방성대곡'이 실렸다.
㉣ 항일운동의 선봉에 섰으며, 의병운동에 호의적이었다.

① ㉠, ㉢
② ㉠, ㉣
③ ㉡, ㉢
④ ㉡, ㉣
⑤ ㉢, ㉣

40 (가)~(라)에 해당하는 국가와 관련된 역사적 사실로 옳지 <u>않은</u> 것은?

[3점]

> 그 책에 실려 있는 논의의 요점은 조선의 경우에 러시아를 막는 것보다 급한 것이 없다하고, 방법에는 친중국(親中國), 결일본(結日本), 연미국(聯美國)보다 급한 것이 없다고 하였습니다.
> (가) 는 우리와 깊은 관계가 있는 나라입니다. 그런데 삼포의 난이나 임진왜란 때의 숙원이 아직 풀리지 않고 있습니다.
> (나) 는 우리가 잘 모르는 나라입니다. 잘 알지도 못하는데 공연히 타인의 권유로 불러들였다가 그들이 재물을 요구하고 우리의 약점을 알아차려 어려운 청을 하거나 과도한 경우를 떠맡긴다면 이에 어떻게 흥할 것입니까?
> (다) 는 우리가 섬기는 나라입니다. 해마다 요동을 거쳐 비단을 보내고 신의를 지켜 속방이 되어 온지 200년이 되었습니다.
> (라) 는 본래 우리와 싫어하고 미워할 처지에 있지 않은 나라입니다. 공연히 타인의 말만 믿었다가 틈이 생긴다면 우리의 체통이 손상되게 됩니다.
>
> - 「영남 만인소」 -

① (가)와 임오군란을 계기로 제물포조약을 맺었다.
② (나)는 베트남 파병을 대가로 한국군의 현대화를 위한 장비와 경제 원조를 약속하였다.
③ (다)는 조선 숙종 때에 백두산 일대의 국경선을 표시하기 위해 백두산정계비를 세웠다.
④ (라)는 전쟁 중 독도를 자국 영토로 강제 편입하였다.
⑤ 제시된 자료는 「조선책략」에 반박하는 상소문이다.

41 (가)~(다)의 사진과 관련된 사건이 발생한 순서대로 옳게 나열한 것은?

[1점]

① (가) - (나) - (다)
② (가) - (다) - (나)
③ (나) - (가) - (다)
④ (다) - (가) - (나)
⑤ (다) - (나) - (가)

42 다음 법에 의한 개혁으로 옳은 것을 〈보기〉에서 고른 것은?

[2점]

> 제5조 정부는 다음에 의하여 농지를 매수한다.
> 　1. 다음의 농지는 정부에 귀속한다.
> 　　(가) 법령 및 조약에 의하여 몰수 또는 국유로 된 농지 ……
> 　2. 다음의 농지는 본 법규정에 의하여 정부가 매수한다.
> 　　(가) 농민이 아닌 자의 농지 ……
> 제8조 보상은 다음의 방법에 의하여 정부는 피보상자 또는 그가 선정한 대표자에게 지가 증권을 발급한다.
> 제12조 농지의 분배는 …… 1가구당 총 경영 면적이 3정보를 초과하지 못한다.

| 보기 |

㉠ 북한에서 실시된 토지 개혁과 완전히 다른 방식이었다.
㉡ 지주층은 토지 매각 대금으로 산업 자본가로 변하였다.
㉢ 농민들은 토지 개혁에 거부감을 갖고 있었다.
㉣ 유상 매수, 유상 분배 방식으로 진행되었다.

① ㉠, ㉡　　　　② ㉠, ㉣
③ ㉡, ㉢　　　　④ ㉡, ㉣
⑤ ㉢, ㉣

43 (가)시기에 있었던 사실로 옳은 것은?

[2점]

전두환 정부	(가)	김영삼 정부	김대중 정부	노무현 정부

① 남·북이 동시에 유엔 가입을 하였다.
② 개성공단이 조성되었다.
③ OECD에 가입하였다.
④ 포항 종합 제철 공장이 준공되었다.
⑤ 국제통화기금(IMF)에 구제 금융을 공식 요청하였다.

44 다음 선언문과 관련된 민주운동의 성과로 옳은 것은?

[1점]

오늘 우리는 전 세계 이목이 우리를 주시하는 가운데 40년 독재정치를 청산하고 희망찬 민주국가를 건설하기 위한 거보를 전 국민과 함께 내딛는다. 국가의 미래요, 소망인 꽃다운 젊은이를 야만적인 고문으로 죽여 놓고 그것도 모자라서 뻔뻔스럽게 국민을 속이려 했던 현 정권에게 국민의 분노가 무엇인지를 분명히 보여주고, 국민적 여망인 개헌을 일방적으로 파기한 4·13 폭거를 철회시키기 위한 민주장정을 시작한다.

① 대통령 직선제 개헌
② 대통령 연임제 폐지
③ 유신체제 철폐
④ 비상 계엄령 철회
⑤ 긴급 조치 폐지

45 다음 내용과 관련된 역사적 사건으로 옳은 것은?

[3점]

내무부는 그해 11월부터 이듬해 2월 사이에 전국 각급 기관장에게 4할 사전투표, 3인조 또는 5인조 공개투표, 완장부대활용, 야당참관인 축출 등의 구체적인 부정선거 방법을 극비리에 지시하였다. 4할 사전투표는 선거당일 자연 기권표, 선거인명부에 허위 기재한 유령 유권자표, 그리고 금전으로 매수하여 기권하게 만든 기권표 등을 그 지역 유권자의 4할 정도씩 만들어 투표 시작 전에 기표하여 투표함에 미리 넣는 방법을 말한다. 사전투표가 여의치 않을 경우 투표함 수송도중 투표함을 교체하거나 개표시에 표를 바꿔치는 방법도 강구되었다.

① 부·마 항쟁이 일어나게 된다.
② 반공을 국시의 제일로 삼게 된다.
③ 5·18 광주 민주화 운동이 일어나게 된다.
④ 4·19 혁명의 직접적인 원인이 된다.
⑤ 유신 헌법을 통해 체제 개편을 하였다.

46 다음은 광복 직후의 과정이다. (가)에 들어갈 수 있는 사건으로 옳은 것을 〈보기〉에서 고른 것은?

[2점]

| 모스크바 3국 외상회의 | (가) | 총선거 |

| 보기 |
㉠ 소련은 유엔 한국임시위원단의 북한 방문을 거부하였다.
㉡ 반민족행위특별조사위원회가 구성되었다.
㉢ 제2차 미·소 공동위원회가 결렬되었다.
㉣ 여수·순천 10·19 사건이 일어났다.

① ㉠, ㉡
② ㉠, ㉢
③ ㉡, ㉢
④ ㉡, ㉣
⑤ ㉢, ㉣

47 다음 (가)~(다) 석탑에 대한 설명으로 옳지 않은 것은?

[3점]

① (가) - 기단과 탑신에 부조로 불상을 조각하였다.
② (나) - 변형된 기단부를 지니고 있다.
③ (다) - 화려한 다각다층 양식으로 송나라의 영향을 받았다.
④ (가), (나) - 지방 호족 세력의 지원을 받아 건립되었다.
⑤ (가), (나), (다) - 신라 탑의 전형적인 모습을 계승하였다.

48 (가)~(라)에 대한 설명으로 옳은 것을 〈보기〉에서 고른 것은?

[2점]

(가) 삼국유사 (나) 연려실기문
(다) 동사강목 (라) 동국통감

|보기|

㉠ (가) - 우리 역사를 고조선부터 서술하였다.
㉡ (나) - 고려사까지의 한국사 일반이 서술되었다.
㉢ (다) - 민족사적 독자적인 정통론을 제시하고 고증사학의 토대를 마련하였다.
㉣ (라) - 고조선부터 고려 말까지의 전쟁사를 위주로 저술되었다.

① ㉠, ㉡ ② ㉠, ㉢
③ ㉡, ㉢ ④ ㉡, ㉣
⑤ ㉢, ㉣

49 (가), (나)에 들어갈 서적으로 옳은 것은?

[2점]

독도는 일본의 땅이 될 수 없어. 우리나라 최고(最古)의 역사서인 __(가)__ 에 6세기 지증왕 때 이사부가 우산국을 정벌했다고 나와 있고, __(나)__ 에 울릉도와 독도를 강원도 울진현 소속으로 구분해 놓았어.

	(가)	(나)
①	삼국사기	세종실록지리지
②	삼국사기	신증동국여지승람
③	조선왕조실록	세종실록지리지
④	삼국유사	신증동국여지승람
⑤	삼국유사	신증동국여지승람

50 다음과 같은 세시풍속에 행하는 것으로 옳지 않은 것은?

[3점]

신라시대부터 지켜온 명절로 달이 가득 찬 날이라 하여 재앙과 액을 막는 제일이다. 한자어로는 '상원'이라고 한다. 상원이란 중원(中元 : 음력 7월 15일, 백중날)과 하원(下元 : 음력 10월 15일)에 대칭이 되는 말로서 이것들은 다 도교적인 명칭이다. 이날은 우리 세시풍속에서 가장 중요한 날로 설날만큼 비중이 크다.

①
지신밟기

②
달맞이

③
달집태우기

④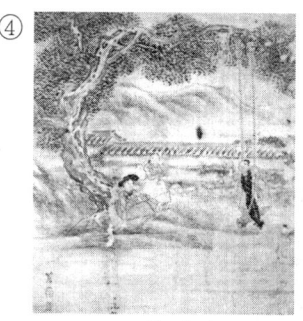
그네 타기

⑤
오곡밥 먹기

07회 실력평가 모의고사

QR코드를 스캔하시면
무료해설강의를 보실 수 있습니다.

성명 □ 수험 번호 □□□□□□□

정답 및 해설 P.286

1 다음에서 설명하는 시대의 유물로 옳은 것은?

[2점]

> 유적은 주로 큰 강이나 해안 지역에서 발견된다.
> 농경 생활과 정착 생활을 하기 시작하여 마을을 형성하였다.
> 계급이 발생하지 않은 평등한 사회였다.

①

②

③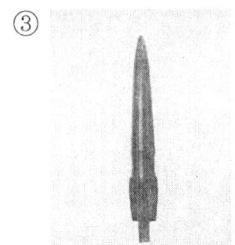

④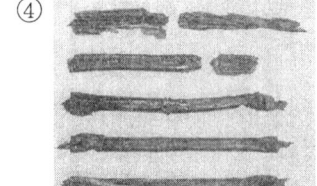

⑤

2 다음 법률을 시행하였던 국가의 세력 범위를 짐작할 수 있는 유물로 옳은 것을 〈보기〉에서 고른 것은?

[2점]

- 사람을 죽인 자는 즉시 사형에 처한다.
- 남에게 상처를 입힌 자는 곡식으로 갚는다.
- 남의 물건을 훔친 자는 노비로 삼는다. 만약 속죄하려는 자는 돈 50만 전을 내야 한다.

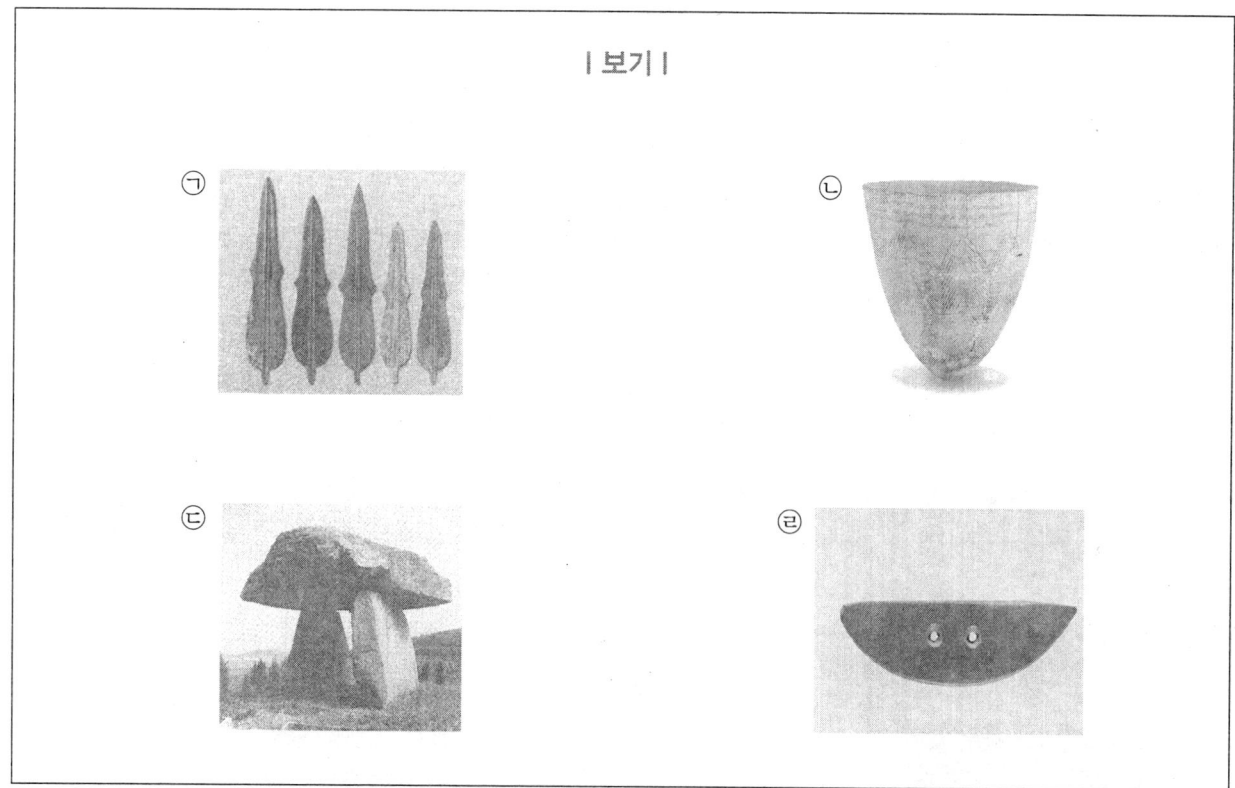

① ㉠, ㉡
② ㉠, ㉢
③ ㉡, ㉢
④ ㉡, ㉣
⑤ ㉢, ㉣

3 다음 축제에서 볼 수 있는 문화재로 옳은 것은?

[1점]

①

②

③

④

⑤

4 다음 자료와 같은 사실이 나타났던 시기의 상황으로 옳지 않은 것은?

[3점]

> 신라가 말년에 쇠약해져서 정치가 어지럽고 백성들이 흩어지며, 주현이 배반하고 귀부하는 자가 서로 반씩이 되는 한편, 도적들이 벌떼같이 일어나고 개미처럼 모여 들었다. 궁예가 이르기를 "옛날에 신라가 당에 군사를 청하여 고구려를 멸망시켰기 때문에 평양 옛 서울이 황폐해져서 풀만 무성하니 내가 반드시 그 원수를 갚으리라." 하였다.
> ―「삼국사기」―

① 과도한 농민수탈로 농민들이 초적이 되기도 하였다.
② 견훤은 충청도·전라도 일대를 장악하고 후백제를 건국하였다.
③ 교종 불교는 지방 호족과 결탁하였다.
④ 신라는 골품제의 모순과 왕위쟁탈전이 심화되었다.
⑤ 풍수지리사상이 유행하였다.

5 다음 자료에 나타난 '신문왕'과 관련된 역사적 사실로 옳지 않은 것은?

[2점]

① 강력한 중앙집권적 전제왕권을 확립하였다.
② 교육 기관인 국학을 설립하였다.
③ 중앙 진골 귀족이 권력을 독점하였다.
④ 9주 5소경을 실시하였다.
⑤ 중앙군으로 9서당을 조직하였다.

6. 다음 사료로 알 수 있는 당시의 상황으로 옳은 것은?

[3점]

> 김춘추가 고구려 보장왕에게 나아가 말하기를 "이제 백제가 탐욕이 심하여 우리의 영토를 침범하므로, 신라의 왕이 고구려의 군대를 얻어 그 치욕을 씻으려 저로 하여금 돌아가 몸을 의지하게 하였습니다."라고 하였다. 고구려 왕이 "죽령은 본래 우리의 영토이니, 만일 네가 죽령 서북쪽의 땅을 돌려준다면 구원병을 보내겠다."라고 하였다. 김춘추가 거절을 하자, 왕은 노하여 별관에 가두었다.
>
> - 「삼국사기」 -

① 백제의 의자왕은 신라를 자주 공격하였다.
② 백제와 신라는 나·제 동맹을 맺었다.
③ 신라는 대가야를 정복하였다.
④ 고구려는 수나라를 상대로 살수에서 대승을 거두었다.
⑤ 연개소문이 죽자 후계자 계승을 둘러싸고 다툼이 일어났다.

7. 다음 유물을 볼 수 있는 전시실을 박물관 배치도에서 옳게 고른 것은?

[2점]

㉠ 선사관	㉡ 가야관	㉢ 고구려관	㉣ 신라관	㉤ 백제관

① ㉠
② ㉡
③ ㉢
④ ㉣
⑤ ㉤

8 (가)~(마)시기의 사실로 옳지 <u>않은</u> 것은?

[2점]

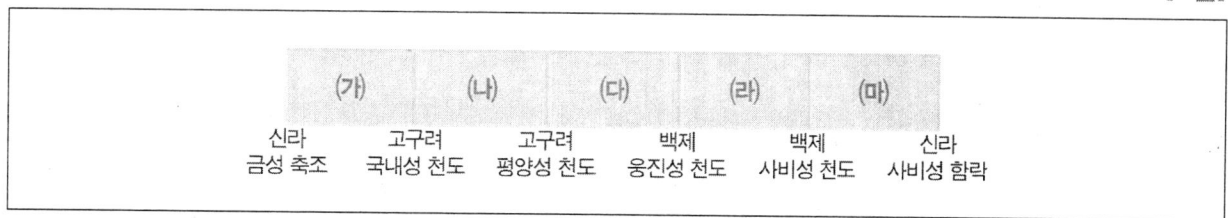

① (가) - 주몽이 졸본성을 수도로 고구려를 건국하였다.
② (나) - 소수림왕은 태학을 설치하고 유교 경전을 교육하였다.
③ (다) - 백제와 신라는 나·제 동맹을 체결하였다.
④ (라) - 성왕은 국호를 남부여라 고치고 중흥을 꾀하였다.
⑤ (마) - 선덕여왕은 황룡사 9층탑을 건립하였다.

9 (가), (나) 국가에 대한 설명으로 옳지 <u>않은</u> 것은?

[2점]

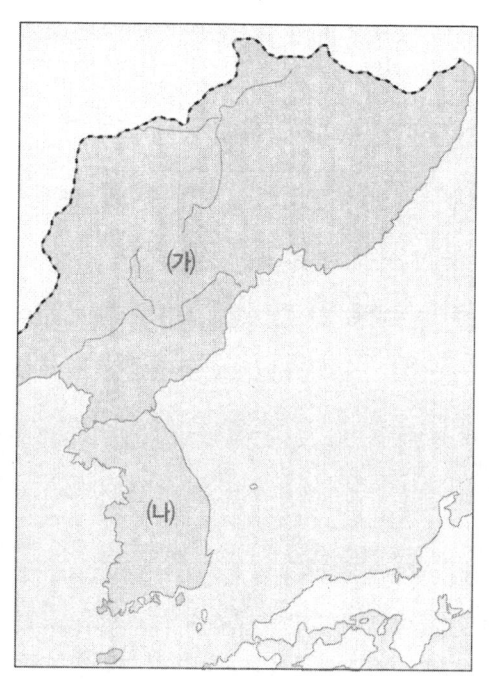

① (가) - 독자적인 연호를 사용하였다.
② (가) - 고구려를 계승하였다.
③ (나) - 전국을 9주로 나누고 5소경을 두었다.
④ (나) - 수도에 주작대로를 설치하였다.
⑤ (가)와 (나)는 대립하기도 하였으나, 친선관계도 유지하였다.

10 다음 사건이 일어난 시기를 연표에서 옳게 고른 것은?

[1점]

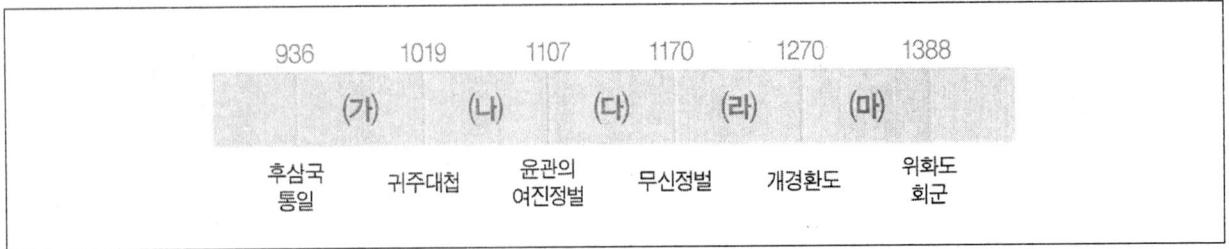

왕이 장군 김지저를 강화에 보내어 삼별초를 해산시키고 그 명부를 거두어 오게 하니, 삼별초는 명부가 몽골에 전해질까 두려워하여 반심을 품게 되었다. 그리하여 배중손과 야별초 지유, 노영희 등은 난을 일으켜, 사람들에게 몽골병이 대거 쳐들어 와서 사람들을 마구 죽이고 있으니, 무릇 나라를 지키려는 자는 모두 격구장에 모이라고 외쳤다.

① (가)
② (나)
③ (다)
④ (라)
⑤ (마)

11 다음 자료를 통해 알 수 있는 당시 사회상으로 옳은 것은?

[2점]

요사이 나라 풍속이 크게 바뀌어 오직 권세만 추구하게 되었다. 기철 등이 군주를 놀라게 하여 나라 법을 혼란에 빠뜨려 관리 선발, 인사이동을 마음대로 하였다. 이로 인해 나라 명령이 들쭉날쭉하였다. 또 다른 사람의 땅과 노비도 함부로 빼앗는다.

① 전제 개혁을 단행하여 과전법을 실시하였다.
② 노비안검법을 실시하여 국가 수익을 증대시켰다.
③ 소손녕이 이끄는 대군이 침입하였다.
④ 김윤후가 처인성에서 몽골군을 퇴각시켰다.
⑤ 공녀제도로 인해 조혼제도가 유행하였다.

12 다음 자료에 해당하는 문화유산으로 옳은 것을 〈보기〉에서 고른 것은?

[2점]

고려시대에는 규모가 거대하고 지방색이 강한 불상을 볼 수 있다. 그것들을 제작한 지방 호족들의 독특한 개성과 자유분방함에 묘한 매력을 느낄 수 있었다.

① ㉠, ㉡
② ㉠, ㉢
③ ㉡, ㉢
④ ㉡, ㉣
⑤ ㉢, ㉣

13 다음 표는 전시과 제도의 변천과정을 보여준다. (가)에 들어갈 대화로 옳은 것은?

[3점]

시기		등급	1	2	3	4	10	11	12	13	14	15	16	17	18	지급 기준	지급 대상
경종 (976)	시정 전시과	전지	110	105	100	95	65	60	55	50	45	42	39	36	33	관직, 인품	현직, 산직
		시지	110	105	100	95	65	60	55	50	45	40	35	30	25		
목종 (998)	개정 전시과	전지	100	95	90	85	55	50	45	40	35	30	27	23	20	관직	현직, 산직
		시지	70	65	60	55	30	25	22	20	15	10					
문종 (1076)	경정 전시과	전지	100	90	85	80	50	45	40	35	30	25	22	20	17	관직	현직 관료
		시지	50	45	40	35	15	12	10	8	5						

남편 : 여보 오늘부터 개정전시과가 시행된다고 하구려.
부인 : 정말요. __(가)__

① 당신은 인품이 높으니 많이 지급 받겠네요.
② 당신이 퇴직을 하면 우리는 지급 받지 못하겠네요.
③ 경기도에 한하여 전지를 지급하겠군요.
④ 관직만을 기준으로 지급하겠군요.
⑤ 개국공신과 왕실의 세습적인 경제기반이 되겠군요.

14 고려 시대에 다음과 같은 정책이 시행된 결과로 옳게 추론한 것은?

[2점]

- 태조는 기인제도를 실시하였다.
- 광종은 쌍기의 건의에 따라 과거제를 시행하였다.
- 성종은 최승로의 건의에 따라 지방관을 파견하였다.
- 현종은 지방제도를 개편하였다.

① 모든 군현에 지방관이 파견되었다.
② 왕권의 약화로 농민 봉기가 발생하였다.
③ 귀족을 중심으로 성리학적 지배질서가 자리 잡았다.
④ 향리들의 세력이 점차 득세하였다.
⑤ 호족 세력 약화로 중앙의 지배력이 강해졌다.

15 다음은 고려 시대 어느 사람들의 대화이다. 밑줄 친 '외거노비'에 대한 설명으로 옳은 것은?

[2점]

> 관료 : 흠. 넌 처음 보는구나. 혹시 김판서 댁에 사는 노비 아니냐?
> 농민 : 어르신, 저는 최판서 댁 <u>외거노비</u>입니다.

① 조세, 공납, 역의 의무를 가지고 있었다.
② 궁중, 지방관아 등에 종사하면서 급료를 받았다.
③ 주인의 집에서 살면서 잡일을 도왔다.
④ 자신의 토지를 소유 할 수 있었다.
⑤ 지위 상승이나 재산 증식이 불가능 하였다.

16 다음 글을 쓴 고려 시대 인물이 할 수 있는 주장으로 옳은 것은?

[3점]

> 내 마음과 부처 마을의 관계를 얼음과 물에 비유했다. 즉 지금까지 내 마음(얼음)이 부처의 마음(물)인 줄 몰랐는데 그것을 문득 깨달았다. 근본적으로 얼음(내 마음)과 물(부처 마음)은 같은 것인데 왜 하나는 고체(얼음 = 내 마음)이고 또 하나는 액체(물 = 부처 마음)인가? 그것은 오랫동안 쌓여온 잘못된 사고와 그로 인한 행동 때문이다. 즉 중생들은 자기 스스로 만들어 놓은 관념의 감옥에서 벗어나지 못하기 때문이다. …… 이미 더럽다 하는 관념이 머릿속에 각인되어 없어지지 않기 때문이다. 그런 잘못된 사고에서 벗어나려면 얼음에 열을 가해 물로 녹이듯 꾸준히 수행을 해야 하는 것이다.

① 무신 정권 타도를 위해 승병을 결성하자!
② 수선사를 중심으로 결사운동을 일으키자!
③ 속장경 조판 사업을 시작하자!
④ 천태교학 강의를 시작하자!
⑤ 교종의 입장에서 선종을 통합하자!

17 다음 (가)에 해당되는 왕이 실시한 정책으로 옳은 것은?

[2점]

(가) 의 어머님이신 혜경궁 홍씨의 환갑연 때 베풀어 올린 찬품으로 예를 들어보면, 밀반죽피로 만든 일종의 물만두를 '수상화(水霜花)'라 했고 밀국수를 '낭화(浪花)'라 불렀다. 밀가루에 달걀을 넣고 반죽해 홍두깨로 얇게 밀어 썰어서 끓는 물에 삶아낸다. 다시 찬물에 헹구어 사리를 만든 다음 볶은 오이와 표고버섯·석이버섯, 달걀반숙, 돼지고기 편육·잣을 넣고 닭고기국물을 부어 올린 것이 '낭화'다.

① 홍문관을 설치하고 경연에 참여하였다.
② 민생 안정을 위해 균역법을 시행하였다.
③ 속대전을 편찬하여 통치 체제를 정비하였다.
④ 가혹한 형벌을 폐지하고, 사형수에 삼심제를 시행하였다.
⑤ 친위 부대인 장용영을 설치하여 군사적 기반을 강화하였다.

18 밑줄 친 '(가)'에 해당하는 역사서에 대한 설명으로 옳은 것은?

[2점]

서울대가 2006년 일본에서 환수된 ___(가)___의 오대산 사고본 47책에 규장각 소유임을 밝히는 장서인을 찍었다. 환수 직후에 그랬다고 한다. 이를 두고 지금 국보훼손 논란이 뜨겁다. 문화재위원회는 1973년 (가) 를 국보 제151호로 지정했다. 이때 향후 추가로 발견되는 낙권 낙장에 대해서도 국보로 지정한다고 '지정 예고'를 의결했다. 앞으로 일본에서 환수될 오대산 사고본을 염두에 둔 조치였다. 그러나 문화재위원회의 지정예고 의결을 정면으로 무시한 문화재청의 서울대 편들기를 어떻게 이해해야 할지 난감할 따름이다.

① 민간에서 구전되어 온 설화를 수집하여 기록하였다.
② 최초로 발해의 역사에 대해서 언급하였다.
③ 간경도감에서 제작되었다.
④ 우리 역사의 시작을 단군에 두었다.
⑤ 사관이 기록한 사초를 바탕으로 편찬하였다.

19 다음 자료에서 설명하는 건축물로 옳은 것을 〈보기〉에서 고른 것은?

[2점]

17세기 들어서면 상업이 발달하고 18세기에는 금융업이 발전한다. 금융업자들은 법에서 허용하고 있는 절간을 크게 지음으로써 신용을 확보하고자 했다. 그 방안으로 나타난 것이 불교 사찰을 건립하는 것이었다. 상인들이 주도하여 세운 사찰 건물은 이전의 복잡하고 어려운 철학적 공간 미학에 매달린 건축과는 달리, 금방 사람들의 호응을 얻을 수 있는 효율적인 건물로 대개 규모가 크고 장식성이 강한 예쁜 집이었다.

| 보기 |

화엄사 각황전

법주사 팔상전

봉정사 극락전

수덕사 대웅전

① ㉠, ㉡
② ㉠, ㉢
③ ㉡, ㉢
④ ㉡, ㉣
⑤ ㉢, ㉣

20 다음 설명에 해당하는 화풍의 그림으로 옳은 것은?

[1점]

> 최북은 조선 후기 자기만의 예술에 대한 끼와 꾼의 기질을 발휘, 회화 발전에 크게 이바지 한 것으로 우리에게 잘 알려진 인물이다. 최북의 그림은 초기 남종화풍의 화풍에서 후기 조선의 고유색으로 바뀐다. 천하에 놀기 좋아하고 구속받지 않으려는 자유분방한 기질 때문에 국내의 금강산, 가야산, 단양 등은 물론 일본, 중국까지도 다니면서, 중국 산수의 형세를 그린 그림만을 숭상하는 당시의 경향을 비판하고 조선의 산천을 찾아 직접 화폭에 담는 것을 강조했다.

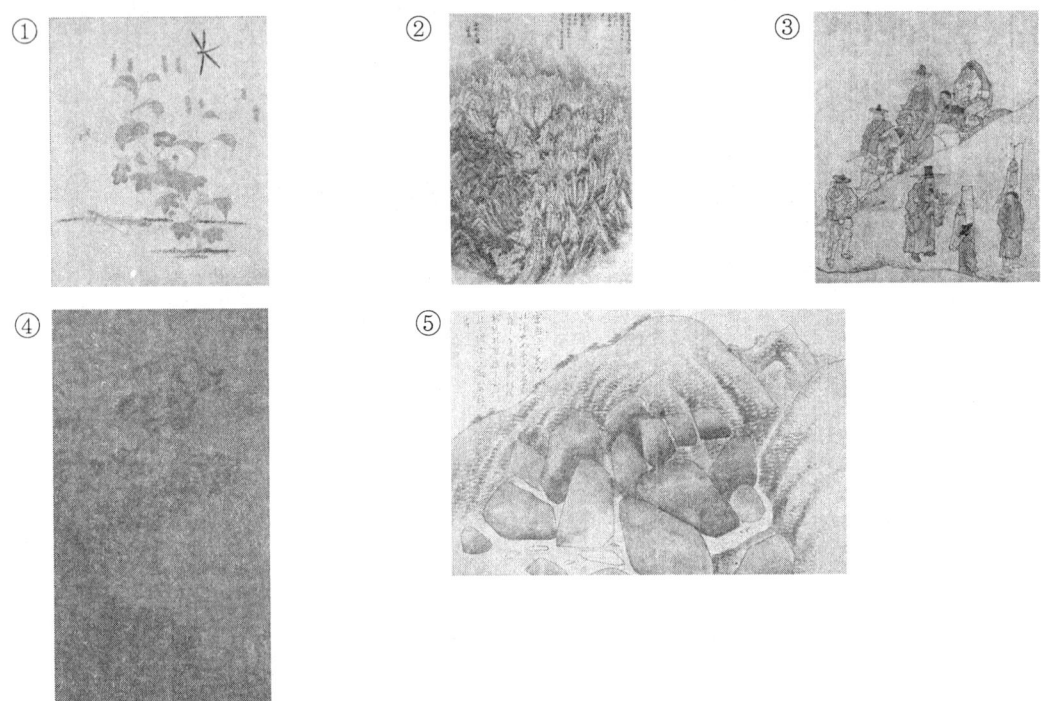

21 다음 책에 등장하는 두 인물에 대한 설명으로 옳은 것을 〈보기〉에서 고른 것은?

[1점]

| 보기 |

㉠ 퇴계는 일본 성리학 발전에 큰 영향을 끼쳤다.
㉡ 퇴계의 문인들이 서인을 형성하였다.
㉢ 이이는 공물로 쌀을 받는 수미법을 제안하였다.
㉣ 이이는 고증학의 영향으로 실생활에 유용한 학문을 연구하였다.

① ㉠, ㉡
② ㉠, ㉢
③ ㉡, ㉢
④ ㉡, ㉣
⑤ ㉢, ㉣

22 다음 자료를 통해 알 수 있는 당시 경제생활의 모습으로 옳은 것을 〈보기〉에서 고른 것은?

[2점]

> 부농층은 땅이 넓어서 빈민을 농업 노동에 고용함으로써 직접 농사를 짓지 않고서도 향락을 누릴 수 있다. 빈농층 중의 어떤 농민은 지주의 농지를 빌려 경작함으로써 살아간다. 그들 중에 어떤 자는 농지를 얻을 수 없으므로 타인에게 고용됨으로써 생계를 유지한다. 그리고 그것도 할 수 없는 농민은 농촌을 떠나 유리걸식하게 된다.
>
> – 「농포문답」 –

| 보기 |

㉠ 정부의 통제강화로 상업이 위축되었다.
㉡ 몰락한 농민은 임노동자로 전락하였다.
㉢ 양반 지배 체제가 더욱 강화되었다.
㉣ 상품의 유통이 활발해지고 상품작물의 재배가 성행하였다.

① ㉠, ㉡
② ㉠, ㉢
③ ㉡, ㉢
④ ㉡, ㉣
⑤ ㉢, ㉣

23 밑줄 친 '주역'에 대한 설명으로 옳은 것은?

[2점]

 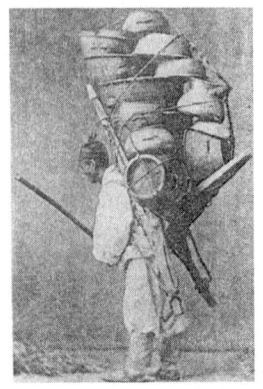 

농업사회 유통 경제의 중심적 역할을 담당해 온 주역으로 동가식서가숙하며, 조선 팔도를 떠돌며 치열한 삶을 살아 왔던 그들은 우리 민족만의 고유한 형태로 자생되어 내려 온 삶의 한 축이며 우리의 얼과 정신을 담은 구체적 생활양식이며 기층문화이다.

① 운송업에 종사하면서 거상이 되었다.
② 주로 대외무역에 깊이 관여하여 부를 축적하였다.
③ 농촌의 장시를 하나의 유통망으로 연계시켰다.
④ 정부로부터 금난전권을 받아 사상을 억압하였다.
⑤ 포구를 거점으로 운반업과 금융업도 하였다.

24 다음은 어떤 정책을 추진하게 된 배경이다. 추진된 정책에 대한 설명으로 옳은 것은?

[1점]

군포의 부과량이 소속된 곳에 따라 2필 또는 3필 등으로 고르지 않은데다가, 납속이나 공명첩으로 양반이 되어 면역하는 자가 늘어나면서 군역의 재원은 점차 줄어들었다. 그 때문에 군역의 부담은 더 늘어났고, 농민들이 도망하거나 신분을 바꾸어 군역을 피하는 경향이 더욱 심해졌다. 이에 군역의 폐단을 시정하기 위한 개혁 방안이 논의 되었다.

① 상품 화폐 경제가 활발해지는 계기가 되었다.
② 양반 지주들의 반대로 정착되기까지 오랜 세월이 걸렸다.
③ 토지 1결당 미곡 4두로 고정하였다.
④ 부족한 세금을 채우기 위해 결작미를 거두었다.
⑤ 양반도 군포를 부담하게 되었다.

25 다음 자료와 관련 있는 왕의 업적으로 옳은 것은?

[2점]

한글 반포 550돌 기념우표

훈민정음언해본

① 오가작통법을 시행하였다.
② 호패법을 처음 실시하였다.
③ 6조직계제를 시행하였다.
④ 역법서인 칠정산을 만들었다.
⑤ 구리활자인 계미자를 만들었다.

26 다음 대화를 통해 추론한 당시의 모습으로 옳은 것을 <보기>에서 고른 것은?

[2점]

농민 1 : 이보게, 그 소식 들었는감? 강화도에서 농부로 있던 사람이 갑자기 이번에 임금님이 되신다고 하더구만······.
농민 2 : 나도 그 소식 들었구만, 19세로 나이로 즉위하시는데 철종 임금님이라고 하는구만, 근데 안동 김씨들 때문에 나랏일을 잘 하시련지 걱정이구만······.

㉠ 특정가문이 권력을 독점하였다.
㉡ 의정부의 권한이 강화되었다.
㉢ 정치기강이 혼란해지고 삼정의 문란이 심화되었다.
㉣ 붕당 간의 균형과 왕권강화를 위해 탕평 정치가 실시되었다.

① ㉠, ㉡
② ㉠, ㉢
③ ㉡, ㉢
④ ㉡, ㉣
⑤ ㉢, ㉣

27 다음 자료에 해당하는 상황과 관련 있는 역사적 사실로 옳은 것은?

[2점]

> 정조 6년 11월 7일
> 종전에 허다하게 동전을 주조하여도 돌지 않고 작년과 금년에 전황이 몹시 심한 것은 부상대고들이 돈을 감추고 그것이 귀해지기를 기다려 폭리를 바라기 때문이다.
> -「비변사 등록」-

① 실학자 이익이 주장한 화폐폐전론이 시행되었다.
② 건원중보가 유통이 안 되자 전황이 발생하였다.
③ 화폐가 고리대나 재산축적에 이용되어 제대로 유통되지 못하였다.
④ 정부는 각 기관으로 하여금 동전의 발행을 억제하였다.
⑤ 동전의 원료인 구리의 공급이 쉽지 않았다.

28 다음 자료와 관련된 사회상으로 옳지 <u>않은</u> 것은?

[1점]

> 경전에 이르기를 "믿음은 부인의 덕이다. 한번 남편과 결혼하면 종신토록 고치지 않는다."고 하였다. 이 때문에 삼종(三從)의 의(義)가 있고 한번이라도 어기는 예가 없는 것이다. …… 만일 엄하게 금령을 세우지 않으면 음란한 행동을 막기 어렵다.

① 아들과 딸의 균등 상속이 일반적이었다.
② 일부일처제가 원칙이었으나 첩을 따로 두는 것을 금지하지 않았다.
③ 후사를 이을 아들이 없는 집은 양자를 받아들였다.
④ 부계 위주 족보의 편찬이 적극적으로 이루어졌다.
⑤ 효자와 열녀를 표창하여 모범으로 삼았다.

29 다음과 같은 강행 방침이 시행되던 시기의 사진 자료로 옳은 것은?

[2점]

[창씨개명 강행 방침]
1. 창씨를 안 한 자들의 자녀에 대해서는 각 급 학교의 입학과 진학을 거부한다.
2. 창씨를 하지 않은 어린이들은 일본인 교사들이 구타·질책을 하는 등 그를 증오함으로써 어린이로 하여금 애소로써 부모들에게 창씨를 하게 한다.
3. 창씨를 안 한 자는 공사 간 그들의 기관에 일절 채용하지 않는다. 또 현직자도 점차 해임 조치한다.
4. 창씨를 안 한 자는 행정기관에서 다루는 모든 사무를 취급해 주지 않는다.

①

일제의 헌병 경찰

②

정신대로 끌려가기 전 신사참배

③

물산장려운동 포스터

④

3·1운동 만세시위

⑤

고종 장례 행렬

30 다음과 같은 대립이 나타났던 시기를 연표에서 옳게 고른 것은?

[2점]

사회주의 사상의 유입으로 민족주의 계열과 사회주의 계열간의 갈등이 증폭되어 갔으며, 독립운동의 방략을 둘러싸고 임시정부의 주요인사들 사이에서 무장독립투쟁론·외교독립론·실력양성론 등의 대립이 나타났다. 특히 대통령인 이승만은 미국에 머물면서 미국의 윌슨 대통령에게 국제연맹에 의한 위임통치를 요구하면서 사회주의 계열은 이승만의 사임을 요구하였다.

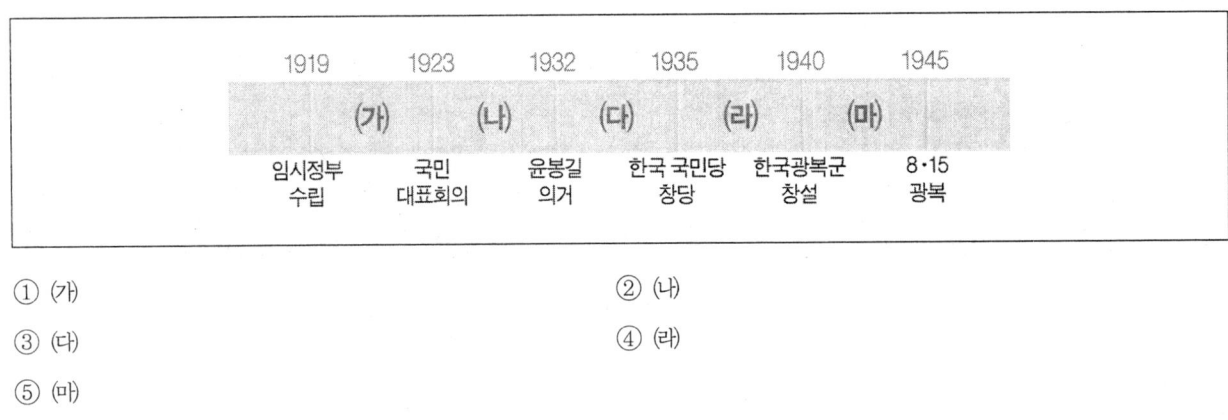

① (가)
② (나)
③ (다)
④ (라)
⑤ (마)

31 다음은 동학농민운동의 키워드이다. (가)~(라)의 키워드를 시기 순서대로 옳게 나열한 것을 〈보기〉에서 고른 것은?

[2점]

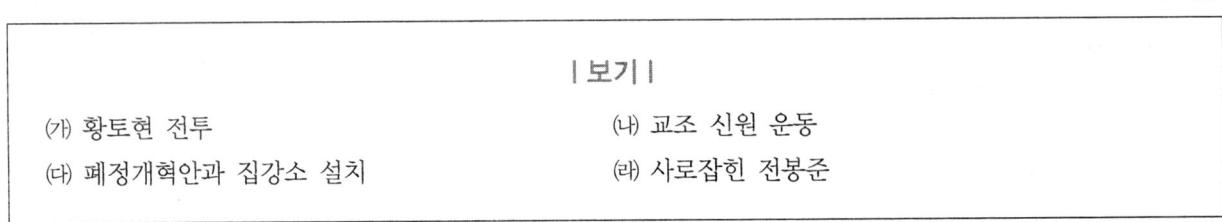

① (가) – (나) – (다) – (라)
② (나) – (라) – (가) – (다)
③ (나) – (가) – (다) – (라)
④ (라) – (가) – (나) – (다)
⑤ (라) – (나) – (다) – (가)

32 다음 글과 관련된 민족 운동의 포스터로 옳은 것은?

[1점]

> 공평은 사회의 근본이고 애정은 인류의 본령이다. 그러한 까닭으로 우리는 계급을 타파하고 모욕적 칭호를 폐지하여, 우리도 참다운 인간이 되는 것을 기하자는 것이 우리의 주장이다. 지금까지 조선의 백정은 어떠한 지위와 압박을 받아왔는가? 과거를 회상하면 종일 통곡하고도 피눈물을 금할 수 없다.

①

②

③

④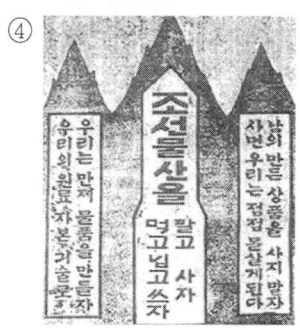

⑤

33 다음 조항과 관련 있는 것으로 옳은 것은?

[1점]

1조 청에 의존하는 생각을 버리고 자주 독립의 기초를 세운다.
3조 임금은 각 대신과 의논해 국정을 집행하고, 종실·외척의 내정간섭을 용납하지 않는다.
4조 왕실사무와 국정사무는 분리하여 혼합됨을 금한다.
7조 조세의 징수와 경비 지출은 모두 탁지아문의 관할에 속한다.
14조 문벌을 가리지 않고 인재등용의 길을 넓힌다.

① 갑오개혁
② 을미개혁
③ 광무개혁
④ 동학농민운동
⑤ 갑신정변

34 밑줄 친 '사절단'과 관련된 탐구내용으로 옳은 것은?

[3점]

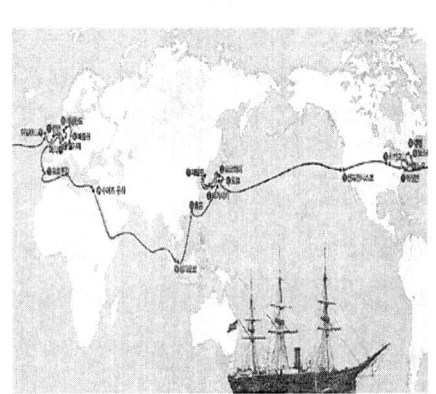

[갓 쓰고 도포 자락 휘날리며]
샌프란시스코는 온통 우리 이야기로 술렁였지. 왜 아니겠는가?
머리카락을 몽땅 치켜 올려 상투를 틀고, 뾰쪽뾰쪽 솟은 갓을 쓰고, 비단 저고리와 통 넓은 바지 위에 펄럭이는 도포를 입었으니, 옷 빛깔은 또 어떻고! 검은빛 투성이의 저들 옷에 비하면 울긋불긋 눈이 부실 정도였었지.
우리가 어디를 가나 기자들이 따라다녔고, 신문에는 우리 사절단과 조선을 소개하는 글이 잇달아 실렸었지.

① 최초의 하와이 이민에 대해 조사한다.
② 신사유람단의 행적을 조사한다.
③ 무기 제조창인 기기창의 설립 배경을 조사한다.
④ 유길준의 「서유견문」을 살펴본다.
⑤ 별기군 창설의 배경을 조사한다.

35 다음 자료와 관련된 단체가 활동했던 지역을 지도에서 찾으면?

[2점]

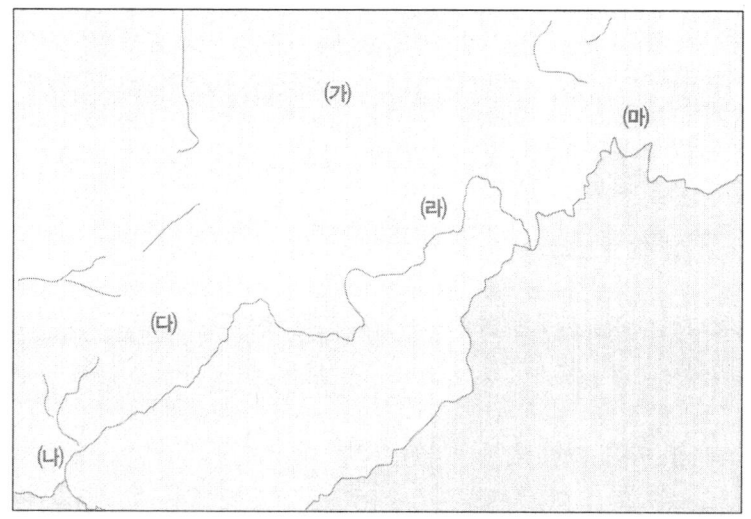

우리가 억만세에 잊지 못할 수치를 당한 날에 신한촌의 거류민들은 음식을 그 전날에 미리 준비하였다가 이날에는 집마다 연기를 내지 아니하고 한식절과 같이 지냈으며, 또 밤에는 집마나 불을 끄지 아니하고 밤을 새며 온 촌중에 애통 발분의 기상이 가득하였고, 그 각 사회에서는 권업회 안에 모여 연합 대연설회를 열어 격절강개한 연설이 있었다더라.

- 신한민보, 1913. 10. 17 -

① (가) ② (나)
③ (다) ④ (라)
⑤ (마)

36 다음 자료와 같은 상황의 대응책으로 옳은 것은?

[2점]

> 근일 외국인이 내지의 각 군 요지에 점포 가옥을 사서 장사를 하고 또 전답을 구입한다고 하니 이는 외국과 통상에도 없는 것이요. …… 외국인들이 내지에 와서 점포를 열어 장사를 하고 전답을 사들이면 대한 인민의 상권이 외국인에게 모두 돌아가고 우리나라 각부 간군 지방에 잡거하는 외국상인을 모두 철거하게 하고 가옥과 전답 구매를 일체 엄금하여 대한 인민의 상업을 흥왕에게 하여 달라.
> - 독립신문, 1898.10 -

① 영선사를 귀국시켰다.
② 고종은 헤이그특사를 파견하였다.
③ 군국기무처를 중심으로 개혁 정책을 실시하였다.
④ 황국중앙총상회가 조직되었다.
⑤ 「조선책략」의 내용을 받아들였다.

37 수행평가 과제를 올바르게 해결한 사람을 〈보기〉에서 고른 것은?

[2점]

> 선생님 : 여러분! 신민회에 대해 발표를 해볼까요?

| 보기 |

㉠ 유리 - 중심 인물로는 안창호, 양기탁, 윤치호 등이 있었습니다.
㉡ 윤아 - 사회 각계각층의 인사들이 망라한 비밀결사단체였습니다.
㉢ 수영 - 입헌군주제의 근대 국민 국가 수립을 지향하였습니다.
㉣ 태연 - 물산장려운동을 전개하였습니다.

① ㉠, ㉡
② ㉠, ㉢
③ ㉡, ㉢
④ ㉡, ㉣
⑤ ㉢, ㉣

38 (가), (나) 자료와 관련된 국가에 대한 설명으로 옳은 것은?

[3점]

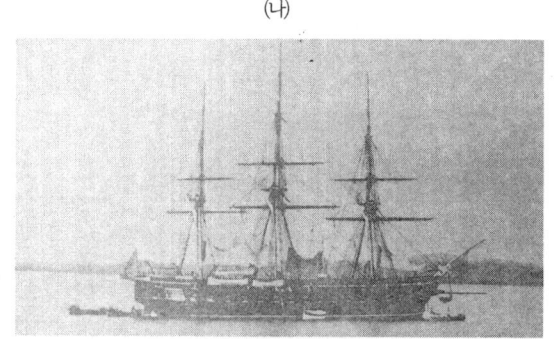

(가) 아관파천 당시 공사관 내 고종의 거처

(나) 제너럴셔먼호 사건을 응징하기 위한 미국군함 콜로라도호

① (가) – 조선이 최초로 최혜국 대우를 허용한 나라이다.
② (가) – 천주교 전래 문제로 통상조약이 지연되었다.
③ (나) – 묄렌도르프를 파견하여 내정 간섭을 강화하였다.
④ (나) – 일본과의 가쓰라 – 태프트 밀약에서 필리핀에 대한 지배권을 인정받았다.
⑤ (가), (나) – 동학 농민 운동 시기에 조선에 군대를 파견하였다.

39 다음 인물과 관련된 유적지로 적절한 것은? [1점]

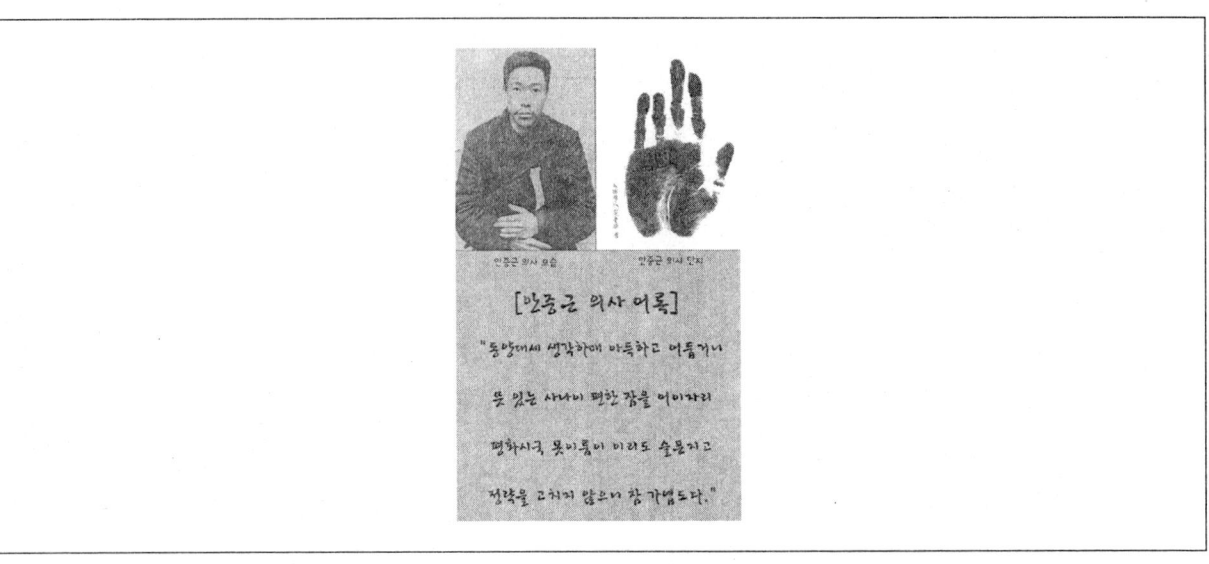

①
하얼빈 역

②
상하이 대한민국 임시 정부 청사

③
조선총독부

④
동양척식주식회사

⑤
서대문 형무소

40 밑줄 친 '이 부대'에 해당하는 독립군 부대의 설명으로 옳은 것은?

[2점]

이 부대는 김원봉을 중심으로 한 조선 민족 혁명당이 중국 정부의 협조를 얻어 편성하였다. 창설 시기부터 1940년 하반기까지 다양한 활동을 전개하였다.
특히 중국 관내에서 탄생한 최초의 조선인 부대였으며, 중국 국민당의 정부군과 합세하여 항일전쟁에 참가하였다.

① 자유시 참변으로 무장 해제를 당하였다.
② 미국과 협조하여 국내 진공 작전을 준비하였다.
③ 군정과 민정 조직을 갖춘 자치 기구였다.
④ 105인 사건으로 해산하게 된다.
⑤ 충칭에 남은 일부는 한국광복군에 합류하였다.

41 다음 연표의 (가)~(마) 시기에 대한 설명으로 옳지 않은 것은?

[2점]

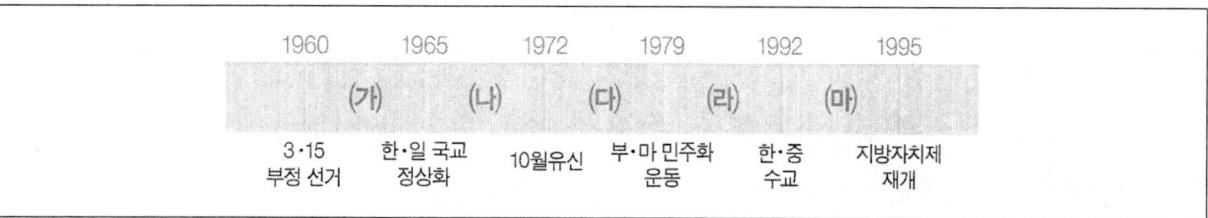

① (가) - 내각 책임제와 양원제가 채택되었다.
② (나) - 3선 개헌안을 통과시켰다.
③ (다) - 유신헌법이 제정되었다.
④ (라) - 남북 정상 회담이 개최되었다.
⑤ (마) - 우루과이라운드 협정이 체결되었다.

42 다음은 노동 운동과 관련된 자료이다. 전개된 순서대로 옳게 나열한 것은?

[1점]

(가) 끌려가는 YH무역의 여공들
(나) 노사위원장 발족
(다) 전태일 열사 1주년 추도식

① (가) - (나) - (다)
② (나) - (가) - (다)
③ (나) - (다) - (가)
④ (다) - (가) - (나)
⑤ (다) - (나) - (가)

43 다음 상황을 통해 알 수 있는 경제 상황으로 옳은 것은?

[2점]

[국가 주도의 1차 경제개발 실시]
• 섬유공장, 신발공장 등의 증가
• 울산 정유공장 건설
• 생산 제품을 수출하고 자본 축적

① 미국의 원조를 받아 제분, 제당, 면방직 공업이 성장하였다.
② 국제 경기 약화로 중화학 공업 우선정책을 하였다.
③ 낮은 임금을 이용한 노동집약적 산업을 중심으로 발달하였다.
④ 고리 원자력발전소가 준공되었다.
⑤ 세계 무역 기구의 가입과 농산물 시장 개방으로 농민들은 위기에 처하였다.

44. 다음 자료를 보고 외칠 수 있는 구호로 옳은 것은?

[3점]

(가) 부정선거에 화난 국민들이 부숴버린 투표함
(나) 망가진 자유당 당사

① 4·13 호헌 철폐!
② 한·일 협정 반대!
③ 정·부통령 다시 선거 하라!
④ 발췌개헌 결사 반대!
⑤ 신군부의 강압정치 반대!

45. 다음 영화와 관련된 사건의 결과로 옳은 것은?

[1점]

① 4·19 혁명이 일어나게 되었다.
② 제주도 4·3 사건이 일어나게 되었다.
③ 통일정부 수립을 위한 남북협상이 추진되었다.
④ 한·미 상호방위조약이 체결되었다.
⑤ 반민족행위특별조사위원회의 활동이 좌절되었다.

46 다음 결정문에 대한 설명으로 옳은 것을 〈보기〉에서 고른 것은?

[2점]

> 미·소 공동 위원회는 조선 민주주의 임시 정부를 참가시키고, 조선 민주주의 제 단체를 받아들여, 조선 인민의 정치·사회·경제적 진보와 민주주의적 자치 발전 및 조선 독립의 확립을 원조하는 제 방책도 작성할 것이다. 공동 위원회의 제안은 조선 임시정부와 협의 후 5년 이내의 기한으로 하는 조선에 대한 4개국 협정을 작성하기 위하여 미·영·중·소 제국 정부의 공동 심의를 받아야 한다.

| 보기 |

㉠ 모스크바 3국 외상 회의의 내용이다.
㉡ 국내 정치 세력이 좌·우익 세력으로 나뉘어 대립하는 계기가 되었다.
㉢ 미국과 소련이 38도선에 합의하는 계기가 되었다.
㉣ 조선건국준비위원회가 결성되는 계기가 되었다.

① ㉠, ㉡
② ㉠, ㉢
③ ㉡, ㉢
④ ㉡, ㉣
⑤ ㉢, ㉣

47 다음 자료의 주장에 반박을 위한 탐구 활동으로 적절하지 <u>않은</u> 것은?

[2점]

일본 시마네 현 의회가 16일 오전 본회의를 열어 매년 2월 22일을 '다케시마의 날'로 정하는 조례안을 끝내 가결하였다. 이에 따라 영유권과 역사 교과서 왜곡 문제를 둘러싼 한·일 관계가 급속히 냉각될 전망이다.

- 「다케시마의 날 기념식」 -

① 이사부의 정벌 기사를 찾아본다.
② 안용복의 활동과 관련된 사료를 조사한다.
③ 일본 정부의 태정관 문서를 살펴본다.
④ 연합군 최고 사령부 훈령 677호를 살펴본다.
⑤ 국제사법재판소에 제소하는 방법을 알아본다.

48 다음 지도의 (가)지역과 관련된 역사적 사실로 옳지 <u>않은</u> 것은?

[3점]

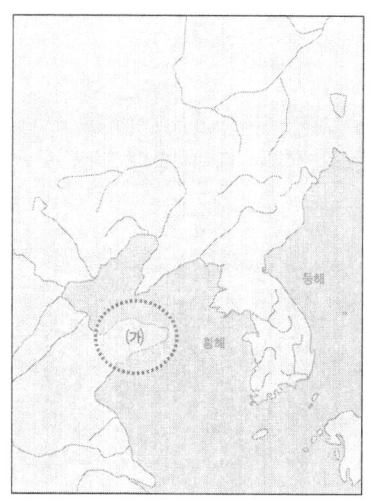

① 발해의 무왕 때 장문휴가 수군으로 공격을 한 곳이다.
② 백제의 근초고왕이 요서, 규슈 지방과 함께 진출한 곳이다.
③ 신라의 진흥왕이 당항성을 축조한 곳이다.
④ 고려 전기에 벽란도와 (가)를 잇는 무역로가 발달하였다.
⑤ 신라가 신라관을 설치한 곳이다.

49 다음은 두 왕에 대한 평가이다. (가), (나) 왕에 대한 설명으로 옳지 <u>않은</u> 것은?

[3점]

> (가) 발해말갈의 그는 본래 고구려의 별종이다. 고구려가 망하자 조영은 그 무리를 이끌고 동쪽 계류의 옛 땅으로 들어가 동모산을 거점으로 하여 성을 쌓고 거주하였다. 그는 용맹하고 병사를 잘 다루었으므로 말갈의 무리와 고구려의 남은 무리가 점차 그에게 들어갔다. 성력 중에 스스로 진국왕이 되어 사신을 보내 돌궐과 통하였다.
>
> - 「구당서」 -
>
> (나) (왕은) 기미년에 오랑캐를 정벌할 때 은밀히 장수를 시켜 동태를 보아 행동하게 하여 끝내 전군이 오랑캐에게 투항함으로써 추한 소문이 사해에 펼쳐지게 하였다. …… 황제가 자주 칙서를 내려도 구원병을 파견할 생각을 하지 않아 예의의 나라인 삼한으로 하여금 오랑캐와 금수가 됨을 면치 못하게 하였으니, 그 통분함을 어찌 이루다 말할 수 있겠는가.
>
> - 「인조실록」 -

① (가) - 독자적인 연호를 사용하였다.
② (가) - 고구려를 계승의식을 표방하였다.
③ (나) - 경기도 지방에 대동법을 시행하였다.
④ (나) - 인목대비를 유폐하였다.
⑤ (가), (나) - 반정 세력에 의해 유배되었다.

50 다음에서 설명하고 있는 세계문화유산으로 옳은 것은?

[2점]

유교사상과 토착신앙 등 한국인의 세계관이 반영된 장묘 문화 공간이고 자연경관을 적절하게 융합한 공간 배치와 빼어난 석물 등 조형예술적 가치가 뛰어나며 제례 의식 등 무형의 유산을 통해 역사의 전통이 이어져 오고 있는데다 왕릉 조성이나 관리, 의례 방법 등을 담은 국조오례의, 의궤, 능지 등 고문서가 풍부하고 전체 유적이 통합적으로 보존 관리되고 있는 점을 높이 평가받아 세계문화유산으로 선정되었다.

①
안동 하회마을

②
경주 양동마을

③
창덕궁

④
조선시대 왕릉

⑤
종묘

출제경향

한국사능력검정시험의 문항은 역사교육의 목표 준거에 따라 다음의 여섯 가지 유형으로 구분됩니다.

▶ 역사 지식의 이해
역사 탐구에 필요한 기본적인 지식, 즉 역사적 사실·개념·원리 등의 이해 정도를 묻는 영역입니다.

▶ 연대기의 파악
역사의 연속성과 변화 및 발전을 이해하고 있는지를 묻는 영역입니다. 역사 사건이나 상황을 시대 순으로 정확하게 이해하고 인과 관계를 파악할 수 있는가를 묻습니다.

▶ 역사 상황 및 쟁점의 인식
제시된 자료에서 해결해야 할 구체적 역사 상황과 핵심적인 논쟁점, 주장 등을 찾을 수 있는지를 묻는 영역입니다. 문헌자료, 도표, 사진 등의 형태로 주어진 자료에서 해결해야 할 과제를 포착하거나 변별해내는 능력이 있는지를 측정합니다.

▶ 역사 자료의 분석 및 해석
자료에 나타난 정보를 해석하여 그 의미를 파악할 수 있는가를 묻는 영역입니다. 정보의 분석을 바탕으로 자료의 시대적 배경과 사회적 의미를 해석할 수 있는가를 측정합니다.

▶ 역사 탐구의 설계 및 수행
제시된 문제의 성격과 목적을 고려하여 절차와 방법에 따라 역사 탐구를 설계하고 수행할 수 있는 능력이 있는가를 묻는 영역입니다.

▶ 결론의 도출 및 평가
주어진 자료의 타당성을 판별하고, 여러 자료를 종합하여 결론을 도출할 수 있는가를 묻는 영역입니다.

01회 정답 및 해설

정답	배점	정답	배점	정답	배점	정답	배점	정답	배점	정답	배점	정답	배점	정답	배점	정답	배점	정답	배점
1 ①	2	2 ②	2	3 ④	2	4 ①	1	5 ④	2	6 ②	3	7 ②	2	8 ③	2	9 ①	2	10 ③	2
11 ④	2	12 ①	1	13 ⑤	3	14 ①	2	15 ③	2	16 ②	2	17 ①	1	18 ③	3	19 ⑤	2	20 ③	2
21 ④	2	22 ③	1	23 ①	1	24 ②	3	25 ④	2	26 ①	2	27 ①	2	28 ③	3	29 ②	2	30 ④	2
31 ⑤	3	32 ①	1	33 ⑤	2	34 ⑤	2	35 ②	1	36 ②	2	37 ⑤	3	38 ②	1	39 ④	2	40 ⑤	2
41 ③	2	42 ③	1	43 ②	2	44 ④	3	45 ⑤	2	46 ①	1	47 ③	2	48 ③	2	49 ⑤	3	50 ②	2

답지번호별 빈도표

내용\번호	①	②	③	④	⑤	계
문항 수	12	11	10	9	8	50

문항배점별 빈도표

내용\배점	1	2	3	계
문항 수	10	20	10	50
점수	10	60	30	100

1 사료 내용의 국가는 삼한이다. 다른 부족의 생활권을 침범하면 노비와 소, 말을 변상하게 하였던 풍습은 책화로 동예이다. 시체를 가매장하였다가 뼈를 추려 목곽에 안치하는 풍습은 세골장(가족 공동묘)으로 옥저이다.

2 (가)는 부여에 관한, (나)는 삼한에 관한 삼국지 위지 동이전의 사료이다.
① 고구려, ② 삼한, ③ (가)와 (나)는 모두 중앙 집권 국가로 발전하지 못하였다. ④ 삼한의 소도 존재는 제정 분리를 나타낸다. ⑤ 무천은 동예, 영고는 부여의 제천행사이다.

3 제시된 유물은 청동기 시대의 유물로 민무늬토기, 반달돌칼, 탁자식(북방식)고인돌이다.

4 제시된 자료는 고구려의 산수와 사신이라는 주제의 기획전 포스터이다. 이 포스터를 통해 고구려와 관련된 유물, 더 나아가 사신도 벽화를 찾아내는 문제이다.
① 강서대묘에 그려져 있는 사신도이다. 강서대묘는 평안남도 남포시 강서구역 삼묘리에 위치한 무덤이다. 고구려 후기의 고분의 대표적인 벽화 주제인 사신은 4계절과 사방 하늘의 28별자리를 대표하는 영물이다. 청룡, 백호는 악귀를 쫓아 무덤을 지키는 영물로, 암수 한 쌍의 주작과 뱀과 거북이 합체된 현무는 음양을 조화시키는 신수로 그려졌다.
② 백제의 산수무늬벽돌이다. 이것은 충청남도 부여군 규암면 외리에 있는 옛 절터에서 출토된 것으로 다양한 문양과 형상을 새긴 후 구워서 만든 백제 때 벽돌(전)이다.
③ 경북 경주시 황남동 고분군 천마총에서 발견된 천마도이다. 천마도는 말 양쪽 배에 가리는 가리개로, 흙이나 먼지를 막는 외에 장식물로도 사용되었다.
④ 가야의 금관으로 현재까지 고령 지산동고분군, 합천 옥전고분군 등 대가야지역을 중심으로 확인되고 있다. 가야의 금관과 금동관은 수량이 많지 않음에도 형태가 정형화되지 않고 다양하다. 꽃이나 풀모양의 세움 장식, 간결한 구성이 가야관의 특징이라 할 수 있다.
⑤ 신라의 토기이다. 말을 타고 있는 주인 모습의 토기이다. 말의 앞가슴에 액체를 따를 수 있는 긴 대롱이 달려 있어 주전자와 같은 기능의 토기로 추정된다. 주인은 장식이 화려한 말을 타고 고깔모양의 모자에 갑옷을 입고 있다. 경주 금령총에서 출토되었다.
※ **사신도** : 사신은 '사령(四靈)' 또는 '사수(四獸)'라고도 하는데 동쪽의 청룡, 서쪽의 백호, 남쪽의 주작, 북쪽의 현무를 일컫는다. 우리나라에서 사신의 개념이나 형상이 표현되는 것은 삼국시대에 중국 문화의 전래와 함께 시작되었다고 추정된다. 사신도가 가장 먼저 나타나는 것은 고구려의 고분벽화에서이다. 고구려 고분벽화에 표현된 사신도는 요동성총 등 4, 5세기 고분에서부터 나타난다.

5 제시된 자료는 4세기 백제의 전성기 지도이다. 당시 전성기 백제시대의 왕이었던 근초고왕을 알아야 풀 수 있는 문제이다.

ⓒ 칠지도는 근초고왕(24년, 369)이 왜왕에게 하사한 것으로 양국이 친교관계를 유지하고 있었음을 알 수 있다.
② 근초고왕은 고흥으로 하여금 「서기」를 편찬하게 하였다.
㉠ 사비로 천도하고, 국호를 '남부여'로 고친 것은 성왕(재위 523~554) 때의 일이다.
ⓒ 신라가 율령을 제정하고 불교를 공인한 것은 법흥왕(재위 514~540) 때의 일이다.

※ **근초고왕** : 근초고왕은 백제 13대 임금으로, 서기 346년에 즉위하여 375년까지 30년간 나라를 다스렸다. 그는 활발한 정복활동을 펼쳤을 뿐만 아니라, 대외관계의 폭을 넓히고, 역사서 편찬, 수도의 확장, 왕권강화, 해상 무역 등을 발전시키는 등 다방면에 걸친 업적을 남긴 임금이다. 또한 백제 초기 불완전했던 왕권을 강화시키고 중앙 집권화를 한층 강화시켜 백제를 고대국가로 완성한 임금이라고 평가받는다. 근초고왕의 활약 탓에 백제는 삼국 가운데 가장 먼저 전성기를 이룩했다.

6 제시된 자료는 ㈎소수림왕(371~384), ㈏장수왕(413~491), ㈐진흥왕(540~576), ㈑무령왕(501~523)의 업적이다. 삼국시대의 주요 정복군주나, 많은 업적을 남긴 왕들의 경우 시험에 자주 출제가 되므로 주요 왕들의 업적의 경우에는 각 나라별로 정리해서 잘 알아두는 것이 필요하다.
㈎ 소수림왕은 중국 진대의 태시율령을 모범으로 하여 율령을 반포(373)하고, 관리양성을 위해 우리나라 최초의 중앙국립대학인 태학을 설립하였다.
㈏ 장수왕은 수도를 국내성에서 평양으로 옮기고, 장수왕 63년(475) 백제의 수도인 한성을 함락시키고 개로왕을 패사시킴으로써 한강유역을 완전히 점령하였다.
㈐ 진흥왕은 원시 청소년집단인 화랑도를 국가적 조직으로 개편하여 인재를 양성하였다. 단양 적성을 점령하여 한강상류를 확보하고, 백제와의 한강 주도권 다툼에서 승리하여 한강유역을 완전히 점령하였다.
㈑ 무령왕은 중국 남조의 양나라와 교류하였으며, 22담로라는 특별행정구역을 지방에 설치하고, 여기에 국왕의 자제 및 왕족을 파견하였다.

※ **삼국이 한강을 차지하려고 했던 이유**
한강은 우리나라 중부의 태백산맥에서 발원하여 강원도, 충청북도, 경기도를 동서로 가로질러 황해로 흘러드는 강이다. 한강은 상류에서 춘천, 영월, 여주 등의 분지를 끌어안고 있으며, 하류에서는 드넓고 기름진 김포평야를 끼고 있어 한반도 중심의 젖줄이 되는 강이다. 이 강은 삼국시대 초기 대수라고 불렸고, 광개토대왕릉비에는 '아리수', 「삼국사기」에는 '욱리하' 라 쓰여 있다. 그러다가 백제가 중국과 교류하여 중국문화를 받아들인 뒤 '한수' 혹은 '한강'으로 굳혀진다. 한반도의 중앙에 자리 잡은 한강은 육로 교통이 수월하지 못한 옛날, 내륙의 강원도, 충청도, 경기도를 이어주는 뱃길로서 구실을 톡톡히 하였다. 또한 강 유역의 기름지고 드넓은 평야는 나라의 힘을 키우는 경제적 원천으로 우리 역사에서 큰 비중을 차지해 왔다. 그래서 한강을 장악한 세력은 한반도의 패자가 될 수 있는 발판을 얻었으며 이를 거점으로 남북으로 쉽게 진출할 수 있었다.

7 제시된 자료는 원종과 애노의 난이 일어났던 신라 말기 진성여왕 때의 모습을 보여주고 있다. 신라 말기의 사회 모습에 대한 이해를 묻는 문제이다. 신라의 사회상을 시대별로 구분하여 정리를 할 수 있도록 하자.
② 신라하대에는 골품제의 모순과 왕위쟁탈전으로 인해 왕권의 힘은 약화되며, 상대등의 권한이 강화되어 녹읍을 지급하게 된다.
① 신라하대에는 정치적 부패, 지배계급의 대토지 소유 확대와 가혹한 조세수취 등으로 농민들이 토지를 잃거나 노비가 되거나 초적이 되기도 하였다.
③ 신라하대에 6두품 세력은 호족세력 및 사원세력과 연계하여 골품제에 대항하면서 반신라적 활동을 전개하였다.
④ 호족은 사병을 양성하고 스스로 성주·장군이라 칭하면서 중앙의 지배를 받지 않았다.
⑤ 신라하대에는 관리들에게 수조권을 지급하는 관료전이 아닌, 수조권에 공물, 인적자원까지 수취할 수 있는 녹읍이 지급되게 된다.

※ **신라 하대의 사회상** : 신라 하대 중앙의 왕위 쟁탈전은 결국 중앙 집권력의 약화를 가져왔다. 전국 각처에서 호족들이 일어나 지방의 난민들을 규합하여 국가의 착취에 저항하면서 독자 세력을 구축해 갔다. 특히 진성여왕과 효공왕 무렵에서의 신라는 지방에 대한 통제력을 상실하였다. 조세의 수취는 불가능해졌고, 조세를 독촉하면 할수록 호족과 농민들의 반발은 더욱 조직적인 항쟁의 형태로 발전해나갔다.

8 제시된 지도의 ㈎는 발해로, 발해와 관련된 전반적인 내용을 물어보는 문제이다. 발해는 고구려계승의 증거, 발해 왕들의 업적, 사회·경제적 특징을 묻는 경우가 많이 출제되므로 정리를 할 필요가 있다.
③ 문왕 때 발해의 수도에서 출발하여 동해안을 따라 신라에 이르던 교통로인 신라도를 개설하여 신라와 교류를 하였다.
① 선왕 때 고구려계통의 문화를 바탕에 당 문화의 접목이 절정에 달해 당시 발해의 전성시대를 해동성국이라 칭하였다.
② 발해의 지배층 다수가 고구려 유민인 점, 발해 정혜공주묘, 발해 돌사자상 등을 통해 고구려 계승의식을

뚜렷하게 했다는 것을 알 수 있다.
④ 발해는 수도 상경을 비롯한 5경을 전략적 요충지에 설치하고, 전국을 15부로 나누고, 부 아래에 62주를 편성하였다.
⑤ 발해는 대조영(천통), 무왕(인안), 문왕(대흥), 선왕(건흥)이라는 독자적인 연호를 사용하여, 대외적으로 중국과의 대등함을 강조하고, 대내적으로는 왕권의 강대함을 표현하였다.
※ 발해는 9세기 선왕 때 최대 영토와 국력을 자랑하며 전성기를 이루었다. 당시 중국인들은 넓은 영토, 활발한 대외 무역을 바탕으로 동아시아의 강국으로 부상한 발해를 해동성국이라 불렀다. 영토는 15개의 부로 나누고 부 밑에는 여러 개의 현을 두었고, 부 중에서도 특히 중요한 5개의 부에는 경을 두었는데, 5경은 발해의 정치, 경제, 문화의 중심지였다.

9 제시된 자료는 신라시대의 신분제인 골품제를 보여주고 있다. 골품제와 그 신분에 따라 정해지는 관직에 대한 이해를 묻는 질문이다. 제시된 표를 잘 해석하여 문제를 푸는 것이 중요하다.
㉠ 제시된 글을 통해 일상생활까지 규제를 가하는 기준이 되는 것을 알 수 있다.
㉡ 제시된 표를 통해 6두품은 비색의 공복을 입을 수 있는 6등급 아찬까지 가능한 것을 알 수 있다.
㉢ 제시된 글과 표를 통해 신라의 골품제도는 개인의 능력에 따라 지위가 상승할 수 없음을 알 수 있다. 이러한 골품제의 모순으로 신라하대에 호족세력 및 사원세력과 연계하여 골품제에 대항하면서 반신라적 활동을 전개하였다.
㉣ 제시된 표를 통해 5두품은 10등급 대나마의 관등까지만 가능함을 알 수 있다.
※ **신라의 신분제도**: 신라는 성골, 진골의 골제와 6두품이하 1두품까지의 두품제로서 독특한 신분체제를 갖추었다. 이에 따르면 성골, 진골은 왕족이고 6두품이하 4두품까지는 귀족이며, 3두품이하는 평민층으로 관직담당은 4두품이상에 한하였다. 그러나 왕족 및 귀족과 평민사이에는 신분의 고하가 있어 관직의 등용, 특권 등에 차이가 있었다.

10 제시된 자료는 거란의 1차 침입 당시 서희가 획득한 강동 6주에 대해 말하고 있다.
③ 서희의 회담으로 고려는 강동 6주를 획득하였는데, 강동 6주는 평북 해안지대의 6주를 의미한다.
① ㈎는 간도지방이다.
② ㈏는 세종 때 개척된 6진이다.
④ ㈐는 쌍성총관부가 설치된 지역이다.
⑤ ㈑는 한강 유역이다.
※ **거란의 침입**
• 1차 침입: 고려의 친송정책이 원인이 되어 일어난다. 서희 외교담판으로 압록강 동쪽의 강동 6주를 확보하게 된다.
• 2차 침입: 강조 정변이 원인이 되어 일어난다. 현종이 나주로 피신하는 등의 위기를 겪는다.
• 3차 침입: 현종의 친조 약속을 불이행하면서 일어난다. 강감찬의 귀주대첩으로 대승을 거두었다.

11 제시된 대화를 통해 고려의 주요 정치 기구에 대해 이해를 하고 있는지를 물어보는 문제이다. 고려에 '도병마사', '식목도감'이 존재했는데, 이 기구들은 회의형태로 운영되었던 기구인데 이 회의에 참여할 수 있는 직책에 대해 알고 있어야 한다.
④ 고려시대의 정치는 재추가 그 중심을 이루었다. 도병마사에는 이러한 재추 즉 중서문하성의 재신(5명), 중추원의 추밀(7명)이 구성되었으며, 만장일치제를 채택하였다.
① 고려시대 삼사는 재정과 관련한 업무를 담당한 중앙 관청이었다.
② 고려시대 어사대는 관리의 감찰 업무를 담당한 기관이었다.
③ 고려시대 도평의사사는 전기에 설치되었던 도병마사의 후신이며 도당이라고도 한다.
⑤ 고려시대 식목도감은 국내 정치에 관한 법의 제정 및 각종 시행규칙을 다루던 일종의 입법기관이었다.
※ **고려 중앙정치제도의 특징**: 고려는 중앙집권적이나 전제왕정이 아닌 귀족정치이다. 따라서 왕권과 귀족 사이의 권력조화가 이루어졌다. 또한 정치권력은 귀족들이 독점하고 중서문하성과 중추원의 재신과 추밀에게 집중되어 있었다.

12 제시된 자료는 고려 초기 광종의 개혁정책에 대한 내용이다. 광종은 왕권 강화정책을 실시하였는데 이에 대해 이해 및 숙지를 해두도록 하자.
㉠ 광종은 관리의 복색을 관등에 따라 구분하여 지배층의 위계질서를 확립하였다.
㉡ 광종은 국왕의 권위를 높이기 위해 황제라 칭하고, 광덕(光德)·준풍(峻豊) 등 독자적인 연호를 사용하였다.
㉢ 태조 왕건은 호족 견제책으로 지방 호족들에게 그 지역의 관할권을 주는 사심관제도를 실시하였다.
㉣ 성종은 지방에 12목을 설치하고 최승로의 건의에 따라 처음으로 지방관을 파견하였다.
※ **광종의 개혁정치**: 개혁정치로 인해 건국 초기의 공신과 호족세력이 크게 약화되고 왕권이 강화되었다. 또한 유학을 공부한 문신들을 중심으로 한 관료체제를 구축하였다.

13 제시된 자료는 여·원 연합군의 일본원정을 묻는 문제이다. 이 시기는 몽골과 강화한 이후의 일로서 일본원정에 몽고의 요구로 인해 참전하게 되었다. 원의 내정간섭으로 인해 많은 정치적, 사회적 변화를 겪게 되는데, 이 부분에 대해 정리를 할 필요가 있다.

ⓒ 원의 내정간섭으로 인해 고려에서는 몽골식 의복이나 변발·장도·곤지·설렁탕 등의 몽골풍이 유행하였다.

ⓔ 원의 내정간섭에 해동청(매)의 사육과 징발을 위해 응방을 설치하였다.

ⓐ 동북 9성은 1107년 윤관이 별무반을 편성해 고려 동북쪽의 새외지역에 흩어져 살고 있던 여진족들을 축출하고, 그 지역에 쌓은 9개의 성이다.

ⓑ 교정도감은 고려시대 최충헌 이래 무신정권의 최고 정치기관이다. 최씨 정권의 반대세력을 제거하는 데 이용될 뿐만 아니라 서정 감시, 세정, 비위 규찰과 제반 명령 하달 등 국정을 총괄하는 최고의 정치기구였다.

※ **여·원 연합군의 일본원정**
- 1차 원정 : 일본의 규슈지방을 공격하였으나 태풍으로 실패하였다.
- 2차 원정 : 일본의 규슈지방을 공격하였으나 질병과 태풍으로 패배하였다.

14 제시된 자료는 묘청의 서경천도운동에 관한 내용이다. 묘청 등의 서경파들은 이자겸의 난으로 민심이 동요하자 풍수지리설에 바탕을 둔 서경천도를 주장하였다. 이 문제는 풍수지리설과 관련된 내용을 찾아내는 것이다.

① 고구려의 장수왕이 한강 유역을 빼앗기 위해 남진정책을 전개하자 고구려에 맞서던 개로왕은 전쟁터에서 죽게 되고, 한강 유역을 상실한 백제는 할 수 없이 수도를 위례성에서 웅진으로 천도하게 된다. 풍수지리설과는 관계가 없다.

② 풍수지리설은 산세와 수세를 살펴 도읍·주택·묘지 등을 선정하는 인문 지리적 학설로서 조선시대의 산송 문제에 큰 영향을 끼치게 된다.

③ 풍수지리설은 신라 말기 도선에 의해서 중국으로부터 유입되었다.

④ 지방 중심의 국토를 재편성하려는 주장으로 신라 정부의 권위를 약화 시켰으며, 지방 문화가 발전하게 되는 계기가 된다.

⑤ 조선 태조 이성계가 한양으로 도읍을 정한 것은 풍수지리설에 의한 것이다. 즉 개경은 이미 지기가 다해 왕업이 길지 못할 것이라는 풍수가들의 의견에 따라 구세력의 본거지인 개경을 버리고 신왕조의 면모를 일신하기 위해 천도를 단행하였다.

※ **풍수지리설** : 풍수지리설은 신라 말기 도선에 의해서 중국으로부터 유입되었다. 동리산문 혜철의 제자인 도선은 「도선비기」·「송악명당기」·「삼각산명당기」를 저술하는 등 풍수지리설을 이론화하였다.

15 제시된 자료는 고려사 전반에 일어났던 주요 사건을 그래프로 표현한 것이다. ㈎시기는 고려의 체제 정비와 거란과 전쟁 시기, ㈏시기는 문벌귀족사회가 동요하는 시기, ㈐시기는 무신들의 권력 투쟁과 반란이 빈번한 시기, ㈑시기는 몽골과 전쟁을 진행한 시기, ㈒시기는 고려의 세력이 약화된 시기이다.

③ 묘청의 서경천도운동(1135)은 이자겸의 난 직후에 일어난 것으로 ㈏시기가 적합하다.

① 고려를 건국한 태조 왕건은 호족 견제책으로 기인제도, 사심관 제도를 시행하였다.

② 상감청자는 고려의 문벌귀족사회기에 유행하였다.

④ 팔만대장경 편찬은 몽골의 침략이 원인이 되어 제작되었다.

⑤ 관제와 왕실용어의 격하는 몽고와의 항쟁에서 강화를 한 이후 내정 간섭을 받게 되면서 일어나게 되는 일이다.

※ **묘청의 서경천도운동 의의** : 묘청의 난은 문벌귀족사회의 내부분열과 지역 세력 간의 대립으로 나타난 결과이다. 또한 왕건의 북진정책을 계승한 서경파와 보수적 유교정치사상에 바탕을 둔 개경파의 충돌이다.

16 제시된 대화에서 '100년간 원에게 빼앗긴 영토', '권문세족' 이라는 표현을 통해 공민왕에 대한 내용임을 알 수 있다. 공민왕은 충정왕에 이어 즉위하여 본격적인 반원정책을 추진하였다.

④ 공민왕은 유인우로 하여금 쌍성총관부를 공격하여 이 지역을 회복하였다.

① 도방은 무신정권기의 사병집단으로서 1179년에 집권한 경대승이 처음 조직하였다.

② 전시과는 976년에 경종이 역분전을 토대로 발전시킨 제도로서 관직과 함께 인품을 반영하여 토지를 분배하였다.

③ 노비안검법은 광종 때 양인이었다가 노비가 된 사람을 조사하여 다시 양인이 될 수 있도록 조처한 법이다.

⑤ 동북 9성은 1107년 윤관이 별무반을 편성해 고려 동북쪽의 새외지역에 흩어져 살고 있던 여진족들을 축출하고, 그 지역에 쌓은 9개의 성이다.

※ **공민왕의 개혁 배경** : 공민왕이 반원자주정책을 전개할 수 있었던 이유는 당시 원·명 교체기로 원의 간섭이 약하였기 때문이다. 이에 대내적으로는 권문세족들을 억압하여 왕권을 강화하였다.

17 사진에서 설명하고 있는 ㈏는 수원화성이다. 수원화성 축조에 정약용의 ㈎거중기가 사용되었으며, 이러한 계획도시를 건설한 왕은 정조로 그의 정책이 아닌 것을 고르면 된다.
① 소격서는 조선시대 도교의 재초를 거행하기 위하여 설치되었던 관서였으나, 임진왜란을 겪은 뒤 선조 때 아주 폐지되고 말았다.
② 대전통편은 정조가 통치 질서를 재정비하기 위해 만든 법전이다.
③ 금난전권을 폐지하고 통공 정책을 실시하여 재정수입을 늘리고 상공업을 진흥시키기 위해 자유로운 상업 행위를 허락하였다.
④ 장용영은 국왕의 친위 부대로 왕권을 뒷받침하는 군사적 기반이었다.
⑤ 규장각은 본래 역대 왕의 글과 책을 수집, 보관하는 기구였으나, 정조는 비서실의 기능과 문한 기능을 통합적으로 부여하였다.
※ **정조의 수원** : 정조는 수원으로 사도세자의 묘를 옮기고 화성을 세워 정치적, 군사적 기능을 부여함과 동시에 상공인을 유치하여 자신의 정치적 이상을 실현하는 상징적 도시로 육성하고자 하였다.

18 제시된 자료는 조선 세종 때 장영실에 의해 발명된 물시계의 작동원리이다.
③ 물시계는 물의 증가 또는 감소로 시간을 측정하는 장치이다.
① 혼천의는 천체의 운행과 그 위치를 측정하여 천문시계의 구실을 하였던 기구이다.
② 해시계는 해의 움직임에 따라 시간을 측정하던 시계이다.
④ 거중기는 무거운 물건을 들어 올리는 데 사용하던 재래식 기계로, 다산 정약용이 고안한 것이다.
⑤ 신기전은 세종 때에 제작된 병기로서 로켓추진 화살이다.
※ 시각을 알린다는 말로 미루어 보아 시계에 대한 설명임을 알 수 있다. '부력'이란 단어에서 물을 이용했음을 유추하여 물시계에 대한 설명임을 알 수 있다.

19 자료에서 ㈎는 소를 가리킨다. 고려 시대의 특수 행정 구역이었던 향·부곡·소의 주민은 원칙적으로 다른 지역으로의 이주가 금지되었으며, 특히 소에서는 수공업 제품이나 광물 생산을 주로 담당하였다.

20 지문은 고려후기의 문화 활동에 관련 된 내용이므로 이를 전후로 한 농업기술을 고르면 된다.
㉣ 상품 작물이 광범위하게 재배된 시기는 조선 후기에 해당한다.

21 조선 후기 회화에 대해 묻고 있다. 답지에서 조선 후기에 그려진 회화가 아닌 것을 고르면 된다.

④ 강희안의 「고사관수도」이다. 이는 조선 초기에 그려진 그림으로 사색에 잠긴 선비의 모습을 표현한 15세기 작품이다.
① 18세기 조선 후기 풍속화가의 대표적인 인물인 김홍도가 그린 「씨름도」이다.
② 17세기 정선의 「인왕재색도」이다. 진경산수화로 우리나라 자연을 사실적으로 묘사하였다.
③ 18세기 조선 후기 풍속화가인 신윤복은 도회지의 한량과 기녀 등 남녀 사이의 은은한 정을 잘 나타낸 그림들을 그렸다.
⑤ 조선 후기의 민화로, 용을 표현한 것이다.
※ 조선 후기에는 진경산수화, 풍속화, 민화가 유행하였다. 대표적인 작품을 정리해서 기억하면 될 것이다.

22 제시된 자료는 조선 초기 세종 때 편찬된 「삼강행실도」의 내용이다. 「삼강행실도」의 편찬 목적을 묻는 문제이다.
③ 삼강행실도에 삼강오륜의 그림과 해설을 실어 백성들이 충·효 사상을 쉽게 배울 수 있게 하였다.
① 왕권과 신권의 조화와는 관련이 없다.
② 불교 억압이 아닌 유교윤리가 사회 윤리로 자리 잡게 하려는 것이 목적이었다.
④ 종족 내부의 결속을 다지는 것은 족보이다.
⑤ 민간신앙에 대한 믿음을 줄이는 것보다 유교윤리가 사회 윤리로 자리 잡게 하려는 것이 목적이었다.
※ 제시된 자료에서 기본적으로 효자, 충신, 열녀 등이 효에 대한 것이라는 점에서 백성들에게 충효 사상을 보급하고 유교정치를 꾀했음을 추론 할 수 있다.

23 제시된 자료는 단순히 임진왜란에서 더 나아가 문화교류가 이루어졌다는 것을 보여주고 있다. 문제에서는 단순히 임진왜란과 관련된 사건을 찾아내는 것을 묻고 있다.
① 권율은 임진왜란 때 활약한 명장으로 특히 행주대첩으로 대승을 거두었다.
② 광해군 시기의 강홍립 장군은 명의 원병 요청에 출전하여 조선의 출병이 부득이했음을 적진에 알리고 후금에 항복하였다.
③ 인조가 삼전도의 굴욕을 당한 것은 청나라와의 병자호란 때문이다.
④ 청은 나선 정벌을 위해 조선에 조총부대 파견을 요청하였고, 이에 신유와 조총부대를 파견하였다.
⑤ 비변사는 중종 때 삼포왜란을 계기로 임시기구로 설치되었고, 명종 때 을묘왜변을 계기로 상설기구화 되었다.
※ 일본에선 임진왜란을 도자기 전쟁이라고 부르기도 한다. 도요토미 히데요시가 조선의 도공들을 닥치는 대로 붙잡아 오도록 명령을 내렸고 일본으로 끌려간 조선 도공들은 오늘날 일본 도자기 문화의 뿌리가 되었다.

24 제시된 자료는 홍대용의 지전설이 담겨져 있는 「의산문답」이다. 홍대용과 관련된 내용을 찾아내는 문제이다.
② 홍대용이 주장했던 내용이다.
① 정약용이 주장했던 내용이다.
③ 유형원의 균전론이다.
④ 박지원이 저술한 책으로 양반 문벌제도의 비생산성을 비판하였다.
⑤ 이익의 한전론이다.
※ **실학** : 17세기 중엽부터 19세기 초반까지 조선 후기 사회에서 나타났던 새로운 사상으로 당시 사회문제의 해결을 위해 성리학의 관념성과 경직성을 비판하며 경세치용과 이용후생, 실사구시의 학문 태도를 강조했다.

25 제시된 자료는 김종직의 '조의제문'의 판결에 대한 내용이다. 조의제문이 무오사화의 계기가 되었다는 것을 알고 있어야 사림에 대한 문제임을 파악할 수 있다. 사림파와 훈구파를 비교하는 문제는 자주 출제되는 편이므로 정리를 할 필요가 있다. (가)는 훈구파이다.
ㄴ, ㄹ 훈구파에 해당하는 내용이다.
ㄱ, ㄷ 사림파에 해당하는 내용이다.

훈구파(15세기 집권)	사림파(16세기 집권)
급진파사대부	온건파사대부
중앙집권	향촌자치
부국강병추구	왕도정치추구
대토지	중소지주
관학파(성균관출신)	사학파(사립학교)
성리학 외 학문 포용	성리학 외 이단으로 배척
과학 기술 발달	예학, 보학 발달
단군 중시	기자 조선 강조

26 제시된 자료는 집현전에 대해 설명하고 있다. 집현전의 기능과 관련된 역사적 사실에 대한 이해를 묻는 질문이다.
① 왕의 정치 자문 등과 같은 집현전의 주요 담당 기능은 후에 홍문관으로 이어졌다.
② 덕행 있는 사람을 국왕에게 추천한 것은 조광조가 실시한 현량과이다.
③ 산림과 붕당의 근거지가 된 곳은 서원이다.
④ 조선시대의 최고 교육기관은 성균관이다.
⑤ 왕명을 출납하는 비서기관 역할을 수행한 곳은 승정원이다.

※ **집현전** : 집현전은 학자양성과 학문연구를 위한 기관이었다. 집현전의 가장 중요한 직무는 경연과 서연을 담당하는 것이었다. 경연은 왕과 유신이 경서와 사서를 강론하는 자리로 국왕이 유교적 교양을 쌓도록 하여 올바른 정치를 할 수 있도록 하는 것이고 서연은 왕이 될 세자를 교육하는 것이다. 집현전관은 외교문서 작성도 하고 과거의 시험관으로도 참여했으며 집현전이 궁중에 있고 학사들이 문필에 능하다는 이유로 그들 중 일부는 사관의 일을 맡았다. 그리고 중국 고제에 대하여 연구하고 편찬사업을 하는 등 학술사업을 주도했다.

27 제시된 자료는 판소리 흥부전이다. 판소리는 조선 후기의 대표적인 서민문화라고 할 수 있다. 즉 조선 후기의 사회 모습에 해당하는 내용을 묻는 문제이다.
① 영·정조 때 서얼은 적극적인 신분상승운동을 벌이기도 하였는데 상소를 통하여 청요직 진출을 요구하고, 정조 때 규장각 검서관으로 진출하기도 하였다.
② 부농층이 축척된 부를 바탕으로 공명첩을 매입하거나 족보를 위조하면서, 양반의 수는 증가하게 되고, 이에 정부는 국가재정 확충을 위해 노비의 신분상승을 촉진시켜 노비의 수는 감소하게 되었다.
③ 붕당정치로 인해 관료들이 서로 파벌을 이루어 정권을 다투면서 많은 혼란이 발생되었다.
④ 부농층은 관권과 결탁하여 향안에 등재하고 향임직을 매입하면서, 관권의 권한이 강화되었다.
⑤ 대다수의 농민은 작은 규모의 자영농이나 소작농이었다.
※ 조선 시대에는 흔히 4조(아버지, 할아버지, 증조할아버지, 외할아버지)안에 벼슬한 사람이 없으면 양반이 아닌 것으로 여겼다. 그러므로 그들은 양반의 신분을 유지하기 위하여 그 지방 지주로서의 경제력을 바탕으로 유학을 공부하여 유림의 대열에 포함되려 하거나, 족보, 서원, 사우, 묘비 등을 만들어 자신들의 조상들을 드러내려고 애썼다.

28 제시된 자료는 「동경대전」이다. 지문에서 '동경대전', '최제우'라는 용어가 등장한 것을 통해 동학에 대한 설명임을 알 수 있다. 동경대전은 동학의 기본 교리를 담은 종교서다. 이 문제는 동학에 대한 내용을 숙지하고 있는지를 묻고 있다.
ㄴ 민중적·민족적 성격의 동학이 삼남지방의 농촌사회에 널리 보급되어 번성하였다.
ㄷ 2대 교주였던 최시형은 「동경대전」, 「용담유사」를 편찬하였다.
ㄱ 정부는 혹세무민의 이유로 최제우를 처형하고, 탄압을 하였다.

ⓔ 동학이 아닌 천주교 박해의 배경이다.
※ **동학의 성격**
- 종합적인 성격 : 민족 신앙을 바탕으로 유교·불교·도교는 물론 천주교의 교리까지도 일부 흡수
- 철학으로서 동학 : 주기론
- 사회사상으로서의 동학 : 평등주의, 인도주의 운수사상→혁명사상, 반제국주의, 반봉건주의

29 제시된 자료는 일제 강점기 1920년대 문화 통치에 대한 내용을 담고 있다. 1910년대 무단 통치에서 이렇게 시정 방침이 발표된 원인을 묻는 문제이다.
② 3·1 운동을 기점으로 일제는 통치 정책을 무단 통치에서 문화 통치로 바꾸었다.
① 6·10 만세 운동은 1926년에 일어난 사건이다.
③ 간도참변은 1920년 간도에서 한국인들이 일본군에 의하여 무차별 학살당한 사건이다.
④ 대한민국임시정부는 1919년 중국 상해에서 한국독립 운동자들이 수립했던 임시정부이다.
⑤ 광주학생항일운동은 1929년 11월 광주에서 시작되어 이듬해 3월까지 전국에서 벌어진 학생들의 시위운동이다.
※ 3·1 운동으로 강압적 무단 통치의 한계를 인식한 일제는 제2대 조선 총독으로 부임한 사이토의 '시정 방침 훈시'를 통해 이른바 문화 통치로 전환하였다. 그러나 문화 통치는 민족 분열을 조장한 기만적인 술책에 불과한 것으로, 핵심은 조선인들 일부를 일제에 지지하도록 포섭하는 것이었다.

30 '위안부'라는 단어를 통해 국가 총동원법이 시행되고 위안부와 징병, 징용 등이 시행된 1940년대의 일임을 알 수 있다.
④ 화폐정리사업은 1905년에 시행된 사업이다.
① 창씨개명의 시행은 1939년이다.
② 신사 참배의 강화는 1936년이다.
③ 국가 총동원령의 실시는 1938년이다.
⑤ 학도 지원병제의 실시는 1943년이다.
※ **화폐정리사업** : 제1차 한·일 협약으로 부임한 일본인 재정 고문 메가다는 우리나라 화폐제도를 일본과 같게 하려고 화폐정리사업을 실시하여 우리나라 상공업자들에게 큰 타격을 주었다. 일제의 화폐 정리 사업에 의해 화폐 교환이 이루어지던 1905년 당시, 한국인은 상평통보(엽전)와 백동화를 사용하였다. 백동화는 갑오개혁 이후에 사용되던 화폐였다. 그런데 일제는 백동화의 화폐 가치가 일정하지 않다는 이유를 들어, 교환에 불이익을 크게 주었다.

31 광혜원은 1885년 2월 29일에 고종이 미국 선교의사인 호러스 알렌의 건의를 받아들여 서울 재동에 설립한 한국 최초의 근대식 병원이다. 따라서 광혜원이 설립되었을 당시에 볼 수 없었던 모습을 고르면 된다.
⑤ 국채보상운동은 1907년에 서상돈의 제안으로 대구에서 발단된 주권수호운동이다.
① 기기창은 1883년 청나라의 텐진의 군수공장을 모방하여 설립되었다.
② 박문국은 1883년에 설립되어 새로운 지식확대에 기여하였다.
③ 한성순보는 1883년에 간행된 최초의 신문이다.
④ 조선의 중립화론은 1885년에 부들러, 유길준에 의해 대두되었다.
※ 기기창은 1881년(고종 18)에 김윤식을 영선사로 하여 중국 텐진 기기국에 38명의 공학도를 파견, 신식 무기와 과학기계의 제조법을 배우게 하였다. 1882년 임오군란으로 이들이 귀국할 때 기증받은 많은 과학 기술 서적과 구입한 신식기계들을 바탕으로, 김명균이 데리고 온 텐진 공장 4명과 함께 건립한 것으로, 한국 최초의 근대 무기 공장이다. 청나라로부터 조총기기·내찬혈기·세포기·제약기 등을 구입, 무기와 화약을 생산하였다. 1894년 동학농민운동과 청일전쟁으로 문을 닫게 되었다.

32 제시된 자료는 ㈎는 3·1 운동, ㈏는 6·10 만세 운동에 대해 설명하고 있다. 우리나라를 대표하는 각각의 독립 운동의 특징을 파악하여 비교할 수 있는 능력을 묻는 문제이다.
㈎ 1919년 3월 1일 3·1운동을 기하여 민족대표 33인이 한국의 독립을 내외에 선언한 글인 기미독립선언서이다.
㈏ 1926년 6월 10일 조선의 마지막 국왕인 융희 순종 황제의 인산일을 기하여 일어난 독립운동의 격문이다.
※ **6·10 만세운동 의의** : '6·10 만세운동'으로 서울에서 이병립, 박하균 등 200여명이 체포되었고, 전국적으로는 1,000여 명이 동모자 또는 관련자로 체포, 투옥되었다. 이 만세운동은 3·1 독립운동만큼 전국적이지는 못했으나, 여전히 우리민족이 독립을 쟁취하기 위한 욕망이 내재되어 있음을 보여주는 민족운동이었다.

33 제시된 자료는 헐버트가 교사로 있던 육영공원에 대한 교육 내용 등에 대한 설명이다. 육영공원의 설립과 교육 내용 등에 대한 전반적인 이해를 묻는 문제이다.
ⓒ 영어교육을 지나치게 강조하고 고급 양반 자제만을 대상으로 삼는 등 국민 대중 교육에는 한계가 있었다.
ⓔ 헐버트가 영어로 강의하고, 영어원서를 강독하였다.
ⓐ 교육입국조서는 1895년에 발표되었고, 육영공원은 1886년에 설립되었다.

ⓒ 개항장의 주민들이 적극적으로 설립에 동참한 학교는 원산학사이다.

※ **육영공원 설립 배경** : 강화도조약 체결 후, 서양 근대 문명이 대량으로 들어오고 동시에 국내 선각자들도 해외의 선진 문물을 수용해야 한다는 필요성을 느꼈다. 그리하여 정부차원에서도 선진 문물을 도입하기 위해 해외에 사절단을 파견하기도 하였다. 또한 국내에 근대식 교육기관을 설립하여 근대 교육을 실시해야 함을 절감하고 있었는데 그리하여 설립된 최초의 근대식 관립 교육기관이 육영공원이다.

34 제시된 자료는 조선 말기 구식 군인들이 차별로 인해 일으킨 임오군란(1882)과 관련된 자료이다. 임오군란 이후 어떠한 상황이 전개됐는지를 묻는 문제이다.
⑤ 임오군란의 결과로 청은 독일인 묄렌도르프를 고문으로 임명하였다.
① 임오군란 이후 청군이 주둔하게 되었고, 청은 재정·외교고문을 파견하여 조선의 내정에 간섭을 강화하였다.
② 조·미수호통상조약은 1882년 미국과 조선 간에 조인된 조약이다.
③ 통리기무아문은 1880년 12월 청나라 제도를 본떠 베푼 관청으로 군국기밀과 일반정치를 두루 맡아보았다.
④ 임오군란 이후 민씨 일파는 재집권하게 되며, 정권 유지를 위해 친청정책이 심화된다.
※ **임오군란 의의** : 개항 후 조선 민중이 외세의 침탈과 개화정책에 대하여 전개한 최초의 투쟁이다.

35 제시된 자료는 김구의 백범일지 중 일부를 발췌한 것이다. 당시의 사회적 상황에 대한 이해와 역사적 사실에 대한 해석을 묻는 문제이다.
㉠ 일본의 무조건적인 항복으로 인해 승전국의 입장에서 일본군을 직접 무장 해제시켜 정부창설을 주도하지 못하였기 때문에 김구는 한국의 입지가 약해질 것을 우려하였다.
㉢ 일본의 무조건적인 항복으로 임시정부의 한국광복군 정진군 계획이 물거품 되게 되었기 때문에 김구는 아쉬워하였다.
ⓒ 미국의 군사적, 경제적 원조 중단은 김구가 우려했던 부분이 아니다.
ⓒ 신탁통치는 1945년 12월 모스크바 3상회의에서 결정된 내용이다. 문제의 제시문은 모스크바3상회의 이전의 내용이다.
※ **한국광복군** : 대한민국 임시 정부의 정규군으로 충칭에서 창설, 사령관에 지청천을 임명하였다. 미국 전략 정보처의 협조로 국내 정진군을 조직, 특수 훈련을 실시하였으나 일본의 갑작스런 항복으로 국내 진공 시도가 무산되었다.

36 고려인(카레이스키)이 독립운동을 전개한 곳은 연해주이다. 고려인은 연해주에 집단 거주하던 한민족을 일컫는 말로, 1930년대 스탈린의 소수민족 이주 정책에 의해 중앙아시아로 강제 이주되었다.
② 신한촌, 대한 국민 의회 등이 위치하였던 연해주 지역이다.
① 북로군정서 등이 있던 만주 지역이다.
③ 중광단, 서전서숙, 명동학교 등이 위치하였던 북간도 지역이다.
④ 삼원보, 신흥무관학교 등이 위치하였던 서간도 지역이다.
⑤ 의주 지역이다.
※ **카레이스키** : 고려인 또는 고려 사람(러시아어: Корё сарам)은 구 소련 붕괴 후의 독립국가연합 전체에 거주하는 한민족을 이르는 말이다. 한반도 일대를 지배하던 옛 국가인 고려와 직접적인 관련은 없으며, 한국인과 조선인을 절충하기 위해 고려인이라 부른다.

37 일제강점기 때는 독립운동의 일환으로 한국사에 대한 연구가 활발하게 이루어졌다. 국사학자마다 한국사의 연구 방향이 서로 달랐기 때문에 그 차이를 묻는 문제가 자주 출제된다. (가)는 민족주의 사학 (나)는 사회 경제 사학 (다)는 실증주의 사학이다.
⑤ 청구학회의 식민사관의 오류를 배격한 것은 실증사학이다.
① 백남운은 사회경제사학, 안재홍은 신민족주의사학의 대표적인 학자이다.
② 진단학회를 조직하여 근대적 역사관의 수립에 공헌한 것은 실증주의 사학이다.
③ 문헌고증을 토대로 사회경제사학의 세계사적 발전법칙을 수용하여 민족주의사학을 계승·발전시키려는 것은 신민족주의사학이다.
④ 신채호는 민족주의사학의 대표적인 학자이다.
※ • 민족주의사학 : 신채호, 박은식, 정인보 등
• 사회경제사학 : 백남운
• 실증주의사학 : 이병도, 손진태 등
• 신민족주의사학 : 안재홍, 이인영, 홍이섭 등

38 제시된 제시문은 갑신정변의 14개조 개혁 정강의 내용 중 일부이다. 이 중 밑줄 그은 '대원군'은 흥선대원군을 의미한다. 흥선대원군과 관련된 정책을 알고 있어야 풀 수 있는 문제이다.
② 광해군은 1608년 5월에 경기도에 한하여 대동법을 처음 실시하였다.
① 흥선대원군은 양반·상민의 구별 없이 군포를 징수하는 호포제를 실시하였다.

③ 흥선대원군은 대전회통을 편찬하여 조선의 통치규범을 정립하고자 하였다.
④ 흥선대원군은 비변사의 기능을 축소하고 의정부의 기능을 부활시켰다.
⑤ 흥선대원군은 붕당의 근거지 정리를 위해 47개소 이외의 서원을 철폐하였다.

※ **만동묘** : 만동묘는 조선시대 때 지어진 사당으로, 임진왜란 때 조선을 돕기 위하여 조선에 원군을 파병한 명 신종을 기리기 위하여 1704년(숙종 30년) 지어졌다.

39 제시된 자료의 좌측사진은 1차 봉기에서 전주성을 점령, 우측사진은 2차 봉기에서 공주 우금치에서 일본군과 정부군에게 패배하는 시기를 의미한다. 문제는 이 사이에 있었던 사건을 묻고 있다.
ⓛ 전주화약을 체결한 이후 동학농민군은 자치 기구인 집강소를 설치하였다.
ⓔ 전주성 점령 이후 청·일 군대가 들어오자, 동학농민군은 외국 군대 철수와 폐정개혁안을 조건으로 정부와 화친을 맺었다.
㉠ 고부민란이 발생한 직후 정부는 조병갑을 탄핵하고 안핵사를 파견하였다.
ⓒ 고부 군수 조병갑의 횡포로 전봉준이 사발통문을 돌려 1천여 명의 농민을 이끌고 고부 관아를 습격하였다.

※ **집강소**
• 의의 – 전라도 53개 군에 설치한 민정기관
• 기능 – 지방의 치안과 행정수행을 함

40 제시문은 「면암집」에 있는 최익현의 격문이다.
⑤ 을사의병 시기에 신돌석, 홍범도와 같은 평민의병장이 등장하기 시작하였다.
① 고종의 강제 퇴위와 군대 해산으로 인해 정미의병이 일어났다.
② 을미사변이 직접적인 원인이 되어 전개된 것은 을미의병이다.
③ 1920년대에 민족의 실력을 길러 독립을 이루려 했던 민족 운동은 실력양성운동이다.
④ 청·일 전쟁은 1894년 6월~1895년 4월 사이에 조선의 지배권을 놓고 청나라와 일본이 다툰 전쟁이다.

※ **을사의병의 배경** : 러·일 전쟁 발발 후 일본의 침략이 본격화되면서 을사조약이 체결되자 이를 계기로 전국 각지에서 의병들이 일어나게 되었다.

41 제시된 사진은 ㈎ 7·4남북공동성명, ㈏ 6·15남북공동선언, ㈐ 한반도 비핵화 공동선언, ㈑ 이산가족 상봉이다. 우리나라의 통일 정책들의 시행된 시기와 내용을 이해하고 있는 지를 묻는 문제이다.

㈎ 7·4 남북공동성명은 1972년에 통일에 관한 최초의 남북 합의로 서울과 평양에서 동시에 발표되었다.
㈏ 6·15 남북공동선언은 2000년에 이루어진 최초의 남북정상회담이다.
㈐ 한반도 비핵화 공동선언은 1991년에 이루어졌다.
㈑ 최초의 이산가족 상봉은 1985년에 이루어졌다.

※ **우리나라의 통일 정책**
• 박정희 정부 – 7·4 남북공동성명(1972), 6·23 평화통일선언(1973)
• 전두환 정부 – 민족화합민주통일방안(1982.1.12.)
• 노태우 정부 – 한민족공동체통일방안(1889.9)
• 김영삼 정부 – 민족공동체통일방안(1994.8.15.)
• 김대중 정부 – 6·15 남북공동선언(2000)

42 제시된 사진에서 '구 조선총독부 건물 철거'라는 문구를 미루어 볼 때 우리나라 최초의 문민정부였던 김영삼 정부 시기라는 것을 알 수 있다. 1995년 김영삼 대통령은 '역사 바로 세우기'의 일환으로 당시 국립중앙박물관으로 사용 중이던 그 건물을 철거하고 경복궁을 재건하는 계획을 시행하여 현재 경복궁이 일부 재건되었다.
ⓛ 김영삼 정부는 1993년 공직자들의 부정부패 등을 막기 위해 일정 직위 이상의 공무원들의 재산을 등록토록 하는 공직자 재산 등록제를 실시하였다.
ⓒ 김영삼 정부는 1993년 우리나라의 모든 금융거래를 금융거래 당사자 실제 본인의 이름으로 하도록한 금융실명제를 실시하였다.
㉠ 남북기본합의서 채택(1991)은 노태우 정부 때의 일이다.
ⓔ 국가보위비상대책위원회는 유신체제 붕괴로 생긴 권력의 공백기를 틈타 12·12 사태를 일으켜 세력을 키워온 신군부세력이 국정 전반에 대한 실권을 장악하기 위해 1980년 5월 31일 설치한 기관이다.

※ **역사 바로 세우기** : 12·12 사태와 5·18 민주화운동 진상 조사 → 전두환, 노태우 구속

43 제시된 자료는 1949년 6월에 공포된 농지개혁법과 관련된 내용이다. 광복 후 토지를 분배하는 과정에서 북한과 남한의 차이를 정리해 두자.
㉠ 경자유전의 원칙이란 농사를 짓는 사람이 토지를 소유해야 한다는 원칙이다. 남한의 농지개혁법은 경자유전의 원칙하에 시행되었다.
ⓔ 유상분배에 따른 농민의 부담이 커지면서 농민들은 농지를 되팔고 다시 소작농이 되기도 하였다.
ⓛ 북한의 농지개혁은 무상몰수, 무상분배의 원칙하에 시행되었다.
ⓒ 3정보로 농지 소유의 상한선을 정해 한 농민이 가질 수 있는 토지를 제한하였다.

※ **농지개혁의 한계** : 농지개혁으로 사회적 지배 계급이 었던 지주는 사라지고 상당수의 농민들이 자기 땅을 가지고 직접 농사를 지을 수 있었다. 그러나 개혁이 시간을 끄는 사이에 일부 지주들은 땅을 팔아치웠고, 인플레이션이 심했던 당시에 토지 대금을 생산물로 납부해야 하는 제도는 농민들의 부담을 키워 분배받은 토지를 다시 팔고 소작을 하거나 도시로 떠나는 경우도 있었다.

44 제시된 지도는 6·25 전쟁과 관련된 것이다. 문제는 6·25전쟁의 진행경과에 대해 묻는 것이다.
④ 이승만 정부는 분단이 굳어질 것을 우려하여 휴전을 반대하였고, 1953년 6월 18일에 반공포로를 석방하여 휴전협정을 방해하였다.
① 소련이 유엔에서 휴전을 제의(1951.6)하면서 휴전협상에 들어가게 되었다.
② 한강대교가 폭파된 시점은 1960년 6월 28일로 전쟁발발 3일 후이다. 한강대교를 폭파함으로써 북한군이 내려오지 못하도록 하는 의도였지만, 아직 피난을 가지 못한 많은 남한 백성들이 피난을 하지 못하게 되어 많은 피해가 발생하였다.
③ 중공군의 참전은 1950년 10월 26일 이루어졌다. 이에 중국군과 북한군에 패하면서 국군은 다시 남쪽으로 밀려났다.
⑤ 휴전협상 이후 남한은 1953년 12월 미국으로부터 안보를 보장받기 위하여 한·미 상호방위조약을 체결하였다.
※ **인천상륙작전** : 6·25 전쟁이 일어난 후 조선인민군은 남진을 계속하다 국제연합군의 참전으로 낙동강에서 교착상태를 맞게 되었다. 이에 국제연합군은 조선인민군의 허리를 절단하여 섬멸한다는 계획을 세워 첫 작전으로 인천상륙작전을 감행하게 되었다.

45 제시된 자료는 유신 체제에 반대하는 민주화 운동을 탄압하기 위해 1974년 박정희 정부가 발표한 긴급조치 1호의 일부이다.
⑤ 4·13 호헌 조치는 1987년에 박종철 고문치사사건 등으로 위기에 몰린 전두환 정부가 발표한 것이다.
① 대통령을 간접선거로 장충 체육관에서 선출하였다.
② 사실상 대통령의 통제 아래에 있는 통일주체국민회의가 설립되어 대통령을 간접선거로 선출하였다.
③ 유신체제에서는 한국적 민주주의를 내세웠다.
④ 독재 타도, 민주 회복, 유신헌법 개정을 위한 운동이 학생과 재야세력을 중심으로 전개되었고 박정희 정부는 긴급조치를 통해 탄압하였다.

※ **긴급조치** : 원래 학문상으로 보면 비상조치·비상명령은 헌법적 효력을 가지고, 긴급조치·긴급명령은 법률적 효력을 가지는 개념이지만, 제4공화국 헌법은 용어를 긴급조치라 하면서 그 내용은 비상조치·비상명령으로 규정하였다.

46 제시된 대화를 통해 '김주열', '대학교수 시국선언', '3·15 부정선거'라는 표현을 미루어 볼 때 전국적으로 확산되던 4·19 혁명을 말하는 것이다.
① 지문의 대화는 4·19혁명에 관한 것이다.
② 부마항쟁은 1979년 유신 체제 타도를 외친 것이다.
③ 6월 민주 항쟁은 1987년 6월 호헌 철폐, 직선제 쟁취를 외친 것이다.
④ 5·16 군사정변은 1961년 사회혼란과 장면 내각의 무능 등을 명분으로 박정희 중심의 군부세력이 권력을 장악한 것이다.
⑤ 5·18 민주화 운동은 1980년 신군부 반대를 외친 것이다.
※ **4·19 혁명**
• 배경 : 3·15 부정 선거(선거일 변경, 4할 사전 투표, 3·5인 공개 투표)
• 경과 : 3·15 부정선거 시민, 학생 시위 → 마산 김주열 학생의 죽음 → 계엄령 → 대학 교수단의 시국 선언문 발표
• 결과 : 이승만의 하야

47 제시된 자료는 (가)익산 미륵사지 석탑, (나)석가탑, (다)월정사 8각 9층 석탑, (라)경천사 10층 석탑이다. 각 탑의 특징과 시기에 대한 이해를 묻는 문제이다. 탑 문제의 경우 출제 빈도가 높은 편이며, 한 개의 탑을 상세하게 묻기 보다는 통사적으로 여러 시기의 탑을 동시에 물어 보는 경우가 많다.
③ 월정사 8각 9층 석탑은 고려 때 건립이 되었으며, 송나라의 영향을 받았다.
① 익산미륵사지석탑은 백제 무왕 때 건립이 되었으며, 현존하는 우리나라 최고의 탑이다.
② 석가탑은 이중기단 위에 3층으로 쌓은 석탑으로 전형적인 통일신라시대의 석탑 양식을 보여주고 있다.
④ 경천사 10층 석탑은 조선시대에 원각사지 10층 석탑으로 계승된다.
⑤ (가) - (나) - (다) - (라)순으로 건립이 되었다.
※ 익산미륵사지석탑(백제), 석가탑(통일신라), 월정사8각9층 석탑(고려중기), 경천사10층 석탑(고려후기)

48 제시된 자료를 통해 간도를 추론하여 답을 찾는 문제이다. 을사조약으로 외교권이 박탈당한 상태에서 일본이 간도를 청의 영토로 인정하는 간도협약(1909)을 체결하였다. 그 이후 현재까지 간도는 중국의 영토로 남아있다.
  ③ 백두산정계비의 토문강 해석 차이는 간도귀속문제와 관련이 있다.
  ① 살수대첩은 고구려가 수나라 양제의 침공을 격퇴하고 대승리를 거둔 싸움으로 청천강에서 벌어졌다.
  ② 공민왕이 공격한 쌍성총관부는 철령 이북의 땅이다.
  ④ 고려의 천리장성은 거란과 여진족의 침입에 대비하여 축조하였으며, 압록강 하구에서부터 함경남도 동해안의 도련포에 이르는 장성이다.
  ⑤ 1937년 소련정부가 연해주의 한인을 중앙아시아로 강제이주 시켰다. 이는 국경지방에 거주하는 한인들이 일본의 스파이가 될 수 있다는 우려에서 예방조처로 취해진 것으로서, 스탈린의 민족 강제이주 정책의 시작이기도 했다.

49 이 문제는 다양한 역사서술방식의 이해를 묻는 문제이다. (개)는 기전체, (내)는 편년체, (대)는 기사본말체, (래)는 통사체이다.
  ⑤ (개)~(래) 외의 역사서술방식으로 강목체가 있다.
  ① 「삼국사기」, 「고려사」 등은 기전체 역사서술 방식을 사용하였다.
  ② 「조선왕조실록」, 「고려사절요」 등은 편년체 역사서술 방식을 사용하였다.
  ③ 「삼국유사」, 「연려실기술」 등은 기사본말체 역사서술 방식을 사용하였다.
  ④ 「동국통감」, 「해동역사」 등이 통사체 역사서술 방식을 사용하였다.
  ※ **강목체**: 줄거리 기사의 대강과 구체적 내용의 세목으로 구분(평가중심) 「동국사략」, 「동사강목」 등이 있음

50 이번 문제는 제시된 인물들을 통해 활동시기를 추론하여 시대 순으로 나열하는 것을 묻고 있다.
  ㉠ 강감찬은 고려시대의 명장이었다(948~1031).
  ㉡ 유관순은 일제강점기의 독립운동가로 아우내 장터에서 군중에게 태극기를 나눠주는 등 만세시위를 주도하였다(1902~1920).
  ㉢ 정약용은 18세기 실학사상을 집대성한 한국 최대의 실학자이자 개혁가이다(1762~1836).
  ㉣ 정몽주는 고려 말기 문신 겸 학자로 의창을 세워 빈민을 구제하고 유학을 보급하였으며, 성리학에 밝았다(1337~1392).
  ※ **정몽주**: 「주자가례」를 따라 사회윤리와 도덕의 합리화를 기하며 개성에 5부 학당과 지방에 향교를 세워 교육진흥을 꾀하는 한편 「대명률」을 참작, 「신율」을 간행하여 법질서의 확립을 기하고 외교와 군사면에도 깊이 관여하여 국운을 바로잡으려 했으나 신흥세력인 이성계 일파의 손에 최후를 맞이하였다. 시문에도 뛰어나 시조 「단심가」 외에 많은 한시가 전해지며 서화에도 뛰어났다.

02회 정답 및 해설

정답	배점	정답	배점	정답	배점	정답	배점	정답	배점	정답	배점	정답	배점	정답	배점	정답	배점	정답	배점
1 ②	1	2 ②	2	3 ③	2	4 ⑤	2	5 ④	2	6 ④	1	7 ④	2	8 ④	2	9 ⑤	2	10 ②	2
11 ③	3	12 ①	2	13 ③	3	14 ④	2	15 ①	2	16 ②	1	17 ③	2	18 ③	3	19 ④	3	20 ①	2
21 ③	2	22 ⑤	1	23 ②	3	24 ④	2	25 ⑤	2	26 ④	2	27 ③	2	28 ①	2	29 ②	3	30 ⑤	2
31 ①	2	32 ③	2	33 ①	1	34 ④	2	35 ②	2	36 ③	2	37 ⑤	2	38 ④	2	39 ⑤	2	40 ②	3
41 ③	2	42 ①	1	43 ①	2	44 ③	2	45 ②	2	46 ①	1	47 ⑤	1	48 ②	3	49 ②	2	50 ⑤	1

답지번호별 빈도표

내용\번호	①	②	③	④	⑤	계
문항 수	10	10	11	10	9	50

문항배점별 빈도표

내용\배점	1	2	3	계
문항 수	10	30	10	50
점수	10	60	30	100

---

1 ㉠ 명도전, ㉡ 세형동검, ㉢ 거푸집, ㉣ 반달돌칼, ㉤ 바위그림(울산 반구대)
② ㉡의 세형동검은 우리가 독자적으로 제작한 것이다.

2 (가)는 고구려의 데릴사위제(=서옥제, 예서제), (나)는 부여에 대한 설명이다.
㉠ 고구려의 건국 세력인 고주몽은 부여에서 망명한 세력이다.
㉢ 부여는 왕부족, 마가, 우가, 저가, 구가 등 5부족 연맹체였으며, 고구려도 계루부(고씨), 소노부, 연노부, 순노부, 절노부 등 5부족 연맹체였다.
㉡ 부여는 대체로 중국과 친선관계를 유지했으나, 고구려는 그러지 못하였다.
㉣ 부여는 연맹왕국 단계에서 멸망하였으나, 고구려는 중앙집권적 고대국가로 발전하였다.

3 주어진 설명은 신문왕에 대한 내용이다.
③ 신문왕
① 법왕, ② 문무왕, ④ 법흥왕, ⑤ 진흥왕

4 제시된 자료의 '광개토 대왕릉 비문'의 내용을 추론해 보면 '왜와 화통하므로', '경자에 보병과 기병을 5만을 보내'라는 역사적 설명을 통해 백제가 왜, 가야와 연합하여 신라를 공략할 때 고구려의 광개토왕이 신라를 구원하였던 상황임을 알 수 있다. 광개토왕의 정복 활동으로 한강 이북을 상실한 백제는 만회하기 위한 방편으로 신라를 공략하는데 광개토왕이 이를 견제하게 된다. 이 와중에 금관가야 중심의 가야 연맹이 고구려와의 전투 과정에서 많은 국력을 손실하여 이후 가야 연맹의 판도를 변화시킨다.
⑤ 백제가 왜가 연합하여 침략을 하자, 내물왕은 광개토대왕의 원조를 받았다.
① 신라 진흥왕의 집권기와 관련된 내용이다.
② 백제 멸망 후 백제부흥운동과 관련된 내용이다.
③ 고구려의 소수림왕과 관련된 내용이다.
④ 고구려의 수도를 국내성에서 평양성으로 천도한 것은 장수왕 때의 일이다.
※ 호우명 그릇은 경주의 호우총에서 발견되었다. 그릇 밑바닥에 "을묘년 국강상 광개토지호태왕"이라는 글씨가 새겨져 있어서 당시 신라와 고구려와의 관계를 보여준다.

5 제시된 지문은 백제가 멸망한 후 일어난 백제 부흥운동(660~663)이다. 왕족 복신과 승려 도침은 주류성에서 왕자 부여풍을 추대하고 사비성을 공격하였다.
④ 왕족 복신과 승려 도침은 왕자 부여풍을 추대하였다.
① 황산벌전투는 백제 멸망 전이다.
② 백제 부흥운동은 백제 멸망 후의 일이다.
③ 연개소문은 백제 멸망 전에 활동하였던 인물이다.
⑤ 고구려와 수·당의 전쟁은 백제 멸망 전이다.
※ 백강전투는 나·당 연합군과 백제 부흥군·왜 원병이 벌인 전투로 부여풍은 신라 편에 선 부여융에게 패배하였다.

6 제시된 자료는 신라시대 화랑도에 대해 설명하고 있다. 화랑도의 역할과 규범 등에 대한 전반적인 이해를 묻는 문제이다.
④ 평민도 낭도로 구성되었다.
① 원광은 화랑도에 세속 5계를 가르쳐 마음가짐과 행동의 규범을 제시하였다.
② 진흥왕 때 원시적 집단이었던 화랑도가 국가적인 조직으로 개편되었다.
③ 귀족자제 뿐만 아니라, 평민까지 망라하여 구성하여 계층 간 대립과 갈등을 완화하였다.
⑤ 화랑도는 원시 사회의 청소년 집단에서 유래되었다.
※ 화랑도는 인물을 양성하고 그 가운데 인재를 가려서 국가에 등용하는 것을 목적으로 설치되었다. 기존에 있었던 청소년 조직에 통일전쟁을 위한 현실적 국가주의와 유불선의 보편적 정신세계를 융합, 건전한 청소년을 양성함으로써 신라의 삼국통일에 필요한 많은 인재들을 배출하는 역할을 하였다. 이후 9세기에는 왕권이 약해지고 귀족세력이 강해지자 귀족들의 사병 집단으로 변질되었다.

7 제시된 자료의 '금관가야 정복', '불교 공인'을 통해 법흥왕의 업적임을 알 수 있다.
④ 법흥왕대의 일이다.
①, ② 진흥왕대의 일이다.
③ 지증왕대의 일이다.
⑤ 지증왕대의 일이다.
※ **금관가야** : 수로왕 이래 491년간 계속되다가, 532년(법흥왕 19) 신라에게 멸망하였다. 그 지리적 위치가 낙동강 하류의 해안지대이므로 왜인·한인 무역선의 왕래가 있었으며, 따라서 경제·문화적으로 상당히 발달한 나라로 짐작된다.

8 제시된 자료는 (개) 무용총의 수렵도, (내) 강서대묘의 현무도이다. 고구려 고분벽화의 문화나 양식에 대한 이해를 묻는 문제이다.
④ 돌무지무덤은 고구려 초기 무덤 양식으로 벽화는 그려져 있지 않다.
① 수렵도를 통해 당시 고구려인의 사냥하는 모습 등의 생활풍속을 볼 수 있다.
② 굴식 돌방무덤 내부에 벽화를 그렸다.
③ 사신도는 도교의 방위신을 그린 것으로, 죽은 자의 사후 세계를 지켜 주리라는 믿음을 표현하고 있다.
⑤ (개)는 무용총, (내)는 강서대묘로 둘 다 고구려의 고분이다.
※ **삼국의 고분 문화**
- 고구려 : 돌무지무덤 → 굴식 돌방무덤
- 백제 : 돌무지무덤 → 굴식 돌방무덤
- 신라 : 돌무지덧널무덤 → 굴식 돌방무덤

9 제시된 자료는 발해의 '이불병좌상', '발해석등', '치미'이다. 특히 제시된 자료는 고구려 영향을 받은 발해의 유물이다.
⑤ 발해의 무왕은 '인안', 문왕은 '대흥', 선왕은 '건흥'이라는 연호를 사용하였다.
① 발해는 귀족들의 권력투쟁과, 거란의 침략으로 멸망하였다.
② 매소성에서 당나라 군대를 물리친 것은 신라이다.
③ 지배층의 대다수는 고구려인이다.
④ 신문왕은 김흠돌 모역사건을 계기로 왕권을 강화시켰다.
※ **발해의 유물**
- 고구려 영향 : 온돌 장치, 치미와 연꽃무늬 기와, 이불병좌상, 석등, 돌사자상, 정혜공주묘 등
- 당나라 영향 : 상경의 궁궐터, 주작대로, 정효공주묘 등

10 왕실의 칭호가 격하된 '충선왕'에서 원 간섭기라는 것을 알 수 있다. 그러므로 사료에서 나오는 '간신'들은 권문세족을 의미한다. 즉 원 간섭기 시대의 상황을 묻는 문제이다.
㉠ 원나라는 해동청(매)의 사육과 징발을 위해 응방을 설치하였다.
㉢ 원나라는 결혼도감·과부처녀추고별감을 설치하여 처녀·과부를 공녀로 바치게 하였다.
㉡ 중방은 고려시대 최고위 무신 합좌기구로 무신정권기이다.
㉣ 광종 때 과거제가 최초로 시작되었다.
※ **원 간섭기의 내정간섭** : 원이 고려의 관제를 격하시키고 영토를 축소하는 한편 내정에 간섭했다. 이전에는 왕의 칭호를 '조'나 '종'으로 하였으나 원의 간섭으로 인해 충○왕의 형태로 바뀌었다. 또 중서문하성은 첨의부, 6부는 4사, 중추원은 밀직사로 바뀌었고, 태자는 세자로 칭호가 격하되었다.

11 이의민을 죽이고, 17년간 집권하면서 4명의 왕을 바꾸었고, 동생을 비롯한 수많은 정적을 살해하면서 자신의 권력을 유지한 인물은 최충헌이다. 최충헌이 권력을 잡은 시기에 있었던 모습을 고르는 문제이다.
③ 최충헌은 사회 개혁책으로 봉사 10조를 제시하였으나, 정책 방향의 제시가 근본적으로 자기권력의 안정화를 추구하는 수단이었다는 점에서 그 실천적 한계를 가졌다.
① 이자겸은 권력유지를 위해 금에 대한 사대관계를 받아들였다.
② 묘청의 서경천도운동과 관련된 내용이다.
④ 최무선은 왜구가 창권하자 화약제조법의 필요성을 절감하였다. 이에 원나라에서 제조법을 배워 화약을 만들어 왜구를 격퇴하였다.

⑤ 고려 말기의 학자이자 문신인 문익점은 서장관으로 중국 원나라에 갔다가 돌아오면서 목화씨를 가지고 들어온다.
※ **무신집권기의 반란** : 무신 집권기에 각 지역에서 다양한 항쟁이 발생했다. 그 주도 세력은 소민, 관노, 사노, 일반농민, 승려 등 다양했고 그들이 대항하는 상대도 지방의 향리, 지방관원, 승려, 사찰 등으로 매우 다양하였다.

12 박유가 첩을 여럿 두자고 건의를 하지만, 연등회에서 무더기로 손가락질 당하는 장면을 보아 여성의 지위가 높았던 고려시대임을 알 수 있다. 이 장면은 고려시대 여성 지위를 보여준다.
① 고려시대에는 사위가 처가의 호적에 입적하여 처가에서 생활하는 경우도 있었다. 이를 통해 처가, 외가의 지위도 높았다는 것을 짐작할 수 있다.
② 고려시대에는 아들이 없으면 딸이 제사를 지내는 것이 일반적으로, 아들이 없다 하여 양자를 들이거나 하지 않았다.
③ 고려시대에는 사위와 외손자에게까지 음서의 혜택이 있었으며 상복제도에서도 친가와 외가의 차이가 크지 않았다.
④ 고려시대에는 재가한 여성의 자식도 벼슬을 할 수가 있었다.
⑤ 고려시대에는 부모의 유산을 성별 구분, 장남과 차남의 구분 없이 골고루 배분되었다.
※ **고려시대 가족 제도** : 고려 시대의 가족제도는 부계 중심이었으나 이를 보완하는 차원에서 모계나 처계 역시 중시되었다. 양자제가 있었지만 실질적으로 중요한 기능은 갖지 못하였고, 양녀도 있었다. 딸이나 사위가 아들만큼 가족 내에서 충분한 역할을 담당했던 것이다. 부모가 없는 어린아이의 경우, 매부나 외삼촌, 고모부나 이모부 집에서 부양되는 경우가 있었다.

13 제시된 자료는 고려시대 전시과 제도의 변천 과정을 보여주는 도표이다. 각 전시과 제도의 지급 대상과 지급 기간 등의 변화에 대한 올바른 이해를 묻는 문제이다. 이 문제의 경우 전시과의 변천 과정에 대한 지식이 없더라도, 제시된 표를 분석하면 충분히 풀 수 있는 문제이다.
① 시기가 흐르면서 전시과 제도가 정비되면서 관리들에게 주는 토지 지급량이 줄어드는 것을 알 수 있다.
② 경종 대의 시정전시과는 지급기준이 관직, 인품인데 반해 목종 대의 개정전시과는 지급기준이 관직만이다. 이를 통해 목종 대가 좀 더 객관적인 토지지급 기준을 가진 것을 알 수 있다.

③ 문종 대의 경정 전시과에 이르게 되면 지급대상에서 산직(전직)관리는 제외됨을 알 수 있다.
④ 전시과는 관리들에게 토지 수조권을 지급한 것이다.
⑤ 경기도에 한하여 관리들에게 수조권을 지급한 것은 과전법이다.
※ **고려시대 전시과의 변천 과정**
• 시정전시과(경종) : 전직, 현직 관료에게 모두 지급, 인품을 기준으로 채택
• 개정전시과(목종) : 전직과 현직에게 지급하고 인품을 기준에서 제외
• 경정전시과(문종) : 현직에게만 지급

14 제시된 자료는 내적인 공부(선종)와 외적인 공부(교종)를 모두 갖추는 내외겸전으로 의천의 사상이다. 따라서 고려시대 불교 중 의천과 관련된 것을 고르는 문제이다.
④ 의천은 개경의 국청사를 중심으로 천태종을 창시하고 천태교학 강의를 본격적으로 하였다.
① 요세는 백련사에서 신앙결사 운동을 전개하였다. 이는 기존의 교종과 달리 지방에 살고 있는 민중을 기반으로 확대되었다.
② 지눌은 송광사를 중심으로 수선사 결사운동을 확대하여 나갔다.
③ 지눌은 정혜쌍수·돈오점수를 주장하며 선교일치의 사상을 완성하였다.
⑤ 불국토란 정토사상에 입각해 불교적인 이상국가를 건설하는 것을 의미한다. 대표적인 예는 신라에서 찾아볼 수 있다. 진흥왕은 불국토 건설 정책을 펴서 재위 시 신라 국민사상의 총화를 이룬 화랑도를 제정해 삼국통일의 기반을 닦았다.

천태종	조계종
대각국사 의천	보조국사 지눌
문벌 귀족 집권기	무신집권기
교종 중심의 선종통합	선종 중심의 교종 포용
교관겸수, 내외겸전 주장	정혜쌍수, 돈오점수 주장

15 제시된 자료는 고려의 중앙정치체제 중에서 대간인 중서문하성의 낭사와 어사대이다. 이러한 대간의 존재는 고려시대를 그전의 시대와 다르게 '중세'라고 부르는 한 가지 이유이기도 하였는데, 이러한 대간의 존재는 조선시대에도 이어지게 된다. 이를 찾아내는 문제이다.
① 사간원은 국왕에 대한 간쟁과 논박을 담당한 관청이며, 사헌부는 언론 활동, 풍속 교정, 백관에 대한 규찰과 탄핵 등을 관장하던 관청이었다.
② 집현전은 학문 연구를 위해 궁중에 설치한 기관이며, 홍문관은 궁중의 경서·사적의 관리와 문한의 처리 및 왕의 각종 자문에 응하는 일을 관장하던 관서였다.
③ 의금부는 왕 직속의 상설 사법기관, 승정원은 왕명을 출납하는 비서기관이다.

④ 병조는 군사관계 업무를 총괄하던 중추적 기관이며, 육조는 문관의 선임·공훈·봉작 등의 일을 총괄하는 기관이었다.
⑤ 의정부는 재상의 합의를 거쳐 국정을 총괄하는 기구로 최고의 관부이며, 비변사는 조선 중기 이후 군사 업무를 비롯하여 정치·경제의 중요문제를 토의하던 문무합의기구였다.
※ **고려시대 삼사 vs 조선시대 삼사** : 고려의 삼사는 단순히 곡식과 화폐의 출납을 담당하는 회계 기구이다. 그러나 조선의 삼사는 사헌부와 사간원, 홍문관을 합친 것으로, 언론 기능을 맡아 권력의 독점과 부정을 방지하였다.

16 제시된 자료는 우리나라의 자기 문화(그 중에서도 고려청자)에 대한 묘사이다. 고려청자는 철분이 조금 섞인 백색의 흙으로 만든 것을 원료로 하여 거기에 유약을 입혔는데, 이후에 등장하는 상감 기법은 청자에 문양이나 그림을 새기고, 청자유를 입혀 한번 더 굽는 것이다.
② 고려 시대에 제작된 고려청자에 대한 그림이다.
① 조선 초기에 제작된 분청사기에 대한 그림이다.
③ 조선 중기에 제작된 조선백자에 대한 그림이다.
④ 조선 후기에 제작된 철화백자에 대한 그림이다.
⑤ 조선 후기에 제작된 청화백자에 대한 그림이다.
※ **우리나라의 자기**
- 분청사기 : 고려 말에 등장한 것으로 청자에 백토의 분을 칠한 것으로, 안정된 그릇 모양과 소박하고 천진스러운 무늬가 어우러져 구김살 없는 우리의 멋을 잘 나타내고 있다.
- 조선백자 : 백자는 청자보다 깨끗하고 담백하여 순백의 고상함을 풍겨 선비의 취향에 잘 어울렸기 때문에 조선 시대에 널리 이용되었다.

17 제시된 드라마는 무사 백동수이다. 정조는 무예서를 편찬하였는데, 특히 무예도보통지의 경우 직접 편찬의 방향을 잡은 후 이덕무·박제가·백동수에게 편찬하도록 하였다. 1790년에 간행되었으며, 전투동작 하나하나를 그림과 글로 해설한 실전 훈련서였다. 즉 이 문제는 정조의 정책을 고르는 것이다.
③ 정조는 유능한 인재를 일정 기간 규장각에서 재교육하는 초계문신제를 실시하였다.
① 경국대전은 세조 때 최항, 노사신, 강희맹 등이 집필을 시작하여 성종 7년(1476년)에 완성된다.
② 북진정책은 태조 시절 정도전의 주도로 군제를 확립하면서 강화된 국방력을 바탕으로 요동을 정벌하기로 결정되었으나, 잇따른 왕자의 난으로 정도전 일파가 제거되고 정국이 불안해지자 중단되었다.
④ 당백전은 경복궁 중건을 위해 흥선대원군이 발행한 화폐이다.
⑤ 효종은 청나라의 요구에 조총부대를 파견하여 나선정벌을 하였다.
※ 정조는 영조와 달리 각 붕당을 떠나서 그 주장의 옳고 그름을 명백히 가리는 적극적인 탕평책을 전개하였다. 그는 노론을 경계하고 자신이 정국을 주도하기 위해 소론과 남인 및 서얼 등을 중용하였다.

18 조선시대는 고려 때에 비해 지방에 대한 통제가 강화되었는데, 이것과 관련이 없는 것을 고르는 문제이다. 조선시대에는 속현과 특수 행정구역이 사라지고 모든 지역에 수령이 파견되었으며, 향리의 권한이 축소되고 수령의 권한이 강화되었다.
③ 조선시대의 유향소와 향약은 지방 양반들의 권익을 도모하는 기구였다.
① 고려의 향리는 실질적인 지방 통치자였으나 조선의 향리는 단순한 실무자에 불과했다.
② 고려와 달리 조선에서는 속현이 폐지되고 모든 군현에 수령이 파견되었다.
④ 조선시대의 수령은 지방의 행정, 사법권을 모두 장악하고 있었다.
⑤ 조선시대는 지방관과 관찰사를 자기 출신지에 파견하지 않는 상피제를 통해 중앙집권을 강화하였다.
※ 조선의 지방제도는 중앙집권체제의 강화에 역점을 두어 태조 때 약간의 개편을 거친 뒤, 태종 때부터 본격적으로 개편과 정비를 거듭하여 골격을 갖추어 나갔다. 전국을 팔도로 나누고 감영을 두어 관찰사를 임명하여 고려시대의 이원적 지방제도와 임시직으로의 안찰사 파견의 한계를 극복하였다.

19 제시된 자료의 '이들은' 중인으로 유추할 수 있다. 즉 이 문제는 조선시대 중인 신분에 대한 내용으로 이들의 신분적 특징에 대한 이해를 묻고 있다.
ⓒ 서얼들은 과거 응시 자체가 금지된 것은 아니지만 문과 응시는 금지가 되었다. 이에 18세기 후반부터 서얼 층은 차별 없이 사회적 활동을 펼 수 있게 해 달라는 허통운동을 하였다.
ⓔ 중앙과 지방관청의 서리와 향리 및 기술관으로 직역을 세습하고 같은 신분 안에서 혼인하였으며 관청에서 가까운 곳에 거주하였다.
ⓐ 노비는 재산으로 취급되어 매매, 상속, 증여의 대상이 되었다.
ⓑ 양반사대부들이 자신들의 기득권을 지키고 지배층이 늘어나는 것을 막기 위해 차별을 하고 관직 진출에 제한을 두었다.

※ **조선의 신분제** : 조선의 신분제는 법제적으로 양천제로, 양인과 천민으로 구분하였다. 하지만 실질적으로는 양인을 세분화하여 신분을 4개로 구분하였다. 그것이 양반, 중인, 상민, 천민이다.

20 ㈎는 강희안의 고사관수도로, 15세기에 그려진 그림이다. 한편 ㈏는 조선 후기 정선이 그린 금강전도이다.
  ㉠ 고사관수도가 금강전도보다 이른 시기에 그려졌다.
  ㉢ 금강전도는 우리의 고유한 자연과 풍속에 맞춘 새로운 화법인 진경산수화의 대표적인 예이다.
  ㉡ 민화가 유행한 시기는 조선 후기이다.
  ㉣ 사군자나 산수화를 그리는 것이 유행한 것은 16세기 조선 중기이다.
  ※ **조선의 그림**
  • 조선 전기 그림 - 「고사관수도」, 「몽유도원도」
  • 조선 중기 그림 - 「조충도」, 「모견도」, 「목죽도」, 「송하보월도」
  • 조선 후기 그림 - 민화, 김홍도, 신윤복의 풍속화, 「인왕제색도」, 「금강전도」

21 자료에서 설명하고 있는 인물은 조광조이다. 그의 업적과 정책에 대해서 전반적으로 이해하고 있는지를 묻고 있는 문제이다.
  ③ 조광조는 훈구파를 견제하기 위해 위훈삭제를 추진하였다.
  ① 관학파의 학풍을 계승한 것은 훈구파이며, 조광조는 사림파이다.
  ② 조광조는 기묘사화로 인하여 사사되었다.
  ④ 계유정난은 세조와 관련된 내용으로, 훈구파들이 공신의 작위를 받았다.
  ⑤ 「경세유표」를 집필한 인물은 조선 후기 실학자 정약용이다.
  ※ **위훈삭제 사건** : 중종반정 때의 공신 중 작위를 받은 남곤·심정 등 76명의 작호, 노비, 공신전 등을 박탈하여 훈구세력의 제거를 시도한 것이다. 이것이 계기가 되어 불만을 품은 훈구세력에 의해 조광조 등 사림파가 제거되었다.

22 제시된 자료는 박제가 '북학의'의 일부분이다. 제시된 자료를 통해 박제가를 추론하고, 그가 주장한 북학 사상에 대한 이해를 묻고 있는 문제이다.
  ㉢ 박제가는 청에 다녀온 후 「북학의」를 저술하여 북벌론을 비판하고 청 문물의 수용을 주장했다. 박제가는 박지원의 주장을 이어받아 수레와 선박의 이용, 대외 교역의 강화, 소비 권장을 통한 생산 자극 등을 강조하였다.

  ㉣ 박제가는 생산과 소비의 관계를 '우물물'에 비유하며 소비는 생산을 촉진한다고 주장하였다.
  ㉠ 홍대용은 「의산문답」에서 지전설을 주장하며 중국 중심의 세계관을 극복할 것을 주장하며 민족의 주체성을 강조하였다.
  ㉡ 유수원은 「우서」를 저술해서 상공업의 진흥과 기술의 혁신을 강조하고, 사농공상의 직업 평등과 전문화를 주장하였다.

23 제시된 자료는 조선시대 북인에 대한 설명이다. 북인들은 조식의 문하생이 중심이 되었으며, 광해군에게 협력하였다. 북인의 특징에 대한 이해를 묻는 문제이다.
  ② 북인은 광해군 집권 당시 중립외교를 취하여 대의명분을 중요시하는 서인, 남인들과 대립하였다.
  ① 예송논쟁은 조선 현종 때 궁중의례의 적용문제, 특히 복상기간을 둘러싸고 서인과 남인 사이에 크게 논란이 벌어진 두 차례의 사건이다.
  ③ 숙종 때 환국을 통해 정치권력을 독점한 세력은 서인이다.
  ④ 명에 대한 의리 명분론을 중시한 세력은 서인이다.
  ⑤ 영조의 탕평정치는 붕당정치의 폐해를 근본적으로 해결하지 못한 것으로, 소론의 입장이 약화되고 노론이 정국을 주도하게 되었다.
  ※ **붕당 정치의 변질** : 붕당정치는 처음에는 붕당의 상호 공존으로 잘 운영되었다. 현종 때 2차례의 예송논쟁으로 서인과 남인의 대립이 심화되었고 숙종 때 환국으로 인해 서인이 노론과 소론으로 분화되었으며 노론이 정권을 장악하여 일당전제화 등의 많은 문제점이 발생하였다.

24 제시된 그림은 조선 후기의 변화된 사회 모습을 담은 민화이다. 조선 후기에는 이앙법의 유행과 생산량 증대로 인한 상품 경제가 발전하였다. 또한 양난 이전의 생산량에 근접할 정도로 사회가 발전하면서 서민 문화가 크게 발전하였다. 서민 경제의 발전은 서당 교육의 확대, 민화의 유행 등으로 이어졌다.
  ④ 조선 후기 1791년에 신해통공으로 육의전 이외의 다른 시전의 금난전권은 폐지되었다.
  ① 조선 후기에는 포구를 거점으로 한 상인인 선상, 객주, 여각들이 활발하게 상행위를 하였다.
  ② 조선 후기에는 쌀 수요 증대로 밭을 논으로 바꾸는 현상이 활발하였다. 쌀, 목화, 담배 등의 상품작물 재배가 유행하였다.
  ③ 조선 후기에는 모내기법의 확대로 농업 경영 방식이 변화되어 광작이 등장하고 부농층이 성장하였다.
  ⑤ 조선 후기에는 시장 경제가 발달하면서 장시에 팔기 위한 상품작물인 채소, 담배, 약초의 재배가 활발해졌다.

※ 조선 후기에 농민들은 생산력을 높이기 위해 농기구와 시비법을 개량하고 새로운 영농방법을 시도했다. 모내기법을 확대하고 이모작을 실시하였으며 광작을 통해 소득을 늘렸다. 시장에 팔 수 있는 상품작물을 재배하여 가계의 수입을 증가시켰는데, 쌀, 목화, 채소, 담배, 약초 등을 주로 재배했다. 그러나 소득을 올리지 못한 농민은 땅을 팔아서 소작농 등으로 전락하거나 품팔이로 생계를 유지해야 했다.

25 제시된 자료는 19세기 일어났던 농민 반란에 대한 내용의 일부이다. (가)의 자료에서는 '평서대원수', '평안도 놈'이라는 표현에 미루어 볼 때 1811년에 평안 지역을 중심으로 일어난 홍경래 난에 대한 설명임을 알 수 있다. (나)의 자료에서는 '임술년', '진주 안핵사'라는 표현을 통해 '임술 민란(1862)'이 도화선이 되었던 '진주 민란'에 대한 설명임을 알 수 있다. 이 두 사건을 통해 조선은 근본적인 체제 개혁 없이는 왕조의 존망이 위협받는 수준에까지 이르게 된다.
⑤ '홍경래 난', '진주 민란'은 동학사상의 영향보다는 탐관오리의 실정에 반발하여 일어났다.
① '홍경래 난'은 몰락양반이었던 홍경래의 지휘아래 영세농민, 광산노동자들이 합세하였다.
② '홍경래 난'은 서북 지방(평안도)에 대한 차별이 주요 원인이었다.
③ '진주 민란'을 계기로 북쪽 함흥으로부터 남쪽 제주에 이르기까지 전국에서 농민봉기가 발생하였다.
④ '진주 민란'은 삼정(전정, 군정, 환곡)의 문란이 주요 원인이었다.
※ **농민봉기의 한계 및 의의**: 농민들의 사회개혁 방향은 모두가 토지를 소유하는 것이지만 정부는 지주제를 개혁할만한 힘이 없었고, 농민들도 변혁시킬만한 역량이 부족하였다. 그러나 농민들이 사회의 모순을 자율적으로, 보다 적극적으로 변혁시키려는 것에 그 의의가 있다.

26 농민이 곡물뿐만 아니라 시장에 팔기 위한 모시, 오이, 배추, 도라지, 파, 마늘, 담배, 삼 등을 재배하여 논에서 얻는 이익의 10배를 낸다는 점에서 조선 후기 농업의 변화를 읽어낼 수 있다.
ⓒ 조선 후기에는 쌀의 상품화가 이루어져 밭을 논으로 바꾸는 현상이 활발했다. 쌀은 이 시기에 장시에서 가장 많이 거래되는 품목이다.
ⓔ 조선후기에는 모내기법이 확대하여 벼와 보리의 이모작이 널리 행해졌다.
ⓐ 소작농들은 소작쟁의를 전개하여 소작권을 인정받고 소작료를 타조법에서 도조법으로 변화시켰다.
ⓑ 세종은 전분6등법을 실시하였는데 이는 토지의 비옥도에 따라 전세를 징수하는 것이다.

※「경세유표」는 조선 후기 실학자인 정약용이 행정기구와 제도의 개혁에 대해 쓴 책으로, 1808년(순조 8)부터 1817년(순조 17)까지 10년 동안 쓴 미완성 작품이다.

27 자료에 나타난 국왕은 세조이다. 세조의 불교 정책에 대해서 이해하고 있는 지를 묻고 있는 문제이다.
③ 세조는 간경도감을 설치하고 불교 경전을 한글로 번역하였다.
① 팔만대장경을 간행한 왕은 고려의 고종이다.
② 보우를 중용하고 승과를 부활시킨 왕은 조선의 명종이다.
④ 의정부서사제를 실시한 왕은 조선의 세종이다.
⑤ 선을 중심으로 불교를 통합한 승려는 고려의 지눌이다.
※ 간경도감은 1461년(세조 7) 왕명으로 설치되어 1471년(성종 2)까지 존속하였다. 세조는 왕위에 오르기 전부터 불교를 선호하여 세종의 불서편찬과 불경간행을 도왔다. 그리고 왕위에 오른 뒤에는 왕위찬탈을 속죄하려는 마음에서 더욱 불교를 믿었다. 이에 간경도감은 유명한 승려와 학자를 초빙하여 불경을 번역하고 간행하는 일이 주된 사업이었으며 불서를 구입하거나 수집하고, 왕실 불사와 법회를 관장하기도 하였다.

28 제시문은 「정조실록」 일부의 내용으로 일상 생활품을 모두 사들여 비싼 값으로 되파는 독점 상인에 대한 것이다.
① 조선 후기 상품을 매점매석해 막대한 이득을 취하는 행위를 한 상인은 도고이다.
② 광산 개발과 제시문은 관련이 없다.
③ 민간수공업자들이 공인이나 상인에게서 주문과 함께 자금과 원료를 미리 받아 제품을 생산하는 선 대제 수공업은 제시문과 관련이 없다.
④ 농촌의 장시를 하나의 유통망으로 연계시켜준 보부상과 제시문은 관련이 없다.
⑤ 선박을 이용한 선상들의 활동은 제시문과 관련이 없다.
※ 상품 화폐와 지방 장시의 발달을 배경으로 사상 도고들은 쌀, 인삼, 무명, 모시 등의 특산물을 독점적으로 사들여 막대한 이득을 취하였다. 이로 인해 도시 빈민들은 많은 피해를 보기도 하였다. 이러한 내용을 볼 수 있는 작품으로 박지원의 「허생전」이 있다.

29 제시된 시는 윤동주가 일본에 유학하기 위해 성명을 일본식으로 바꾼 뒤에 지은 것으로, 일제가 우리 민족에게 일본식 성명을 강요한 것을 알 수 있다. 중·일 전쟁 이후 일제는 본격적으로 민족 말살 정책을 추진하여 우리 민족에게 황국 신민 서사 암송, 궁성 요배, 신사 참배는 물론, 심지어 우리의 성명마저도 일본식으로 고치도록 강요하였다.

② 1930년대 민족말살정책에 대한 설명이다.
① 1910년대 무단통치에 대한 설명이다.
③ 1910년대 무단통치에 대한 설명이다.
④ 1920년대 문화통치에 대한 설명이다.
⑤ 1910년대 무단통치에 대한 설명이다.
※ 무단통치(1910~1919)
　문화통치(1919~1931)
　민족말살통치(1931~1945)

30 제시된 자료는 조선 총독부의 모습이다. 조선 총독부는 1916년 공사를 시작하여 1925년 완공되었으며, 경복궁 경내에 들어서면서 궁궐의 여러 건물이 해체되었다. 그 후 1995년 김영삼 정부 시절 철거되었다.
⑤ 명동성당이 우리나라 최초의 고딕양식 건축물이다 (1898).
① 조선총독부의 최고통치기구로서 한반도를 통괄한 총독은 일본 육·해군 대장 가운데서 선임되었다.
②, ③ 조선총독부는 1948년에 대한민국 정부가 수립되자 대한민국 정부가 청사와 관사를 다시 인계받아 대통령 관저, 정부 청사, 박물관 등으로 활용하였다.
④ 1950년 한국전쟁을 거치면서 청사와 관사의 일부가 파괴되었고 1995년에 일제 강점기의 잔재 청산을 이유로 그때까지 현존하던 청사와 관사를 철거하였다.
※ **조선총독부** : 조선총독부는 통감부의 관료체제와 군대, 헌병, 경찰 등 치안기구를 결합한 무단통치의 총사령부였다. 일제는 한반도를 효율적으로 지배하기 위해 다양한 법률과 칙령을 제정했다. 조선총독부의 한반도 식민통치는 시기별로 크게 무단통치(1910~1919년), 문화통치(1919~1931년), 민족말살통치(1931~1945년)로 나눌 수 있다.

31 제시된 지문은 사이토가 말하는 1920년대의 식민통치 소위 문화통치이다. 이는 3·1 운동으로 나타난 민족의 불만을 무마하기 위한 것이었다. 그 핵심은 우리 민족을 분열시키고 회유시키려는 것이었다. 이 시기 완화된 총독부 정책과 함께 사회주의 보급 등으로 여러 방면의 민족 운동이 활발히 전개되었다. 일제는 이러한 민족 운동을 효과적으로 누르기 위하여 친일파를 양성하고, 민족운동을 이간시키는 일에 노력하였다.
㉠, ㉡ 1920년대 문화통치에 대한 설명이다.
㉢ 1930년대 민족말살정책에 대한 설명이다.
㉣ 1910년대 무단통치에 대한 설명이다.
※ 3·1 운동 이후 일본은 무력과 강압만으로는 우리 민족을 지배하기 어렵다는 것을 깨닫게 되었다. 그래서 일본은 한민족의 문화와 관습을 존중하며 한국인의 이익을 위한다는 이른바 문화정치를 내세웠다. 문화통치는 친일파를 길러 우리 민족을 이간·분열시키려는 교활한 정책으로, 우리 민족의 단결을 억제하고 독립 운동을 막으려는 것이었다.

32 제시된 자료는 개화 정책과 관련된 내용을 담고 있다. (개)는 동도서기론의 내용을 담고 있기 때문에, 온건개화파임을 알 수 있다. (내)는 갑신정변 실패 후 김옥균이 일본에 올린 상소문에서 급진개화파임을 알 수 있다.
㉡ 온건 개파화의 대표적인 인물은 김홍집, 김윤식, 어윤중이다.
㉢ 급진 개화파는 정치, 사회제도의 개혁까지 포함하는 급진적 개혁을 추구하였다.
㉠ 온건 개화파는 청의 양무운동을 개혁모델로 삼았다.
㉣ 급진 개화파는 임오군란 이후 청의 간섭과 정부의 사대 정책을 반대하였다.
※ 개화사상은 1876년 개항을 전후로 하여 형성된 정치사상으로, 서구 문명을 능동적으로 수용하여 조선 사회를 개혁하고 자주적인 근대국가를 수립하는 것을 목적으로 하였다. 조선 후기에 성리학적 세계관에서 벗어나 서구 문물의 수용과 근대적 개혁을 주장했던 정치사상이다. 1850~60년대에 박규수·오경석·유대치 등을 중심으로 형성되기 시작하여, 1870년대에 김옥균·박영효·홍영식·유길준 등에 의해 발전되었다.

33 제시된 자료는 3·1 운동의 모습을 표현한 것이다. 3·1 운동의 전개과정은 총 3단계로 나눌 수 있는데, 1단계(점화기), 2단계(도시 확대기)는 비폭력주의를 내세웠으나, 3단계(농촌 확산기)에 이르면 무력적인 저항운동으로 변모하게 된다.
① 3·1 운동은 민주공화제의 대한민국 임시정부를 수립하는 계기가 되었다.
② 민족 유일당 운동을 촉발하는 계기가 되었던 것은 정우회 선언(1926)이다.
③ 민족자결주의의 대두, 제1차 세계대전 종전, 고종황제 독살 의혹 등이 3·1 운동의 배경이다.
④ 순종의 인산일을 기해 일어난 것은 6·10 만세운동(1926)이다.
⑤ 신간회는 1927년에 좌우익 세력이 합작하여 결성된 대표적인 항일단체로 광주학생운동이 일어나자 진상조사단을 파견하고 일제에 대해 학생운동의 탄압을 엄중 항의하였다.
※ **3·1 운동의 세계사적 의의** : 제1차 세계대전에서 승리한 국가의 식민지에서 일어난 최초의 반제국주의 민족운동으로 약소민족 해방운동의 활성화에 이바지하였다. 중국의 5·4운동, 인도의 비폭력·불복종 운동, 베트남, 필리핀, 이집트 등의 민족운동에 영향을 주었다.

34 제시된 자료에서 신채호가 작성한 '조선혁명선언'을 통해 김원봉의 의열단임을 알 수 있다. 김원봉은 조직 활동의 정당성을 표현하는 강령을 작성해줄 것을 신채호에게 부탁하였고, 신채호는 조선혁명선언을 통해 '폭력'을 통한 항일독립운동의 불가피성과 당위성을 설파하였다.
④ 태평양전쟁 발발 직후 임시정부는 대일선전포고를 하고 한국광복군을 연합군의 일원으로 참전시켰다.
① 의열단에 가담하였던 단원들은 아나키즘(무정부주의) 지향이 강하였다.
② 의열단은 조선총독부, 경찰서, 동양척식주식회사 등 식민지배기구의 파괴, 조선총독부 고위 관리와 친일파 우두머리 등을 처단하였다.
③ 의열단은 중국국민당 정부의 지원 아래 조선혁명 간부학교를 세워 운영하였다.
⑤ 의열단의 나석주는 동양척식주식회사와 조선식산은행에 폭탄을 던지고 일본인을 사살하였다.
※ 조선혁명선언은 일제와 타협하는 자치운동과 문화운동에 대해 통렬히 비판하였으며, 외교론, 준비론 등의 독립운동 노선에 대해서도 비판하고 있다. 그리고 독립을 이루는 길은 오직 민중의 직접 혁명밖에 없으며, 의열단의 폭력투쟁은 민중을 일깨워 직접 혁명을 이끌어내기 위한 선구적 행동이라고 주장하고 있다.

35 제시된 자료는 근우회 취지문이다. 근우회는 1927년에 창립하고 1931년에 해산된 여성 항일구국운동 및 여성 지위향상운동 단체이다.
③ 1931년 신간회가 해소되면서 해체되었다.
① 근우회는 신간회의 자매단체였다.
② 농촌진흥운동은 1932년부터 1940년까지 혁명적 농민조합운동의 확산에 대비하고 농민을 일제의 체제 내로 끌어들이기 위해 일제가 전개한 운동이다.
④ 근우회는 기독교계열의 여성과 사회주의계열의 여성이 참여하는 민족유일당이었다.
⑤ 3·1 운동 이후에 만들어진 단체이다.
※ **근우회 활동**: 전국순회공연과 강연회 등을 통하여 여성해방에 대한 인식의 확산과 노동·농민운동 등 사회운동에 적극적으로 개입하였다.

36 제시된 포스터와 '우리가 만든 옷감 예물 드려……'하는 부분에서 알 수 있듯이 토산품 애용을 기치로 내건 1923년 물산장려운동에 대한 자료이다.
③ 1920년대 일본과 조선 사이의 무역에서 면직업과 주류를 제외한 모든 상품에 관세를 면제하려 하자, 민족기업의 지원과 민족경제의 자립을 달성하기 위하여 물산장려운동이 전개되었다.
① 국채보상운동은 대구에서 서상돈을 중심으로 시작하여 국채보상기성회를 서울에서 조직하고 전국으로 확대되었다.
② 민립대학설립운동과 관련이 있다.
④ 농촌진흥운동은 1930년대 혁명적 농민조합운동의 확산을 막기 위해 일제가 실시한 것이다.
⑤ 신간회 창립은 1926년 11월 정우회가 비타협 민족주의자와 사회주의자들의 동맹을 통해 민족단일당을 건설할 것을 제창한 '정우회선언'을 발표하면서 급속히 추진되었다.
※ 1907년 대구의 서상돈을 중심으로 일어난 국채보상운동과, 1923년 평양의 조만식을 중심으로 일어난 물산장려운동을 구분하여 알아두어야 한다.

37 제시된 자료는 '단재신채호전집'의 내용 중 일부이다. 신채호의 주장에 대한 전반적인 이해를 묻는 문제이다.
⑤ 신채호는 자신의 저서 「조선 상고사」에서 역사를 '아'와 '비아'의 투쟁으로 파악하였다.
① 정인보는 신채호의 민족주의 사관을 계승하였고, '조선 얼'을 강조하였다.
② 사회경제사학의 대표적인 학자인 백남운은 「조선사회경제사」, 「조선봉건사회경제사」를 저술하였다.
③ 장지연은 '시일야방성대곡'을 써서 을사조약을 비판하였다.
④ 박은식은 유교구신론을 통해 유교의 혁신과 개량을 주장하였다.
※ **조선상고사**: 단군시대로부터 백제의 멸망과 그 부흥운동까지가 담겨져 있다. 그는 이 책에서 종래의 한국사의 인식체계를 거부하고 새로운 인식체계를 수립하였다. 종래의 단군·기자·위만·삼국으로의 계승과 단군·기자·삼한·삼국으로의 계승되는 인식체계를 거부하고 신채호는 실학시대의 이종휘의 「동사」에서 영향을 받아 단군조선·고조선·부여·고구려 중심의 역사인식체계를 수립하였다.

38 제시된 자료는 '중추원'에 대한 설명이다. 단 독립협회의 활동 시기의 중추원과 일제 시기의 중추원은 이름은 같으나 그 기능은 엄연히 달랐다. 제시된 자료의 중추원은 독립협회 활동 당시 서구의 의회와 유사한 기능으로 관민 공동회에서 건의되어 설치된 것이다. 그러나 서재필 등 일부 인사들을 중심으로 중추원의 직제를 개편하고자 하는 흐름이 지속적으로 이어졌다. 이에 독립협회의 활동을 저지하기 위해 홍종우 등이 '황국협회'를 조직하게 된다.
④ 고종은 관민공동회의 건의로 중추원을 개편하였다.
① 광무개혁은 황제 중심의 전제 군주정을 표방하였던 개혁이다.

② 독립협회는 무단통치기가 시작되기 이전인 1898년에 해산된다.
③ 독립협회는 서재필, 남궁억 등의 진보적 지식인들이 지도부를 형성하였고, 도시서민층이 주요 구성원을 이루었다.
⑤ 무장독립투쟁의 발달은 독립협회 해산 이후의 일이다.
※ **독립협회 의의** : 민중에 바탕을 둔 자주적 근대화 운동으로 만민공동회 등을 통하여 국권수호, 민권신장을 추구하였다. 근대적 민족주의 사상과 자유민권의 민주주의 이념을 확산시켰으며 이후 전개될 애국 계몽운동의 밑거름이 되었다.

39 제시된 자료는 '105인 사건'과 '신민회 조직원들'의 사진 자료이다. 이를 통해 1907년 결성된 비밀 결사 계몽 단체인 '신민회'임을 알 수 있다.
⑤ 대한자강회는 고종의 강제퇴위 반대운동을 전개하다 해산 당하였다.
① 신민회는 무장 투쟁도 활동의 목표로 삼았으며, 만주 지역에 독립군 기지 건설운동을 주도하였다.
② 신민회는 국권회복과 공화정체의 근대국민국가 건설을 목표로 하였다.
③ 신민회는 교육구국운동으로 오산학교, 대성학교 등을 설립하였다.
④ 신민회는 사회 각계각층의 인사들을 망라하여 조직한 비밀결사단체이다.
※ 대한제국 시기 독립협회의 해산 이후 국권 회복 운동을 전개하였던 단체들은 크게 보안회-헌정연구회-대한자강회-신민회를 들 수 있다. 각 단체의 주요 활동들을 파악하는 것은 중요하다.

40 제시된 사진 속 인물 '베델', '양기탁'을 통해 둘이 창간한 신문인 '대한매일신보'에 대해 묻는 문제임을 알 수 있다.
㉠ 대한매일신보는 의병 활동에 대해서도 호의적인 기사를 실었다.
㉢ 대한매일신보는 일제의 침략상을 적극적으로 고발하였으며 국채보상운동을 대대적으로 홍보하고 참여하였다.
㉡ 장지연의 '시일야방성대곡'을 게재한 신문은 황성신문이다.
㉣ 대한매일신보의 구독대상은 다양하였으며, 최다 독자를 보유하고 있었다.
※ **신문지법** : 일제는 1907년 7월 24일에 애국적인 언론기관을 통제하기 위해 제정한 것이다. 이를 통해 정기간행물 발행의 허가제와 보증금제로 발행허가를 억제, 허가받은 정기간행물의 발매·반포금지, 발행정지, 발행금지 등이 있다.

41 제시된 자료는 대한민국 정부에서 시행하였던 정책과 관련 있는 대통령을 묻는 문제이다. ㈎의 '프로축구', '프로야구', '컬러TV'는 전두환 정부에 대한 내용이고, ㈏의 '금융실명제', 'IMF에 구제 금융 요청'은 김영삼 정부에 대한 내용이다.
㉡ 4·13호헌 조치를 발표한 것은 전두환 정부의 역사적 사실이다.
㉢ 경제 개발 협력 기구(OECD)가입은 김영삼 정부의 역사적 사실이다.
㉠ 서울 올림픽의 개최는 노태우 정부의 역사적 사실이다.
㉣ 남북한 유엔 동시가입은 노태우 정부의 역사적 사실이다.
※ OECD는 경제협력개발기구라고도 한다. 제2차 세계대전 뒤 유럽은 미국의 유럽부흥계획(마셜플랜)을 수용하기 위해 1948년 4월 16개 서유럽 국가를 회원으로 유럽경제협력기구(OEEC)를 발족하였고, 1950년에는 미국·캐나다를 준회원국으로 받아들였다. 1960년 12월 OEEC의 18개 회원국 등 20개국 각료와 당시 유럽공동체, 유럽석탄철강공동체, 유럽원자력공동체의 대표가 모여 경제협력개발기구조약에 서명함으로써 OECD가 탄생하였다.

42 제시된 자료에 나타난 민주화 운동은 6월 민주 항쟁이다. 6월 민주 항쟁 발생의 시대적 배경, 원인과 결과에 대해 전반적으로 이해하고 있는지를 묻고 있는 문제이다.
① 6월 민주 항쟁을 통해 대통령 직선제 개헌을 이루어냈다.
② 유신 체제는 박정희 정권이 대외적 위기감을 극복하고 독재 기반을 강화하여 영구집권을 하기 위해서 시작하였다.
③ 6월 민주 항쟁은 대통령 간선제가 아닌 대통령 직선제 개헌을 이루어냈다.
④ 3선 개헌은 대통령의 3선 연임을 허용하는 개헌안을 통과시켜 박정희 대통령의 장기 집권의 기반을 마련한 것이다.
⑤ 자유당 정권을 무너뜨린 혁명은 4·19 혁명이다. 4·19 혁명으로 인해 이승만 정권이 물러나고 의원내각제를 중심으로 한 장면 내각이 등장하였다.
※ **박종철 고문 사건** : 1987년 1월 14일 서울대 학생 박종철이 조사를 받던 중 고문·폭행으로 사망한 사건이다. 경찰은 처음에는 쇼크사로 발표하였다가 부검의의 증언으로 물고문 사건임을 정식으로 시인했다. 정국은 혼란에 빠졌고, 이 사건은 6월 항쟁으로 이어져 87년 민주화운동의 촉발제가 되었다.

43 제시된 우표를 통해 1970년대의 새마을 운동인 것을 알 수 있다. 농촌을 도시와 함께 균형 있게 발전시키기 위한 4H운동이 미국에서 시작되고, 우리나라에는 미군정기에 들어와 확산되는데, 이것이 새마을 운동으로 이어졌다.

① 새마을운동은 근면, 자조, 협동을 지표로 삼았으며 지역 사회 개발 운동으로 전개되었다. 주택 개량, 농지 정리, 하천 정비 등 농촌 생활환경의 개선을 꾀하였다.
② 1949년에 제헌국회에서 농지를 유상분배하는 내용으로 만든 농지 개혁법에 의해 1970년대의 새마을운동이 실시한 것은 아니다.
③ 제2차 석유파동은 1978년 10월부터 1981년 12월 사이에 지속적인 유가상승이 나타난 현상인데, 이를 이유로 새마을운동이 중단된 것은 아니다.
④ 새마을운동은 농민의 이농을 막기 위한 것이 아니고 농촌을 발전시키기 위한 것이었으며, 점차 도시의 발전으로도 이어졌다.
⑤ 새마을운동은 후에 공장, 도시, 직장으로 확대되면서 유신체제 하의 국민정신 운동으로 확대되었다.
※ 새마을운동은 초기에는 단순한 농가의 소득배가운동이었지만 이것을 통하여 많은 성과를 거두면서부터는 도시·직장·공장에까지 확산되어 근면·자조·협동을 생활화하는 의식개혁운동으로 발전하였다. 이러한 운동을 통하여 경제적으로 자립하여 선진국 대열에 꼭 진입해야 한다는 의지를 국민들에게 강하게 심어준 정부주도하의 국민적 근대화운동이었다고 말할 수 있다.

44 제시된 자료는 통일에 관한 최초의 남북 합의로 서울과 평양에서 동시에 발표한 7·4남북공동성명이다. 하지만 후에 남북 간의 대립으로 대화가 중단되고 남북 모두 정치적으로 이용하여 독재 권력을 강화하는 계기로 삼았다. 남한은 10월 유신을 단행하였고, 북한은 사회주의 헌법을 제정하였으며 김일성 주석체제를 확립하였다.
③ 5·16 군사정변으로 대통령이 된 박정희는 7·4 남북공동성명을 독재 권력 강화의 계기로 삼았다.
① 대한민국 정부 수립 이후 6·25 전쟁이 한창 이루어진 시기이다.
② 1953년 휴전협정 체결 이후 합의된 한미 상호 방위조약은 한반도의 군사적 긴장 상태에 효과적으로 대처하기 위한 목적으로 체결되었다.
④ 유신 체제 기간으로 대통령이 거의 절대적인 권한을 부여받았다.
⑤ 신군부가 정권을 잡은 기간으로 결국 6월 민주항쟁으로 인해 5년 단임의 대통령 직선제 개헌이 선포되었다.
※ **7·4 남북공동성명**: 통일에 관한 남북 간의 최초의 합의로써 남북 당국자 간에 비밀리에 추진되어 서울과 평양에서 동시에 발표하였다. 하지만 그 후 남쪽의 유신체제 성립, 북쪽의 사회주의 헌법 제정으로 양측의 정치적 목적을 달성하는데 이용만 되고 남북 간의 의견 대립으로 대화가 단절되었다.

45 제시된 자료의 (개) 위원회는 반민족특별조사위원회이다. 반민특위의 설립 목적, 활동 등에 대해서 이해하고 있는지를 묻는 문제이다.
② 이승만 정권은 정부와 경찰 요직에 자리 잡은 친일파 처벌에 소극적이었다.
① 재판을 받은 자는 불과 40명에 불과 했으며, 이 중에서도 체형을 선고 받은 자는 12명이었는데, 그 중 5명은 집행유예로 풀려나 실제 체형을 받은 숫자는 7명에 불과했다. 나머지는 공민권 정지나 집행유예, 보석 등으로 풀려났다. 체형을 받은 7명도 후에 모두 석방되었다.
③ 제헌국회는 1948년에 반민족행위처벌법을 제정·공포하였다.
④ 신탁 통치 문제는 반민특위활동 이전의 일이다.
⑤ 미 군정청은 일제의 식민통치기구에서 일하던 관리와 경찰을 그대로 등용하여 친일세력이 다시 득세할 기회를 제공하다.
※ 대한민국정부가 수립되기 이전인 1947년 친일잔재청산을 위하여 남조선과도입법의원은 '민족반역자·부일협력자·전범·간상배에 대한 특별법'을 제정한 바 있다. 그러나 미군정은 이 법안이 미군정의 동맹세력인 친일경찰, 친일관료, 친일정치인을 대상으로 하고 있었기 때문에 인준을 거부하였다. 이로써 친일파 청산의 과제는 정부수립 후로 넘어가게 되었다.

46 광복 후 정치 이념 대립 갈등은 심각한 것이었다. 이에 좌우 합작을 위한 시도가 여러 번 있었는데 여운형과 김규식이 주축이었다. 이 두 사람은 미군정의 지원 아래 1946년 5월부터 좌우 합작 회담을 했지만 좌우익 핵심정치세력이 모두 거부하여 합작 노력은 실패했다.
㉠ 김규식은 광복 당시 임시정부의 부주석이었다. 귀국 직후에는 이승만, 김구 등과 함께 우익 진영에서 온건한 성향으로 활동했다. 이후 단독 정부 수립에 반대한 김규식은 1948년 김구와 함께 남북 협상에 참가했으며 6·25 전쟁 중 납북되었다.
㉡ 여운형은 광복 직전인 1944년 건국 동맹을 조직하여 광복에 대비했으며, 광복 직후엔 조선 건국 준비 위원회를 만들어 인민 공화국으로 개편했다. 이후 여운형은 1947년 서울에서 암살되었다.
㉢ 김구는 광복 직후 좌우 합작 회담에서 주도적으로 참여하지는 않았다. 하지만 이후 남한의 단독 정부 수립에는 반대하여 1948년 김규식과 함께 평양으로 가서 남북협상을 하였다. 하지만 결국 아무런 노력의 결실을 맺지 못했고 1949년에 안두희에게 암살당했다.
㉣ 이승만은 광복 이후 미소 공동위원회가 중단되자 남한만의 단독 정부 수립을 주장했고 결국 1948년 수립된 대한민국 정부의 대통령으로 취임하였다.

47 제시된 자료의 (가)는 풍수지리사상, (나)는 도교사상이다. 두 사상의 변천사와 기본적인 내용 등 전반적인 이해를 묻고 있는 문제이다.
⑤ 풍수지리사상만 호족세력의 경제적 성장을 반영하였다. 도교는 관련이 없다.
① 묘청의 서경천도운동은 풍수지리사상을 통해 서경길지설을 주장하였다.
② 조선 태조 이성계가 한양으로 도읍을 정한 것은 풍수지리설에 의한 것이다. 즉 개경은 이미 지기가 다해 왕업이 길지 못할 것이라는 풍수가들의 의견에 따라 구세력의 본거지인 개경을 버리고 신왕조의 면목을 일신하기 위해 천도를 단행하였다.
③ 백제의 금동대향로에는 신선들이 사는 이상세계 즉 도교사상이 반영되어 있다.
④ 고구려 고분벽화의 사신도는 도교의 방위신을 그린 것이다.
※ **삼국시대 도교의 특징** : 산천숭배나 불로장생의 신선사상과 결합하여 귀족사회를 중심으로 환영받았다. 도교의 전래에 따라 노장사상이 유행하였으며 하늘에 대한 숭배관념을 통해 민족의식을 고양하였다.

48 제시된 사진은 한·일 축제 한마당이다. 즉 한국과 일본이 교류하였던 증거 또는 유물을 찾는 문제이다.
㉠ 조선통신사는 조선에서 일본의 막부장군에게 파견되었던 공식적인 외교사절이다.
㉣ 칠지도는 백제의 근초고왕이 일본의 규슈지방으로 진출하면서 왜왕에게 하사한 것이다.
㉡ 중국 양나라 원제에게 조공을 바치러온 외국의 사신들을 그리고 그 나라의 풍속 등을 간략히 적은 그림으로, 백제 사신의 모습이 그려져 있다.
㉢ 괘릉 무인 석상은 얼굴에 서역인의 특징이 나타나 있어서 통일 신라가 서역과도 활발한 문물교류를 하였다는 것을 짐작 할 수 있다.
※ **조선통신사** : 조선 시대 때 일본에 파견한 외교 사절단을 말한다. 일본은 최고 지도자가 명목상으로는 천황이지만, 실재로는 군사 실력자가 '막부'라는 관청을 설치하고 '장군'의 지위에 올라 통치했다. 새 장군이 취임할 때마다, 일본은 조선과 각종 외교 문제를 협의하기 위해 사절단을 교환했는데, 이를 통신사라 불렀다. 1429년(세종 11년)에 처음 파견되었고, 임진왜란을 계기로 단절되었다. 하지만 일본 측의 끈질긴 요구로 재개되었다. 그런데 왜란 전 교토에 있던 막부가, 정권 교체로 에도(도쿄)로 이동해, 통신사의 이동 거리가 증가했다. 이 때문에 일행이 머무는 곳도 많아져 자연히 발달된 조선 문물이 보다 많이 전래되었다.

49 제시된 자료는 (가)선사관~(마)조선관 까지 각각의 유물을 제시하고 시대상에 맞게 전시되어 있는 지를 묻는 문제이다. 각 시기별 중요한 유물의 이해가 필요한 문제이다.
② 모줄임 천장구조는 고구려 고분의 양식이다. 신라와는 관련이 없다.
① 거푸집은 속을 녹여 부어 어떤 물건을 만들기 위한 틀로서 주로 청동기·철기 등 금속도구의 제작에 쓰였다.
③ 발해 돌사자상은 정혜공주 묘에서 출토된 발해의 대표적인 유물이다.
④ 고려의 부석사 무량수전은 주심포 양식의 기본 수법과 배흘림기둥을 살펴볼 수 있다.
⑤ 18세기 조선 후기 풍속화가의 대표적인 인물인 김홍도가 그린 '춤추는 아이'이다.
※ 모줄임 천장은 벽 위에 천장돌을 한두 단 내밀기쌓기를 한 다음 한 벽에서 옆벽에 걸치도록 돌을 비스듬하게 놓아 귀를 줄이면서 천장을 좁혀 올라가는 방법으로 만들었다.

50 제시된 포스터는 일본의 독도역사왜곡에 대해 외국에 알리는 광고이다. 독도와 관련된 내용을 숙지하고 이해를 하고 있는 지를 묻는 문제이다.
⑤ 일본은 간도협약에서 간도를 중국에 넘겨주는 대가로 남만주 철도 부설권을 획득했다. 독도가 아닌 간도와 관련되었다.
① 안용복은 조선 후기 숙종 때 일본에 건너가 울릉도와 독도가 조선의 영토임을 확인하는 서계를 받아냈다.
② 신라 지증왕은 이사부를 통해 지금의 울릉도인 우산국을 정벌하였다.
③ 세종실록지리에 우산국(독도)를 울릉도와 함께 강원도 울진현에 편입하였다.
④ 일본 메이지 정부의 최고 국가기관인 대정관이 1869년에 작성한 태정관 보고서에 울릉도와 독도를 조선 영토로 기술하고 있다.
※ **간도협약**(1909) : 대한제국이 외교권을 강탈당한 상태에서 맺어진 협약이다. 일제가 만주의 안봉선 철도 부설권을 얻는 대가로 간도를 청나라 영토로 인정한다는 내용이 들어갔다. 이 조약으로 간도에 대한 대한제국의 영유권 주장은 공식적으로 철회되었다.

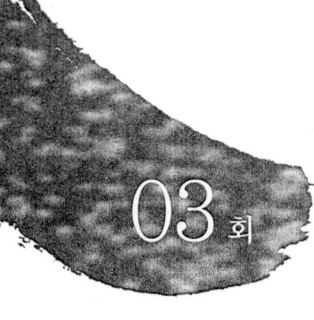

03회 정답 및 해설

정답	배점	정답	배점	정답	배점	정답	배점	정답	배점	정답	배점	정답	배점	정답	배점	정답	배점	정답	배점
1 ⑤	2	2 ②	2	3 ①	2	4 ①	2	5 ⑤	3	6 ①	1	7 ④	2	8 ⑤	1	9 ②	1	10 ①	2
11 ③	2	12 ①	2	13 ②	2	14 ③	2	15 ③	3	16 ③	2	17 ③	2	18 ④	2	19 ②	1	20 ③	1
21 ⑤	2	22 ①	2	23 ④	3	24 ②	1	25 ③	2	26 ④	2	27 ⑤	2	28 ①	2	29 ⑤	2	30 ③	3
31 ④	1	32 ⑤	3	33 ①	2	34 ⑤	1	35 ⑤	1	36 ③	2	37 ③	2	38 ①	2	39 ①	3	40 ②	2
41 ②	2	42 ③	3	43 ⑤	2	44 ②	2	45 ⑤	2	46 ③	1	47 ④	3	48 ④	2	49 ⑤	3	50 ⑤	1

답지번호별 빈도표

내용\번호	①	②	③	④	⑤	계
문항 수	8	8	12	8	14	50

문항배점별 빈도표

내용\배점	1	2	3	계
문항 수	10	30	10	50
점수	10	60	30	100

1 ㈎시기는 영조와 정조, ㈏시기는 세도 정치 기간, ㈐는 붕당 초기(선조 – 효종), ㈑는 붕당 후기(현종 이후)이다. ㈏ 시기에도 권력에서 소외된 나머지 붕당들이 존재하였다.

2 자료는 정약용이 제작한 거중기이다. 조선 후기에는 중국을 통해 전해진 서양의 과학 기술을 수용하여 과학 기술 면에서도 큰 진전이 이루어졌다. ①, ③은 조선 전기, ④는 고려 후기, ⑤는 신라 선덕여왕 대에 해당한다.

3 ㈐와 ㈑가 서로 반대로 쓰였다.
㈐ 대동여지도는 거리를 알 수 있도록 10리마다 눈금이 표시되어 있어 매우 정밀하다.
㈑ 동국지도는 100리를 1척으로 정한 백리척의 축척법을 사용하여 지도를 제작함으로써 과학적이고 정확한 지도를 만들 수 있다.

4 제시된 자료는 신라 시대 골품제 신분 계층 중 하나인 6두품에 대한 설명이다. 자료를 바탕으로 6두품에 대한 이해를 묻는 문제이다. 신라 시대는 신분제 사회로 6두품은 진골귀족들에 비해 사회적으로 많은 제약을 받았다.
① 6두품 세력은 호족과 결탁하여 반신라적인 모습을 보였다.
② 권문세족의 등장은 고려시대이다.
③ 무신정권기는 고려시대이다.
④ 신진 사대부들은 고려 후기에 등장하였다.
⑤ 호족들은 고려가 개창되면서 중앙정계로 진출하게 된다.

※ 골품제도는 혈통의 존비에 따라 정치활동에서 사회생활에 이르기까지 여러 가지 특권과 제약이 주어지는 제도로서 성골·진골 및 6~1두품까지 모두 8개의 신분층으로 구성되었다. 진골은 성골 다음의 계급으로, 성골과 마찬가지로 왕족이었으나 처음에는 왕이 될 자격이 없었다고 하며, 진덕여왕을 끝으로 성골이 사라지자 태종무열왕(김춘추)이 즉위하면서 왕위에 오르게 되었다.

5 제시문은 신채호의 조선상고사의 일부이다. 신채호는 당나라를 끌어들여 백제와 고구려를 멸망시킨 신라를 비판하고 있다. ㈎에 해당하는 나라는 당나라이다. 당나라와 관련된 역사적 사실을 묻는 문제이다.
ⓒ 신라는 매소성 일대에서 당의 20만 병력을 격파하고, 또한 당의 해군을 기벌포에서 괴멸시켰다.
ⓔ 고구려는 당 태종 즉위 후 당의 침공에 대비하여 천리장성(부여성~비사성)을 쌓았다.
ⓐ 발해는 거란의 침략으로 멸망하였다.
ⓑ 칠지도는 백제의 근초고왕이 일본 규슈지방으로 진출하면서 왜왕에게 하사한 것이다.
※ 고구려시대 천리장성은 고구려 말기 중국으로부터 당나라의 침입을 막기 위해 고구려의 서부 변경(요동지방)에 연개소문의 지휘 하에 쌓은 장성이다. 연개소문은 성을 축조하는 동안 642년 10월 군사를 이끌고 평양성을 침공하여 영류왕과 자신을 반대하는 파를 모조리 제거하고 스스로 대막리지가 되어 무단독재정치를 실시하였다.

실력평가모의고사 정답 및 해설 ● **235**

6 제시된 자료는 내물왕이다. 내물왕은 진한지역을 차지하고 김씨에 의한 왕위세습권을 확립하고 군장의 칭호도 이사금에서 대군장이란 의미의 마립간으로 바꾸었다. 399년 백제와 왜가 연합하여 침략하자 고구려 광개토대왕의 원조를 받아 이를 물리쳤으나, 한편으로는 고구려의 영향에 놓이게 되었다.
① 신라의 수도였던 경주의 무덤에서 고구려 광개토왕의 묘호가 새겨진 유물이 출토되었다는 사실은 두 나라 사이의 긴밀한 관계를 보여준다.
② 칠지도는 백제의 근초고왕이 일본의 규슈지방으로 진출하면서 왜왕에게 하사한 것이다.
③ 가야시대에 만들어져 주로 낙동강 서안 일대에서 출토된 가야토기이다.
④ 임신서기석은 화랑이 나라에 충성을 맹세하는 내용을 새긴 비석이다.
⑤ 단양 적성비는 신라 진흥왕 때 고구려 영토인 적성지역을 점령한 후에 세운 비석이다.
※ **호우명 그릇**: 경주의 호우총에서 발굴된 것으로 이 그릇 밑 바닥에 '을묘년국강상광개토지호태왕호우십(乙卯年國岡上廣開土地好太王壺杅十)'이라고 돋을새김한 4행 16자의 명문(銘文)이 새겨져 있는데, "광개토지호태왕(廣開土地好太王)"이라는 글씨는 당시 신라와 고구려의 관계를 보여 준다. 즉, 내물왕 때 신라 해안에 나타나던 왜의 세력을 물리치는 과정에서 고구려 광개토 대왕의 군대가 신라 영토 내에 머물기도 하였다. 그 후 신라는 고구려의 간섭을 받는 한편, 고구려를 통하여 간접적으로 중국의 문물을 받아들이면서 성장해 나갔다.

7 제시된 자료에서 '백달사에서 좌선을 하고 있었는데'라는 표현을 유추할 때 통일신라 하대에 유행한 선종임을 알 수 있다. 고려 후기에도 선종이 유행하였으나, 고려시대는 교종, 선종의 통합 운동이었다는 점이 신라 선종과의 차이점이다. 특히 이 시기 쌍봉사 철감선사 승탑은 통일신라 선종의 주요 유적이다.
④ 지방에서 호족이라 불리는 새로운 세력이 성장한 시기는 통일신라 하대에 대한 설명이다.
① 무신들이 중앙 권력을 독점한 것은 고려 후기에 대한 설명이다.
② 전민변정도감의 실시는 고려 후기 공민왕대의 일이다.
③ 신라시대에 6두품은 골품제의 한계로 관직진출에 제한을 받았다.
⑤ 문벌 귀족이 과거와 음서를 통해 관직을 독점한 것은 고려 중기에 대한 설명이다.
※ 통일 신라 하대인 8세기 후반 이후, 진골 귀족들은 경제 기반을 확대하여 사병을 거느리고 권력 싸움을 벌였다. 중앙 귀족들 사이에 왕위 쟁탈전이 치열해지면서 왕권이 약화되고 귀족 연합적인 정치가 운영되었다. 자연 재해가 잇따르고, 강압적인 수취가 뒤따르면서 농민들은 초적이 되거나 노비가 되었다. 지방에서는 호족이라는 새로운 세력이 등장하면서 스스로 성주 또는 장군이라 칭하며 행정권과 군사권을 장악했다. 또 당에 유학하였다 돌아온 6두품 출신의 일부 선종 승려들은 지방 호족 세력과 연계하여 사회개혁을 추구하였다.

8 제시된 자료는 인천에서 시행된 백제왕 선발대회이다. 이번 문제는 백제왕들의 업적을 이해하고 있는지를 묻는 문제이다.
⑤ 눌지왕은 신라 제19대 왕으로 백제의 비유왕과 나·제동맹을 체결하였다.
① 근초고왕은 백제 제13대 왕으로 왕권을 강화시켰으며, 정복군주로 요서, 산둥, 규슈지방으로 진출하였다.
② 침류왕은 백제 제15대 왕으로 백제에서 처음으로 불교를 공인하였다.
③ 무령왕은 백제 제25대 왕으로 혼란한 백제를 안정시키고 왕권을 강화시켰으며, 중국 남조와 교류를 하였다.
④ 성왕은 백제 제26대 왕으로 웅진에서 사비성으로 천도하고 국호를 남부여로 변경하였다.
※ **나·제동맹**: 고구려의 장수왕은 427년에 평양으로 천도하고 남진정책을 추진하였다. 이에 위협을 느낀 신라와 백제는 433년(고구려 장수왕 21, 신라 눌지왕 17, 백제 비유왕 7)에 우호관계를 맺으며 나제동맹이 성립되었다. 그러나 553년 신라 진흥왕(眞興王)은 백제의 한강하류지역을 점령하고 신주(新州)를 설치하였다. 이로써 나제동맹은 깨지고 백제와 신라는 적대적인 관계로 돌아섰다.

9 제시문은 「유취국사」의 내용 중 일부이다. '고구려 옛 땅', '백성에 말갈이 많고' 등의 내용으로 발해라는 것을 알 수 있다. 발해와 관련된 내용을 이해하고 있는지를 묻는 문제이다.
② 통일신라의 신문왕은 전국을 9주 5소경으로 정비하였다.
① 고구려 장군 출신인 대조영은 고구려 유민과 말갈 집단을 구성원으로 하여 발해를 세웠다.
③ 발해 멸망 후 유민들의 부흥운동(정안국)으로 이어졌으나, 실패하였다.
④ 정혜공주 묘는 고구려의 고분양식을 계승하였다.
⑤ 해동성국은 발해국의 전성기였던 제10대 선왕 때의 발해국을 일컫던 말이다.
※ **발해의 대당관계**
- 8세기 초: 고구려 계승의식이 강하여 대립관계에 있었다.
- 8세기 후반: 문왕 때 국교를 재개하여 사신과 유학생을 파견하였다.

10 해동공자 최충은 고려 중기의 대표적인 유학자로 사학 12도 중 하나인 9재학당(문헌공도)를 세워 유학 교육에 힘썼다.
- ㉠ 정부는 사설 교육 기관과는 다르게 양현고라는 장학 재단을 두어 관학의 경제적 기반을 강화하여 좋은 인재를 국학으로 불러들이는 정책을 썼다.
- ㉡ 고려 예종 때의 일로, 7재는 국학에 설치한 7가지 전문 강좌를 뜻한다. 국학 7재는 사학에 대응하여 정부가 내놓은 대응책의 일환이다.
- ㉢ 9재 학당은 고려 중기 대표적인 유학자인 최충이 세운 사설 교육기관으로 고려시대 정부의 대응책이 아니었다.
- ㉣ 장수왕은 지방 청소년을 대상으로 무예와 한학을 교육시키기 위하여 우리나라 최초의 사학인 경당을 설치하였다.
- ※ 최충은 학교 교육의 아버지였다. 그가 세운 9재 학당은 사학교육의 원조였고, 고려시대 문신 배출의 산실이었다. 최승로가 유교적 정치개혁에 공헌한 인물이라면, 최충은 유교 교육을 제대로 받은 인물을 배출하는 데 이바지한 인물이라 평가할 수 있다. 물론, 그가 세운 9재 학당이 과거시험 합격을 위한 입시 교육장이었다는 비판이 없지는 않다. 그러나 실제 유교 경전에 바탕을 둔 그의 학문 교육은 유학이 꽃피울 수 있는 터전을 마련해 주었다.

11 제시된 농민들의 대화에서 전염병이 유행하고 있고, 대응책을 찾는 내용으로 미루어 볼 때 '구제도감·구급도감'임을 알 수 있다. 의창은 백성들의 안정을 위해 미곡을 확보해 빈민을 구제하도록 하였다.
- ③ 구제도감·구급도감은 상설기관이 아닌 임시기관으로 설치되었으며, 각종 재해가 발생하였을 때 백성의 구제에 힘썼다.
- ① 사창제는 민간에서 곡식을 저장해두고 백성들에게 대여해주던 조선시대의 제도이다.
- ② 제생원은 조선 초기에 나라에서 세운 의료기관으로 국립병원이자 의학교의 역할을 하며 주로 서민을 치료 대상으로 삼았다.
- ④ 상평창은 물가를 안정시켜 백성들의 생활 안정을 추구하였다.
- ⑤ 흑창은 고려 초에 설치되었던 진휼기관으로 궁민에게 곡식을 빌려주었다가 추수기에 상환하도록 하는 것이었다.
- ※ 고구려에서 시행한 진대법과 유사한 의창은 고려시대 뿐만 아니라 봄 가뭄 현상이 유난히 심한 우리나라의 농업적 특성에 기인하여 조선시대에도 유사한 제도(환곡)가 시행되었다.

12 제시된 자료에서 '원나라 연호인 지정을 쓰지 않고', '변발을 풀어버리고' 표현을 미루어 추론해 볼 수 있는 왕은 '공민왕'이다. 그 이유는 이전의 왕들이 변발과 호복을 착용했다는 사실이 은유적으로 표현되어 있기 때문이다. 공민왕은 충정왕에 이어 즉위하여 본격적인 반원정책을 추진하였다.
- ① 공민왕은 기철로 대표되는 친원 세력을 숙청하였다.
- ② 원종 때 개경 환도를 하였다. 이는 몽고에 항복을 의미하며 이후 고려는 원나라의 속국이 되어 정치적으로 간섭을 받았다.
- ③ 고려 무신정권기에 최우가 자기 집에 설치하여 인사행정을 취급한 기관이다.
- ④ 충렬왕은 동녕부와 탐라총관부를 폐지하고 영토를 회복하였다.
- ⑤ 충선왕은 원의 수도에 만권당을 설립해 학문 교류에 힘썼다.
- ※ **만권당**: 충선왕은 고려 말 원의 간섭에서 벗어나기 위해 개혁을 전개하였으나 실패하자 왕위에서 물러나 1314년 원나라에 만권당을 설치하였다. 만권당에 귀한 서적을 많이 수집한 후 고려의 유학자와 중국 한족 출신의 유학자를 불러 모아 서로 교류하게 하였다.

13 이번 문제는 고려 후기의 농법과 농경에 대한 이해를 묻고 있다.
- ② 조선 중기에 농민과 권농관을 위한 전형적인 농업지침서인 「농가집성」을 편술하여 간행하였다.
- ① 고려 후기에는 2년 3작의 윤작법이 확대되었다.
- ③ 고려 후기에 이앙법(모내기법)이 남부 지방 일부에 보급되어 농업 생산력이 증대되었다.
- ④ 고려 후기에 문익점이 원으로부터 목화씨를 들여왔다.
- ⑤ 고려 후기에는 농기구와 종자 개량, 소를 이용한 깊이갈이가 일반화되었다.
- ※ **고려 후기 경제 활동 모습**: 고려 후기에는 전기의 관청 수공업과 소·수공업 중심에서 사원 수공업과 민간 수공업으로 바뀌었다. 시전 규모가 확대되고 업종별로 전문화되며, 예성강 하구의 벽란도 등 항구가 발달하면서 원(여관)이 상업의 중심지로 성장하였다.

14 제시된 지도 (가)는 삼별초항쟁, (나)는 여·원 연합군의 1, 2차 일본원정이다. 원의 내정 간섭기에 시행된 일본원정에 대한 이해를 묻고 있는 문제이다.
- ㉡ 충렬왕 대에 2차 원정을 위해 정동행성을 설치하였다.
- ㉢ 삼별초는 몽고와의 굴욕적인 강화에 반대하여 배중손 등 삼별초군이 강화도에서 반란을 일으켰다.
- ㉠ 1차, 2차 원정 모두 원의 강력한 요구에 의해 실행되었다.

ⓔ 삼별초는 최씨 정권의 사병으로 몽고와의 항쟁이전에 만들어진 부대이다.
※ 삼별초는 전국에 걸쳐 경찰권을 행사하였다. 형옥의 기능에 있어서는 죄인을 잡아서 가두기도 하고 죄를 심문하기도 했는데, 도둑뿐만 아니라 반역 죄인까지도 관할하였다. 군사 활동에 있어서 수도경비대·친위대·특공대·경찰대·전위대·편의대 등의 임무를 맡아 수행하였다.

15 제시된 자료는 고려시대의 불교와 성리학을 설명하고 있다. ㈎는 의천에 대한 설명, ㈏는 지눌에 대한 설명, ㈐는 성리학에 대한 설명이다. 따라서 고려시대 불교 종파에 대한 이해와 고려말기에 들어온 성리학에 대한 이해를 묻는 문제이다.
⑤ 혜심은 수선사 2대 교주로 유교와 불교의 타협을 시도하기도 하였다. 장차 성리학을 수용할 수 있는 사상적 토대를 마련하기도 하였다.
① 의천과 지눌은 모두 교종과 선종을 통합하려 했다. 의천은 교종이 중심이 된 통합을 위해 교관겸수를 주장하였고 지눌은 선종이 중심이 된 통합을 위해 정혜쌍수와 돈오점수를 주장하였다.
② 대각국사 의천은 왕자 출신이기에 왕실의 후원을 받았다. 보조국사 지눌의 활동 시기는 무신정권 시기였으므로 무신 정권의 후원을 받았다.
③ 천태종이 선교의 절충적 단계에 머무른데 반해 지눌의 선에 와서 비로소 선교일치의 완성된 철학체계를 마련하게 되었다.
④ 고려 말에 불교 사원은 막대한 토지를 소유하고 상업에도 관여하여 부패가 심하였다. 보우 등의 교단을 정비하려는 노력도 성과를 못 거두었다. 이에 따라 새로운 사상적 기반인 성리학을 받아들인 신진사대부는 이와 같은 불교계의 사회, 경제적인 폐단을 크게 비판하였다.

※ **천태종 vs 조계종**

천태종	조계종
대각국사 의천	보조국사 지눌
문벌귀족 집권기	무신 집권기
교종 중심의 선종통합	선종 중심의 교종 포용
교관겸수, 내외겸전 주장	정혜쌍수, 돈오점수 주장

16 제시된 자료는 고려시대의 전시과 제도로 ㈎는 경정 전시과이다. 각 전시과 제도의 지급 대상과 지급 기간 등의 변화에 대한 올바른 이해를 묻는 문제이다.
③ 경정전시과는 현직관리에 한해 토지를 지급하였다.
① 관리에게 지급되는 토지의 결수는 점차 축소되었다.
② 시정전시과는 관직의 인품이 반영되어 토지를 지급하였다.
④ 경기도에 한해 관리에게 수조권을 지급한 토지제도는 과전법이다.
⑤ 관리에게 토지 수조권을 지급하였다.
※ **전시과제도의 붕괴** : 귀족들이 토지를 독점하여 세습하는 경향이 커지면서 전시과제도가 원칙대로 운영되지 못하였다. 재분배하여야 할 토지가 세습되는 것이 용인되면서 조세를 거둘 수 있는 토지가 점차 줄어들었고, 이런 폐단은 무신정변을 거치면서 극도로 심화되었다.

17 제시된 자료의 '이인좌의 난'을 통해 영조에 대한 설명임을 알 수 있다. 영조는 자신의 출생과 세자 책봉, 즉위 과정에서 붕당의 극심한 폐단을 목격하여 강력한 탕평책을 추진하게 된다.
ⓛ 영조는 국조오례의를 보완한 의례집인 「속오례의」를 편찬하였다.
ⓒ 영조는 민생 안정을 위하여 균역법을 실시하여 군역의 부담을 완화하였다.
㉠ 정조는 국왕직속의 학술 및 정책을 연구하는 관서인 규장각을 설치하였다.
ⓔ 정조는 군사적 기반 강화를 위해 장용영을 설치하였다.
※ **영조 탕평책 vs 정조 탕평책** : 영조의 '완론탕평'은 군주가 중립적 입장에서 붕당의 강경파를 배제한 것이라면, 정조의 '준론탕평'은 군주의 정국 주도를 영조의 '완론탕평'보다 강력히 시행한다는 점에서 차이가 있다.

18 제시된 지문에서 '의정부 서사를 나누어 6조 귀속시켰다.'에서 6조직계제라는 것을 알 수 있다. 6조직계제는 직능에 따라 행정이 분담된 6조를 왕이 직접 관장하는 체제이다.
④ 6조직계제는 의정부 권한을 약화시켜 왕권을 강화하기 위해 실시되었다.
① 세종은 의정부서사제를 실시하였다.
② 세종은 의정부서사제를 실시하여 왕권과 신권의 조화를 모색하였다.
③ 정도전은 재상중심의 관료정치를 중요시 여겼고, 의정부서사제의 실시를 주장하였다.
⑤ 의정부서사제는 6조에서 올라오는 모든 일들을 영의정, 좌의정, 우의정이 중심이 되는 의정부에서 심의한 다음 결론을 내려 왕에게 결재를 받았다.
※ 세종 때에는 정치가 안정되고 경제가 발달하여 모범적인 유교정치를 실시할 수 있는 기반이 갖추어져 의정부서사제를 실시할 수 있었다.

19 제시된 자료는 조선 후기에 유행하였던 서민 문화의 다양한 형태인 봉산탈춤, 사자놀음이다. 이 시기에는 이앙법의 보급으로 생산량이 증가하고 상품경제의 발전으로 양난 이전의 생산량을 회복하면서 종래 양반 중심의 문화를 서민들도 향유하게 되었다.

② 성리학이 전래되는 것은 고려 말에 해당하는 내용이다.
① 서민 의식이 성장하면서 민화, 판소리, 구전 소설 등이 널리 읽혔다.
③ 이앙법의 보급, 대동법의 실시 등으로 조선에는 상품 경제가 발달하였다.
④ 조선 후기에는 신분제가 동요하면서 일부 부농은 족보를 매매하기도 하였다.
⑤ 이앙법의 보급은 종래 단위 면적당 쌀 생산량을 크게 증가시켰다.
※ 북청사자놀음은 함경남도 북청군에서 정월 대보름에 사자탈을 쓰고 놀던 민속놀이로, 사자에게는 사악한 것을 물리칠 힘이 있다고 믿어 잡귀를 쫓고 마을의 평안을 비는 행사로 널리 행해졌다. 이 지방에서는 동네마다 사자를 꾸며서 놀았는데 각 동네에서 사자가 모여들어 자연스럽게 경연이 벌어졌다.

20 제시된 자료와 같이 태양인, 태음인, 소음인, 소양인 등 사상 체질 의학을 발전시킨 사람은 조선 의학자인 이제마(1838~1900)였다.
③ 동의수세보원은 이제마가 1897년에 저술한 사상의학서이다.
① 마과회통은 정약용이 1798년 마진(홍역)을 치료하기 위해 저술한 의학서이다.
② 동의보감은 1597년 허준이 편찬한 의학서이다.
④ 향약집성방은 1433년에 간행된 향약에 관한 의약서로 유효통, 노중례, 박윤덕이 편찬하였다.
⑤ 의방유취는 세종 때 왕명으로 편찬된 동양 최대의 의학사전이다.
※ **조선 후기 의학**: 조선 후기 의학은 크게 발전하였다. 17세기에는 우리나라의 전통 의학을 체계적으로 정리한 허준의 '동의보감'과 침구학의 기초 이론과 자신의 경험을 토대로 침구술을 집대성한 허임의 '침구경험방'이 있다. 18세기에는 정약용이 마진(홍역)에 대한 연구를 진전시키고 이 분야의 의서를 종합하여 '마과회통'을 저술하였다. 한편, 19세기에 이제마는 '동의수세보원'을 저술하여 사상 의학을 확립하였다. 그는 사람의 체질을 크게 네 가지로 구분하여 각 체질에 따라 병의 원인, 증상, 진단, 치료를 체계적으로 서술하였다.

21 제시문은 「연암집」의 내용 중 일부이다. 허생과 같은 도고는 조선 후기 상품의 매점매석을 통하여 이윤의 극대화를 노리던 상행위 또는 그러한 상행위를 하던 상인이나 상인조직이었다.
ⓒ 조선 후기에 보부상이 농촌의 장시를 하나의 유통망으로 연계시킴으로서 상품의 원활한 유통을 담당하는 역할을 하였다.
ⓔ 조선 후기는 민간수공업자들이 공인이나 상인에게서 주문과 함께 자금과 원료를 미리 받아 제품을 생산하는 선대제 수공업이 발달하였다.
ⓐ 관영수공업은 조선 초기에 발달하였다.
ⓑ 조선 왕조는 개성에서 한양으로 천도한 이후 4대에 걸쳐 시전을 설치하는 사업을 벌였다.
※ 민영수공업은 도시의 인구가 급증하게 되고 시장판매를 위한 생산활동이 활발해지면서 발달하게 되었다. 대동법의 실시로 인한 관수품에 대한 수요증가는 상품화폐경제의 발달을 가져오게 되었다.

22 제시문의 '친영제도', '성리학적 윤리 정착' '17세기 이후' 등을 통해 조선 후기의 가족제도에 대한 이해를 묻는 문제임을 알 수 있다. 고려에서 조선 중기까지의 가족제도와 비교해서 정리할 필요가 있다.
ⓐ 조선 후기는 적·서의 차별이 엄격하였으며 혼인은 가장이 결정하였다.
ⓑ 조선 후기는 과부의 재가를 금지하였으며 효자와 열녀를 표창하여 모범으로 삼도록 하였다.
ⓒ 조선 후기는 상속에서 장자를 우대하는 풍속이 자리 잡게 되었다.
ⓓ 조선 후기는 후사를 이을 아들이 없는 집은 양자를 받아들여 제사를 모시게 하였다.
※ 여성들의 삶은 조선 후기 정착된 장자상속제 등의 변화에 따라 조선 전기에 비해 사회적 지위가 크게 약화되었다. 현재 우리가 알고 있는 조선시대 여자들의 삶의 모습은 대부분 조선 후기 여성들의 삶의 모습이라고 볼 수 있다.

23 제시된 자료는 조선 초기 세종의 3남이었던 안평대군의 꿈을 통해 이상향을 묘사한 안견의 '몽유도원도'이다. 즉 조선 초기에 존재하고 있었던 작물을 묻는 문제이다. 임진왜란 이후에 고구마, 감자 등이 들어온 것을 알아야 한다.
ⓑ 목화는 고려 말기 문익점에 의해 들어 왔으며, 목화로 만드는 '솜'은 조선 초기에 상용화되었다.
ⓓ 김치는 삼국시대부터 존재하였다.
ⓐ 고추는 임진왜란 이후에 들어온 작물이다.
ⓒ 호박은 임진왜란 이후에 들어온 작물이다.
※ 생활상을 묻는 문제가 간혹 출제가 되는데, 음식을 예시로 드는 경우가 있다. 지금의 식생활 대부분을 차지하는 음식은 조선 후기에 들어온 경우가 대부분이었다. 고추, 고구마, 감자 등은 모두 조선 후기에 전래되었다.

24 제시문의 '진상과 공물이 관청의 방납인에 막혀 물건 값이 3~4배'가 된다는 구절에서 조선 후기 공납의 폐단에 대해 지적한 자료임을 알 수 있다. 이에 광해군은 물건으로 내던 공납을 토지 1결당 미곡 12두를 부과하게 함으로써 공물 부담을 경감하려는 대동법을 실시하였다.
  ㉠ 대동법이 실시되면서 공인이라는 어용상인이 나타났다. 이들은 관청에서 공가를 미리 받아 필요한 물품을 사서 납부하였다.
  ㉣ 물건으로 상납하던 공납을 토지로 부과하게 되면, 토지를 많이 가지고 있던 양반 지주층의 부담이 늘어나게 된다.
  ㉡ 물건으로 상납하던 공납을 토지로 부과하게 되면, 토지가 적은 농민의 부담은 줄어들 것이다.
  ㉢ 중간에 방납인의 폐단을 시정한 것이므로, 전체적인 국가 재정이 악화되지는 않았을 것이다.
  ※ 대동법은 방납으로 인한 폐단이 커지면서 이이와 유성룡 등에 의해 논의되기 시작하였다. 임진왜란 이후 광해군 때 이원익 등의 적극적인 주장으로 경기도에 먼저 수미법이 시행되었으며, 인조, 효종, 숙종을 거치면서 전국적으로 확대되었다.

25 제시문은 금난전권의 폐단에 대해서 이야기하고 있다. 금난전권의 폐단을 해결하기 위해 취해진 조치는 바로 신해통공(1791)이다. 신해통공은 이전 시전상인들에게 주어졌던 금난전권을 단지 육의전에게만 허용하는 조치이다. 이 신해통공으로 난전이 합법화되었다.
  ③ 시전상인들은 서인과 결탁을 통해 독점이익을 보장받았으며, 서인의 재정적 기반이 되었다.
  ① 경시서는 시전과 도량형·물가 등을 관장하였고, 조선개국시에 설치되었다.
  ② 객주와 여각은 신해통공과 관계가 없다.
  ④ 난전이 합법화되면서 영세 상인과 수공업자들이 이득을 보았다.
  ⑤ 육의전을 제외한 시전상인들의 금난전권을 폐지하였다.
  ※ **신해통공**(1791) : 17세기 후반부터 종루, 이현, 칠패 등에는 난전이 형성되었다. 그러나 시전상인들은 난전을 단속하는 금난전권을 가지고 있었고, 이를 이용하여 난전을 억압했다. 시전 상인들은 난전을 억압하여 큰 이득을 보았으며 서인들과 결탁했다. 이에 정조는 체제공의 건의를 받아들여 신해통공(1791)을 통해 금난전권을 철폐하여 난전을 합법화했다.

26 제시된 자료는 조선시대 지방에서 자발적으로 운영된 향촌 자치 규약인 '향약'이다. 향약의 보급으로 인해 향촌 사회에 나타난 현상과 결과를 묻는 문제이다. 향약의 특징을 잘 알아둬야 풀 수 있는 문제이다.
  ④ 지방 사족들은 향약을 통해 농민들을 규율하면서 지방 사림의 농민 지배력이 강화되었다.
  ① 향약은 성리학적 유교 질서를 반영하여 만들어진 것으로 향촌 사회에서 사림과 농민의 위계질서를 반영하고 있다. 따라서 평등한 관계라는 설명은 틀렸다.
  ② 본래 향촌에서는 마을 단위로 공동체 생활을 하면서 어려운 일을 당하면 서로 돕는 풍습이 있었다. 향약은 이러한 전통적 공동 조직과 미풍양속을 계승하면서, 삼강오륜을 중심으로 한 유교윤리를 가미하여 교화 및 질서 유지에 알맞게 변한 것이다.
  ③ 향약의 실시로 인해 향촌에 대한 국가의 지배력은 약화되었다.
  ⑤ 향약은 지방의 전통 조직으로 중앙 정부와 연락을 위한 기구가 아니었다. 오히려 중앙정부와는 독립적으로 활동한 단체이다.
  ※ **향도 vs 향약** : 향도는 불교와 민간 신앙 등의 신앙적 기반과 동계 조직 같은 공동체 조직의 성격, 주로 상을 당하였을 때에나 어려운 일이 생겼을 때에 서로 돕는 역할을 하였다. 향도와 향약은 이름의 유사성으로 헷갈릴 가능성이 있지만 향도는 고려시대의 불교 신앙 공동체이고, 향약은 조선시대의 성리학 공동체였다는 점을 구별해야 한다.

27 제시된 자료는 조선의 교육기관에 대해 설명하고 있다. 각 기관의 명칭과 담당했던 교육에 대한 전반적인 이해를 묻는 문제이다.
  ⑤ 서당은 사학이자 초등교육기관으로 훈동·접장에게서 교육받았다.
  ① 성균관은 조선시대 최고의 교육기관으로 여기에서 수업한 학생은 대과에 응시할 수 있었다.
  ② 4부학당(4학)은 중앙에 설치된 중등교육기관으로 문묘가 없으며, 소학·4서를 중심으로 교수·훈도가 지도하였다.
  ③ 향교는 지방에 설치된 중등교육기관으로 지방양반·향리의 자제 및 양인이 입학하였다.
  ④ 서원은 봄, 가을로 향음 주례를 지냈고, 인재를 모아 학문도 가르쳤다. 서원은 이름난 선비나 공신을 숭배하고 그 덕행을 추모하였고, 유생이 한 자리에 모여 학문을 닦고 연구함으로써 향촌 사회의 교화에 공헌하였다.
  ※ 조선의 교육제도는 유학교육의 숭상과 특전에 있다. 문관양성을 위한 유학교육만이 숭상되었고 기술학인 잡학은 천시되었으며, 무관을 위한 교육시설은 거의 없었다. 학생은 군역이 면제되는 특권이 있었으나, 학업과 농사일을 겸하는 경우가 많았다.

28 제시된 자료의 '앙부일구', '자격루', '측우기', '칠정산', '향약집성방' 등을 통해 조선 초기 과학기술의 발달을 보여주는 것임을 알 수 있다. 이러한 과학기술이 발달하게 된 배경을 묻는 문제이다.

① 조선 초기 부국강병과 민생안정을 위한 과학 기술의 중요성을 인식하면서 과학기술이 발달하게 된다.
② 하늘에 국가의 안녕과 왕실의 번영을 기원하는 것은 도교행사의 초제와 관련이 있다.
③ 주자가례 중심의 생활규범서의 출현은 16세기 중반에 일어난 일이다.
④ 중종 말년 「주자대전」이 간행 보급되고 성리학에 대한 연구가 심화되면서 성리학에 대한 이해의 차이가 서서히 드러나게 되었다.
⑤ 조선은 국왕의 권위와 신분질서 유지를 위해 건축규모를 제한하였다.
※ **조선 전기의 화가** : 강희안 – 「고사관수도」, 안견 – 「몽유도원도」, 이상좌 – 「송하보월도」

29 제시된 자료의 토지조사사업은 1910~1918년 일본이 한국의 식민지적 토지소유관계를 공고히 하기 위해 시행하였으며, 치안유지법은 1925년 일제가 반정부·반체제 운동을 누르기 위해 제정한 법률이다. 문제는 일제의 식민지 지배 정책의 변천을 묻고 있으므로 (가)에 들어갈 수 있는 일제의 식민지 지배 정책은 1930~40년대의 정책이 된다.
⑤ 헌병 경찰제는 1910년대 일제가 헌병으로 하여금 군사, 경찰뿐 아니라 일반 치안 유지를 위한 경찰 업무도 담당하게 한 제도이다.
① 국가 총동원령은 일제가 1938년 4월 공포하여 5월부터 시행한 일본의 전시통제법이다.
② 징병제 실시는 1943년 8월 태평양 전쟁이 확대되면서 조선인에 대한 군사 징발을 실시하였다.
③ 황국신민서사는 일제가 1937년에 만들어 조선인들에게 외우게 한 맹세이다.
④ 신사참배는 일제가 1930년대에 들어 대륙침략을 재개하면서 이를 뒷받침할 사상통일을 이룩하기 위해 시행하였다.
※ **치안유지법** : 일본 역사상 가장 폭력을 휘둘러 언론탄압법으로 악명 높은 법률이다. 처음에는 일본 공산당이 적용 대상이었지만 대상은 멈추지 않고 확대하여 사회주의와 노동 운동과 종교가도 경계의 대상이 되었고 나중에는 일체의 반정부적인 언론이 탄압되었다. 제2차 세계 대전 이후에 결성된 치안유지법 피해자 연맹은 치안유지법에 의해 고문 또는 처형당한 피해자 수는 내지에서만 75,000명에 이르렀다고 보고 있다.

30 제시된 자료는 일제강점기 여러 역사 연구 방향 중 실증사학을 설명하고 있다. '민족의 구체적인 실상과 그 진전의 정세', '일반적인 법칙이나 공식만 미리 가정 …… 안된다.'를 통해 실증사학임을 알 수 있다.
③ 실증사학은 국수주의 성격을 극복하여 근대적 역사관의 수립에 공헌하였으며, 한국 역사학의 방향을 실증사학으로 전환시켰다.
① 사회경제사학의 백남운은 식민사관의 정체성론을 비판하였다.
② 민족주의사학의 박은식은 실천적인 양명학을 발전시킬 것을 주장하였다.
④ 사회경제사학은 유물사관을 도입하여 한국사에 있어서 사회적 발전에 주목하고 그 발전과정을 체계적으로 이해하였다.
⑤ 신채호는 민족정신으로 화랑도의 낭가사상을 강조하였다.
※ **낭가사상**은 상고시대 이래 태양을 숭배하고 상무정신이 강하며 자주적인 전통을 지닌 한국민족의 토착 사상이다. 이러한 낭가의 조직은 고구려의 조의선인이나 신라의 화랑제도로 발전되었다. 불교는 어느 곳에서나 그 곳의 전통적인 사상이나 풍속과 결합하면서 발전하는 경향이 있어 한국에서는 낭가와 결합하는 현상을 나타냈다.

31 제시된 (가)에는 안핵사 이용태 파견 이후 1차 봉기의 발생부터 집강소의 설치 전까지의 내용이 들어갈 수 있다. 동학농민운동의 전개과정을 묻는 문제이다.
④ 정부의 요청으로 청군이 파견되고 톈진조약으로 일본군이 파견되자, 동학농민군은 외국 군대 철수와 폐정개혁안을 조건으로 정부와 화친을 하였다.
① 조병갑의 가혹한 수탈은 고부 농민 봉기의 원인이다.
② 전봉준 등의 동학지도자가 체포된 것은 공주 우금치에서 패퇴하면서 일어난다.
③ 고부를 점령하고 백산에서 집결한 뒤 농민 봉기를 알리는 격문과 4대 행동 강령을 하였다.
⑤ 일본이 경복궁을 점령하고 내정간섭, 개혁을 강요하면서 2차 봉기가 일어나게 된다.
※ **톈진조약**은 중국 텐진에서 청나라가 외국과 맺은 여러 조약들이다. 이중 우리와 관계가 깊은 것은 1885년 갑신정변의 사후 처리를 위해 청나라와 일본이 맺은 조약이다. 당시 양국은 조선에 군대를 파견할 경우, 서로 통보하기로 합의를 하였다.

32 제시문의 '이 기관'은 군국기무처이다. 군국기무처는 초정부적인 회의기관으로 갑오개혁을 주도하였다. 이번 문제는 갑오개혁의 내용을 이해하고 있는지를 묻는 문제이다.
⑤ 신분제 폐지는 갑오개혁 때 시행되었다.

① 원수부 설치는 광무개혁 때 군권장악을 하기 위해 시행되었다.
② 단발령 실시는 을미개혁 때 시행되었다.
③ 종두법 실시는 을미개혁 때 시행되었다.
④ 교정청은 조선정부가 독자적으로 내정개혁을 시도하기 위해 만들었으나, 일제의 방해로 유명무실화 되고, 교정청 대신 군국기무처가 설치된다.
※ **갑오개혁 부정적 측면** : 개혁의 일부는 일본 제국주의 세력에 의해 강요된 측면이 있는데 그런 점은 일본의 조선 침략을 용이하게 하였으며, 민중과 유리된 지배층을 중심으로 하는 개혁이었다.

33 제시된 사진자료는 정미의병의 모습이며, 사료는 유생 의병장의 한계를 보여준 이인영에 대한 것이다. 이인영은 부친상을 당하자 "불효는 곧 불충"이라 하여 서울진공작전의 지휘를 포기하고 고향으로 내려갔다.
① 정미의병은 이인영, 허위 등 유생 의병장의 주도로 13도 창의군을 결성하고 서울진공작전을 펼쳤다.
② 을사의병 때 신돌석, 홍범도와 같은 평민의병장이 등장하였다.
③ 명성황후가 시해당하는 을미사변이 계기가 되어 을미의병이 일어났다.
④ 고종의 해산권고조칙을 받아들여 을미의병은 해산하였다.
⑤ 을사조약으로 인해 을사의병이 일어났다.
※ 이인영은 13도 연합의병의 서울 진격을 앞두고 부친상을 당하자 의병해산을 통고하고 문경 집으로 돌아갔다. 장례식이 끝난 뒤 부하들이 다시 의병을 일으킬 것을 청하였지만, 충청도 항간에서 숨어 지내다 1909년 일본군에 체포되어 처형되었다.

34 제시된 지문은 흥선대원군이 붕당의 근거지가 된 서원을 47개소 이외에 철폐를 하자 유생들이 격렬히 반대하는 내용이다. 이 문제는 흥선대원군의 대내적 개혁정치를 묻는 문제이다.
⑤ 통리기무아문은 고종이 청나라 제도를 모방하여 만든 기관으로 군국기밀과 일반정치를 두루 맡아보았다.
① 흥선대원군은 「대전회통」을 편찬하여 조선의 통치규범을 정립하였다.
② 흥선대원군은 왕실의 권위를 회복하기 위하여 경복궁을 중건하였다.
③ 흥선대원군은 경복궁 중건을 위해 상평통보의 백배의 가치를 지닌 화폐인 당백전을 발행하였다.
④ 흥선대원군은 사창제를 실시하여 환곡의 폐단을 시정하고자 하였다.

※ 서원의 철폐령이 내려지자 각지의 유생들이 분개하여 맹렬히 반대운동을 전개하자 대원군은 "백성을 해치는 자는 공자가 다시 살아난다 하여도 내가 용서 못한다. 하물며 서원은 우리나라의 선유를 제사지내는 곳인데 어찌 이런 곳이 도적이 숨는 곳이 되겠느냐?"라고 호통을 치며 군졸들로 하여금 유생들을 해산시키고 한강 너머로 축출하였다.

35 제시된 자료의 (가)는 강화도 조약이고, (나)는 조·미 수호통상조약이다. 강화도 조약과 조·미 수호통상조약이 체결되던 시기의 시대적 상황을 이해하고 있는지를 묻는 문제이다.
ⓒ 조·미 수호통상조약의 최혜국 대우 조항은 열강들에게 이권 침탈의 빌미를 제공하였다.
ⓔ 조·미 수호통상조약은 청의 알선으로 러시아와 일본을 견제하기 위해 이루어졌다.
㉠ 강화도 조약으로 인해 일본 상품에 대한 무관세가 허용되었고 이를 계기로 일본 상인들의 조선 시장 진출이 활발해졌다.
ⓛ 강화도 조약(1876), 조·미 수호통상조약(1882)보다 한참 후에 황국 중앙 총상회(1898)가 만들어졌다.
※ **최혜국 대우** : 한 나라가 어떤 외국에 부여하고 있는 가장 유리한 대우를 조약 상대국에도 부여하는 것으로 미국 이후 모든 나라가 차례로 다 갖게 되었다.

36 제시된 사진을 통해 (가)는 봉오동 전투, (나)는 청산리대첩을 임을 알 수 있다. 1920년대 대표적인 독립전쟁인 봉오동 전투, 청산리대첩에 대해 알고 있는지를 묻는 문제이다.
ⓛ 봉오동 전투에 홍범도의 대한독립군, 최진동의 군무도독부군 등의 연합부대가 참여하였다.
ⓒ 김좌진이 인솔하는 북로군정서군을 비롯한 여러 독립군부대는 일본군 대부대를 맞아 청산리 일대에서 대승을 거둔다.
㉠ 신민회는 1911년 일제가 조작한 105인사건을 계기로 신민회 조직이 드러나고 국내에 남아 있던 세력이 탄압을 받으면서 조직이 해산되었다.
ⓔ 일본군은 봉오동과 청산리 일대에서 대패한 후 간도 지방의 한인촌을 습격하여 무차별 한인을 보복 살해한 간도참변을 일으킨다.
※ 간도지방에서 일본군에 의해 학살된 조선인은 훈춘현에서 242명, 연길현에서 1,124명, 화룡현에서 572명, 왕청현에서 347명, 영안현에서 17명, 그 밖의 현에서 804명이나 희생되었고 2,5000여 채의 민가와 30여 채의 학교가 불에 탔다.

37 제시된 자료의 '신흥무관학교'를 지도에서 찾는 문제이다.
③ (다)지역은 '신흥무관학교'가 설립되어 활동한 지역이다.
① (가)지역은 북만주 지역으로 주요 활동은 안중근의 의거가 있다.
② (나)지역은 '천마산대'가 활동한 지역이다.
④ (라)지역은 '서전서숙', '명동학교'가 설립되어 활동한 지역이다.
⑤ (마)지역은 '대한국민의회'가 조직되어 활동한 지역이다.
※ 신흥무관학교는 1911년 이상룡을 주축으로 이시영, 이회영 형제와 김형선, 이장녕, 이장직, 이동녕 등 군인 출신이 중심이 되어 설립하였다. 신흥무관학교는 일제의 눈을 피하고 중국 당국의 양해를 얻기 위해 신흥강습소란 이름을 내걸었으나 초기부터 독립군을 양성하기 위한 군사학교의 성격을 지니고 있었다. 신흥이란 이름은 신민회의 신자와 부흥을 의미하는 흥자를 합쳐 만든 것이다. 신흥강습소는 1919년 삼일운동이후 신흥무관학교로 이름을 변경하였다.

38 이번 문제는 갑신정변, 동학농민운동, 갑오개혁, 독립협회가 공통적으로 추진하였던 개혁에 대해 묻는 문제이다. 각각 개혁마다 조금씩의 차이를 이해하며, 시험 문제에 자주 나오는 조항의 경우는 기억을 해둘 필요가 있다.
③ 갑신정변, 동학농민운동, 갑오개혁, 독립협회는 평등사회를 추진하였다.
① 갑신정변, 갑오개혁, 독립협회는 재정일원화를 추진하였다.
② 갑신정변, 동학농민운동, 갑오개혁은 조세개혁을 추진하였다.
④ 전제 군주제의 확립은 광무개혁과 관련이 있다.
⑤ 동학농민운동은 외세배격을 주장하였다.
※ 전제군주제는 이상화된 정부 형태로 통치자가 법률이나 합법적인 반대 세력의 의견에 상관없이 자신의 나라와 국민을 무제약적으로 통치하는 권력을 누리는 군주제이다. 공민학적 견해에 따르면, 전제 군주 국가는 태어날 때부터 통치를 위해 많은 교육과 훈련을 받는 군주에 전적으로 의지한다.

39 제시된 자료를 통해 독일 상인 오페르트의 남연군묘 도굴 사건임을 알 수 있다. 그러므로 밑줄 그은 '이 나라'는 독일을 의미한다. 이번 문제는 독일과 우리나라와 관련된 역사적 사실을 묻는 문제이다.
ⓒ 조선 주재 독일 부영사인 부들러는 조선 중립화론을 주장하였다.
ⓔ 우리나라 광부와 간호사는 1960년대에 독일에 파견되었다.
㉠ 영국은 러시아의 남하정책을 저지하기 위해 거문도를 점령하였다.
ⓓ 영선사는 근대 무기제조기술과 군사훈련법을 습득하기 위해 청나라로 파견되었다.
※ **조선 중립화론**: 갑신정변 이후 한반도를 둘러싼 청, 일본, 영국, 러시아의 대립이 심화되자 조선의 독립을 지키기 위해 조선을 중립화해야 한다는 조선 중립화론이 제기되었다. 부들러는 조선 정부에 한반도의 영세 중립을 선포할 것을 건의하였고 유길준은 청을 중심으로 하는 열강들을 인정하는 조선의 중립화를 주장하였다.

40 제시된 자료 (가)는 의열단을 이끌었던 김원봉, (나)는 한인애국단을 이끌었던 김구이다. 이 두 인물과 관련한 중요한 사건에 대해 묻는 문제이다.
② 조선혁명군(총사령 양세봉)은 남만주 일대에서 중국의용군과 연합작전을 전개하였다.
① 김원봉이 중심이 되어 만주 길림에서 의열단을 조직하였다.
③ 김구는 대한민국 임시정부 4차 개헌 시기에 주석중심제로 지도체제가 바뀌면서 주석으로 선임되어 강력한 지도력을 발휘하였다.
④ 김구는 한인애국단을 조직하였다.
⑤ 김원봉, 김구는 대한민국임시정부에 활동하면서 독립운동의 방향을 놓고 대립을 하였다.
※ **한·중 연합작전**
한국 독립군과 항일 중국군의 합의 내용(1931)
1. 한중 양군은 최악의 상황이 오는 경우에도 장기간 항전할 것을 맹세한다.
2. 중동 철도를 경계선으로 서부 전선은 중국이 맡고, 동부 전선은 한국이 맡는다.
3. 전시의 후방 전투 훈련은 한국 장교가 맡고, 한국군에 필요한 군수품 등은 중국군이 공급한다.
― 광복, 제2권, 「한국 광복군 사령부」 ―

41 제시된 자료의 (가)는 김영삼 정부의 금융실명제이며, (나)는 김대중 정부의 햇볕정책의 일부분을 보여주고 있다. 각 정부의 정책에 대해서 이해하고 있는지를 묻고 있는 문제이다.
② 김영삼 정부는 경제 협력 개발 기구(OECD)에 가입하고 시장 개방 정책을 실시하였다.
① 김대중 정부는 끊어진 경의선과 동해선의 연결을 추진하였다.
③ 박정희 정부는 제2차 경제개발 5개년 계획을 실시하였다.
④ 노태우 정부는 북방 정책을 실시하여 소련·중국과 수교하였다.
⑤ 김대중 정부만이 남북정상회담을 실현하였다.

※ 김대중 정부가 추진한 대북 유화정책은 '햇볕정책'으로 화해와 포용을 기본태도로 하여 남북한 교류와 협력을 증대시켜 북한을 개혁·개방으로 유도하기 위한 대북정책이다. 비료지원 및 쌀 지원, 정주영 현대그룹 명예회장의 북한 방문, 금강산 관광사업 등이 햇볕정책을 기조로 실시된 것들이다.

42 제시된 자료는 태평양 방면 미 육군 총사령관인 맥아더의 포고령 1호이다. 광복을 전후하여 한반도에 들어온 미군은 소련군과 함께 일본군의 무장 해제를 구실로 38도선을 경계로 한반도를 나누어 점령했다.
③ 미군정은 공산주의 활동을 인정하지 않았다.
① 미군정은 대한민국임시정부를 인정하지 않고 한국민주당 등 우익세력을 지원하였다.
② 미군정은 친일관리와 경찰을 그대로 기용하였다.
④ 미군정은 직접 통치를 내세웠다. 임시정부에 통치권을 이양하지 않았다.
⑤ 미군정은 치안유지법과 사상범예방구금법은 철폐하였으나, 신문지법과 보안법은 존속시켜 군정통치를 강화하였다.

※ **맥아더 포고령 제1호** : 일본군의 항복과 동시에 한반도에는 미국과 소련의 군대가 들어왔다. 남쪽에 주둔한 미군은 자신들이 실시하는 군정만이 유일한 정부임을 맥아더 포고령을 통해 거듭 확인하였다. 이때문에 건국을 준비하던 조선 인민 공화국과 대한민국 임시 정부는 미군정에 의하여 모두 부정되었다.

43 제시문은 조지훈이 고려대학교 교수 재직시설, 3·15 부정선거에 항거했던 제자들에게 남긴 글인 '늬들 마음을 우리가 안다.'이다. 4·19혁명과 관련된 역사적 사실을 묻는 문제이다.
⑤ 4·19 혁명의 결과로 이승만이 사임하게 되고, 허정의 과도정부가 성립되었다.
① 4.19 혁명의 직접적인 원인은 3·15 부정선거였다.
② 국가보위비상대책위원회는 유신정권 붕괴 후 등장한 신군부가 통치권을 확립하기 위하여 설치한 기관이다.
③ 부·마 항쟁은 유신체제에 저항한 것이다.
④ 6월 민주 항쟁으로 6·29 선언이 발표되고 5년 단임 대통령 직선제로 개헌되었다.

※ **4·19 혁명** : 1960년 3월 15일 대선에서 집권 세력은 수단과 방법을 가리지 않고 대대적인 부정 선거를 자행하였고, 이러한 집권 세력의 부정 선거는 국민의 강력한 저항에 부딪히게 된다. 시민들은 부정 선거와 자유당의 독재에 항거하여 궐기하였다. 정부는 계엄령을 선포하여 사태를 진정시키려 하였으나, 시민들의 사퇴 요구에 결국 이승만은 대통령직에서 물러났다.

44 제시문은 '월남에서 돌아온 김상사'와 '새마을노래' 가사이다. 베트남 파병은 경제 개발을 위한 자금을 마련하기 위해 박정희 정부가 적극적으로 추진하였으며 1964년부터 1973년까지 실시되었다. 새마을 운동은 1970년대 농촌 개발 사업으로 시작되어 근면·자조·협동을 생활화하는 의식 개혁 운동으로 발전하였다.
② 박정희 정부는 수출 상품을 생산하는 기업에 많은 혜택을 주어 수출을 늘리는 데 온 힘을 기울였다.
① 신자유주의적 경제 상황에서 금융 시장 개방이 시작된 것은 1990년입니다.
③ 김대중 정부는 개성 공단 건설을 통해 경제·문화 교류의 활성화를 가져왔다.
④ 김영삼 정부는 경제 협력 개발 기구(OECD)에 가입하고 시장 개방 정책을 실시하였다.
⑤ 6·25 전쟁 후 미국 등의 원조를 받아 사회 기간시설을 보수하고 삼백산업을 중심으로 산업이 발달하였다.

※ 삼백산업은 중공업이나 첨단 산업이 발달하기 이전에 1950년대 후반기부터 발달했던 산업으로 제분(밀가루), 제당(설탕), 섬유(면방직)산업을 지칭한다.

45 제시된 자료의 '우리나라 역사상 최초로 실시된 보통 선거'를 통해 1948년 5월 10일에 시행된 총선거임을 알 수 있다. 문제는 총선거 이후에 있었던 역사적 사실을 묻는 문제이다.
⑤ 5·10 총선거로 구성된 국회인 제헌국회는 1948년 9월에 반민족행위처벌법을 제정·공포하였다.
① 좌·우 합작위원회는 좌·우 대립을 극복하고 통일 정부를 수립하기 위해 결성된 것으로, 5·10 총선거 전의 일이다.
② 조선건국준비위원회는 광복 직후에 결성되었다.
③ 제2차 미·소 공동 위원회가 결렬로 미군정청과 우익세력의 단독정부 수립지지가 이어지게 된다. 후에 남한만의 5·10 총선거가 시행된다.
④ 제1차 미·소 공동 위원회가 결렬되면서 이승만은 정읍발언에서 단독정부수립을 주장하였다.

※ 이승만의 정읍 발언은 1946년 6월 3일, 전라도 정읍에서 남한만의 단독정부 수립을 공식적으로 주장한 것이다. 모스크바 3상회의의 결정에 따라 개최된 미·소공동위원회 1차 회의가 결렬되고 좌우합작운동이 전개 될 무렵, 미군정이 남한만의 단독정부 수립을 계획하고 있다는 소식이 국내에 보도되자, 이승만은 정읍에서 남한만이라도 단독정부수립을 하자는 발언을 하였다. 이승만은 이 발언 후 남한 단독정부 수립에 본격적으로 나섰고, 그해 12월부터 47년 4월까지 미국에 건너가 남한 단독정부수립을 촉구하는 외교활동을 벌이고 돌아왔다.

46 제시된 자료는 1991년에 남북사이의 화해와 불가침 및 교류협력에 관해 합의한 남북기본합의서이다.
③ 남북한의 화해와 불가침, 교류의 협력에 관한 합의를 한 것은 '남북 기본합의서'이다.
① 금강산 관광이 시작되는 계기가 된 것은 '6·15 공동선언'이다.
② 북한의 수재물자 제공(1984)이 계기로 남북 경제회담, 남북한 이산가족 고향 방문 및 예술 공연단 교환 방문이 이루어지게 되었다.
④ 남북한이 처음으로 통일 원칙에 합의한 것은 '7·4 남북공동성명'이다.
⑤ 남북한 원수간의 회담인 남북정상회담은 2000년 6월 13일~15일에 평양에서 실시되었다.
※ **남북한 UN 동시가입**: 우리 정부는 1955년, 1956년, 1958년, 1975년 등 수차례 유엔가입을 시도하였으나 번번히 소련의 거부권 행사라는 벽에 부딪히게 되었다. 아울러 남북한은 공히 상대방을 배제하고 '단독'으로 가입하려는 입장을 견지해왔고 이는 동서간 냉전구도와 맞물려 어느 측도 유엔가입을 실현시키지 못하게 했다. 노태우 정부는 1980년대 후반부터 급속히 진행된 동서데탕트와 냉전체제의 와해를 적극적으로 활용하여 북방외교의 추진으로 소련을 위시한 사회주의 국가들과의 국교수립에 박차를 가하고 남북고위급회담 등에서 우리정부의 남북한 UN동시가입에 호응하도록 북한에 강력하게 설득함으로써 1991년 제46차 유엔총회 개막 첫날에 유엔의 한국은 161번째, 북한은 162번째 회원국이 되었다.

47 제시된 사진 자료는 (가)는 석가탑, (나)는 다보탑, (다)는 월정사 8각 9층 석탑, (라)는 경천사 10층 석탑이다. 우리나라 주요 탑의 특징을 알고 있는지를 묻는 문제이다. 탑 문제의 경우 이와 같이 여러 탑들을 한꺼번에 물어보는 경우가 많으므로, 주요 탑의 경우 정리를 해둘 필요가 있다.
④ 경천사 10층 석탑은 한말에 일본 궁내대신 다나카 미쓰아키가 불법으로 해체하여 일본으로 반출한 후 반환되었으나 파손이 심하여 경복궁 근정전 회랑에 방치되었다가 1995년 완벽 보존 처리되면서, 2005년 용산에 국립중앙박물관이 개관하면서 다시 새롭게 전시되었다.
① 부여 정림사지 5층 석탑은 한때 평제탑이라고 불리기도 하였다.
② 석가탑에서 우리나라 최고 목판인쇄술인 무구정광대다라니경이 발견되었다.
③ 선종은 승탑과 관련이 있다. 화순 쌍봉사 철감선사탑이 대표적이다.
⑤ 월정사 8각 9층 석탑은 송나라의 영향을 받았으나, 경천사 10층 석탑은 원나라의 영향을 받았다.
※ 무구정광대다라니경은 751년(경덕왕 10) 무렵에 간행된 우리나라 최초의 목판권자본으로 현재까지 알려진 것으로는 세계 최초의 목판인쇄물이다. 1966년 경주불국사의 석가탑을 보수하기 위하여 해체했을 때 발견, 함께 발견된 유물들과 함께 국보 제126호로 지정되었다.

48 제시된 지문은 고조선사, 부여사, 고구려사, 발해사를 중국 역사로 보는 동북공정에 반하여 우리가 주장할 수 있는 자료에 대해 묻는 문제이다.
④ 인조반정으로 집권한 서인의 친명배금 정책은 중국에 대한 사대주의와 관련이 있다.
① 서경파인 묘청세력의 서경천도운동에서 자주적이고 진취적인 성향으로 금을 정벌하고 고구려를 계승하려는 의지를 알 수 있다.
② 이규보의「동명왕편」은 고구려 동명왕 탄생 이전의 계보를 밝힌 내용, 출생에서 건국에 이르는 내용, 그리고 후계자인 유리왕의 경력과 작가의 느낌을 붙인 부분으로 구성되어 있다.
③ 거란의 침입에 서희는 외교 담판에 나서 거란과 교류하는 대신, 고려가 고구려의 후계자임을 인정받고 압록강 동쪽의 강동 6주를 확보하였다.
⑤ 고려 태조 왕건은 고구려의 옛 땅을 회복하려는 북진정책을 펼쳤다.
※ 동북공정은 동북변강역사여현상계열연구공정(東北邊疆歷史與現狀系列硏究工程)의 줄임말이다. 우리말로는 '동북 변경지역의 역사와 현상에 관한 체계적인 연구 과제(공정)'이다. 간단히 말해 중국의 국경 안에서 전개된 모든 역사를 중국의 역사로 편입하려는 연구 프로젝트이다.

49 제시된 자료의 (가)의주, (나)평양, (다)서울, (라)공주, (마)경주 등에 있었던 역사적 사실을 알고 있는가를 묻는 문제이다.
⑤ 서원경은 신라의 지방행정구역인 5소경 중 하나로 지금의 청주에 설치되었다.
① 의주상인인 만상은 사행원, 특히 역관과 감독관 등과 결탁, 몰래 사신 일행에 끼어서 책문에서 청국상인인 요동의 차호와 밀무역을 하기 시작하였다. 이를 책문후시라고 한다.
② 6·15 남북 정상 회담에서 분단 55년 만에 처음 만난 남·북한의 두 정상이 평양의 백화원 영빈관에서 공동선언을 합의하여 발표한다.
③ 흥선대원군의 왕실의 권위를 강화시키기 위해 한양에서 경복궁을 중건하였다.

④ 망이·망소이는 충남 공주 명학소에서 차별에 반대하여 봉기를 일으켰다.
※ 5소경은 신라가 삼국을 통일한 후 685년(신문왕 5)에 새로이 정비한 특수 행정구역으로 수도인 경주가 신라 영토의 동쪽 끝에 치우쳐 있는 약점을 보완하기 위해 동·서·남·북과 중앙의 방향에 맞추어 설치되었다.

50 제시된 자료의 '아내를 범한 역신을 쫓아내는' 등에서 처용설화임을 알 수 있다. 처용설화에서 시작되어 상층의 무용으로 정착된 처용무에 대해 묻는 문제이다.
⑤ 신라 헌강왕 때 「처용설화」에서 유래된 가면무용이다.
① 강강술래의 유래는 확실하지 않다. 임진왜란 당시 이순신이 전술의 하나로 만들었다는 구전이 있는가 하면 민간 어원적으로 해석해서 오랑캐 또는 왜구의 내침과 관련시켜 설명하는 사람도 있다.
② 남사당은 대개 농어촌이나 성곽 밖의 서민층 마을을 대상으로 하여 모심는 계절부터 추수가 끝나는 늦은 가을까지를 공연시기로 하였다. 남사당은 서민들로부터는 환영을 받았지만 양반에게는 심한 모멸의 대상이었기 때문에 아무 마을에서나 자유로이 공연할 수가 없었다.
③ 영산재는 석가가 영취산에서 설법하던 영산회상을 상징화한 의식절차이다. 영산회상을 열어 영혼을 발심시키고, 그에 귀의하게 함으로써 극락왕생하게 한다는 의미를 갖는다. 영산재는 국가의 안녕과 군인들의 무운장구, 큰 조직체를 위해서도 행한다.
④ 영등굿은 세시절기에 의한 풍어기원적 성격에 가까운 의례이다. 이 점에서 이 굿은 제주도의 중요한 당굿 가운데 하나이다. 제주도에서는 2월을 영등달이라고 하는데, 2월 영등달에는 영등할아버지가 들어와서 여러 곳을 거쳐 다시 2월 보름날에 나간다고 여긴다.
※ 세계무형유산은 2001년부터 유네스코가 소멸 위기에 처한 문화유산의 보존과 재생을 위하여 구전 및 무형유산을 확인·보호·증진할 목적으로 선정한 가치 있고 독창적인 구전 및 무형유산을 지정한 것이다.

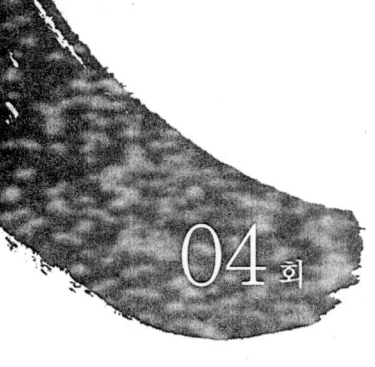

04회 정답 및 해설

정답	배점	정답	배점	정답	배점	정답	배점	정답	배점	정답	배점	정답	배점	정답	배점	정답	배점	정답	배점
1 ④	2	2 ①	2	3 ⑤	2	4 ②	2	5 ③	2	6 ⑤	2	7 ④	2	8 ④	2	9 ③	1	10 ②	2
11 ①	1	12 ⑤	3	13 ③	2	14 ⑤	2	15 ①	2	16 ②	1	17 ①	2	18 ③	2	19 ④	3	20 ①	2
21 ②	2	22 ④	3	23 ②	1	24 ⑤	2	25 ④	3	26 ④	2	27 ③	2	28 ①	1	29 ②	2	30 ⑤	3
31 ④	1	32 ③	2	33 ①	2	34 ①	2	35 ④	2	36 ③	3	37 ②	2	38 ②	2	39 ①	1	40 ③	1
41 ①	2	42 ④	2	43 ①	2	44 ④	2	45 ②	3	46 ⑤	3	47 ①	1	48 ④	2	49 ⑤	1	50 ①	3

답지번호별 빈도표

번호 내용	①	②	③	④	⑤	계
문항 수	14	7	9	12	8	50

문항배점별 빈도표

배점 내용	1	2	3	계
문항 수	10	30	10	50
점수	10	60	30	100

1. 제시된 자료는 신석기 시대의 경제 생활, 도구 사용, 종교, 취락의 발달, 사회의 변화를 잘 이해하고 있는지를 묻고 있는 문제이다.
   ④ 청동기 시대에 움집의 형태가 대체로 직사각형, 점차 지상 가옥화, 중앙의 화덕은 한쪽 벽으로 이동하였다.
   ① 신석기 시대에는 밭농사가 시작되었고, 돌로 만든 농기구를 사용하여 땅을 일구었다.
   ② 신석기 시대에는 가락바퀴 등으로 옷이나 그물 제작 같은 원시적인 수공업을 생산을 하였다.
   ③ 신석기 시대에 농경과 정착생활로 인해 자연의 섭리를 생각하게 되면서 원시신앙이 발생하게 되었다.
   ⑤ 신석기시대의 사회는 혈연공동체의 씨족사회를 이루었으며, 점차 씨족을 통합한 지연중심의 부족사회가 나타났고, 계급이 없는 평등사회였다.
   ※ **애니미즘의 → 지모신**(농경신): 주몽과 유화부인과의 관계, 즉 주몽이 어머니 유화부인과 헤어질 때 오곡의 종자를 받았고, 그 후 잊고서 두고 온 보리종자를 비둘기가 입에 물고 날라다 주었다는 이야기에서 곡모적인 지모신사상이 있음을 엿볼 수 있다.

2. 제시된 자료에서 '위만', '준왕을 몰아내고 왕이 되었다' 등에서 (개)는 위만 조선임을 알 수 있다. 즉, '위만 조선'에 대한 내용을 묻는 문제이다.
   ㉠ 위만조선은 철기문화의 수용으로 인한 수공업 발전으로 상업과 무역, 특히 중계무역이 발전하였다.
   ㉡ 위만조선은 철기문화를 본격적으로 수용함으로써 농업과 무기생산을 중심으로 한 수공업이 발전하였다.
   ㉢ 한군현은 한나라가 고조선을 멸망시킨 후 그 지역에 군현을 설치한 것이다.
   ㉣ 한군현 설치 후 법속이 복잡해져 법조항이 60여 조로 증가되었고 풍속도 각박해졌다.
   ※ 고조선의 8조법 중 남은 3개 조항을 통해 계급의 분화·재산의 사유·형벌과 노비발생 등 지배계층의 권리를 보호하고 있음을 알 수 있다. 또한 범죄 행위를 수치로 여기고 여자의 정절을 중하게 여겼다는 데에서 가부장적 가족제도가 확립되었음을 알 수 있다.

3. 지도에 표시된 지역은 낙동강 하류지역 변한 12국이 철기문화를 바탕으로 새로운 연맹왕국을 출현시킨 가야이다. 즉 가야에 대한 내용과 이해를 묻는 문제이다.
   ㉢ 벼농사를 지었던 가야는 농경문화가 발달하고 토기 제작 및 수공업이 발달하였다.
   ㉣ 가야는 삼국과 달리 고대국가로 발전하지 못하고 연맹국가로서 역사 속에 사라졌다.
   ㉠ 독자적인 연호를 정하여 쓴다는 것은 황제국 혹은 천제국임을 나타내며 또한 독립국이란 의미이다. 고구려, 신라, 발해, 고려 모두 독자적인 연호를 사용하였으나, 가야는 사용하지 않았다.
   ㉡ 가야는 철기문화를 바탕으로 새로운 연맹왕국을 출현시켰다. 청동기문화를 바탕으로 등장한 것은 고조선이다.

※ **독자적인 연호 사용의 의미** : 일반적으로 연호(年號)는 군주의 등극을 기준으로 정해지며 서기를 사용하지 않던 동양권에서의 시간기록법이다. 보통은 새로운 군주가 등극하면 연호가 바뀌지만 그렇지 않은 경우도 있고 한 군주가 여러 연호를 쓰는 경우도 있었다. 하지만 연호는 아무나 쓰는 것은 아니었다. 그 지역을 통괄하는 황제나 천제 급의 국가만이 사용하고 거기에 속한 제후국은 그 연호를 따라가야 하는 것이다. 따라서 연호를 정하여 쓴다는 것은 황제국 혹은 천제국임을 나타내며 또한 독립국이란 의미이다.

4 제시된 자료는 6세기 신라의 전성기의 지도이다. 진흥왕이 집권하고 있었던 시기의 역사적 사실을 묻는 문제이다.
㉠ 진흥왕이 백제와의 한강유역 주도권 다툼에서 승리하고, 성왕이 신라의 관산성에서 전사하면서 나제동맹은 결렬된다.
㉢ 진흥왕은 6가야 중 마지막으로 대가야를 정복하여 낙동강 유역을 완전히 점령하였다.
㉡ 고구려의 소수림왕(371~384)은 율령을 반포하고 불교를 수용하여 통치체제 정비와, 국가의 사상 통일을 이룩하고자 하였다.
㉣ 백제의 문주왕(474~477)은 장수왕의 남하정책으로 수도를 웅진(공주)로 천도하면서 대외팽창이 위축되었다.
※ **대가야** : 금관가야를 중심으로 하는 초기 가야 연맹은 4세기 후반 이후 고구려의 침입으로 큰 타격을 입고 세력이 약화되면서 신라로 넘어갔다. 그 후 낙동강 서쪽의 여러 가야는 고령의 대가야를 중심으로 다시 연맹체를 이루었다. 고령의 대가야는 질 좋은 철을 많이 생산하였고, 농업에 유리한 입지 조건을 갖추고 있었다. 더구나 대가야는 전쟁의 피해를 입지 않았기 때문에 5세기 이후 금관가야를 대신하여 가야 연맹의 중심 세력으로 떠오르게 되었다.

5 '당의 해적 소탕', '해상무역권 장악' 등을 통해 이 인물이 장보고라는 것을 알 수 있다. 장보고(?~846)는 통일신라 흥덕왕 때의 무장으로 청해에 진을 설치하고 청해진대사로 해적을 완전 소탕했다.
③ 장보고는 유교 정치 이념이 아니라 자신이 구축한 해상세력을 권력의 바탕으로 삼았다.
① 장보고는 해적들의 인신매매를 근절하기 위해 청해진(완도)를 설치하였다. 대내적으로 해적을 소탕했던 당시의 대표적인 해상세력이었다.
② 대당무역을 주도하였고, 일본에 경제사절단 성격의 회역사를 파견하여 교역을 하였다.
④ 장보고는 세력이 커지자 왕위쟁탈전에도 관여했다. 왕위계승 다툼에서 밀려난 우징이 청해진에 오자 이듬해 그와 함께 반란을 일으켜 839년에 민애왕을 죽이고 우징(신무왕)을 왕위에 오르게 하였다. 신무왕 사후 문성왕이 즉위하자 자신의 딸을 왕비로 삼으려 했으나 군신들의 반대로 좌절되기도 하였다.
⑤ 장보고는 흥덕왕 때 청해진을 설치하여 당의 해적들을 소탕한 후 해상무역권을 장악한 당시의 대표적인 해상세력이었다.
※ 장보고는 당 산동성 문등현 적산촌에 법화원을 건립했는데 법화원은 상주하는 승려가 30여명이 되며, 연간 500석을 추수하는 장전을 가지고 있었다. 이는 해상권을 장악하고 당·신라·일본을 잇는 국제무역을 주도한 장보고의 세력이 중국 동해안의 신라인 사회에도 큰 영향력을 끼치고 있었다는 것을 보여준다.

6 제시문에서 당나라로 유학했고 빈공과에 합격했으며, 진성여왕에게 시무 10조 개혁안을 제시했다는 점으로 미루어보아 최치원임을 알 수 있다. 시기상으로는 통일신라하대가 된다. 즉, 통일신라 하대의 사회상을 묻는 문제이다.
⑤ 신라하대는 골품제의 모순과 왕위쟁탈전으로 인해 전제왕권이 약화되었고, 상대등의 권한이 막강해졌다.
① 6두품은 아무리 능력이 뛰어나도 6등급 아찬 이상의 관등으로 진출할 수 없었기 때문에 비판적 입장을 가졌다.
② 진골귀족들의 왕위쟁탈전이 벌어졌다.
③ 호족세력은 사병을 양성하고 성주·장군이라 칭하면서 중앙의 지배를 받지 않았다.
④ 선종은 6두품 지식인들의 반신라적 경향과 결합해서 고려왕조 개창의 사상적 바탕이 되었다.
※ 신라 골품제는 단순히 계급제도가 아니라, 개인의 사회 활동과 정치 활동의 상한선까지 엄격하게 규정해 놓은 것이었다. 진골은 최고 관등까지 진출할 수 있었던 반면, 6등급 아찬까지만 진출할 수 있었던 6두품은 특히나 불만이 많았다. 골품제도는 이뿐만이 아니라 가옥의 규모와 장식물, 복색, 수레 등 일상생활까지도 규제하였다.

7 제시된 자료는 삼국의 유물이다. ㈎는 호우명 그릇, ㈏는 백제의 산수무늬 벽돌, ㈐는 발해의 돌사자 상, ㈑는 백제의 칠지도이다. 각 유물에 대한 내용을 이해하고 있는 지를 묻는 문제이다.
④ 칠지도는 백제의 근초고왕이 일본에게 하사한 것이다.
① 호우명 그릇은 경상북도 경주시 호우총에서 발견된 그릇이다. 정식 명칭은 광개토대왕공적기념호우이다. 이 그릇 밑바닥에는(을묘년 국강상 광개토지호태왕)이라는 글씨가 새겨져 있어, 당시 신라와 고구려의 관계를 보여준다.

② 백제의 산수무늬벽돌은 도교에 대한 백제인들의 세계관을 엿볼 수 있는 유물이다. 현실세계에는 존재하지 않는 그림처럼 아름다운 신선세계의 산풍경은 마음을 편안하게 만들어주는 신비스러운 모습으로, 산수무늬 벽돌 속 산 가운데 오롯하게 들어앉아있는 집 한 채는 자연 속에 점 하나로 살고 싶은 백제인의 마음이 그대로 볼 수 있다.
③ 발해의 정혜공주묘에서 나온 돌사자상으로 힘찬 생동감을 느낄 수 있다.
⑤ 산수무늬벽돌과 칠지도는 백제의 유물이다.
※ 칠지도는 일곱 개의 나뭇가지가 아름답게 뻗쳐 있는 모양새이다. 예로부터 나무는 하늘로 올라가는 사다리를 상징하였다. 신과 인간을 연결해주는 매개체 역할을 했던 나무를 검안에 상징물로 담음으로서 검의 신성함에 빛을 더했다. 당시 칠지도를 왜왕에게 하사했을 때 백제는 근초고왕 시대였다.

8 ㉠ 신문왕은 왕권 강화를 위해 관료전을 지급하고, 녹읍을 폐지하였다.
㉡ 6두품은 6관등인 아찬까지만 오를 수 있었으며, 5관등인 대아찬 이상은 오를 수 없었다.
㉣ 신라의 중앙군인 9서당은 신라인은 물론 옛 고구려인과 백제인, 말갈인으로 구성되었다.

9 ㉠ 발해는 문화의 담당자로서 고구려 문화를 받아들였으며 선진문화로서는 당의 문화를 수용하였다. 고구려 문화를 받아들였다는 대표적 유물로는 문왕의 둘째 딸 정혜공주묘의 양식인 굴식돌방무덤이 있으며 당의 문화를 수용하였다는 대표적 유물로는 문왕의 막내 딸 정효공주묘의 양식인 벽돌무덤이 있다.
㉣ 당나라는 신라를 이용하여 발해를 견제하였으나 발해 무왕의 공격을 받기도 하였다. 발해 역사에서의 빈출은 당 문화인가 고구려 문화인가의 문제이고 이를 대표하는 유적이 정효공주묘와 정혜공주묘인 것이다. 역시 ㉠번 보기에서 제일 많이 사실관계를 뒤바꾸어 출제하므로 주의해서 살펴보았어야 할 것이다. 한 가지 더 발해와 신라는 소위 "남북국"이라고 한다. 지금의 남북한 관계와도 다를 바가 없는 것이다. 발해와 신라가 연합관계라기보다는 대립관계임을 떠올린다면 가장 중요하고 흔한 발해 출제 부분에서 그대로 냈다는 것을 알 수 있다.

10 ㉢ 지방 토착세력의 세력 강화가 아닌 왕권 강화와 중앙집권화를 위한 지도 이념으로 수용되었다.
㉣ 불교를 수용하는 데 있어서 선도적인 역할을 한 것은 왕실이었다.

11 ㉠은 4세기 중반, ㉣은 4세기 후반, ㉡은 5세기 중반, ㉢은 6세기 중반, ㉤은 7세기 초이다.

12 지도에 빗금으로 표시된 지역은 고려 태조가 북진정책을 추진하여 획득한 영토이다. 태조에 대해서 전반적으로 이해하고 있는지를 묻는 문제이다.
㉢ 태조는 호족세력을 통합하기 위해 정략결혼, 사성정책을 실시하였다.
㉣ 훈요10조는 태조가 그의 자손들에게 귀감으로 남긴 10가지의 유훈이다.
㉠ 공민왕은 전민변정도감을 실시하였다.
㉡ 성종은 최승로의 시무 28조의 건의를 받아들여 12목을 설치하고 지방관을 파견하였다.
※ 훈요 10조의 주요 내용은 ① 불교 숭상, ② 왕위 장자 상속, ④ 북진 정책 추진, ⑤ 차령산맥 아래쪽(후백제) 인물은 쓰지 말 것, ⑥ 옛 선인을 본받을 것 등이다. 이는 태조가 생전에 추구했던 주요 정책들을 요약한 것이라 할 수 있다.

13 자료는 향도로, 향도는 불교 신앙 조직이었다. 매향비를 통해 향도를 추론하고, 향도에 관해서 이해하고 있는지를 묻고 있는 문제이다.
③ 향도는 불교적인 신앙 조직에서 기원하였다. 하지만 시간이 지나면서, 마을 노역, 혼례, 상장례 등 공동체 생활을 주도하는 향촌 자치조직의 성격으로 변화해갔다.
① 유교 윤리를 실천하기 하기 위해 만들어진 것은 향약이다.
② 과거제를 통해 관직에 진출한 것은 신진사대부이다.
④ 향도는 불교적인 신앙조직으로 유교행사와는 관계가 없다.
⑤ 세속 5계를 지키려고 노력한 조직은 화랑도이다.
※ **향도**: 농민들은 일상 의례와 공동 노동 등을 통하여 공동체 의식을 다졌다. 공동체 의식의 대표적인 것이 불교의 신앙조직이었던 향도이다.

14 제시된 자료는 돈을 주조하여 유통 경제의 발전을 도모하고자 하는 내용이다. 이에 고려 중기 숙종의 시기라는 것을 알 수 있다. 문종의 셋째 아들이었던 숙종은 물물교환이 주도적이었던 고려의 상품 경제를 발전시키기 위해 의천의 건의를 받아들여 다양한 화폐를 주조하였으나 큰 성과를 거두지는 못하였다.
㉢ '활구(은병)'는 고려 숙종 시기에 만들어진 화폐로 주로 고려 귀족들이 사용하였다.
㉣ '해동통보'는 고려 숙종 시기에 만들어진 화폐였다.
㉤ '삼한통보'는 고려 숙종 시기에 만들어진 화폐였다.

㉠ '당백전'은 조선 말기 재정 확보를 위해 만들어진 화폐였다.
㉡ '상평통보'는 조선 말기 재정 확보를 위해 만들어진 화폐였다.
※ 조선 후기부터 상공업이 발달함에 따라 교환의 매개로서 금속 화폐, 상평통보가 자연스럽게 전국적으로 유통되었다. 조선 후기 동전은 교환 수단일 뿐만 아니라 재산 축척의 수단이기도 하였다. 동전의 발행량이 상당히 늘어났는데도 제대로 유통되지 않아 시중에서 동전 부족 현상이 나타났다. 지주나 대상인들이 화폐를 고리대나 재산 축적에 이용하였기 때문이다. 상품 화폐 경제가 발달하면서 환, 어음 등의 신용 화폐가 점차 보급되어 갔다. 이는 상품화폐 경제의 진전과 상업 자본의 성장을 보여주는 것이다.

15 제시된 자료는 고려시대 승려인 의천과 지눌에 대한 설명을 하고 있다. (가)는 의천에 대한 설명이고 (나)는 지눌에 대한 설명이다. 따라서 고려시대 불교 종파에 대한 이해를 묻는 문제이다.
㉠ 의천은 왕자 출신이기에 왕실의 후원을 받았다. 지눌의 활동 시기는 무신 정권 시기였으므로 무신 정권의 후원을 받았다.
㉡ 의천은 개경의 국청사를 중심으로 천태종을 창시하고 천태교학 강의를 본격적으로 시작하였다.
㉢ 혜심은 유교와 불교의 근본이 다르지 않다고 주장하여 장차 성리학을 수용할 수 있는 사상적 토대를 마련하였다.
㉣ 의천과 지눌 모두 교종과 선종을 통합하려 했다. 하지만 의천은 교종이 중심이 된 통합을 위해 교관겸수를 주장하였고 지눌은 선종이 중심이 된 통합을 위한 정혜쌍수와 돈오점수를 주장하였다.

대각국사 의천(숙종)	보조국사 지눌(신종)
• 교관겸수 : 교종의 입장에서 선종 통합 • 지관 : 잡념을 그치고 지혜로 사물을 관조	• 정혜쌍수 : 선과 교학을 나란히 수행하되, 선을 중심으로 교학을 포용 • 돈오점수 : 단번에 깨닫고 꾸준히 실천하자는 주장

16 제시된 자료는 고려의 신분제도에 대한 탐구 수업 모형의 일부이다. 고려는 골품제로 인한 신분적 폐쇄성이 존재했던 신라에 비해 비교적 신분 이동이 가능했던 시대였다. 외거 노비가 재산을 모아 신분을 높인 경우도 있었고, 무과가 별도로 존재하지 않은 시대라 군인으로 출세한 경우도 있었다.
② 군인이 전쟁에서 공을 세워 무반으로 출세한 경우는 고려시대였다.

① 고려시대 외거 노비는 재산을 모아 지위를 높인 경우도 있었다.
③ 공명첩을 통해 신분을 상승하였던 시기는 조선시대였다.
④ 공노비는 해방을 통해 양인으로 상승한 경우는 조선후기에 해당한다.
⑤ 고려시대에 백정은 일반 양민으로 과거에 응시를 할 수 있었다.
※ 고려시대 공노비에는 궁중과 중앙 관청에서 일하는 입역 노비와 지방에 거주하면서 농업에 종사하는 외거 노비가 있었다. 외거 노비는 농경을 하여 얻은 수입 중에서 규정된 액수를 관청에 납부하였다. 외거 노비는 주인의 토지뿐만 아니라 다른 사람의 토지도 소작할 수 있었으며, 자신의 토지도 소유할 수 있었다. 이처럼 외거 노비는 비록 신분적으로는 주인에게 예속되어 있었으나, 경제적으로는 양민 백정과 비슷하게 독립된 경제생활을 영위할 수 있었다. 그리하여 외거 노비 중에는 신분의 제약을 딛고 지위를 높인 사람이나 농업에 종사하면서 재산을 늘린 사람도 있었다.

17 제시된 자료는 '탕평채'의 사진과 의미에 대한 설명이다. 그리고 '탕평비를 세우고'라는 표현에 미루어 볼 때 영조에 대한 설명임을 알 수 있다. 영조는 자신의 출생과 세재 책봉, 즉위과정에서 붕당의 극심한 폐단을 목격하여 강력한 탕평책을 추진하게 된다.
㉠ 영조는 붕당의 기반을 제거하기 위해 산림의 존재를 부정하고 서원을 대폭 정리하였으며, 이조전랑의 권한을 축소하였다.
㉡ 영조는 민의 상달을 위한 신문고제도를 부활하였다.
㉢ 정조는 신해통공을 통해 금난전권을 폐지하였다.
㉣ 정조는 수원화성을 이상정치를 실현하는 상징적 도시로 육성하고 정치적·군사적 기능을 부여하였다.
※ 영조의 탕평책은 '완론 탕평'으로 노론 중심의 정국이되, 온건파를 중시하는 입장을 일컫는다. 노론과 소론의 온건론자들을 중용하여 요직에 배치하는 것이 완론탕평의 핵심이다. 따라서 국왕의 정사 주도를 높이고자 하였다.

18 제시된 지문은 최승로의 시무 28조의 내용 중 일부이다. 최승로는 불교는 수신의 근본, 유교는 치국의 근원이라 하여 불교행사의 감축을 주장하였다. 불교 교리 자체에 대한 비판이 아니라 불교에서 파생되는 폐단을 지적하였다. 이러한 최승로의 건의에 따라 유교정치를 통해 통치체제를 정비하고 중앙집권화를 완성하여 갔다.
③ 광종은 관리를 선발하기 위해 과거 제도를 처음으로 실시하였다.
① 성종은 중앙에 국립대학인 국자감을 설치하였다.
② 성종은 연등회와 팔관회를 폐지시키는 등 억불정책을 하여 불교는 쇠퇴하였다.

④ 성종은 12목을 설치하고 최승로의 건의에 따라 처음으로 지방관을 파견하였다.
⑤ 성종은 최승로의 건의를 받아들여 유교정치를 통하여 통치체제를 정비하고 중앙집권화를 완성하여 갔다.

※ **시무 28조**
- 관리의 의복과 백성의 의복을 달리해야 한다.
- 임금과 신하, 부모와 자식 간의 도리는 중국의 것을 따른다.
- 국가의 큰 행사(연등회, 팔관회)는 백성의 부담이 크므로 삼간다.
- 불교보다는 유교에 따라 통치한다.
- 왕은 교만하지 말고, 아랫사람을 공손히 대한다.
- 관리를 공정히 선발한다.
- 양인과 천인의 구별을 뚜렷이하여 아랫사람이 윗사람을 모욕하지 못하게 한다.

19 제시문은 조선시대의 관리등용에 대해 묻는 문제이다. 문과, 무과, 잡과, 기타 등의 조선시대의 관리등용에 대해 전반적으로 이해를 하고 있어야 하며, 고려시대와 비교하여 달라진 점도 알고 있어야 한다.
④ 조선의 음서제도는 고려보다 대상을 대폭 축소하여 2품 이상의 관리의 자제로 제한하였다.
① 문과는 수공업자·상인·노비·서얼을 제외하고 양인 이상이면 응시할 수 있었다.
② 무과는 천민만 아니면 누구나 응시할 수 있었으며, 문과에 비해 천대받았다.
③ 궁술, 격구, 병서 등의 시험을 본 것은 무과이다.
⑤ 천거는 기존의 관리를 대상으로 덕망 있고 학식이 풍부한 사람을 선발하였다.

※ **천거제도 유형**
- 유일천거제 : 재야의 인재등용, 사림파의 세력강화 (조광조의 현량과)
- 현관천거제 : 현직관리의 승진 내지 보직 변경
- 수령천거제 : 수령의 후보자 발탁
- 효행천거제 : 성리학적 윤리의 장려 및 보급을 위한 방안

20 제시된 자료는 경사를 강의하고 치도를 논하는 일을 하였던 조선시대의 경연이다. 경연은 정책협의기구의 역할을 하였다. 이번 문제는 경연제도와 관련된 것을 골라주면 된다.
㉠ 경연의 경우 세조 때 중단되었다가 성종 때 홍문관에서 담당하였고, 연산군 때 다시 폐지가 되었다고 중종 때 부활하는 등 중단과 존속이 반복되었다.
㉡ 경연은 학술과 정책을 토론하였으며 정책협의기구의 역할도 하였다.
㉢ 경연은 왕권의 행사를 견제하였다.
㉣ 경연정치에는 국왕, 3정승, 승정원의 6승지, 홍문관의 부제학 이하 관원 10여 명 등이 참여하였다.

※ 경연은 경악 또는 경유라고도 한다. 임금에게 경서를 가르쳐 유교의 이상정치를 실현하려는 것이 목적이었으나, 실제로는 왕권의 행사를 규제하는 중요한 기능을 수행하였다. 조선시대의 경연은 교육제도일 뿐만 아니라, 정책협의기구로서의 기능도 컸다. 강의가 끝나면 그 자리에서 국왕과 신하들이 정치 현안들을 협의하는 것이 관례였다. 특히, 조강에는 국왕을 비롯하여 의정부·육조·승정원·홍문관·사헌부·사간원 등 권력의 핵심부가 한자리에 모였기 때문에 정책을 협의하기에 편리하였다.

21 제시된 자료는 이중환의 「택리지」이다. 조선 후기에는 여러 가지 형태의 상업이 발전하였다. 문제에서는 다양한 형태의 상업 중 특히 '포구 상인'에 대해 묻고 있다.
② 포구의 성장으로 물물교환이 더욱 촉진되어 장시도 함께 발전했을 것이다.
① 선상은 선박을 이용하여 각 지방의 물품을 구입해 와 포구에서 처분하는 상인으로 경강상인이 대표적이다.
③ 선상의 활동으로 전국 각지의 포구를 하나의 유통권으로 형성하고 칠성포, 강경포, 원산포 등의 포구에서는 장시가 열렸다.
④ 객주, 여각은 각 지방의 선상들이 물화를 싣고 포구에 들어오면 그 상품의 매매를 중개하였으며, 부수적으로 운송·보관·숙박·금융 등의 영업을 전개하였다.
⑤ 조선후기 상업 중심지로 포구가 성장하였는데 장시보다 큰 규모로 상거래가 이루어졌다.

※ 객주는 좁게는 행상, 넓게는 객지상인에 대한 모든 행위의 주선인이라는 뜻을 갖는 객상주인이다. 주된 업무는 위탁자와 그 상대방 사이에서 간접매매하고 그 대가로 구전을 받는 위탁매매업을 담당하였다. 이 외에도 부수업무로서 위탁자에게 무상 또는 실비로 숙박을 제공하는 여숙업무, 화물을 가진 사람이나 살 사람에게 대해 대금입체·자금제공 등의 금융편의를 위한 금융업무, 각종 물화를 무상으로 보관하기 위한 창고업무, 그리고 화물운반을 위한 마차나 마방 또는 선박을 알선하는 수송 업무를 맡았다.

22 제시된 자료에서 '토지의 비옥도', '연분의 높고 낮음', '상상두' 등을 통해 세종 대의 토지제도인 연분9등법, 전분6등법임을 알 수 있다. 이는 세종 때에 보다 체계적인 조세 제도의 운영을 위해 제도를 변화 시킨 것이다.
④ 연분9등법은 아주 큰 풍년(상상년)일 때는 1결당 20두, 혹독한 흉년(하하년)일 때는 1결당 4두만 걷는 것이다.
① 임진왜란 이후 시행된 대동법에 대한 설명이다.
② 영조 때 실시한 균역법에 대한 설명이다.
③ 인조 때 연분9등법을 개혁하며 실시한 영정법에 대한 설명이다.
⑤ 과전법에 대한 설명이다. 그 이전의 고려시대나 삼국시대에도 조는 1/10이었다.

※ 전분6등법은 토지의 등급을 비옥도에 따라 1~6등전으로 나눈 것이다. 전분6등법으로 땅의 크기를 측정했다면, 실제 세액을 결정하는 것은 그 해의 풍흉에 따라 세액을 결정하는 연분9등법이다.

23 제시된 자료는 조선 현종 때 아버지가 노비라 하더라도 어머니가 양민이면 그 소생을 양민으로 만드는 노비종모법을 시행했다는 내용이다. 조선 후기의 노비는 군공과 납속을 등을 통하여 부단히 자신의 신분을 상승시키고 있었다. 게다가 국가에서도 공노비의 유지에 비용이 많이 들어 그 효율성이 떨어지자 공노비를 종래의 입역노비에서 신공을 바치는 납공노비로 전환시켰다.
② 양반의 증가와 양인의 감소로 국가재정이 어려워지면서 정부는 양인의 수를 늘리기 위한 방안으로 노비종모법을 실시하여 노비의 신분상승을 촉진하였다.
① 수령과 아전의 수탈은 노비종모법과 관련 없이 극심하였다.
③ 노비종모법과 성리학적 질서강화는 관련이 없다.
④ 19세기 농민 봉기의 원인은 삼정의 문란, 탐관오리의 횡포이다.
⑤ 노비제도가 법적으로 폐지된 것은 갑오개혁 때이다.
※ 조선시대에 이르러서는 공노비를 공천이라고도 했는데, 이 공천은 사노비·내노비·역노비·관노비 등으로 분류되었다. 노비의 수가 많아지자, 노비층 자체에서도 우열의 차이가 생겨, 사노비보다 권세가 있는 공노비는 노비로서 노비를 소유하기도 하였다.

24 제시된 자료는 이앙법에 대한 설명이다. 조선 후기 이앙법의 보급은 생산력을 증가시켜 경영형 부농 또는 광작농이라고 일컬어지는 부농층을 형성하게 하였고, 나아가 농촌사회 여러 부분에 큰 변화를 가져왔다.
⑤ 「농상집요」는 고려 때 이암이 원나라로부터 수입한 농서로 원나라 조정에서 농업진흥을 위하여 편찬한 것이다.
① 이앙법은 고려시대 때부터 시행된 농법이기는 하지만, 수리시설의 미비로 조선 전기까지는 삼남지방 일부와 강원도 일부 지역에서 시행되었을 뿐이었다.
② 이앙법은 노동력 절감과 수확량의 증대를 가능케 하여 국가의 반대에도 불구하고 행해졌다.
③ 이앙법의 보급은 생산력을 증가시켜 경영형 부농 또는 광작농이라고 일컬어지는 부농층을 형성하였다.
④ 조선 전기에는 이앙법을 모내기 철에 가뭄이 들면 1년 농사를 전부 망친다는 이유로 금지 시키고 직파법을 권장하였다.

※ 농상집요의 내용은 경간·파종·재상·과실·약초 등 10문으로 되어 있으며, 「제민요술(齊民要術)」을 비롯한 각종의 문헌을 조리 있게 인용하고 있다. 특히 당시의 새로운 유용작물인 목화의 재배를 장려하는 기사가 주목된다.

25 제시된 자료는 조선 후기 공납과 관련된 수취제도에 대해 언급하고 있다. 방납의 폐단을 막기 위해 실시된 대동법에 대한 이해를 묻는 질문이다.
④ 대동법은 실시되었지만 별공, 진상 등은 여전히 농민들에게 큰 부담이었다.
① 관수관급제는 조선시대 성종 때 시행된 토지분급제도이다.
② 균역법은 조선시대 영조 때 시행된 제도이다. 종래 인정단위로 2필씩 징수하던 군포가 여러 폐단을 일으키고, 농민 경제를 크게 위협하는 지경에 이르자 2필의 군포를 1필로 감한 것이다.
③ 전분6등법은 토지의 비옥도에 따라 세금을 거두는 토지제도였다.
⑤ 대동법의 시행으로 공인이 등장하였고, 상품경제의 발달을 촉진시켰다.
※ **공납의 폐단** : 공납은 각 군현에서 가호별로 특산물을 나누어 걷는 제도였다. 그런데 중앙 관청의 서리가 공물을 대신 납부하고 그 대가를 챙기는 방납의 폐단이 나타나면서 농민들의 부담은 더욱 증가하였다. 임진왜란 이후 조선 정부는 국가 재정을 보완하고 농민들의 부담을 덜어 주기 위해 대동법을 실시하였다.

26 제시된 자료의 향촌 조직은 향약이다. 향약의 보급으로 인해 향촌 사회에 나타난 현상과 결과에 대한 이해를 묻는 문제이다. 향약의 특징을 잘 알아둬야 풀 수 있는 문제이다.
ⓒ 지방 사족들은 향약을 통해 농민들을 규율하면서 지방 사림의 농민 지배력이 강화되었다.
ⓔ 본래 향촌에서는 마을 단위로 공동체 생활을 하면서 어려운 일을 당하면 서로 돕는 풍습이 있었다. 향약은 이렇게 전통적 공동 조직과 미풍양속을 계승하면서, 삼강오륜을 중심으로 한 유교윤리가 가미되어 교화 및 질서 유지에 알맞게 권한 것이다.
㉠ 유향소는 수령을 보좌하고 향리를 감찰하며 향촌 사회의 풍속을 바로잡기 위한 기구였다.
ⓑ 향약은 지방의 전통 조직으로 중앙 정부와 연락을 위한 기구가 아니었다.
※ 경재소는 중앙 정부가 현직 관료로 하여금 연고지의 유향소를 통제하게 하는 제도로서, 중앙과 지방의 연락 업무를 맡았다.

27 제시된 자료는 비변사에 대한 설명이다. 조선 왕조는 성리학적 질서를 기반으로 왕도 정치를 표방하던 국가였다. 따라서 군사 기구로 중앙에 삼군부와 5위 도총부를 설치, 지방은 진관체제를 확립하였다. 하지만 중앙에서 왜구의 빈번한 침략에 효율적으로 대처하지 못하자, 신속한 군사적 정책 결정을 위해 세운 것이 '비변사'이다. 이 기관이 임진왜란과 병자호란을 거치며 의정부를 대신해 국정 최고 기관으로 올라간다.

③ 흥선대원군은 왕권 강화를 위해 비변사를 폐지하고, 의정부와 삼군부의 권한을 강화시켰다.
① 처음에는 군사적 업무를 담당하는 임시 기구로 설치되었다.
② 임진왜란 이후 의정부를 대신하여 국정을 장악하였다.
④ 비변사는 중종 때 3포 왜란을 계기로 설치되었다.
⑤ 붕당정치와 세도정치 시기에서는 합의기구로서 기능을 하였으며, 세도정치 시기에는 왕실외척이 장악을 하였다.

※ 비변사는 임진왜란 이후 전·현직 정승을 비롯하여 공조를 제외한 5조의 판서와 참판, 각 군영 대장, 대제학, 강화 유수 등 국가의 주요 관원들로 확대되었다. 이처럼 비변사의 권한이 강화되자, 의정부와 6조 중심의 행정 체계는 유명무실해졌다.

28 제시된 자료는 (가)는 분청사기, (나)는 조선백자, (다)는 청화백자이다. 도자기와 관련된 문제는 세세하게 특정 도자기를 묻는 것이 아니라, 각 시기별 유행하였던 도자기를 한꺼번에 물어보는 경우가 많으므로, 고려청자~청화백자에 이르기까지 각각의 특징을 알아둘 필요가 있다.
(가)는 분청사기로 14세기 후반부터 제작되기 시작하여 조선왕조의 기반이 닦이는 세종 연간(1419~1450)을 전후하여 그릇의 질이나 형태 및 무늬의 종류, 무늬를 넣는 기법 등이 크게 발전·세련되어 그 절정을 이루게 되었다.
(나)는 조선백자로 조선 중기(16세기 이후)에 유행하였으며, 순도 백색은 흙의 선택 및 정제, 번조 과정에서 특별히 청결을 요구한다.
(다)는 청화백자로 조선시대 후기 주류(세조 1466년 처음 생산)를 이루었으며, 태토 위에 청료 무늬를 그리고 그 위에 철분이 섞인 장석유를 덮어 구운 것으로 흰 바탕에 푸른 빛깔로 그림을 넣었다. 일상생활에 쓰이는 용구에서부터 문구에 이르기까지 다양하게 제작되었으며, 조선후기 산업 부흥에 따라 공예발전, 민간에까지 널리 사용되었다.

※ **도자기의 유행시기**
- 고려 12세기 → 상감청자
- 고려 말 조선 초 → 분청사기
- 조선 16세기 → 순백자
- 조선 후기 → 청화백자

29 조선 건국을 이끈 대표적 개국 공신인 정도전에 대한 설명이다. 정도전은 조선 초창기의 문물제도를 갖추는 데 크게 공헌한 사람이다. 그는 민본적 통치 규범을 마련하고 재상 중심의 정치를 주장하였다.

② 정도전은 성리학을 토대로 백성이 중심이 되는 민본적 통치규범을 마련하기 위해 노력하였다. 또 정도전은 훌륭한 재상을 선택하여, 재상에게 실권을 부여하여 위로는 임금을 받들어 올바르게 인도하고, 아래로는 백관을 통괄하고 만민을 다스리는 중책을 부여하자고 주장하였다.
① 정도전은 고려 말 혁명파 사대부로 조선왕조의 개창에 적극적으로 참여하였다.
③ 공민왕은 권문세족의 경제 기반 약화시키고 국가 재정의 기반을 강화하기 위해 전민변정도감을 설치하여 신돈으로 하여금 개혁을 단행하게 하였다.
④ 맹자는 왕위 찬탈과 혁명의 차이에 대해 하늘이 정해 주면 혁명이고, 그렇지 않으면 찬탈이라고 했으며 하늘의 기준은 민심이라고 설명했다. 즉 군주가 민심을 어기면 혁명을 통해 왕위를 찬탈하는 것은 '천명'으로 정당화되는 것이다. 정도전은 이와 같은 혁명사상을 바탕으로 새로운 왕조의 개국을 주장하였다.
⑤ 정도전은 불씨잡변을 통하여 불교를 비판했으며, 성리학을 통치이념으로 확립시킨 성리학자이다.

※ **정도전 vs 이방원**(태종) : 태조의 다섯째 아들이었던 이방원은 두 차례에 걸친 왕자의 난을 통하여 개국공신세력을 몰아내고 왕위에 올랐다. 태종은 정도전의 재상 정치를 비판하고 정도전을 제거하였다. 태종은 국왕 중심의 통치 체제를 정비하고자 하여 6조 직계제를 채택하였다. 6조 직계제란 6조에서 의정부를 거치지 않고 곧바로 사안을 국왕에게 올려 재가를 받아 시행하는 제도이다.

30 제시된 자료의 '소년병학교에 강제 편입되는 조선인 학생들', '징병되어 가는 아들을 전송하는 어머니'를 통해 1930년대 후반(중일전쟁 1937)에서 1945년까지임을 알 수 있다. 일제는 중국, 미국과의 전쟁을 잇달아 일으켰고, 모자라는 인적, 물적 자원들을 조선에서 수탈해나갔다.
⑤ 한국광복군은 1941년에 일본에게 선전포고를 하였다.
① 봉오동에서 홍범도의 대한독립군이 일본군을 격퇴한 것은 1920년대의 일이다.
② 대구에서 시작된 국채보상운동은 1907년이다.
③ 신민회의 활동시기는 1907년~1909년이다.
④ 김익상이 조선 총독부에 폭탄을 투척한 것은 1920년대 중반의 활동이다.

※ **의열단의 주요활동**

인물	시기	내용
박재혁	1920년	부산경찰서에 폭탄 투척
김익상	1921년	조선총독부에 폭탄 투척
김상옥	1923년	종로경찰서에 폭탄 투척
나석주	1926년	동양척식주식회사와 조선식산은행에 폭탄 투척 후 일본인 사살

31 제시된 자료의 '서대문~청량리 사이의 전차개통식', '독립문'을 통해 1890년대의 시기임을 알 수 있다. 프랑스 개선문을 모방한 독립문은 1896년~1898년에 축조되었고, 서대문~청량리사이의 전차는 1898년에 운행을 시작하였다.
④ 별기군은 1881년(고종 18)에 설치된 신식 군대로 1882년 임오군란 이후 폐지되었다.
① 독립협회는 1896년(고종 33) 7월 설립한 한국 최초의 근대적인 사회정치단체로 1898년 말 해산하였고, 그 후 대한자강회와 대한협회로 그 정신이 이어졌다.
② 경복궁에 전화가 설치된 것은 1889년이며, 서울시내 민가의 전화 설치는 1902년이다.
③ 명동성당은 중세 고딕양식으로 1898년에 축조되었다.
⑤ 우리나라에 커피가 처음 들어온 것은 조선 고종 19년 때인 1895년의 일이다.
※ **철도**
- 경인선(1899년) : 일본에 의해 가설된 우리나라 최초의 철도
- 경부선, 경의선(1905년) : 러 · 일전쟁 중 일본의 군사적 목적으로 부설
- 서대문~청량리(1898년) : 미국인 콜브란과 황실이 합작으로 만든 한성전기회사가 발전소를 설립하고 전차를 운행

32 일제는 1910년부터 본격적인 경제 침략을 위하여 토지조사사업을 실시하였다. 일본의 많은 경제 수탈 정책 중에 토지조사사업의 결과를 묻는 문제이다.
③ 토지조사사업의 결과 식민지 지주제의 확대로 지주의 권한이 강화되고 소작농의 권리는 약화되었다. 소작농민은 영구경작권을 상실하고 기한부 계약에 의한 소작농으로 전락하게 되었다.
① 민족 자본가의 기업 활동이 억제된 것은 1910년대의 허가제의 회사령 때문이었다. 조선인이 회사를 설립하기 위해서는 조선총독부의 허가를 미리 받아야 했기 때문에 회사를 설립하는 것이 어려웠다.
② 일본 상품의 관세가 철폐된 것은 강화도조약의 결과이다.
④ 수리 시설이 확충된 것은 1920년대 산미증식계획에 따른 것이다. 일본의 공업화에 따른 식량부족으로 조선에서 보충하려는 일제의 의도로 산미증식계획이 시작되었다. 산미증식계획의 일환으로 수리시설이 확충되고, 토지개량사업이 실시되었다.
⑤ 중 · 일전쟁(1937) 후부터는 국가총동원법을 공포하고 국민 징용령을 실시, 강제동원에 나섰다.
※ **토지조사사업** : 1918년에 토지조사사업이 끝났을 때 사실상 농민의 소유였던 많은 농토와 공공기관에 속해 있던 토지, 마을 또는 집안의 공유지로 명의상 주인을 내세우기 어려운 동중, 문중 토지의 상당 부분이 조선 총독부의 소유가 되었다. 또 궁반전, 역둔토 등이 일본인 소유로 넘어갔다.

33 제시된 자료는 1905년에 체결된 '1차 한일협약에 대한 내용이다. 1차 한일협약의 핵심 내용은 '고문정치'이다. 일본의 추천으로 고문을 두어 대한제국의 내정을 관리, 통제하도록 하였다. 이 중에 특히 재정고문이었던 일본인 '메가타'와 외교고문이었던 미국인 '스티븐슨'의 활동이 두드러졌는데, 전자는 화폐 정리 사업을 통해 토착조선 자본을 개편하였고 후자는 일본의 대한 정책을 국제적으로 홍보하였다.
㉠ 제1차 한일협약으로 재정고문에 일본인 메가타를, 외교고문에 미국인 스티븐슨을 두었다.
㉡ 재정고문이었던 일본인 메가타는 화폐정리사업을 실시하였다.
㉢ 을사조약(제2차 한일협약)으로 인해 대한제국의 외교권을 완전히 박탈하자 고종은 헤이그특사를 보냈다.
㉣ 을사조약(제2차 한일협약)때 이토 히로부미를 초대 통감으로 임명하고 통감부를 설치하여 모든 내정을 간섭하였다.
※ 일제의 의한 국권 피탈이 가속화되는 시점에서 등장한 의열 활동은 안중근의 이토 히로부미 격, 장인환, 전명운 의사의 스티븐슨 암살, 이재명 열사의 이완용 습격, 나철의 오적암살단 조직 등을 들 수 있다.

34 제시된 자료는 한국광복군 선언문이다. 1940년 대한민국임시정부가 창설한 한국광복군과 관련된 내용을 묻는 문제이다.
① 한국광복군은 1943년 영국군의 요청으로 인도, 미얀마 전선에 한국광복군 공작대를 파견하여 일본군을 상대로 한 대적 방송, 정보 수집, 포로 심문 등에 종사하였다.
② 한국광복군은 중국에 주둔하고 있는 미군의 지원으로 미군 전략 정보처(OSS)의 특수 훈련을 받은 한국광복군을 국내에 침투시킬 계획이었으나 일제의 패망으로 무산되었다.
③ 한인애국단의 윤봉길은 상하이사변 전승 기념식장에 폭탄을 던져 일본군 장성과 고관들을 처단하였다. 이를 계기로 중국국민당 정부가 중국 영토 내의 무장독립투쟁을 승인하고 후에 한국광복권이 창설된다.
④ 중국 팔로군과 함께 화북 각지에서 항일전에 참여한 것은 옌안에 본부를 둔 조선 의용군이었다.
⑤ 의열단은 무정부주의의 영향을 받았으며 본부를 일정한 곳에 두지 않고 옮겨 다니면서 '조선혁명선언'을 활동지침으로 삼아 활발한 투쟁을 벌였다.
※ **한국광복군이 설립될 당시, 1940년 충칭 시기의 임시 정부**
- 한국 독립당 조직 : 김구의 한국 국민당, 조소앙의 한국 독립당, 지청천의 조선혁명당 통합
- 주석 중심제로 헌법 개정(1940 : 임시 의정원에서 김구를 주석으로 선임

- 대한민국 건국 강령 발표 : 조소앙의 삼균주의에 바탕을 둠
- 김원봉의 조선민족혁명당 통합 : 민족 전선의 통일 이룩

35 제시된 자료는 연해주로 이주하여 생업과 독립운동을 지원하였던 한인들을, 소련의 성립 이후 일본과의 외교 관계 마찰을 우려한 스탈린이 중앙아시아 지역으로 강제 이주시킨 '고려인'이다.
④ 스탈린의 정책으로 연해주 지역에 거주한 한인들이 중앙아시아 지역으로 강제이주 당한다.
① 모스크바 3국 외상 회의 결정은 해방 후 임시정부 수립 내용과 연관된다.
② 조·러 통상 조약은 19세기 후반에 맺어진 조약이다.
③ 정의부·참의부·신민부의 통합운동은 1927년부터 정의부를 중심으로 추진되기 시작하였으며, '고려인'과는 관련이 없다.
⑤ 1930년대 이후에는 한중 연합작전이 전개되었다. 만주사변(1931)과 만주국 수립(1932)으로 말미암은 중국내 항일 감정 고조와 조선 독립군 독립운동의 새로운 방향과 활로 개척의 움직임은 한·중 연합활동의 가장 큰 배경이었다. 그러나 문제의 '고려인'과는 관련이 없다.
※ **미쓰야협정** : 1920년대 중반에 독립군은 만주에서 조직을 재정비하면서 역량을 강화하여 갔다. 이렇게 만주에서 독립군의 활동이 활발해지자, 일제는 만주 군벌 장쭤린에게 지원을 약속하면서 한국 독립군을 탄압, 근절할 것을 요구하였다. 이에 '불령선인 취체방법에 관한 조선총독부와 봉천성의 협정'이라는 이 미쓰야협정이 총독부 경무국장 미쓰야와 만주 봉천성 경무국장 우진 간에 체결되었다.

36 제시된 자료는 물산장려운동이다. 1920년 조만식·김동원 등의 민족 지도자들이 모여 조선 물산 장려회를 만들어 민족의 산업을 발전시키고, 민족 자본을 육성하여 경제적 자립을 이루고자 하였다. 이를 위해 자급자족, 국산품 애용, 소비 절약 등을 내세웠으며, '우리가 만든 것 우리가 쓰자.'는 구호를 내세웠다. 이번 문제는 물산장려운동이 시행된 1920년대에 일제의 정책을 묻는 문제이다.
ⓒ 독립운동을 탄압하기 위하여 치안유지법을 제정한 시기는 1920년대 중반이다.
ⓒ 경성 제국 대학을 설립하여 민립 대학 설립 운동을 저지한 시기는 1920년대 중반의 상황이다.
㉠ 성과 이름을 일본식으로 바꾸도록 강요한 시기는 1930년대 상황이다.
㉣ 남부에는 면화 재배를, 북부에는 면양 사육을 강요한 시기는 1930년대 상황이다.

※ **민립 대학 설립 운동**(1923)
- 배경 : 일본의 교육차별
- 활동 : 이상재를 중심으로 민립 대학 기성회 조직 '한민족 1천만이 한 사람이 1원씩'
- 결과 : 실패 – 일제의 방해→1924년 경성 제국 대학 설립

37 제시된 개혁안은 동학 농민 운동에서 주장한 폐정 개혁 12조이다. 동학 농민 운동에서 제기된 요구를 받아들인 개혁이 갑오개혁이다. 이러한 시기에 일어났던 사실을 묻는 문제이다.
① 제1차 갑오개혁(1894.7~1894.12)은 갑신정변이나 동학농민군의 요구를 상당히 많이 받아들인 근대적 개혁안으로 동학농민운동의 2차 봉기(1894.9)가 일어나기 전에 시행되었다.
② 영국은 러시아의 남하를 견제하기 위해 거문도를 불법적으로 점령하였다(1885~1887).
③ 신민회는 1907년에 국내에서 결성된 비밀결사단체이다.
④ 1880년 초반에 통리기무아문이 설치되며 개화정책을 추진하였다.
⑤ 조선책략은 1880년 일본에 파견된 수신사 김홍집에 의해서 당시 청국 주일공사관 황준헌이 지은 조선책략을 기증받아 귀국해 고종에게 복명과 동시에 바쳤다.
※ **거문도 사건** : 영국은 러시아의 대조선 남하정책에 대항하고자 거문도를 해밀턴 항이라 명명하여 점령하고 포대를 쌓아 군항을 만들었다. 2년 뒤 1887년 조선의 영토를 점령하지 않겠다는 러시아의 다짐을 받은 후에야 거문도에서 철수하였다.

38 제시된 자료의 토론회는 독립협회에서 개최한 것으로 '우선 국내에 신문을 반포해야 함', '의회원을 설립' 등의 대목에서 추론할 수 있다. 따라서 독립협회의 활동에 대한 이해를 묻는 문제이다.
ⓒ 독립협회는 만민공동회를 개최하였다.
ⓒ 독립협회는 민중의 정치·사회의식을 높이기 위해 민중계몽운동에 앞장섰다.
㉠ 일제의 황무지 개간권 요구에 반대한 단체는 보안회이다.
㉣ 대구에서 서상돈을 중심으로 국채보상운동이 전개되었는데, 독립협회 해산 이후의 일이다.
※ 독립협회는 1896년 7월 2일 독립문 건립과 독립공원 조성을 창립사업으로 하여 발족되었다. 서재필은 자유주의와 민주주의적 개혁 사상으로 민중을 계발하고자 하였다. 자각된 민중의 힘으로 조국을 '자주독립의 완전한 국가'로 만들기 위해서는 정치적 단체가 필요했다. 이를 위해 독립협회를 창립하였던 것이다. 이에 앞서 서재필이 같은 목적에서 창간한 「독립신문」은 독립협회 창립의 원동력이 되었다.

39 제시된 자료는 개항에 반대하는 위정척사파의 주장이다. 위정척사파는 성리학적 봉건질서 유지를 강조하고 반외세, 반침략을 주장하였다.
① 위정척사파는 천주교를 사학이라 여기고 탄압하였다. 병인박해가 대표적인 예이다.
② 위정척사운동은 주로 보수적 유생층이 주도하였으며 대표적인 인물로 초기에는 이항로, 기정진 그 후로는 유인석, 최익현 등이 있었다.
③ 위정척사파는 「조선책략」의 유포와 정부의 개화정책에 반대하여 영남만인소를 올렸다.
④ 위정척사는 성리학의 화이론에 바탕을 두고 조선의 봉건적 질서를 지키면서 서양, 일본 세력을 물리치려는 강력한 반침략, 반외세 운동이었다.
⑤ 위정척사파는 척화주전론을 내세우면서 통상반대운동을 전개하였으며 흥선대원군의 통상 수교 거부정책을 지지하였다.

※ 정(正) vs 사(邪)

정(正)	사(邪)
정학(正學), 정도	사학(邪學), 이단
성리학	천주교
조선의 성리학적 전통 질서	서양, 일본의 침략 세력

40 제시된 자료는 일제 강점기에 활동했던 독립 운동 단체의 활동 지역을 표시한 지도이다. 참의부, 정의부, 신민부의 활동에 대한 이해를 묻는 문제이다.
ⓒ 참의부, 정의부, 신민부는 자치행정기관으로 그 자체로 군정과 민정 조직을 갖춘 정부의 역할을 하기도 하였다.
ⓒ 참의부는 압록강 건너편 지역에 위치하였고, 임시정부의 직할 부대를 표방하였다.
㉠ 자유시 참변으로 무장해제를 당한 단체는 대한독립군단이다.
㉣ 조선 의용군으로 개편된 단체는 조선 의용대이다.

※ 자유시 참변 이후 다시 만주로 돌아온 독립군은 조직 재건에 착수하여 자치 단체를 결성하는데 참의부, 정의부, 신민부의 3부가 그것이다. 3부는 군사 조직뿐만 아니라 행정 제도를 갖추고 만주 조선인 사회를 통치하는 자치 조직의 성격을 가지고 있었다.

41 제시된 첫 조항과 두 번째 조항에서 강화도 조약임을 알 수 있다. 강화도 조약은 조선이 맺은 최초의 근대적인 조약으로, 조선을 자주국으로 규정하여 청의 종주권을 배제했고, 부산, 원산, 인천의 3개 항구를 개항했으며 치외법권과 해안측량권을 허용한 조약이다.
㉠ 강화도 조약은 경제·정치·군사적 침략의 발판을 마련해주었으며, 이후 서구 열강과 맺게 되는 조약의 선례가 되었다.

ⓒ 강화도 조약은 조선에서 활동하는 모든 일본인에 대한 치외법권을 보장하면서 일본 상인들의 약탈적 무역활동을 가능하게 하였다.
ⓒ 강화도 조약은 조선을 자주국가로 인정한 것이 아니라 청과 조선의 종속적 관계를 부인한 것이다.
㉣ 최혜국 대우는 조·미수호통상조약에서 처음으로 인정이 되었다.

※ 비교
- 강화도조약(1894) : 최초의 근대적 조약, 청의 종주권 배제, 3개 항구 개항, 치외법권, 무관세, 간행이정 10리
- 조·청상민수륙무역장정(1882) : 간행이정 50리로 확대, 내지통상권
- 조·미수호통상조약(1882) : 최혜국대우, 거중조정
- 조·일통상장정(1883) : 최혜국 대우

42 제시된 자료의 (가)는 '3·15 부정선거 항의 시위'라는 표현을 미루어 볼 때 전국적으로 확산되었던 4·19 혁명, (나)는 '호헌 조치 철폐'라는 표현을 미루어 볼 때 6월 민주 항쟁이다. 이번 문제는 이승만 대통령 집권기의 4·19 혁명, 전두환 대통령 집권기의 6월 민주 항쟁의 결과를 묻는 문제이다.
④ 6월 민주 항쟁의 결과로 5년 단임의 대통령 직선제로 개헌되었다.
① 유신헌법을 제정한 것은 박정희 정부가 시행한 것이다.
② 이승만은 종신 집권을 도모하고자 초대 대통령에 대한 3선 금지 조항을 폐지하는 내용을 골자로 하는 사사오입 개헌안을 통과시켰다. 이는 4·19 혁명 이전의 일이다.
③ 3선 개헌은 박정희 대통령이 경제성장에 힘입어 제6대 대통령 선거에서 재선되면서 대통령의 3선 연임을 허용하는 개헌안을 통과시켜 장기 집권을 마련한 것이다.
⑤ 6월 민주 항쟁은 국민의 힘으로 반민주적 헌법을 개정하여 오늘날 한국 민주주의 발전의 기틀을 형성하였다.

※ **국가보안법 제정** : 대공사찰과 언론통제를 내용으로 하는 국가보안법을 개정하기 위하여 자유당은 1958년 12월 24일 야당의원들을 감금하고 이를 통과시킴으로써 독재정권을 유지하는데 이용하였다.

43 제시된 자료의 'IMF구제금융 공식 요청' 신문기사 문구를 통해 국제통화기금의 구제금융을 받은 김영삼 정부임을 알 수 있다. 국가 주도의 경제 개발을 통해 선진국 문턱까지 진입하였으나, 경제협력개발기구 가입 등 무분별한 개방화 정책으로 한국 경제는 큰 위기를 맞이하게 된다.

① 시민들의 금 모으기 운동이 전개된 것은 IMF사태 이후(1997)이다.
② 제2차 경제개발 5개년은 1967년~1971에 제1차 5개년계획의 경험을 토대로 국내외의 경제여건과 시장기구를 다각적으로 반영한 장기전망을 바탕으로 시행된 것이다.
③ 제1차 석유 파동은 1973년 10월 6일부터 시작된 중동전쟁(아랍이스라엘분쟁)이 10월 17일부터 석유전쟁으로 비화된 것으로, 세계의 경제는 제2차 세계대전 이후 가장 심각한 불황에 직면하게 되었다.
④ 통화 개혁이 단행되어 화폐가치가 조절된 것은 1962년의 상황이다.
⑤ 박정희 대통령은 미국의 경제 원조를 받기 위해 1965~1973년에 국군을 베트남에 파견하였다.
※ 1960년대 이후의 한국 경제는 고도성장을 이루는 기적을 보여주었으나, 경쟁력 약화, 정경유착, 재벌 중심의 기업 구조 등으로 1990년대 들어와 한계에 봉착하게 된다.

44 자료는 박정희 대통령 시절 유신 헌법의 내용이다. 유신 헌법은 한국식 민주주의를 내세우고, 대통령의 임기를 6년으로 하고, 통일 주체 국민회의에서 대통령을 선출하며, 대통령 중임 제한을 철폐하는 내용을 담고 있다.
④ ㈘는 유신 체제 기간으로 이 기간에는 대통령이 거의 절대적인 권한을 부여받았다.
① ㈎는 대한민국 정부 수립 이후 6·25 전쟁이 한창 이루어진 시기이다.
② ㈏는 1953년 휴전협정 체결 이후 합의된 한미상호방위조약은 한반도의 군사적 긴장 상태에 효과적으로 대처하기 위해서였다.
③ ㈐는 5·16 군사정변으로 대통령이 된 박정희는 월남전 파병을 단행하였다.
⑤ ㈑는 신군부가 정권을 잡은 기간으로 결국 6월 민주 항쟁으로 인해 5년 단임의 대통령 직선제 개헌이 선포되었다.
※ 유신체제는 국가안보를 강화하고, 지속적인 경제성장과 평화통일을 위해 정치 안정이 중요하다는 명분 하에 성립이 되었다. 이에 비상계엄을 선포하고 국회를 해산하였으며 정당 및 정치활동을 금지하였다. 10월 유신을 선포하여 12월 17일 국민투표로 대통령의 중임 제한을 없애고 권한을 대폭 강화한 유신헌법을 제정하였다.

45 제시된 지문은 김구가 1948년 2월 10일에 발표한 '삼천만 동포에게 읍고함'이다. 김구는 남·북한 총선거의 무산으로 남한만의 단독선거 실시가 결정되자 김규식 등과 북한을 방문하여 남북협상을 개최하였다.

② 좌·우 합작 운동에는 중도 우파였던 김규식과 중도 좌파였던 여운형이 연합하였다. 김구는 참여하지는 않았지만, 좌·우합작 7원칙을 발표에 공식적으로 지지의사를 표명하였다.
① 5·10 총선거로 구성된 것이 제헌국회인데 김구는 5·10 총선거에 불참하였기 때문에 일원이 될 수가 없다.
③ 김구는 이승만의 정읍발언에 부정적인 의사를 표명하였다. 이외에도 대다수의 단체들이 부정적인 반응을 보였다.
④ 김구는 유엔이 한국 문제 처리를 놓고 남한만의 단독선거 실시로 결정되자, 반대의사를 표명하고 남북협상을 추진하였다.
⑤ 김구는 5·10 총선거에 불참하며 통일정부 수립운동을 전개하였으나 좌절되었다.
※ 남북협상은 1948년 4월 남한만의 단독정부 수립에 반대하는 김구·김규식 등이 남북통일정부 수립을 위해 평양으로 가서 북한 측 정치 지도자들과 협상한 일이다. 미군정청은 김구 일행의 북행을 반대했으며, 청년단체·학생단체 등의 단체들까지 결사반대했다. 그러나 김구 일행은 북행을 강행하였고, 김구·김규식·김일성·김두봉의 4인 회담이 따로 열렸다. 서울로 돌아온 김구·김규식은 협상경위·합의사항을 설명하는 공동성명을 발표하고, 5·10 선거에 불참했다. 남한에서 선거가 실시되자 북한은 제2차 남북협상을 제의했으나, 이는 마찬가지로 북한 단독정권을 수립하려는 민족분열행위라 하여 김구 등이 불응함으로써 남북협상은 실패로 끝이 났다.

46 제시된 자료는 1966년 미국이 약속한 브라운 각서의 일부이다. 1965년에 이미 국군을 베트남으로 파병한 우리나라가 미국의 추가 파병 요청에 난색을 표명하자, 미국은 제시된 자료와 같은 보상을 약속하였다. 그 결과 많은 장병들이 희생되었지만, 건설업체의 해외 진출과 인력 수출 등으로 우리나라의 경제 성장에 도움이 되기도 하였다.
ⓒ 국군을 베트남에 파견하는 대가로 미국은 한국군의 현대화를 위한 장비와 경제원조를 제공하기로 하였다.
ⓔ 베트남전쟁 단독개입에 대한 세계의 비판여론을 무마하고 자국군의 손실을 최소화하기 위한 미국의 강력한 파병 요청이 있었다.
㉠ 6·25전쟁이 끝난 직후인 1953년의 일이다.
ⓑ 전후 피해 복구 사업은 1950년대에 이루어졌다.
※ **베트남 파병의 결과**: 1973년 베트남에서 완전 철수할 때까지 연인원 31만 명 이상의 한국군이 파견되어, 명분 없는 전쟁에서 많은 희생을 치렀고 지금까

지도 고엽제 후유증으로 고통 받고 있는 참전용사들이 적지 않다. 그러나 경제발전에 적지 않은 도움이 되었다. 즉 월남에 건설업체들이 진출함으로써, 인력 수출의 길이 열렸고 전쟁이 끝난 후 그 인력과 장비가 중동으로 진출하는 결과를 가져온 것이다.

47 이번 문제는 제시된 역사서의 공통점을 찾아내면 된다.
① 모두 고조선이 내용을 담고 있다.
② 「삼국유사」는 저자가 사관이 아닌 일개 승려의 신분이었고, 그의 활동 범위가 주로 영남지방 일원이었다는 제약 때문에 불교 중심 또는 신라 중심에서 벗어날 수 없었다.
③ 「제왕운기」는 우리민족이 중국과 확연히 구별되는 자주적이고 독자적인 국가임을 강조하였으며, 몽골의 정치적 지배에 대항하는 의지를 간접적으로 표출시키기 위한 것으로 왕권강화와는 관련이 없다.
④ 「해동역사」만 실학사상과 관련이 있다.
⑤ 「해동역사」는 조선후기 실학자 한치윤이 단군조선으로부터 고려시대까지의 역사를 서술한 책이다. 「삼국사절요」는 조선 전기에 서거정 등이 편년체로 편찬한 단군조선에서 삼국까지의 역사서이다.

※ **역사서**
• 「삼국유사」: 고조선에 관한 서술은 한국의 반만년 역사를 내세울 수 있게 하고, 단군신화는 단군을 국조로 받드는 근거를 제시하여 주는 기록이다.
• 「삼국사절요」: 편년체로 편찬하여 단군조선에서 삼국까지의 역사를 기록하였다.
• 「제왕운기」: 단군신화를 한국사 체계 속에 당당히 포함시킴으로써 우리 역사의 유구성을 강조하였다.
• 「해동역사」: 조선후기 실학자 한치윤이 단군조선으로부터 고려시대까지의 역사를 서술하였다.

48 제시된 자료의 '가축을 잡아 고기를 제공'이라는 표현을 미루어 볼 때 '우리의'에 해당하는 계층은 백정임을 알 수 있다. 이번 문제는 백정에 대한 내용을 골라주면 된다.
④ 조선 정조 집권기에 해방운동으로 신분상승을 한 계층은 서얼이다.
① 백정은 고려시대에 화척이라 불렀다.
② 백정은 갑오개혁 때 법적으로 신분이 해방되었다. '문벌, 양반과 상인들의 등급을 없애고 귀천에 관계없이 인재를 선발하여 등용한다'는 갑오개혁의 내용을 통해 법적인 신분제가 폐지되었음을 알 수 있다.
③ 백정 박성춘은 만민 공동회에서 관민의 단결을 호소하는 연설을 하였다.
⑤ 백정은 일제 강점기에 호적의 직업란에 붉은 점을 찍어 차별받았다.

※ **신량역천**: 고려·조선 시대에 양인의 신분을 가지고 있지만, 역이 힘들어서 사회적으로 천시되는 사회계층을 말한다. 대표적인 신량역천 계층은 수종, 조예, 나장, 조졸, 역졸, 봉수군, 일수 등 칠반천역이 그것이다.

49 제시된 자료의 (개)는 익산 미륵사지 석탑, (내)는 법주사 팔상전, (대)는 부여 정림사지 5층 석탑, (래)는 관촉사 석조미륵보살입상, (매)는 다보탑이다. 각 탑에 대한 이름 및 위치 지역을 묻는 문제이다.
⑤ (매)는 신라의 토함산에 위치한 다보탑이다.
① (개)는 백제의 익산 미륵사지 석탑이다.
② (내)는 조선 후기의 충북 보은에 위치한 법주사 팔상전이다.
③ (대)는 고려 초기의 충청도에 위치한 논산 관촉사 석조미륵보살입상이다.
④ (래)는 백제의 부여 정림사지 오층 석탑이다.

※ 보은 법주사 팔상전은 우리나라 유일의 목조 5층탑으로, 높이는 22.7m이다. 법주사는 553년(신라 진흥왕 14)에 창건되었고, 팔상전은 정유재란 당시 불에 타 없어진 후 선조 38년(1605년)부터 공사를 시작하여 인조 4년(1626년)에 완성된 것으로, 1968년의 해체 복원 공사를 거쳐 현재의 모습을 하고 있다. 벽의 사방에 각 면 2개씩 모두 8개의 변상도가 그려져 있어 팔상전이란 이름이 붙었다.

50 제시된 자료는 평양의 시내 지도이다. 지도의 '대동강', '옥류관', '동명왕릉', '김일성대학교' 등의 지명을 통해 평양임을 유추 할 수 있다. 즉 평양 지역에서 일어난 역사적 사실과 관련된 것을 묻는 문제이다.
① 흥선대원군의 천주교 탄압을 구실로 삼아 외교적 보호를 명분으로 하여 프랑스는 제국주의적인 전쟁을 일으켰다. 로즈 제독이 이끄는 프랑스 함대 7척이 강화도를 점령하고 프랑스 신부를 살해한 자에 대한 처벌과 통상조약 체결을 요구한 사건으로 병인양요라고 한다.

② 물산장려운동은 평양에서 조만식을 중심으로 한 민족 지도자들과 자작회가 주축이 되었다. 1920년 7월 20일 평양에서 조선물산장려회 발기인대회를 가진 데서 시작되었다고 볼 수 있다.
③ 묘청의 서경천도운동은 고려 서경의 승려출신 묘청이 고려 수도를 개경에서 서경으로 옮기려고(천도) 전개한 정치적 움직임과 후에 천도운동이 좌절되자 무력으로 중앙정부에 저항한 것을 말한다.
④ 평양에서 통상을 요구하며 행패를 부리던 미국 상선 제너럴셔먼호를 평양 군민들이 응징하여 불에 태워버린 사건으로 신미양요라고 한다.
⑤ 조위총의 난은 1174년(명종 4)부터 1176년까지 3년 동안 평양을 중심으로 정중부 등의 무신정권에 대항해서 일어난 것이다.

※ **병인양요 결과**: 프랑스군은 10월 14일 상륙 이래 거의 한달 동안 강화도를 점거했지만, 정신적·육체적으로 피로했기 때문에 정족산성을 재공략할 수 있었음에도 불구하고, 11월 10일 함대를 철수하고 말았다. 프랑스군은 강화도 철수 시 고도서 345권과 은괴 19상자 등 문화재를 약탈해갔다. 로즈의 조선 원정은 11월 21일 제2차 원정이 끝날 때까지 무려 2개월여에 걸친 장기 원정이었다.

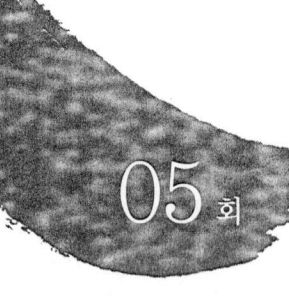

05회 정답 및 해설

정답	배점	정답	배점	정답	배점	정답	배점	정답	배점	정답	배점	정답	배점	정답	배점	정답	배점	정답	배점
1 ⑤	2	2 ④	2	3 ⑤	2	4 ①	1	5 ③	2	6 ③	2	7 ②	3	8 ④	1	9 ①	3	10 ⑤	2
11 ②	1	12 ③	3	13 ④	2	14 ②	1	15 ③	2	16 ②	2	17 ⑤	2	18 ④	2	19 ③	3	20 ⑤	2
21 ②	2	22 ②	3	23 ②	1	24 ③	1	25 ①	2	26 ④	2	27 ②	2	28 ②	3	29 ④	2	30 ⑤	2
31 ④	2	32 ①	2	33 ①	2	34 ②	3	35 ④	1	36 ⑤	2	37 ②	1	38 ④	2	39 ④	2	40 ④	3
41 ②	2	42 ④	1	43 ④	2	44 ①	2	45 ②	2	46 ①	3	47 ②	2	48 ③	2	49 ②	1	50 ②	3

답지번호별 빈도표

내용\번호	①	②	③	④	⑤	계
문항 수	7	16	7	13	7	50

문항배점별 빈도표

내용\배점	1	2	3	계
문항 수	10	30	10	50
점수	10	60	10	100

1. 제시된 자료는 구석기 시대의 모습으로, 동굴에서 불을 피우며 거주하는 모습을 통해 구석기인이라는 것을 알 수 있다. 구석기 시대의 특징을 잘 이해하고 있는지를 묻고 있는 문제이다.
   ⑤ 구석기시대는 동물의 뼈나 뿔로 만든 뼈를 도구로 이용하고, 뗀석기를 사용하였다.
   ① 신석기시대에 밭농사가 시작되면서 이동생활을 벗어나 한 곳에 머물러 살기 시작하였다.
   ② 신석기시대에는 주로 해안이나 강가에서 움집을 짓고 살았다.
   ③ 전문 장인이 출현하여 사유재산과 계급이 나타나게 된 것은 청동기 시대이다.
   ④ 삼국시대에 삽, 괭이, 낫 같은 철제농기구가 보급되어 사용되었다.
   ※ 뗀석기

구분	기능
주먹도끼	짐승을 사냥하거나 털과 가죽을 분리할 때 사용
찍개	나무를 자르거나 사냥할 때 사용
찌르개	자루를 달아 창이나 찌르는 무기로 사용
긁개	사냥한 짐승의 가죽을 벗겨 손질하는 데 사용
밀개	나무껍질을 벗겨내는 데 사용

2. 자료에서 설명하고 있는 '이 나라'는 고구려이다. '상가', '고추가', '대가' 등을 통해 고구려임을 알 수 있다. 이번 문제는 고구려의 풍습, 제천행사, 통치체제 등에 대해 전반적으로 이해하고 있는지를 묻고 있는 문제이다.
   ④ 고구려는 서옥제라는 혼인 제도가 있었다.
   ① 동예는 특산물로 단궁, 과하마, 반어피 등이 유명하였다.
   ② 부여는 영고라는 제천 행사가 있었다.
   ③ 변한은 중국과 왜에 철을 수출하였다.
   ⑤ 동예는 다른 읍락을 침범하면 소, 말 등으로 갚게 하는 책화가 있었다.
   ※ 서옥제는「삼국지」에 보이는 고구려 때의 혼인관습이다. 남자가 결혼할 여자 집 문밖에서 자기의 이름을 알리고 무릎 꿇고 절하면서 여자와 잘 것을 3번 간청하면 여자의 부모는 이를 허락하고 집 뒤에 조그만 거처를 마련하여 같이 자게 한다. 여자는 자녀를 낳아 장성하여야 남자 집에 가게 된다. 이때 남자가 여자 집에 머무르던 집을 서옥이라고 했다.

3. 제시된 자료는 '도적들', '원종과 애노' 등의 표현으로 미루어 보아 신라 하대에 대한 설명임을 알 수 있다. 통일신라는 중대 말에 넘어와서는 진골 귀족들의 세력이 강화된다. 특히 혜공왕이 진골 귀족 간의 다툼 와중에 살해당하면서 이후 신라의 왕위는 세력이 강한 진골 귀족이 무력을 통해 즉위하는 과정이 빈번하게 일어난다.
   ⑤ 신라하대에는 관료전 대신 녹읍이 지급되었다.
   ① 신라하대에 지방의 호족들은 스스로 성주나 장군이라 칭하였다.

② 신라하대에 진골 귀족들의 왕위 쟁탈전이 발생하였다. 혜공왕 피살 이후 150여 년 동안 20명의 왕이 교체되었다.
③ 신라하대에 농민들은 귀족들의 대토지 소유 확대와 지방 세력가의 수탈로 인해 몰락하였다.
④ 신라하대에는 선종과 풍수지리설이 유행하였다.

※ **풍수지리설의 유행**
- 보급 : 신라 말 도선에 의해 보급, 지형에 따라 인간의 길흉화복이 정해진다고 주장
- 영향 : 경주 중심의 지리 개념에서 탈피(신라 정부의 권위에 도전) → 지방의 중요성 강조

4 제시된 자료를 통해 도교에 대해 묻는 문제임을 알 수 있다. 삼국시대 도교는 산천숭배나 불로장생의 신선사상과 노장사상이 유행하였으며 하늘에 대한 숭배관념을 통해 민족의식을 고양하였다.
① 백제의 산수무늬벽돌은 도교에 대한 백제인들의 세계관을 엿볼 수 있는 유물이다. 현실세계에는 존재하지 않는 그림처럼 아름다운 신선세계의 산풍경은 마음을 편안하게 만들어주는 신비스러운 모습으로, 산수무늬 벽돌 속 산 가운데 오롯하게 들어 앉아있는 집 한 채는 자연 속에 점 하나로 살고 싶은 백제인의 마음을 그대로 볼 수 있다.
② 경북 경주시 황남동 고분군 천마총에서 발견된 천마도이다. 천마도는 말 양쪽 배에 가리는 가리개로, 흙이나 먼지를 막는 외에 장식물로도 사용되었으며, 도교와는 관련이 없다.
③ 석굴암은 경북 경주의 토함산 중턱에 위치한 석굴사찰로 도교와는 관련이 없다.
④ 백제의 서산마애삼존불상은 백제의 미소로 불리고 있으며, 도교와는 관련이 없다.
⑤ 성덕대왕 신종은 통일신라 때 제작되었고, 12만근의 구리가 들어간 거대한 종이다. 도교와는 관련이 없다.

※ **서산마애삼존불상** : 충청남도 서산시 운산면 가야산 계곡을 따라 들어가면 층암절벽에 조각되어 있다. 흔히 '백제의 미소'로 널리 알려진 이 마애불은 암벽을 조금 파고 들어가 불상을 조각하고 그 앞쪽에 나무로 집을 달아 만든 마애석굴 형식의 대표적인 예로 꼽힌다. 특히 이곳은 백제 때 중국으로 통하는 교통로의 중심지인 태안반도에서 부여로 가는 길목에 해당하므로, 이 마애여래삼존상은 당시의 활발했던 중국과의 문화교류 분위기를 엿볼 수 있게 하는 작품이라 하겠다.

5 제시된 자료는 5세기 고구려의 전성기의 지도이다. 5세기 고구려의 전성기에 있었던 역사적 사실을 묻는 문제이다.

㉠ 금관가야를 중심으로 하는 초기 가야 연맹은 4세기 후반 이후 고구려의 침입으로 큰 타격을 입고 세력이 약화되면서 신라로 넘어갔다. 그 후 낙동강 서쪽의 여러 가야는 고령의 대가야를 중심으로 다시 연맹체를 이루었다.
㉢ 장수왕(413~491)은 수도를 국내성에서 평양성으로 옮기고 남진정책을 실시하였다. 또한 중국의 남북조와 각각 교류하면서 대립하고 있던 두 세력을 조종하는 외교정책을 써서 중국을 견제하였다.
㉡ 백제의 무령왕(501~523)은 22담로라는 특별행정구역을 지방에 설치하고 국왕의 자제 및 왕족을 파견하였는데, 이는 고구려 전성기 이후의 일이다.
㉣ 신라의 진흥왕(540~576)은 한강 유역을 장악하면서 당항성을 축조하고 중국과 교류하였다. 이는 고구려 전성기 이후의 일이다.

※ 담로는 백제 시대에 지방의 중요한 지역에 설치한 것으로, 이곳에는 왕자나 왕족을 보내어 다스렸다. 백제 왕실이 지방을 지배하는 근거지이자 그것을 중심으로 하는 일정한 통치 영역을 나타내는 것이다.

6 제시된 자료의 '정복군주', '개국', '대가야 정복', '국사 편찬'을 통해 '이 사람'은 진흥왕임을 알 수 있다. 이를 통해 진흥왕과 관련된 역사적 사실을 찾아내면 된다.
③ 신라의 진흥왕은 단양의 적성을 점령하여 한강상류를 확보한 것을 기념하기 위해 단양적성비를 세웠다.
① 신라의 내물왕은 백제와 왜군의 연합으로 위기에 처하자, 고구려의 광개토대왕에게 군사원조를 요청하였다.
② 백제의 문주왕은 고구려의 남하정책으로 인해 수도를 웅진(공주)으로 천도하였다.
④ 고구려의 남진정책에 맞서기 위해 백제의 동성왕과 신라의 소지왕은 결혼동맹을 맺었다.
⑤ 백제의 근초고왕은 요서, 산둥, 규슈 지역으로 진출하였다.

※ **단양적성비** : 신라 진흥왕 때 이사부를 비롯한 여러 명의 신라 장군이 왕명을 받고 전쟁에 나가 고구려 지역이었던 적성을 공격하여 차지하였다. 이에 진흥왕은 그들을 도와 공을 세운 적성 출신의 야이차와 가족 등 주변 인물을 포상하고 적성 지역의 백성들을 위로하기 위해 단양적성비를 세웠다.

7 제시된 자료의 '수로왕', '이진아시왕', '도설지왕' 등을 통해 가야임을 알 수 있다. 자료를 통해 가야를 추론하고 가야의 특징과 사회 모습에 대한 이해를 묻는 문제이다. 가야와 다른 삼국의 특징, 유물을 구분해서 알아두도록 하자.
㉠ 변한 지역에서 여러 국가의 연맹 형태로 출발한 가야는 3세기 이전까지 철 생산과 철기 문화를 바탕으로

성장하였다. 풍부한 철의 생산과 해상 교통을 이용하여 낙랑과 왜의 규슈 지방을 연결하는 중계무역이 발달하였다.
ⓒ 가야의 소국들은 일찍부터 벼농사를 짓는 등 농경문화가 발달하였다. 본래 가야가 속했던 삼한지역은 철기 시대부터 벼농사가 활발하게 이루어졌다.
ⓛ 가야는 통일을 이루지 못하고 연맹왕국으로 멸망하였다.
ⓔ 신라의 내물왕은 진한지역을 차지하고 김씨에 의한 왕위세습권을 확립하고 군장의 칭호를 마립간으로 바꾸었다.
※ 이진아시왕은 대가야국의 시조로 내진주지라고도 하며, 금관가야 시조 수로왕의 형이다. 42년경 경북 고령지방을 중심으로 대가야국을 세웠다. 도설지왕은 대가야의 마지막 왕인 제16대 왕으로 신라의 이사부가 거느린 대군에게 항복하였다.

8 제시된 자료의 '화엄종', '당나라에서 연구', '부석사' 등을 통해 의상임을 알 수 있다. 즉 신라시대의 승려들의 업적이나 교리를 이해하고 있는지를 묻는 문제이다.
④ 원효가 아미타신앙을 통해 불교의 대중화를 이끈데 반해, 의상은 화엄종단에서 아미타신앙과 함께 현세에서 고난을 구제받고자 하는 관음사상을 이끌었다.
① 원효는 극락에 가고자 하는 아미타신앙을 널리 전도하여 불교를 일반인들에게 알렸다.
② 혜초는 당에서 바닷길로 인도와 중앙아시아 여러 나라를 순례하고 기행문인 「왕오천축국전」을 남겼다.
③ 원효는 여러 종파의 모순을 보다 높은 차원에서 융화, 통일시키고자 화쟁사상을 주장하였다.
⑤ 원효의 「대승기신론소」, 「금강삼매경론」 등은 당시의 거의 모든 불교서적의 폭넓은 이해를 바탕으로 저술된 것이다.
※ 정토사상은 왕생이 발원과 십념만으로도 가능하다는 불교신앙의 실천적인 방법이다. 따라서 정토신앙(극락에 가고자 하는 아미타신앙)은 높은 학문과 지식이 없어도 누구나 발원하여 염불하면 정토에 왕생할 수 있다는 것이므로, 일반대중에게 쉽게 보급될 수 있는 대중신앙이었다.

9 제시된 연표의 (가)는 '율령을 반포'라는 표현에서 법흥왕(514~540)라는 것을 알 수 있으며, '진골 출신으로 처음으로 왕이 되다'라는 표현에서 654년 진덕여왕이 죽자 진골의 신분으로 군신들의 추대를 받아 즉위함으로써 신라 최초의 진골출신 왕이 된 무열왕(김춘추)임을 알 수 있다. 이를 바탕으로 (가)에 해당하는 역사적 사실을 찾아내는 문제이다.
ⓞ 선덕여왕(632~647)은 천문관측기구인 첨성대를 축조하였다.

ⓒ 지증왕(500~514)은 우경을 권장하였다.
ⓒ 감자는 임진왜란 이후 들어온 작물이다.
ⓔ 목화는 고려 말기 문익점에 의해 들어왔다.
※ 별을 보는 데에는 크게 두 가지의 목적이 있다. 하나는 국가의 길흉을 점치기 위하여 별이 나타내는 현상을 관찰하는 것이고, 또 하나는 역법을 만들거나 그 오차를 줄이기 위하여 별이나 일월오성(日月五星 : 해와 달 그리고 지구에서 가까운 금성·목성·수성·화성·토성의 다섯 행성)의 운행을 관측하는 것이다. 전자는 미신적인 점성학이고, 후자는 과학적인 천문학 또는 역학이다.

10 제시된 자료는 조선 후기 역사가 유득공이 저술한 「발해고」이다. 그는 남북국시대라는 용어를 처음 사용하였다. '대씨'는 대조영을 의미하며, 북쪽을 소유한 나라는 발해를 의미한다.
⑤ 벽란도는 고려 때의 국제 무역항이다. 개경에 가까운 예성강은 물이 비교적 깊어 강어귀에서 약 20리 되는 벽란도까지 큰 배가 올라갈 수 있었으며, 송나라·왜 등의 상인들이 많이 드나들었다.
① 발해의 수출품은 주로 모피·인삼 등 토산물과 불상·자기 등 수공업품이었다.
② 발해는 신라와 문화적 우월경쟁과 당의 견제정책으로 대립했으나, 부분적으로 사신 교환·무역 등 친선관계를 유지하였다. 특히 신라로 가는 육지의 길인 신라도를 통해 교통하였다.
③ 산둥반도에 중국 당나라에 있었던 발해의 사신들이 머물던 숙소인 발해관이 있었다.
④ 발해의 귀족은 대토지를 소유하고 무역을 통해 당의 비단·서적 등을 수입하여 화려한 생활을 하였다.
※ 발해는 기후 조건의 한계로 밭농사를 중심으로 경작이 이루어졌으며 철제 농기구의 확대와 수리 시설의 확충으로 일부 지방에서는 벼농사가 보급되기도 하였다. 그 밖에 목축과 수렵이 발달하여 솔빈부의 말을 수출하였다.

11 제시된 자료의 '김윤후', '살리타'를 통해 처인성에서 몽골장수 살리타가 승려 김윤후에게 사살되자 퇴각한 몽고의 2차 침입임을 알 수 있다.
② 고려가 몽고의 조공요구와 간섭에 반발하여 강화도로 천도하자 몽고는 2차 침입을 하였다. 그러나 처인성에서 몽고장수 살리타가 승려 김윤후에게 사살되자 퇴각하였다. 이후 몽고는 20여년에 걸쳐 6차례나 침입하였다.
① 4군의 6진의 개척은 조선시대 세종 때의 일이다.
③ 고려 시대 윤관은 여진족을 몰아내고 동북 9성을 축조하였는데, 몽고의 침략 이전의 일이다.

④ 공민왕은 원·명 교체기에 반원자주정책을 실시하였으며, 이에 쌍성총관부(철령 이북)의 땅을 회복하였다.
⑤ 교정도감은 고려시대 최충헌 이래 무신정권의 최고 정치기관으로 최씨 정권의 권력기반이었다.
※ 교정도감은 무신집권기에 존립했던 다른 지배기구보다도 더 큰 의의를 가지고 있었다. 즉 무신집권 초기에는 무신의 합좌회의기관인 중방에 의해 정치가 행해졌는데, 이는 집단적 정권장악에 의한 지도체제라 할 수 있다. 이에 비해 경대승의 도방이나 최씨 집권기의 교정도감은 지도체제가 일인체제로 바뀌었음을 의미한다.

12 제시된 자료의 ㈎는 호족, ㈏는 문벌귀족, ㈐는 권문세족, ㈑는 사림이다. ㈎~㈑에 해당하는 세력들의 특징에 대해 묻는 문제이다. 이러한 문제는 자주 출제되는 편이므로 이들이 집권하였던 시기의 상황까지 같이 이해를 해야 한다.
㉠ 호족은 정부의 전통적인 권위에서 벗어나 어려운 교리를 공부하지 않아도 되는 선종을 선호하였다.
㉢ 권문세족은 무신 정권 붕괴 이후 정계의 요직을 장악하고 농장을 소유한 최고의 권력층이었으며, 가문의 힘을 이용하여 음서로써 신분을 세습시켰다.
㉡ 무신정변으로 무신이 집권하면서 문신 중심의 정치조직은 그 기능을 상실하고, 이를 대신하여 중방을 중심으로 중방정치가 행해졌다. 중방은 군사·경찰 외에 인사·조례 제정 등 초권력을 행사하였다.
㉣ 고려 말 혁명파 사대부는 훈구파로 새로운 왕조 개창에 참여하였다.
※ 고려의 대표적인 문벌귀족으로는 안산 김씨(김은부)·경원(인주)이씨(이자연·이자겸)·해주 최씨(최충)·경주 김씨(김부식)·파평 윤씨(윤관)·강릉 김씨(김인존) 등을 들 수 있다.

13 자료에 나타난 망이·망소이 형제의 난은 무신정권 시기에 일어난 봉기이다. 망이·망소이 형제의 난을 통해 무신정권 시기임을 추론하고, 무신정변이 일어난 후 나타난 사회적, 정치적 상황을 이해하고 있는지를 묻고 있는 문제이다.
④ 무신들은 고관요직을 차지하고 사전과 노비를 늘렸으며, 사병집단을 두었다.
① 쌍기는 광종 때의 인물로 광종의 개혁정치에 참여하여 과거 제도 실시를 건의하였다. 무신정권 이전의 일이다.
② 성종은 최승로의 시무 28조를 수용하여 유교정치를 바탕으로 통치체제를 정비하였다. 무신정권 이전의 일이다.

③ 묘청은 금에 대한 사대주의 외교정책에 반대하면서 금국정벌론을 주장하였다. 무신정권 이전의 일이다.
⑤ 권문세족은 몽고와의 강화 이후 등장하게 된다. 무신정권 이후의 일이다.
※ 무신정변이 진행되는 동안 왕권이 약화되고 문벌귀족 사회가 붕괴되어 관료사회로 전환되는 계기가 되었다. 또한 문·무반 관직 사이의 겸직과 문신의 무반화 현상으로 무반과 문반 사이의 신분적 차이가 없어졌다.

14 제시된 자료의 이자겸은 고려 중기의 대표적인 문벌 귀족 가문으로, 정치적으로는 과거와 음서, 경제적으로는 공음전, 사회적으로는 왕실 및 대귀족 가문들 사이의 혼인 관계를 통해 권력을 독점하였다.
② 금나라는 형의 나라로 섬겨오던 고려에게 사대 관계 요구를 해온다. 이 당시 집권 세력이었던 이자겸은 자신의 권력을 계속 유지하기 위해 이 요구를 받아들인다.
① 권문세족은 친원세력으로 농장을 소유하였고, 도평의사사를 통해 권력을 장악하였다.
③ 북진정책을 주장한 것은 묘청의 서경천도운동과 관련이 있다.
④ 신진사대부는 성리학을 학문의 주류로 삼았다.
⑤ 무신정변을 통해 문벌귀족이 몰락하게 된다.
※ 묘청의 서경천도 실패로 숭문경무 풍조가 확대된다. 즉 묘청의 서경파 몰락으로 김부식을 위시한 개경 중심의 보수적인 문신들의 세력기반이 더욱 공고해지고 숭문경무의 경향이 확대되는데, 이는 뒤에 무신정변의 배경이 되기도 하였다.

15 제시된 자료는 고려시대의 지방 행정 조직에 관한 모습을 보여주는 지도로 고려시대의 정치·경제·문화를 묻는 문제이다.
③ 고려 시대 백정은 양민의 대다수인 농민들로 조세·공납·역의 의무를 지고 있었다. 법제적으로는 과거 응시에 제약이 없었고 전지를 받는 군인으로 선발될 수 있었다.
① 고려시대 노비는 재산으로 간주되어 국가로부터 엄격히 관리되었다. 또한 매매, 증여, 상속의 방법을 통하여 주인에게 예속되어 인격적인 대우를 받지 못하였다.
② 향·소·부곡은 양민보다 하급 신분으로 양민이면서도 일반 양민에 비하여 심한 규제를 받았다. 이에 일반 군현민이 반란을 일으킨 경우 집단적으로 처벌하여 군현을 부곡 등으로 강등하였다.
④ 외거노비는 주인과 따로 살면서 농업에 종사하며 주인에게 신공을 바치고 생활하였다.

⑤ 고려 시대에는 각 지방의 호족 출신은 향리로 편제되었다. 이들은 지방의 실질적 지배층으로 통혼관계나 과거 응시에 있어서도 하위의 향리와는 구별되었다.
※ 부곡은 양광(충청)·경상·전라 등 남부지방에 분포되었으며, 부곡민은 전시과의 국유지를 경작하는 전호에 해당되었다. 추수기에는 공역에 동원되는 일품군에 편제되기도 하였다. 이들은 국가에 직역이나 조세·공납·역을 부담하는 등 양민으로서 의무를 다하였지만, 일반 군현민에 비해 관직 진출과 교육 등에서 법제적 차별대우를 받았다.

16 제시된 자료는 태조 왕건이 고려를 건국하기 전까지의 과정을 나열하였다. 이번 문제는 태조 왕건이 고려를 건국한 후의 업적을 묻는 것이다.
② 고려는 이름부터 고구려를 계승한 나라로, 고구려의 옛 땅을 되찾고자 강력한 북진 정책을 추진하였다. 평양을 서경으로 삼고, 북진 정책의 전진 기지로 적극 개발하였고, 그 결과 청천강에서 영흥에 이르는 국경선을 확보할 수 있었다.
① 광종은 쌍기의 건의를 받아들여 과거제를 실시하였다.
③ 공민왕은 반원정책을 실시하면서 정동행성을 폐지하였다.
④ 고려시대 전시과를 처음 시행한 왕은 경종이다. 그 후 개정 전시과는 현종 대에 시행되었으며, 경정 전시과는 문종 대에 시행되었다.
⑤ 광종은 양인이었다가 노비가 된 사람을 조사하여 다시 양인이 될 수 있도록 조치한 노비안검법을 시행하였다.
※ **노비안검법 시행의 배경**: 당시 호족은 전쟁 포로가 되었거나 빚을 갚지 못했든지, 아니면 그 밖의 강제적인 방법으로 양인에서 노비가 된 사람들을 많이 소유하였다. 이러한 노비는 호족이 소유한 토지와 함께 그들의 경제적·군사적 기반이 되었고, 이는 국가의 입장에서 볼 때 왕권을 위협하는 것이므로 제한해야 할 필요가 있었다.

17 제시문은 고려 중기의 문신 이승장(1137~1191)의 묘지명이다. 고려시대에는 남편을 여읜 여성의 재혼에 대해 사회적 인식이 그리 부정적이지 않았고, 재혼 후의 생활에서도 여성들은 새 남편을 상대로 자신의 목소리를 냈음을 보여준다.
ⓒ 고려 시대에는 혼인한 딸이 친정 부모와 함께 살기도 하였다.
ⓔ 고려 시대에는 사위나 외손자에게도 음서의 혜택을 부여하였다.
㉠ 고려 시대에는 아들이 없는 경우 양자를 들이지 않고 딸이 제사를 받들었다.

ⓒ 17세기 이후 부계 중심의 가족제도가 확립되었다.
※ 묘지명은 무덤 주인공이 누구이고 어떤 삶을 살았는지를 후세에 전하려는 뜻으로 무덤 안에 넣은 기록물이다. 무덤 앞에 세우는 묘비가 공적인 내용을 담는데 비해 묘지명은 개인적인 동기로 만들어졌기 때문에 당시의 생활과 문화를 읽을 수 있는 바로미터가 된다. 중국의 영향을 받아 고려시대부터 자리 잡기 시작한 묘지명은 대체로 판석에 새겨지며 망자 본인이나 가족, 친구가 글을 썼다.

18 제시된 자료에서 사상들의 자유로운 상업행위를 허용하는 신해통공, 서얼과 노비에 대한 차별을 완화시킨 것을 통해 정조임을 알 수 있다. 정조가 실시한 개혁정치가 아닌 것을 고르면 된다.
④ 영조·정조 둘 다 탕평정치를 시행하였으나, 탕평비를 건립한 것은 영조이다.
① 정조는 초계문신제 시행으로 신진 인물 및 하급관리에 대한 재교육을 통하여 왕권을 강화하려 하였다. 대표적인 인물로 정약용이 있다.
② 정조는 법전인 「대전통편」을 편찬하여 통치 규범을 재정비하였다.
③ 정조는 외교문서를 정리한 묶음집인 「동문휘고」를 편찬하였다.
⑤ 정조는 규장각을 왕권을 강화하기 위한 정치적 목적으로 활용하여 박제가, 유득공, 정약용 등이 정치에 참여하였다.
※ 1742년에는 영조는 탕평정책을 알리고 열의를 과시하기 위하여 유학의 본산이며, 관학의 최고학부인 성균관유생들에게 경계문구를 새긴 탕평비를 성균관 반수교 위에 세웠다. 왕은 「예기」에 있는 구절 중 "신의가 있고 아첨하지 않는 것은 군자의 마음이요, 아첨하고 신의가 없는 것은 소인의 사사로운 마음이다'라고 친서하여 비에 새겨 성균관에 세웠던 것이다.

19 자료의 '야인 추장들'은 여진족이다. 4군 6진 지도를 통해서 여진족을 추론할 수 있다. 여진족에 대한 조선 정부의 정책에 대한 이해를 묻는 문제이다.
ⓒ 조선은 여진족에 대한 강경책의 일환으로 4군 6진을 개척하였으며, 회유책으로는 여진족에게 관직과 토지 등을 주어 귀순을 장려하였다.
ⓒ 여진족에 대하여 무역소를 설치하여 국경 무역을 허용하였다.
㉠ 조선통신사는 조선에서 일본의 막부장군에게 파견되었던 공식적인 외교사절이다.
ⓔ 3포 개항은 세종 집권기에 일본 대마도(쓰시마 섬)의 요구로 조선의 제포(지금의 창원)·염포(지금의 울산)·부산포의 세 항구를 개항한 것이다.

※ 세종 때 4군 6진 개척으로 두만강 유역을 차지하지만 그 지역에 백성들이 없으므로 1433년 국가에서 남쪽의 백성들을 북쪽으로 이주시키는 사민 정책을 실시하였다. 사민 정책 후 그 지방 사람을 관리로 임명하는 토관 제도를 실시하였다.

20 제시된 자료는 조선시대의 정치기구에 대한 것이다. 특히 '사헌부', '사간원', '홍문관'은 청요직으로 불리며, 3사라고도 한다. 3사의 언론은 고관들은 물론 왕이라도 함부로 막을 수 없었고 이를 위한 여러 규정이 관행으로 받아들여졌다.
⑤ 승정원은 왕명 출납기구의 역할을 하였다.
① 홍문간은 국왕의 학문적·정치적 자문에 응하는 학술적 임무 때문에 자주 왕에게 조정의 옳고 그름을 논하거나 간언하였다.
② 사간원은 국왕의 잘못이나 비행을 비판하는 간쟁을 담당하였다.
③ 사헌부는 관리의 비리를 감찰하고 탄핵하는 일을 담당하였다.
④ 대간은 5품 이하의 관리 임명 시에 서명하는 서경권을 갖고 있었다.
※ 3사는 정사를 비판하고 관리들의 비리를 감찰하고 언론기능을 담당하였다. 이는 왕권의 전제성을 견제하고 신권의 독점과 부정을 방지하는데 목적이 있다.

21 제시된 자료는 조선의 8도 지도이다. 조선의 지방행정조직과 고려시대의 지방행정조직을 비교하는 문제가 출제되기 때문에 연계해서 이해를 할 필요가 있다.
㉠ 조선 시대에는 모든 군·현에 지방관이 파견되었다.
㉢ 조선 시대 향리는 6방에 배속되어 수령의 보조원으로 행정실무를 담당하였다.
㉡ 고려 초기에는 개경을 중심으로 서경(평양), 동경(경주)의 3경을 두어 각각 도시를 발전시켰고, 문종 때 동경(경주) 대신에 남경(서울)을 중요시하여 3경에 포함시키는 한편 이곳에 몇 차례 궁궐을 지었다.
㉣ 조선 시대에는 모든 군·현에 지방관이 파견되어 속현·향·소·부곡이 없어졌다.
※ 지방에는 고려 말 조선 초부터 군현의 수령을 보좌하여 행정업무를 담당하기 위한 부서로 중앙의 6조와 같이 6방을 두었다. 지방의 군현 성립이 지역에 따라 일정하지 않기 때문에 6방 체제의 시행도 각기 달랐다. 이들은 향리의 직임으로 조선 전기에는 호장(戶長) 중심의 6방 체제가 유지되다가 조선 중기부터 이방의 직능이 강화되어 조선 후기에는 이방 중심의 6방 체제가 형성되었다. 19세기에 이르면 백성들에 대한 이들 향리의 수탈이 가속화되어 민란이 발생하는 한 원인이 되기도 하였다.

22 제시된 자료에서 '임진왜란 때 불탄 그것을 중건', '당백전', '원납전'을 통해 경복궁임을 알 수 있다. 특히 흥선대원군은 왕실의 권위를 회복하기 위해 중건하였다. 중건을 위해 원납전을 징수하고 당백전을 발행하게 되면서 강제 징수와 물가 폭등으로 민심이 돌아서기도 하였다.
② 조선시대에 만들어진 다섯 개의 궁궐 중 첫 번째로 만들어진 곳으로, 조선 왕조의 법궁이다. 한양을 도읍으로 정한 후 종묘, 성곽과 사대문, 궁궐 등을 짓기 시작하는데 '큰 복을 누리라'는 뜻을 가진 '경복(景福)'을 써서 경복궁이라 하였다.
① 창덕궁은 임진왜란 이후 경복궁·창경궁과 함께 불에 타 버린 뒤 제일 먼저 다시 지어졌고 그 뒤로 조선왕조의 가장 중심이 되는 정궁 역할을 하였으며, 조선 왕들이 가장 오래 거처를 했던 곳이다.
③ 창경궁은 순조 즉위 후 일제에 의하여 크게 훼손되었다. 1909년(순종 3) 일제는 궁 안의 전각들을 헐어버리고 동물원과 식물원을 설치하였고, 궁원을 일본식으로 변모시켰다.
④ 창덕궁에 부속 건물로 돈화문이 있었다.
⑤ 수원화성은 축조시에 정약용의 거중기가 사용되었다.
※ 경복궁은 사적 제117호. 도성의 북쪽에 있다고 하여 북궐(北闕)이라고도 불리었다. 조선왕조의 건립에 따라 창건되어 초기에 정궁으로 사용되었으나 임진왜란 때 전소된 후 오랫동안 폐허로 남아 있다가 조선 말기 고종 때 중건되어 잠시 궁궐로 이용되었다.

23 제시된 자료에서 '흰 몸통에 코발트 안료', '18세기 후반', '안료 수입' 등을 통해 조선 후기에 유행하였던 청화백자임을 알 수 있다.
① 조선 백자의 순도 백색은 흙의 선택 및 정제, 번조 과정에서 특별히 청결을 필요로 하였다.
② 청화 백자는 태토 위에 청료로 무늬를 그리고 그 위에 철분이 섞인 장석유를 덮어 구운 것으로 흰 바탕에 푸른 빛깔로 그림을 넣었다. 그리고 일상생활에 쓰이는 용구에서부터 문구에 이르기까지 다양하게 제작되었다.
③ 분청사기는 청자와 같은 태토 위에 백색의 흙을 입혀 회청색 유약을 발라 제작하였다.
④ 11세기에 유행한 청동은입사포류수금문정병이다. 정병이란 물을 담는 병, 즉 여러 물 가운데서도 가장 깨끗한 물을 넣는 병을 이름 한 것으로, 재료로는 특히 구리와 도자기가 애용되었다.
⑤ 고려청자는 나전칠기나 은입사 공예에서 응용된 것으로 그릇 표면을 파낸 자리에 백토, 흑토를 메워 무늬를 내는 방법으로 제작되었다.

실력평가모의고사 정답 및 해설 **265**

※ 도자기 유행 시기
- 고려 12세기 → 상감청자
- 고려말 조선 초 → 분청사기
- 조선 16세기 → 순백자
- 조선 후기 → 청화백자

24 제시된 특별전은 조선 전기 15세기 과학에 대한 유물을 찾아내는 문제이다.
③ 곤여만국여전도는 1602년에 이탈리아인 선교사 마테오 리치가 북경에서 제작한 것을 1708년(숙종 34) 조선에서 모사한 서양식 세계지도이다.
① 자격루는 1434년(세종 16)에 우리나라의 대표적인 물시계로 조선의 공식 표준시계로 사용되었다.
② 칠정산은 조선전기 이순지(李純之), 김담(金淡) 등이 왕명으로 편찬한 역서이다.
④ 농사직설은 조선 세종 때의 문신인 정초·변효문 등이 왕명에 의하여 편찬한 농서이다.
⑤ 갑인자는 1434년(세종 16) 갑인년에 주자소에서 만든 동활자이다.
※ 곤여만국여전도는 1985년 8월 9일 보물 제849호로 지정되었다. 원래의 곤여만국전도는 1602년 이탈리아의 예수회 선교사 마테오리치가 중국에서 명나라 학자 이지조와 함께 목판에 새겨 인쇄한 목판본이다. 마침 중국 베이징에 파견되어 있던 이광정과 권희가 1603년(선조 36) 귀국할 때 가지고 온 것으로, 사실상 한국에 전래된 최초의 세계지도이다.

25 제시된 자료의 '향약의 전국적 시행', '위훈삭제'를 통해 조광조와 관련된 내용임을 알 수 있다. 조광조는 사림파로서 사림세력을 강화하기 위한 개혁정책으로 위훈삭제, 현량과 설치를 하였다. 이번 문제는 훈구파와 사림파의 기원, 성장, 학풍 등을 비교하여 차이점을 이해해야 풀 수 있다.
① 훈구파는 공리주의, 격물치지의 경험적 학풍을 중시하여 군사학과 기술학을 중시하였다.
② 사림파는 정신문화를 중시하고 공리주의를 배격하였다. 그리고 의리와 도덕을 숭상하였다.
③ 사림파는 16세기 이후 사상계를 지배하게 된다.
④ 사림파는 성리학 이외의 학문은 이단으로 배척하고, 불교 또는 도교와 관련된 종교행사를 폐지하였다.
⑤ 사림파는 유교적 이상 정치를 추구하였다.
※ 사림은 정치에서는 권력의 집중을 가져오는 중앙집권체제와 패도주의, 법가주의를 배격하고, 덕치주의와 왕도정치를 이상으로 존중했으며, 향촌지주로서의 영향력 확대를 위해 향촌자치제를 옹호하였다. 이들은 유교주의적 사회질서를 수립하기 위하여 향약을 제정, 보급하였으며, 이를 바탕으로 농민에 대한 지배력을 강화하였다.

26 제시된 자료가 「불씨잡변」이라는 것에서 정도전임을 알 수 있다. 정도전은 불씨잡변을 통해 불교를 맹렬히 비판하였으며 성리학을 통치이념으로 확립하였다.
④ 정도전은 고려 말에서 조선 초까지 문신 겸 학자로 이성계를 도와 조선을 건국하였으며 나라의 기틀을 다지는 역할을 했다. 하지만 이방원과 정치투쟁에서 살해되었다. 저서에 「삼봉집」, 「경제문감」등이 있다.
① 이황은 조선 중기의 문신이자 유학자로 주자의 사상을 깊게 연구하여 조선 성리학 발달의 기초를 형성했으며, 이(理)의 능동성을 강조하는 이기호발설을 주장하였다.
② 이이는 조선 중기의 유학자이자 정치가로 「동호문답」, 「성학집요」등의 저술을 남겼다. 현실·원리의 조화와 실공·실효를 강조하는 철학사상을 제시했으며, 「동호문답」·「만언봉사」·「시무육조」등을 통해 조선사회의 제도 개혁을 주장했다.
③ 조광조는 조선 중종 때 사림의 지지를 바탕으로 도학 정치의 실현을 위해 적극적으로 활동했다. 천거를 통해 인재를 등용하는 현량과를 주장하여 사림 28명을 선발했으며 중종을 왕위에 오르게 한 공신들의 공을 삭제하는 위훈삭제 등 개혁정치를 서둘러 단행하였다.
⑤ 정몽주는 고려 말기 문신 겸 학자. 의창을 세워 빈민을 구제하고 유학을 보급하였으며, 성리학에 밝았다. 「주자가례」를 따라 개성에 5부 학당과 지방에 향교를 세워 교육진흥을 꾀했다.
※ 정도전은 민본정치·사농일치·재상중심의 관료정치·요동정벌계획을 주장하였다. 그는 「편민사목」에서 "하늘이 통치자를 세우는 이유는 백성들을 잘 살도록 보살펴 주고 편안하게 다스리라는 것이다. 그러므로 임금의 도리를 잘 하지 못하는데 따라 인심이 따르기도 하고 배반하기도 하는 것으로서 하늘의 의사가 오고 가는 것도 다 여기에 달렸다."고 말하기도 하였다.

27 제시된 자료의 '영업전', '영업전 몇 부 안에서 사고파는 것만' 등을 통해 이익이 주장한 한전론임을 알 수 있다. 이것은 토지 소유의 평등화를 주장하는 내용으로 모든 농민들이 토지를 가질 수 있도록 하자는 주장이었다.
② 이익은 토지 소유의 평등화를 주장하며, 이에 모든 농민들이 토지를 가질 수 있도록 하자고 하였다.
① 유형원은 균전론을 저술하여 관리, 선비, 농민 등 신분에 따라 토지를 차등 있게 분배할 것을 주장하였다.
③ 중상학파는 청과 통상 강화와 문물 수용을 적극적으로 주장하였으며, 대표적인 인물로는 박지원, 박제가 등이 있다.

④ 박제가는 생산과 소비의 관계를 '우물론'에 비유하며 소비는 생산을 촉진한다고 주장하였다.
⑤ 유형원은 사회적으로는 양반 문벌제도·과거제도·노비제도의 모순을 비판하였다. 유수원도 노비제의 모순을 비판하였으나 노비제도 폐지를 주장하지 않았다.
※ 성호학파는 조선 후기에 근기 지방에서 성호 이익을 중심으로 활동한 학파로, 근기학파 또는 경세치용파라고도 한다. 이들은 이기심성론의 문제를 새롭게 해석하여 실증과 실용에 기반을 둔 창조적, 비판적인 학풍을 일으켰다. 이익은 안정복, 한치윤, 정약용, 이긍익과 같은 실학자들을 양성하였다.

28 임꺽정(?~1562)은 조선 중기인 16세기에 황해도와 함경도 지역에서 활동한 의적이다. 임꺽정을 통해 당시 조선의 사회적 상황에 대해 묻는 문제이다.
② 명종(1545~1567)시기에 외척을 비롯한 척신들의 권력다툼으로 인해 을사사화가 발생하게 되어 사림은 피해를 입게 되었다.
① 균역법은 영조가 18세기에 군역의 부담을 줄이기 위해 만든 법이다.
③ 조선 후기에 광작의 실시로 농가소득이 증대하였으며 이로 인하여 일부 부농이 출현하였고 농민층이 분화되는 현상이 발생하였다.
④ 조선 후기에 향촌사회의 지배권을 두고 향전이 발생하였다.
⑤ 1801년 순조 때 공노비 해방이 이루어지고, 1894년의 갑오개혁으로 노비제도는 폐지되었다.
※ 임꺽정은 조선 중기 황해도 함경도 등지에서 활동하던 도둑으로 천민인 백정 출신이며 곡식을 백성들에게 나누어줘 의적이라고 불렀다. 명종 대의 정치 혼란과 계속된 흉년으로 관리의 부패가 심해져 민심이 흉흉해지자 불평분자들을 규합, 황해도와 경기도 일대에서 관아를 습격하고 창고를 털어 곡식을 빈민에게 나누어 주는 등 의적 행각을 벌였다.

29 제시된 자료는 조선 후기 대표적인 풍속화가 김홍도의 단원풍속도첩 중 '타작'이다. 그리고 다른 작품은 민중의 미적감각을 표현하고, 소원 기원, 소박한 정서를 반영한 민화이다.
④ 조선 후기 정조는 금난전권을 폐지하고 통공 정책을 실시하여 재정수입을 늘리고 상공업을 진흥시켰다.
① 조선 후기에 포구가 세곡이나 소작료를 운송하는 기지로서 역할을 하게 되고, 18세기 상업의 중심지로 성장하게 되면서 선상, 객주, 여각 등이 활발하게 상행위를 하였다.
② 조선 후기에 쌀의 상품화 현상으로 밭을 논으로 바꾸는 일이 자주 발생하였다.
③ 조선 후기에 이앙법으로 노동력이 감소하여 한 농가에서 이전보다 넓은 농토를 경작하게 되면서 광작이 나타나게 되었다.
⑤ 상품의 유통이 활발해지고, 상품작물의 재배가 증가하였다.
※ 풍속화는 일반적으로 민속에 얽힌 관습적인 그림이나 오랜 역사를 통하여 사회의 요구에 따라 같은 주제를 되풀이하여 그린 생활화를 말한다. 비전문적인 화가나 일반 대중들의 치졸한 작품 등을 일컫는 말로 쓰인다. 하지만 넓은 의미에서는 직업 화가인 도화서의 화원이나 화가로서의 자질과 소양을 갖춘 화공이 그린 그림도 포함시켜 말하고 있다.

30 제시된 자료의 '일제 말 강제 공출된 놋그릇들 모은 것', '일제 말 일본어 교육을 받고 있는 초등학생들'을 통해 민족말살통치가 시행되었던 1934~1945년의 시기임을 알 수 있다.
⑤ 1930년대에 침략전쟁에 필요한 인적, 물적자원을 동원하고 한국인의 민족의식을 말살하기 위해 황국신민화 정책을 시행하였다.
① 회사령은 조선에서 회사를 설립할 경우에 조선총독부의 허가를 받도록 규정한 조령으로 1910년 12월에 조선총독부가 공포하였다.
② 보통 경찰 통치는 1920년의 시행된 정책이다.
③ 치안 유지법은 1925년 일제가 반정부·반체제운동을 누르기 위해 제정한 법률이다.
④ 토지 조사 사업은 1910~1918년 일본이 한국의 식민지적 토지소유관계를 공고히 하기 위하여 시행한 대규모의 국토조사사업이다.
※ **창씨개명** : 일제는 이른바 한국인의 '황민화'를 촉진하기 위해 1939년 11월 제령 제19호로 '조선민사령'을 개정하여 한민족 고유의 성명제를 폐지하고 일본식 씨명제를 설정하여 1940년 2월부터 동년 8월 10일까지에 '씨'를 결정해서 제출할 것을 명령하였다.

31 제시된 자료는 '단군에 제사를 지내는 모습', '초대 교주 나철'을 통해 대종교에 대한 것임을 알 수 있다. 대종교는 대한제국 시기에 나철이 창시한 민족종교다.
④ 만주지역으로 건너가 중광단, 북로군정서 등에 참여하여 항일무장투쟁에 앞장섰다. 특히 북로군정서의 대부분은 대종교인이었다.
① 한용운이 '조선불교유신론'을 제창한 것은 불교 예속화 정책과 일본 불교의 침투에 맞서 불교의 자주성 회복을 전개 한 것이다. 불교와 관련이 있다.
② 개신교는 지나친 복음주의를 강조하여 제국주의 열강의 침략을 옹호하기도 하였다.
③ 동학의 전통을 계승한 것은 천도교이다.

⑤ 허례 폐지, 미신 타파 등 새생활 운동을 전개한 것은 박중빈이 세운 원불교와 관련이 깊다.

※ 오적 암살단이란 을사조약을 체결하는데 일본에게 도움을 준 친일파 박제순, 이지용, 이근택, 이완용, 권중현 다섯을 암살하려고 했던 이철, 나철, 홍필주, 오기호, 강원상을 일컫는다. 오적암살단의 활동은 친일세력을 두려움에 떨게 했으며, 민족의 기개가 살아있음을 내외에 알리는 계기가 되었다. 특히, 계몽운동과 의병운동 계열의 연합한 형태로 투쟁을 전개했다는 점에서 의미가 크다고 하겠다. 나아가 이들은 일제하 민족해방운동의 중심세력으로 성장했다는 점에서 더욱 큰 의의를 찾을 수 있다.

32 제시된 자료는 일제시대 토지 조사사업에 대한 내용의 일부이다. 따라서 토지조사사업의 과정과 그 결과에 대한 이해를 묻는 문제이다.

㉠ 토지조사사업은 지주의 소유권만 인정하고 농민의 관습적 경작권을 부정하여 소작농이 증가하고 지주의 권한이 강화되었다.

㉡ 토지조사사업으로 식민지 지주제화가 확대되자 몰락한 농민들은 만주, 연해주 국외로 이주하였다.

㉢ 토지조사사업은 토지의 소유권에 대한 법령일 뿐, 농지 면적과는 관련이 없다.

㉣ 토지조사사업의 결과 미신고 농토, 공공기관 토지, 문중의 토지의 상당 부분을 총독부가 차지했고 토지회사나 일본인에 헐값으로 불하하였다.

※ **기한부 신고제**: 일제는 토지 조사 사업 때 신고서를 작성해서 제출한 경우에만 토지의 소유권을 인정해 주었다. 제출 기한이 짧고, 서류 작성이 어려워 농민들은 불이익을 받을 수밖에 없었다.

33 제시된 자료는 흥선대원군이 경복궁 중건을 시작하면서 민심이 돌아선 것을 보여주는 '경복궁 타령'이다. 경복궁 중건을 위해 흥선대원군은 몇 가지 정책을 실시하였는데, 이에 대해 묻는 문제이다.

㉠ 경복궁 중건은 왕실의 권위를 회복하기 위하여 중건하였다.

㉡ 경복궁 중건을 위해 문세(4대문을 출입할 때 통행료를 징수) 및 원납전을 징수하였다.

㉢ 당백전의 가치는 상평통보의 백배로서 화폐 인플레이션을 유발하여, 물가도 상승하게 되었다.

㉣ 조선 후기 지주나 대상인들이 화폐를 고리대나 재산 축적에 이용하였기 때문에 전황이 발생하였다.

※ 전황은 화폐경제가 확대 발전되던 18세기 초부터 19세기 초까지 거의 만성적으로 계속되었고, 1905년 일본에 의한 화폐정리사업 과정에서도 발생하였다. 특히 동전의 주조가 보다 활발하게 이루어지던 18세기 후반에 더욱 심각한 문제로 대두되었다. 즉 상공업의 발전으로 상품생산이 발전하여 화폐유통량보다 상품유통량이 많아짐에 따라 생긴 것으로서, 상업자본가의 성장에 따른 상업자본의 원시적 축적을 보여주는 현상이었다.

34 제시된 자료의 '안으로는 탐학한 관리의 머리를 베고', '밖으로는 횡포한 강적의 무리를 구축'을 통해 반봉건, 반외세를 주장하였던 동학농민운동인 것을 알 수 있다. 특히 농민군의 12개조 폐정 개혁안을 묻는 문제이다.

㉡ 7종의 천인 차별을 개선하고 백정이 쓰는 평량갓을 없애 봉건적 신분질서를 타파하려고 하였다.

㉢ 젊어서 과부가 된 여성의 개가를 허용하여 봉건적 폐습을 개선하려고 하였다.

㉠ 호조가 국가 재정을 관할하여 재정일원화를 주장한 것은 갑신정변의 14개조 개혁 정강의 내용이다.

㉣ 언론 집회의 자유 보장은 이 당시에 주장된 것이 아니다.

※ 동학농민운동의 폐정개혁안 12개조의 내용을 보게 되면 부패한 봉건지배세력을 타도하고 반침략, 반외세의 성격을 보여준다. 한편 봉건적 신분질서 타파, 봉건적 폐습 개선의 경우는 갑오개혁에 가장 잘 반영된 부분이기도 하다. 그리고 농민생활 안정을 위한 개혁과 조세제도 개혁, 농가 부채 탕감, 토지 평균 분작의 내용이 담겨져 있다.

35 조선 말기 고종의 왕비인 명성황후(1851~1895)의 생전에 일어나지 않은 사건을 고르는 문제이다.

④ 고종의 강제퇴위는 1907년 7월 20일로 명성황후가 죽은 이후의 일이다.

① 1895년 을미사변에 대한 설명이다.

② 명성황후는 흥선대원군과 개화정책을 놓고 대립하였다.

③ 명성황후는 고종 집권기 개화파를 중용하고 개화정책을 펴서 일본과 수교하였다.

⑤ 1882년 임오군란은 일본식 군제 도입과 민씨 정권에 대한 반항으로 일어난 구식군대의 군변이다.

※ 1907년 헤이그 밀사 파견 사건을 계기로 일본은 고종 황제를 강제로 퇴위시키고, 대한 제국의 군대를 해산시켰다. 이에 군인들은 해산 조치에 반발하면서 일본군과 시가전을 벌이거나, 의병활동에 가담하였다.

36 제시된 자료는 '조·청상민수륙무역장정'에 대한 내용의 일부다. 이 조약은 조선이 청의 속방임을 명시함과 동시에 청의 상권을 보호하는 조치들을 담고 있다. 이 조약이 맺어졌던 배경은 임오군란이라는 변란을 진압하고 재집권하였던 민씨 정권의 배경으로 청의 군사력이 작용하였던 것에서 연유한다.

⑤ 조·청상민수륙무역장정으로 청·일 상인간의 치열한 상권 경쟁을 유발시켰다.
① 최초로 최혜국 대우를 인정하는 조항이 포함된 것은 조·미수호통상조약이다.
② 외국과 맺은 최초의 근대적 조약은 강화도 조약이다.
③ 화폐 가치가 하락하여 물가가 상승한 것은 흥선대원군 집권기의 당백전 발행과 관련이 있다.
④ 최초로 무관세 협정을 체결한 것은 강화도 조약 이후이다.
※ 조·청상민수륙무역장정으로 청나라 상인들은 내지에서만 무역이 가능했다. 강화도조약으로 일본에 문호를 개항할 당시에는 항구에서 10리 이내의 거리에서만 무역이 가능했다. 그러나 조·청상민수륙무역장정에서는 내지에서 무역이 가능해지면서 청나라 상인들이 상권을 장악하게 되어 일본 상인들의 입지가 좁아졌다.

37 제시된 자료의 법 개정은 1908년의 신문지법 개정이다. 기존의 신문지법과 달리, 외국인이 발행하는 신문에 대해서도 규제를 할 수 있도록 한 조항으로, 영국인 베델이 발행한 대한매일신보를 탄압하기 위해 개정하였다.
② 영국인 베델과 양기탁의 주도하에 1905년부터 1910년까지 발행된 대한매일신보이다. 사장인 베델이 영국인이었으므로 대한매일신보는 일본의 검열에 거리낌 없이 강도 높은 독립을 주장할 수 있었으나, 이를 싫어한 일본은 신문지법을 제정하였다.
① 한성순보는 박문국에서 1883년 발행한 최초의 근대 신문이다. 1884년까지 발행하였다.
③ 만세보는 1906년 천도교의 기관지로 발행된 신문이다. 신문지법 전후의 신문이나 '베델'과는 관련이 없으므로 답이 될 수 없다.
④ 제국신문은 1898년에 발행된 신문이다. 민중계몽과 자주독립의식을 고취시켰다.
⑤ 독립협회의 주도하에 1896년부터 1899년까지 발행된 독립신문이다.
※ 대한매일신보는 영국인 베델이 사장, 양기탁이 발행 책임을 맡은 신문이었다. 영국인 베델이 일제 탄압에 대한 보호막을 제공해 줄 수 있었기에 총독부를 강력하게 비판하는 논조를 가졌으며, 의병운동에 호의적인 기사를 많이 실어 국내 최대의 부수를 발행하는 신문이 되었다. 양기탁, 신채호 등이 활동했다. 일제는 대한매일신보를 탄압하기 위해 신문지법을 개정하는 등의 조치를 취했으며 국권피탈 이후에는 총독부 기관지로 흡수했다.

38 제시된 자료의 '105인 사건 사진 자료', '무관학교'를 통해 신민회와 관련된 설명임을 알 수 있다. 신민회는 을사조약이 체결된 이후인 1907년에 결성된 비밀 결사 계몽 단체로 105인 사건으로 인해 1909년에 해산하게 된다.
ⓒ 신민회는 공화정체의 근대 국민 국가 수립을 지향하였다.
ⓔ 신민회는 안창호, 양기탁, 신채호 등의 주도적 인물이 조직하였다.
ⓐ 이상설은 교육 운동으로 서전서숙, 명동 학교를 설립하였다.
ⓑ 독립협회는 만민 공동회를 개최하고 의회 설립을 추진하였다.
※ 신민회와 신간회는 그 이름이 비슷하여 자주 헷갈릴 소지가 있다. 신민회는 구한말 민족 운동단체로 비합법적인 단체이고, 신간회는 일제강점기 때 좌우연합단체로 합법적 단체였음을 반드시 기억할 필요가 있다.

39 제시된 자료는 경부선 부설로 통해 1901년 8월 20일에 서울 영등포에서, 같은 해 9월 21일에 부산 초량에서 일본 자본의 회사인 경부철도주식회사에 의해 기공되었다. 4년 후인 1904년 12월 27일 완공되었다. 이는 우리나라에서 경인선(1899년 9월 18일 개통)에 이은 두 번째의 철도 개통이었다. 서구 열강의 식민지 체제 구축이 철도 부설 및 채광권 획득에서 비롯되었던 많은 사례에서 보는 바와 같이, 경부선의 부설은 일제의 우리나라 침략 정책 수행의 구체적 발판이었다.
④ 나운규의 아리랑은 1926년 10월 1일 단성사에서 개봉하였다.
① 서대문~청량리 사이의 전차는 1898년에 운행되기 시작하였다.
② 덕수궁 석조전은 1900~1909년에 걸쳐 완성되었다.
③ 서울시내 민가에 전화는 1902년에 설치되었다.
⑤ 명동성당은 1898년에 설립되었다.
※ 나운규의 아리랑은 일제강점기 독립을 염원하는 마음을 담고 한국영화의 발전의 시발점이 된 흑백무성영화로서 1926년 10월 1일 단성사에서 개봉하였는데 이 영화의 개봉은 엄청난 인기를 모았다. 주인공 영진 역은 나운규가 맡았고 영진의 동생 영희 역은 신일선, 영진의 친구이자 영희의 연인인 현구 역은 남궁운, 악덕 지주의 청지기인 오기호 역은 주인규가 각각 연기했다.

40 제시된 자료는 대한민국 임시정부의 이동경로이다. 대한민국 임시정부의 수립과 활동에 대해 묻는 문제이다.
④ 대한민국 임시정부는 침체 극복과 조직에 새로운 활력을 불어넣기 위하여 한인애국단을 조직하였다.
① 대한민국 임시정부는 1931년 조소앙이 쑨원의 삼민주의와 사회주의 영향을 받아 삼균주의를 제창하였다. 후에 대한민국 건국강령이 되었다.

② 대한민국 임시정부는 최초의 민주공화제 정부로 국무원(행정), 임시의정원(입법), 법원(사법)의 3권 분립체제였다.
③ 1919년 9월 대통령지도제를 채택하면서 초대 임시 대통령에는 이승만이 국무총리에는 이동휘를 선임하였다.
⑤ 대한민국 임시정부는 독립운동 방법을 놓고 외교독립론, 독립전쟁론, 실력양성론으로 나뉘어 대립을 하였다.

※ **임시정부의 노선변화**
- 성립 : 통합 임시정부 출범(무장투쟁론, 실력양성론, 외교독립론 등 다양한 노선 결합)
- 노선 갈등 : 국민대표회의 소집(외교독립론과 무장투쟁론 갈등, 개조파 창조파 분열)
- 활동의 침체와 극복 : 한인애국단 조직
- 무장독립전쟁 준비 : 한국광복군 조직, 통일전선 임시정부 수립

41 제시된 도표는 강화도 조약을 체결하여 문호를 개방한 1876년부터 일제 합방이된 1910년까지 개화기 문화를 전반적으로 다루고 있다.
② (나) - 국채보상운동은 1907년에 전개되었다.
① (가) - 강화도 조약 7관에 포함된 내용이다.
③ (다) - 갑오개혁이 시행되면서 신분제가 폐지되었다.
④ (라) - 독립문은 서재필이 조직한 독립협회의 주도하에 국왕의 동의를 얻고 뜻있는 애국지사와 국민들의 폭넓은 지지를 얻으며, 프랑스 파리의 개선문을 본떠 1898년에 완성되었다.
⑤ (마) - 장지연은 '시일야방성대곡'에서 고종 황제가 을사조약을 승인하지 않았으므로 조약은 무효임을 전 국민에게 알렸다.

※ **갑신정변, 갑오개혁의 공통점** : 신분제도의 폐지, 재정일원화, 청의 종주권 부인, 내각중심의 정치운영

42 김영삼 정부는 1993년 우루과이라운드 협정체결을 체결하였다. 보호무역주의 철폐를 골자로 하는데 국제경쟁력이 약한 개발도상국에게는 적지 않은 피해를 주는 것으로 한국은 이 협정으로 상품, 금융, 건설, 유통, 서비스 등 모든 분야에서 외국에 문호를 개방하였다.
④ 노태우 정부는 북방외교에 총력을 기울였다. 이에 헝가리를 시작으로 동유럽 여러 국가와 수교를 하고, 소련(1990), 중국(1992)와 차례로 수교하였다.
① 김영삼 정부는 1993년에 금융실명제를 실시하였다.
② 김영삼 정부는 광복 50주년 기념사업의 일환으로 1995년에 조선총독부 건물을 완전히 철거하였다.
③ 김영삼 정부는 1993년부터 공직자 재산 등록제를 실시하였다.

⑤ 김영삼 정부는 1996년 북핵문제 타결로 한반도 에너지개발기구(KEDO)에 의한 원자로 건설 사업을 추진하였다.
※ 1994년 북한의 김일성이 사망하자, 큰 충격 속에 일부 재야인사와 학생들은 조문을 제의했으나, 정부가 저지했고 이에 북한은 남한정부를 강도 높게 비난했다.

43 제시된 자료의 '햇볕정책'은 1998년 4월 3일 김대중 대통령이 영국을 방문했을 때 런던대학교에서 행한 연설에서 처음 사용된 용어이다. 김대중 정부 때 있었던 사실을 고르는 문제이다.
④ 1998년 11월 18일 시작된 금강산관광은 한국 민간인들이 북한을 여행할 수 있게 되었다.
① 경부고속도로는 1968년 2월 1일 착공하여 1970년 7월 7일 전 구간이 왕복4차선 도로로 준공, 개통되었다.
② 1985년 9월, 서울과 평양에서 최초로 이산가족 고향방문단과 예술공연 교환 행사가 이루어졌다.
③ 1988년 9월 17일부터 10월 2일까지 서울올림픽이 개최되었다.
⑤ 북한은 핵확산금지조약(NPT)에 1985년 12월 12일 가입했으나 1993년 3월 12일 탈퇴를 선언하였다.
※ 1998년 11월 18일 시작된 금강산관광은 한국의 민간인들이 북한을 여행하는, 남북 분단 50년사에 새로운 획을 그은 사건이다. 이 관광은 한국의 기업인 현대그룹의 오랜 노력과 정부의 햇볕정책이 맞물려 그 결실을 맺었는데, 1989년 1월 현대그룹의 정주영 명예회장이 방북하여 금강산 남북공동개발 의정서를 체결하면서 그 씨앗이 잉태되었다.

44 제시된 자료에 나타난 박종철 사건은 전두환 정권 말기인 1987년 1월 14일, 경찰이 서울대학교 언어학과 학생 박종철을 불법 체포하여 고문하다가 사망하게 한 것이다. 이 사건은 공안당국의 조직적인 은폐 시도에도 불구하고 그 진상이 폭로되어 1987년 6월 항쟁의 주요한 계기가 되었다.
① 전두환 정부 때인 1987년 1월 14일 서울대생 박종철이 조사를 받다 고문과 폭행으로 사망한 사건이 일어났다. 이로 인해 국민들의 민주화 요구는 거세지고, 대통령 직선제 개헌 논의가 활발하게 이루어지자, 정권 유지에 불안을 느낀 전두환은 그해 4월 13일 모든 개헌 논의를 금지하는 조치를 단행하였다. 이 조치가 4·13 호헌조치이다.
② 발췌 개헌은 1952년 7월 7일 부산의 피난국회에서 통과된 대한민국 정부수립 이후 첫번째의 헌법개정이다.

③ 내각책임제 개헌은 1960년 6월 15일에 실시된 제3차 개헌으로 내각책임제(의원내각제)를 골자로 하고 있었다.
④ 3선 개헌은 1969년 대통령 박정희의 3선을 목적으로 추진되었던 제6차 개헌이다.
⑤ 사사오입 개헌은 1954년 제1공화국의 제3대 국회에서 대통령 이승만에 대한 3선제한의 철폐를 핵심으로 하는 헌법개정안을 통과시킨 제2차 헌법개정이다.
※ 발췌개헌은 대통령 직선제와 상·하 양원제를 골자로 하는 정부측 안과, 내각책임제와 국회단원제를 골자로 하는 국회안을 절충해서 통과시켰다고 하여 발췌개헌이라 이름 붙였지만, 사실상 이승만 대통령의 재선을 위하여 실시된 개헌이다.

45 제시된 우표를 통해 '제1차 경제개발계획'임을 알 수 있다. 제1·2차 경제개발 5개년 계획은 1962년부터 1971년까지 정부가 주도하여 성장 위주의 경제정책과 수출 주도형 성장 전략을 실행한 것으로 필요한 자금은 외자 도입으로 충당하였다.
② 제1차 경제개발계획이 시행되면서 경공업을 육성하고 수출 주도형 성장 전략으로, 낮은 임금을 이용한 노동 집약적 산업이 발달하였다.
① 제1차 경제개발계획은 정부가 주도하여 수출 주도형 성장 전략을 시행하였다.
③ 제1·2차 경제개발 5개년 계획은 공업 구조가 경공업 중심이었으며, 제3·4차 경제개발 5개년 계획은 중화학 공업 중심으로 바뀌었다.
④ 삼백 산업은 1950년대 당시 대한민국 공업의 3대 성장 부문인 제분, 제당, 면방직 공업을 이르는 말이다.
⑤ 1986~1988년에 걸쳐 저달러·저유가·저금리의 3저현상으로 인해 우리나라 경제가 유례없는 호황을 누렸다.
※ 삼백산업은 1948년 대한민국 정부수립 이후 정부로부터 불하 받은 귀속재산(일제시대 시설)을 기반으로 하였다. 당시, 전쟁을 겪은 한국의 산업은 기간산업에 해당하면서도 식민지 시절과 외국의 힘에 의존하는 수 밖에 없었기 때문에, 원료 구입 자금은 대부분 미국의 경제원조와 융자에 의존하였고, 원료 또한 해외에서 구입하였다. 그리하여 국내에서 가공한 생산품은 대부분 국내에서 소비하는 내수성 산업 구조였다.

46 제시된 자료는 '이 헌법이 공포될 당시의 대통령에 대해서는 단서 조항을 적용하지 않는다.'는 부칙의 내용에서 초대 대통령의 3선 연임 제한 규정을 철폐하도록 한 1954년의 2차 개헌, 소위 '사사오입 개헌'에 대한 설명임을 알 수 있다. 2차 개헌은 처음에는 부결되었다가 이후 사사 오입을 적용하여 통과되었다.
㉠ 처음에 개헌은 부결되었다가 이후 사사오입을 적용하여 통과되었다.
㉡ 초대 대통령의 3선 연임 제한 규정을 철폐하는 것이 목적이다.
㉢ 발췌 개헌은 대통령 간선제를 직선제로 바꾸는 내용이다.
㉣ 3선 연임 금지를 4선 연임 금지로 변경한 것은 박정희 대통령의 6차 개헌이다.
※ **한국 현대사 속의 개헌**

구분	시기	주도	내용
1차 개헌 (발췌 개헌)	1952	이승만	대통령 간선제를 직선제로 바꾸는 내용 4년 중임제
2차 개헌 (사사오입 개헌)	1954	이승만	초대 대통령의 연임 제한 철폐
3차 개헌	1960	민주당	4·19 혁명 이후의 개헌 양원제, 내각 책임제
4차 개헌	1960	장면 정부	3·15 부정 선거 관련자 처벌을 위한 소급 규정 마련

47 '최고 5년 기한으로 4개국 신탁 통치'라는 문구를 통해 모스크바 3국 외상 회의임을 알 수 있다. 모스크바 3상 회의의 신탁 통치 결정은 최초에는 좌·우익을 막론하고 모든 국내 정치 세력의 반발을 받았다. 그러나 좌익이 신탁 통치 찬성(찬탁)으로 선회하면서, 찬탁의 좌익과 반탁의 우익 사이의 대립이 치열해졌다.
② 신탁통치 문제는 우익세력의 반탁운동과 좌익세력의 찬탁운동으로 극심한 좌우대립을 초래하였다.
① 김구와 대한민국 임시정부 핵심인사들은 신탁통치 반대 국민총동원위원회를 결성하여 반탁운동을 전개하였다.
③ 조선 건국 준비 위원회는 8·15 광복과 동시에 결성하여 치안유지와 함께 건국 준비작업에 착수하였다.
④ 얄타회담은 미국 영국 소련 등 연합국 정상들이 제2차 세계대전 종전을 앞두고 독일의 관리 문제 등을 논의한 것으로 모스크바 3상 회의 전의 일이다.
⑤ 제1, 2차 미·소 공동위원회는 결렬되었고, 결국 UN에 한반도 문제를 이관하였다.
※ **국제사회의 한국 독립 보장**
• 열강의 한국 관련 회의 : 카이로 선언(1943) : 한국을 적당한 시기에 독립시키겠다고 최초로 약속
• 얄타 회담(1945.2) : 극동에서의 소련 참전을 결정
• 포츠담 선언(1945.7) : 카이로 선언의 원칙을 재확인 미국의 38도선 분할 점령 제안(1945.8)

- 모스크바 3국 외상 회의(1945.12) : 미영소중 4개국 정부의 신탁 통치 후 독립결정
- 미소공동위원회(1946.4. 1947.5) : 3국 외상 회의의 내용을 구체화하려 하였으나 결국 결렬

48 제시된 자료의 (가)는 쌍봉사 철감선사 승탑, (나)는 부여 정림사지 5층 석탑, (다)는 분황사 모전 석탑이다. 이와 관련된 석탑의 세부 내용에 대해 묻는 문제이다.
③ 분황사 모전 석탑은 석재를 벽돌모양으로 만들어 쌓은 석탑이다.
① 쌍봉사 철감선사 승탑은 선종의 유행과 관련이 있다.
② 부여 정림사지 5층 석탑은 세련되고 절제된 백제 특유의 온화함을 느낄 수 있다.
④ 쌍봉사 철감선사 승탑은 6두품, 호족세력의 경제적 성장을 반영하고 있다.
⑤ 분황사 모전 석탑은 통일신라 이전의 석탑이다.
※ 신라하대 즉 말기가 되자, 신라 진골 체제는 사회의 새로운 진전을 담아내지 못했다. 불만이 쌓였고 모순이 커져갔다. 새로운 세상을 만들자는 세력이 지방 곳곳에서 등장했다. 이들은 누구든지 불성을 지니고 있으며 이를 깨달으면 부처가 될 수 있다고 했다. 선종이 들어와 유행한 것이다. 이들은 국왕이 곧 부처이며 석가의 집안이라면서 국왕 권력을 절대화한 것을 비판했다. 부처는 누구나 될 수 있는 것과 마찬가지로 국왕도 진골이 아니라도 누구든지 될 수 있다고 했다.

49 제시된 자료는 고구려가 중국의 지방정권이었다는 주장이다. 동북공정에 관한 내용은 빈출되는 내용이므로 꼭 자세히 알아두어야 한다.
㉠ 고구려는 중국의 침입이 있을 때마다 이민족 침입으로 규정하여 적극적으로 대항하였다.
㉢ 광개토대왕릉비 내용에서 고구려 중심의 천하관을 볼 수 있다.

㉡ 고구려가 의례적으로 중국의 책봉을 받은 경우도 있었으나, 광개토대왕릉비의 내용을 볼 때 고구려를 중심으로 한 천하관을 가지고 있었음을 알 수 있다.
㉣ 발해 수도의 주작대로는 당나라 장안성을 모방한 것이다.
※ 고구려 멸망 후에는 고구려 유민을 중심으로 발해가 건국되어 그 정통성을 계승하였음을 표방하였고, 고구려 계승 의식은 고려, 조선으로까지 이어졌다. 그러므로 당시 중국의 영역이나 세력 범위를 고려하지 않은 중국의 주장은 논리적으로 타당성이 없다.

50 제시된 자료는 강화도의 지도이다. 이를 통해 '강화 지역'에서 일어났던 한국사의 주요 사건들에 대해 알고 있는지를 묻는 문제이다.
② 삼전도는 조선 시대 한강 상류에 있던 나루터이다. 오늘날의 위치로는 서울특별시 송파구 삼전동 부근이다. 이 부근의 한강을 삼전도라고 칭하기도 했다.
① 조선 후기 정제두를 비롯한 양명학자들이 강화도에서 강화학파를 형성하였다.
③ 강화도 마니산 산정에 단군이 하늘에 제사를 지냈다고 전해지는 참성단이 있다.
④ 신미양요 때 어재연 부대가 강화도의 광성보에서 미국군을 격퇴시켰다.
⑤ 임진왜란 이후 강화도에 역대 실록들과 서책들을 보관하는 정족산사고가 설립되었다.
※ **정족산사고** : 인천광역시 강화군 길상면 정족산성 내부의 전등사 서쪽에 있었으며, 실록의 보관이 주업무였다. 강화도에 사고가 운영되기 시작한 것은 1595년이었다. 임진왜란으로 춘추관과 충주·성주의 사고가 불타고 유일하게 남은 전주사고의 실록이 해주를 거쳐 강화부 관아 건물에 보관되었던 것이다. 그 후 그것은 다시 영변의 보현사와 객사를 거쳐 1603년 새로 설치된 강화도 마리산사고에 옮겨져 복간되었다.

06회 정답 및 해설

정답	배점	정답	배점	정답	배점	정답	배점	정답	배점	정답	배점	정답	배점	정답	배점	정답	배점	정답	배점
1 ①	2	2 ③	2	3 ②	1	4 ③	2	5 ⑤	1	6 ②	3	7 ①	3	8 ③	2	9 ⑤	2	10 ⑤	2
11 ③	2	12 ③	1	13 ④	3	14 ③	2	15 ②	3	16 ④	2	17 ③	1	18 ①	2	19 ③	1	20 ⑤	2
21 ②	2	22 ①	3	23 ②	2	24 ②	2	25 ⑤	3	26 ④	2	27 ③	1	28 ⑤	2	29 ①	2	30 ⑤	1
31 ③	2	32 ②	2	33 ②	2	34 ⑤	2	35 ⑤	1	36 ④	2	37 ③	2	38 ⑤	2	39 ②	2	40 ④	3
41 ④	1	42 ②	2	43 ①	2	44 ①	1	45 ④	3	46 ②	2	47 ⑤	2	48 ②	2	49 ①	2	50 ④	3

답지번호별 빈도표

번호 내용	①	②	③	④	⑤	계
문항 수	8	13	11	7	11	50

문항배점별 빈도표

배점 내용	1	2	3	계
문항 수	10	20	10	50
점수	10	60	30	100

1 제시된 자료의 '배산임수의 형태에 위치' '주거용 외 창고, 공동 작업장, 집회소' '중앙의 화덕은 한쪽 벽으로 이동' 등을 통해 청동기 시대임을 알 수 있다. 청동기 시대에는 신석기 시대와 달리 중앙의 화덕이 한쪽 벽으로 이동하였고, 집터 모양이 대체로 직사각형이었으며, 배산임수 지형에 위치하게 되면서 점차 지상가옥화가 되었다.
① 만주와 한반도에서 발견되는 대표적인 청동기 유물이다.
② 짐승을 사냥하거나 털과 가죽을 분리할 때 사용한 구석기 시대 유물이다.
③ 돌을 갈아서 만든 간석기로 신석기 시대 유물이다.
④ 굵은 태토로 만든 작고 소박한 토기로 덧무늬를 붙였다. 신석기 시대 유물이다.
⑤ 초기 철기 시대에 해당되는 유물로 중국과의 활발한 교류를 짐작할 수 있다.
※ 구석기 시대 전기에는 큰 석기 하나를 여러 용도로 썼으며, 중기에는 큰 몸돌에서 떼어낸 작은 격지를 사용하여 하나의 석기가 하나의 용도로 사용되었다. 후기에는 쐐기를 대고 형태가 같은 여러 개의 돌날격지를 만들었다.

2 제시된 자료에서 '읍군', '삼로', '가족 공동 무덤', '민며느리제' 등을 통해 옥저임을 알 수 있다. 초기 철기 시대의 여러 나라의 경우 각각의 나라별 사회·경제적 특징을 알아두는 것도 중요하지만 각 나라의 위치를 지도에서 찾아내는 것 또한 중요하다.
③ (다)는 옥저이다.
① (가)는 부여이다.
② (나)는 고구려이다.
④ (라)는 동예이다.
⑤ (마)는 삼한이다.
※ **옥저의 가족공동무덤**(골장제) : 옥저의 의복과 예절은 고구려와 비슷하였다. 장례풍속은 골장제였다. 이 풍속은 길이 10여 장에 이르는 아주 큰 곽을 만들어 한쪽을 열어 호를 만든다. 새로 죽은 사람은 모두 가매장한다. 가매장한 시체가 썩은 뒤 뼈를 취해서 만들어 놓은 곽에 넣는다. 곽을 만들 때는 모든 가에서 참여하고 곽에는 여러 시체의 뼈를 넣어 장사지낸다.

3 백제의 귀족회의 명칭이다. 「삼국유사」에 그 모습이 적혀 있는데, 정사암이라는 바위에 귀족들이 모여 각종 중요한 회의를 했다고 한다. 이를 통해 백제임을 알고 백제의 유물을 골라내는 문제이다.
② 칠지도는 백제의 근초고왕이 일본의 규슈지방으로 진출하면서 왜왕에게 하사한 것이다.
① 호우명 그릇은 고구려 제19대 광개토대왕의 공적을 기리기 위하여 만들어진 뚜껑이 딸린 합으로 신라의 호우총에서 발견되었다.
③ 가야의 판갑옷이다.
④ 정혜공주 묘에서 출토된 발해 돌사자상이다. 고구려 계승 의식을 볼 수 있다.
⑤ 다보탑은 신라의 석탑으로 법흥왕(535) 때에 창건하여 경덕왕 때(751)에 수축된 것으로 뛰어난 솜씨가 석조물 중 으뜸이다.

※ 「삼국유사」에 의하면 백제 후기의 수도였던 사비 부근의 호암사에 정사암이라는 바위가 있어 국가에서 재상을 선정할 때 해당 자격자 3, 4명의 이름을 봉함하여 이 바위 위에 두었다가 얼마 뒤에 이름 위에 인적이 있는 자를 재상으로 삼았다고 한다.

4 제시된 자료에서 '스스로 사색하여 진리를 깨닫는 것', '개인적인 정신세계를 찾는 경향'이라는 표현을 유추할 때 통일신라 하대에 유행한 선종에 대한 설명임을 알 수 있다. 고려 후기에도 선종이 유행하였으나, 고려 시대에는 교종, 선종의 통합운동이었다는 점이 신라 선종과는 차이점이다. 특히 이 시기 쌍봉사 철감선사 승탑은 통일신라 선종의 주요 유적이다.
③ 교종은 경전의 이해를 통하여 깨달음을 추구하였다.
① 선종은 통일신라 하대에 유행하여 호족의 지지를 얻었으며, 고려 개창의 사상적 기반이 되었다.
② 선종은 구체적인 실천수행을 추구하는 실천적 경향이 강했다.
④ 선종은 지방 호족의 지지를 얻었으며, 이는 지방 문화를 활성화시키는데 기여를 하였다.
⑤ 사색을 통해 진리를 깨닫고 개인적인 정신세계를 찾는 경향은 기존의 교종체제를 뒤엎는 혁신적인 것이었다.
※ **9산 선문의 개조** : 화엄사상을 공부하던 유학파 승려들이 들여온 선종은 호족세력과 결합하여 각 지방에 근거지를 두었는데, 그 중 대표적인 9개의 선종사원이 9산 선문이다. 최초의 본산은 도의가 개창한 가지산문이고 마지막 본산은 왕건의 스승인 이엄의 수미산문이었다.

5 제시된 자료는 고구려의 을지문덕이 살수대첩(612)작전을 실행하기 전에 적장이었던 수나라의 우중문에게 보낸 시이다. 자료를 통해 고구려의 시대적 상황을 파악할 수 있는지를 묻는 문제이다.
⑤ 수나라는 고구려 침략 실패로 인한 국력소모와 내란으로 멸망하게 된다.
① 이 시기 신라는 한강유역을 차지한 상태였으며, 진흥왕(재위 540~576)이 축조한 당항성을 토대로 중국과 직접 교류하고 있었다.
② 백제의 근초고왕(재위 346~375)은 산동, 요서, 규슈지방으로 진출하였다.
③ 고구려의 장수왕(재위 413~491)이 국내성에서 평양성으로 천도를 하자, 백제와 신라는 나·제동맹을 결성하였다.
④ 옥저와 동예를 정복하고 요동으로 진출한 왕은 고구려 초 2세기 태조왕이다.

※ 을지문덕은 고구려 영양왕 23년(612년) 여름과 가을에 걸쳐 터진 수나라와의 전쟁이 낳은 역사상 최고의 전쟁영웅이었다. 살수대첩의 지휘관 문덕은 침착하고 굳센 성격에다 글 짓는 솜씨도 비범하였다. 큰 나라의 군대 200만 명을 맞이하면서도 전혀 겁내지 않았고, 힘만으로 무찌를 수 없음을 알아 온갖 작전을 동원하였다. 나아갈 뿐 결코 물러서지 않겠다는 이 의연한 기상을 신채호는 '을지문덕주의'라고 이름 붙였다.

6 제시된 자료는 신라의 발전과 왕호변천을 보여주는 도표이다. 신라에서는 왕의 칭호가 거서간, 차차웅, 이사금, 왕 등으로 여러 차례 바뀌었는데, 이는 신라의 발전과정을 나타낸 것으로 보인다.
② 신라 초기에는 박, 석, 김의 3부족이 연맹하여 이사금을 선출하였다.
① 차차웅은 제주·무당이라는 의미이며, 이사금은 연장자라는 의미가 내포되어 있다.
③ 지증왕은 마립간에서 '왕'으로 칭호를 바꾸었다.
④ 내물왕은 '마립간'을 왕호로 사용하였다.
⑤ 제시된 자료는 신라의 발전과 왕호변천과 관련 있다.
※ **신라의 왕호변경**

왕호	시기	의미
거서간	1대 박혁거세	신령한 대인
차차웅	2대 남해	제주·무당
이사금	3대 유리	연장자·계승자
마립간	17대 내물	대군장·통치자
왕	22대 지증	초월적 권력자

7 제시된 (가)는 장수왕 63년(475) 백제의 수도인 한성을 함락시키고 개로왕을 패사시킴으로써 한강유역을 완전히 점령한 내용이다. (나)는 백제와의 한강유역 주도권 다툼에서 신라가 승리하자 성왕이 신라의 관산성으로 쳐들어가지만 패전을 하는 내용이다. 즉 고구려의 전성기와 신라의 전성기가 시작되는 사이의 역사적 사실을 묻는 문제이다.
① 성왕(523~554)은 국호를 남부여로 바꾸고, 사비로 도읍을 천도하였다.
② 근초고왕(재위 346~375)은 산동지방, 요서지방, 규슈지방으로 진출하였다. 장수왕 재위 이전의 일이다.
③ 광개토대왕(재위 391~413)은 요동지방을 확보하였으며, 장수왕의 아버지이다.
④ 소수림왕(재위 371~384)은 불교를 공인하고 태학을 건립하였다. 장수왕 재위 이전의 일이다.
⑤ 고구려의 천리장성은 고구려 말기 서부 국경의 방어를 위해 631~647년에 축조한 성이다.

※ 고구려의 천리장성은 고구려 변경에 있는 성 밖의 방어선에 축조된 것이 아니라, 각각의 변경 성곽들을 서로 연결시켜 놓은 형태이다. 천리장성으로 연결되어 있던 변경 지역의 기존 성곽들은 적의 침입을 막는 주요 방어 거점으로서의 구실을 하였다.

8 제시된 자료를 통해 신라 하대임을 알 수 있다. 신라 하대에는 새로운 세상을 만들자는 세력이 지방 곳곳에서 등장했다. 이들은 사람은 누구든지 불성을 지니고 있으며 이를 깨달으면 부처가 될 수 있다고 했다. 즉 선종이 들어와 유행한 것이다. 이들은 국왕이 곧 부처이며 석가의 집안이라면서 국왕 권력을 절대화한 것을 비판했다. 부처는 누구나 될 수 있다는 것과 마찬가지로 국왕도 진골이 아니라도 누구든지 될 수 있다고 했다. 호족들은 선종의 한 종파를 형성한 고매한 스님이 죽자 그들의 무덤을 탑처럼 만들어 예배의 대상으로 삼았다. 이것이 승탑의 시작이었다.
③ 화순 쌍봉사 철감선사승탑은 지방 세력의 발호와 함께 조성된 것으로 승탑의 최고 걸작이다.
① 천마도는 삼국통일 이전의 돌무지덧널무덤 양식인 천마총에서 출토된 신라시대의 말 그림이다.
② 신라의 토기이다. 신라하대와는 관련이 없다.
④ 구리로 만들어 도금한 삼국시대의 대표적 반가사유상이다.
⑤ 감은사지 3층 석탑은 목탑의 구조를 단순화시켜 석탑 양식의 시원을 마련한 탑이다. 통일신라 초기인 신문왕대에 건립되었다.
※ 왕위쟁탈전으로 중앙은 쪼개지고 호족들이 창궐한 신라 하대 시기는 승탑의 시기였다. 최초의 승탑은 선종을 우리나라에 소개하고 전파한 도의선사의 승탑이었다.

9 제시된 자료의 '고려국왕 대흠무', '대흥이라는 연호', '당과 친선관계를 유지'를 통해 문왕임을 알 수 있다. 발해의 왕은 대조영, 무왕, 문왕, 선왕에 대해서만 출제되기 때문에 왕의 업적을 이해하고 있어야 한다.
⑤ 문왕은 발해와 신라의 교통로인 신라도를 개설하였다.
① 무왕은 장문휴로 하여금 산둥 지방을 공격하게 하였다.
② 선왕 때 고구려계통의 문화를 바탕에 당 문화의 접목이 절정에 달해 당시 발해의 전성시대를 해동성국이라 칭하였다.
③ 선왕은 5경 15부 62주의 지방행정제도를 완비하였다.
④ '인안'이라는 독자적인 연호는 발해 제2대 무왕 때 사용한 연호이다.
※ **발해의 통치 체제**
• 중앙 : 3성 6부(독자적 운영, 이원적 체제), 주자감 (최고 교육 기관)
• 지방 : 5경-15부-62주(지방관 파견)
• 특수행정구역 : 5경(전략상 요충지에 설치)
• 감찰 기구 : 중정대
• 군사조직 : 중앙군(10위), 지방군 편성

10 제시된 자료는 고려 후기의 시대 상황과 관련된 것으로 공민왕 시기 권문세족에 대한 이해를 묻는 문제이다.
⑤ 권문세족은 도평의사사의 높은 관직을 차지하였으며, 이를 통해 권력을 독점하고 정권을 장악하였다.
① 권문세족은 음서로 신분을 세습하면서 권력을 유지하였다.
② 교정도감은 최충헌이 설치한 기구로, 무신정권과 관련이 있다.
③ 권문세족은 친원파 세력으로 몽골풍 폐지를 주장하지 않았다.
④ 신진사대부는 권문세족의 농장 확대를 비판하고 과전법을 시행하려고 하였기 때문에 권문세족은 신진사대부의 중앙정계 진출을 반기지 않았다.
※ 지방의 향리나 중소 지주층 출신인 신진사대부는 과거를 통해 정계에 진출하여 성리학을 수용하였고 권문세족의 농장 확대를 비판하며 과전법을 단행하였다. 이들은 공민왕의 개혁 정치 때 크게 성장하였다.

11 해동공자 최충은 고려 중기의 대표적인 유학자로 사학 12도 중 하나인 9재학당(문헌공도)을 세워 유학 교육에 힘썼다.
① 독서삼품과는 통일신라 원성왕 때 마련된 것으로 유교경전을 시험하여 관리를 채용하는 최초의 과거 시험이었다.
② 신라의 진흥왕은 화랑도를 국가적인 조직으로 개편하였다.
③ 전문강좌 7재는 고려시대 국자감에 설치한 7개의 전문강좌로, 1109년 사학에 뒤진 국학의 진흥을 위해 예종이 설치하였다.
④ 서원은 주세붕이 세운 백운동 서원이 그 시초로, 조선 시대의 대표적인 교육기관이다. 서원은 지방에서 향음주례, 제사, 교육의 역할을 담당하고 많은 후진이 양성되었다.
⑤ 양현고는 고려시대의 장학재단으로 1119년 사학의 융성으로 위축된 관학의 진흥을 위하여 설치하였다.
※ 고려 예종 때는 국자감을 재정비하여 전문 강좌를 설치한 것뿐만 아니라 장학 재단을 두어 관학의 경제 기반을 강화하기도 했다. 인종은 경사 6학을 정비하고 향교를 강화하였다. 이후 충렬왕 때는 국학(국자감)을 성균관으로 개칭하고 공자 사당인 문묘를 새로 건립했으며, 공민왕은 성균관을 순수한 유교 교육 기관으로 개편했다.

12 제시된 자료의 (가)는 의창이다. 처음에 흑창을 설치하였으나, 백성은 늘어가는데 저축이 많아지지 않자 쌀 1만 석을 더 보태고 이름을 의창으로 바꾸었다. (나)는 상평창이다. 곡가조정을 위하여 국가에서 설치한 창고였다.

③ 상평창은 풍년에 곡물이 흔하면 값을 올려 사들이고, 흉년에 곡물이 귀하면 값을 내려 팔아 물가를 조절하였다.
① 의창은 상설기관이었으며, 임시기관으로는 구제도감, 구급도감이 있다.
② 기금을 마련한 뒤 이자로 빈민을 구제한 것은 제위보이다.
④ 가난한 백성들에게 약을 제조한 것은 혜민국이다.
⑤ 의창, 상평창은 국가에서 주도하여 운영하였다.
※ 제위보는 백성들을 위한 구호 및 의료기관이었다. 고려시대의 보가 이식으로 사업을 지속적으로 가능하게 하는 일종의 재단이었다는 점에서, 제위보는 구호와 의료를 담당하는 상설기관이었음을 알 수 있다.

13 제시된 자료는 '윤관'이라는 표현과 본문 말미에 '별무반'이라는 단어로 추론해 볼 때 고려 중기에 전개되었던 함경도 지역의 '여진 정벌'임을 알 수 있다. 요나라와 고려의 세력에 눌렸던 여진족이 12세기에 부족을 통일하여 세력을 확대하였다. 고려는 여진족의 위협에 처음에는 열세였으나 윤관 등의 노력으로 별무반이라는 특별 부대를 양성하여 여진족의 근거지인 동북 지역을 정벌하여 9개의 성을 쌓았다. 그러나 여진족의 맹렬한 공격으로 나중에 반환하게 된다. 이후 여진족은 금나라를 건국하고 요나라를 멸망시켜 동아시아의 패자로 군림하게 된다.

④ 윤관은 여진족을 몰아내고 동북 9성을 축조하였다.
① 몽고의 1차 침입 이후 40여 년간 6차까지 침입을 강행하였다.
② 몽고의 1차 침입 후 최우는 강화도로 천도하였다.
③ 고려 말 14세기에 고려를 침략한 왜, 홍건적에 대한 것이다.
⑤ 공민왕은 반원자주정책의 일환으로 철령 이북의 쌍성총관부를 회복하였다.
※ 고려는 다양한 민족과의 대외 항쟁을 겪었다. 거란족 – 여진족 – 몽골족 – 홍건족 – 왜구 등과 연결되는 전투, 장군 등을 파악하는 것이 중요하다.
• 11세기 거란 : 1차 → 서희의 외교담판으로 강동 6주 획득
　　　　　　　3차 → 강감찬의 귀주대첩
• 12세기 여진 : 윤관의 별무반, 동북 9성 축조
• 13세기 몽고 : 무신정권의 강화도천도와 배중손의 삼별초
• 14세기 : 왜, 홍건적

14 대장경은 부처님의 설법과 부처님이 정한 교단의 규칙, 그리고 경과 율을 체계적으로 연구하여 해석한 논술을 모두 모은 것이다. 그리고 대장경은 부처님이 돌아가시고 난 뒤 제자들이 부처님의 말씀을 집대성할 필요를 느껴 제자들이 기억하고 있는 부처님의 가르침을 암송의 방법에 의하여 이른바 결집이 이루어 진 것이다. 이러한 대장경은 고려시대에 초조대장경 → 속장경 → 팔만대장경이 간행되었다.

③ 송나라에 다녀온 의천의 요청으로 선종이 1086년(선종 3) 흥왕사에 교장도감을 설치하였다. 그러나 속장경의 간행을 시작한 연월이나 이 도감의 조직·규모 등은 전하지 않고 있다. 초조대장경은 조판 작업이 흥국사, 귀법사 등 여러 사원에서 이루어졌으며, 팔만대장경은 대장도감과 분사도감을 두어 만든 것이다.
① 초조대장경은 고려 현종 때 거란의 침입을 물리치기 위하여 판각한 우리나라 최초의 대장경이다.
② 고려 때 의천이 경기 개풍 흥왕사의 교장도감에서 간행한 신편제종교장총록에 의거하여 10여 년 간 새긴 대장경이다.
④ 팔만대장경은 현재 경상남도 합천군 가야면 치인리 해인사 경내의 4동의 장경판고에 보관되어 있다.
⑤ 팔만대장경은 고려 고종 23년(1236)부터 38년(1251)까지 15년에 걸쳐 완성되었으며 부처의 힘으로 몽고의 침략을 물리치기 위해 제작하였다.
※ 초조대장경이 완간된 뒤 대각국사 의천이 중심이 되어 속장경을 만든다. 속장경은 경(經)·율(律)·론(論) 삼장(三藏)이 아니라 그 주석서인 장소를 모아 간행한 것으로 정식 대장경은 아니다. 의천은 흥왕사에 교장도감을 설치하고 속장경을 간행하였다. 이 사업은 그가 1101년(숙종 6)에 47세를 일기로 세상을 떠날 때까지 10여 년간 계속되었다. 그러나 완성된 교장은 몽고군의 침입으로 강화도로 천도할 때 흥왕사가 불타고 4천권이 넘는 판목도 소실되었다.

15 제시된 자료는 전시과 제도를 설명하고 있다. 따라서 고려시대 전시과 제도 전반에 대한 이해를 묻는 문제이다.
㉠ 주어진 도표를 보면 토지 지급량이 점차 줄어듦을 알 수 있다. 실제로도 맨 처음 시행된 시정전시과는 관직과 인품을 반영하여 전·현직 관리에게, 그 다음 개정 전시과는 관직만 반영하여 전·현직 관리에게, 마지막 경정 전시과는 관직만 반영하여 현직관리에게만 지급하였다.
㉢ 귀족들이 토지를 독점 및 세습하는 경향이 커지면서 전시과제도가 원칙대로 운영되지 못하였다. 재분배하여야 할 토지를 세습하는 것이 용인되면서 조세를 거둘 수 있는 토지가 점차 줄어들었고, 이런 폐단은 무신정변을 거치면서 극도로 심화되었다.

ⓒ 공양왕 때 실시한 과전법은 경기에 한하여 토지를 지급하여 후에 조선 토지제도의 골격이 되었다.
ⓔ 지급된 토지는 자유로운 매매, 기증, 임대가 불가하였다. 자유로운 매매, 기증, 임대가 가능한 것은 민전이었다.

※ **전시과 vs 과전법 공통점**
- 토지의 국유제(왕토사상)의 원칙을 취하면서도 사유지 존재
- 현직·전직관리에 수조권 지급
- 관등에 따라 (18품계) 차등 지급
- 세습 불가(1대에 한함)가 원칙이나 점차 세습화 경향

16 제시된 지도의 표시된 부분은 고려 시대 거란의 1차 침입을 막아내면서 얻어낸 강동 6주의 지역이다. 따라서 강동 6주를 비롯한 고려 초기의 대외관계에 대하여 묻는 문제이다.
ⓒ 서희는 거란의 1차 침입 당시, 고려는 고구려를 계승한 나라임을 강조하며 외교 교섭을 펼친 끝에 강동 6주 지역을 얻어냈다.
ⓔ 거란의 3차 침입당시, 강감찬 장군의 귀주 대첩으로 거란군을 물리친 곳은 강동 6주 지역이다.
ⓐ 만적은 당시의 집권자인 최충헌의 사노비로서 6명의 노예와 함께 당시의 서울인 개경 뒷산에 가서 나무를 하다가, 공사의 노예들을 모아놓고 난을 계획하였으나 한충유의 사노비가 밀고하여 거사 전에 발각되었다.
ⓑ 세종 때 설치된 4군 6진은 여진족을 몰아내고 설치한 행정 구역으로, 압록강과 두만강 유역에 건설한 군사 시설이다.
※ 고려 중기에 일어난 무신의 난은 당시의 신분계급에 큰 변동을 일으켜 하극상의 풍조가 유행하였다. 그리하여 중앙과 지방, 상층계급과 하층계급 사이에 충돌이 일어나 결국은 농민과 노예에 의한 반란까지 유발시켰는데, 그 중에서도 가장 대규모이고 목적이 뚜렷하였던 것이 만적의 난이다.

17 조선의 제15대 왕(재위 1608~1623) '광해군'의 업적 및 당시의 대외관계 등을 묻는 문제이다.
③ 광해군이 폐위되는 인조반정 이후 서인이 집권세력이 된다.
① 명나라와 후금 사이에 전쟁이 발생하여 명에서 원군 요청이 있자 광해군은 강홍립에게 1만의 병사를 주어 파견함과 동시에 의도적으로 후금에 투항하게 하여 명과 후금사이에서 능란한 중립외교 솜씨를 보였다.
② 동의보감은 1613년(광해군 5)에 허준이 편찬하여 간행된 의학서이다.
④ 광해군은 1608년 선혜청을 두어 경기도에 대동법을 실시하였다.
⑤ 광해군은 이이첨 등의 폐모론에 따라 인목대비를 서궁에 유폐시켰다.
※ 1592년 임진왜란 이후 명은 점차 쇠퇴해지고, 1616년 여진족이 세운 후금은 강성해져 명·청 교체가 이루어졌다. 광해군을 지지하는 북인 정권은 명과 후금 사이에서 중립을 지키는 정책을 실시하여 전쟁을 피하였다. 광해군의 중립 외교 정책은 성리학적 명분론을 신봉하는 서인 세력의 비난 대상이 되었으며, 1623년 서인은 광해군을 쫓아내고 인조를 왕위에 오르게 하는 인조반정을 일으켰다.

18 (가)는 간관으로 사간원 관원이고, (나)는 대관으로 사헌부의 관원이다. 간관과 대관은 관리의 비리를 감찰하고 언론 기능을 담당하였기 때문에, 조선시대 권력의 독점과 부정을 방지하는 데 중요한 역할을 수행하였다.
ⓐ 사간원은 국왕에 대한 간쟁과 논박을 담당한 관청이다.
ⓒ 사헌부는 언론 활동, 풍속 교정, 백관에 대한 규찰과 탄핵 등을 관장하던 관청이다.
ⓓ 의금부는 왕 직속의 상설사법기관이었다.
ⓔ 승정원은 왕명의 신속한 수행을 보조하였다.
※ 대간과 간관은 양 기구로 분립되고 형식적인 직능은 달랐지만 다같이 시정의 득실을 논하고, 간관이 관료의 비행·탐학을 논죄하고, 대간도 군주에 대한 간쟁을 하기도 하는 등 실제로는 똑같은 언관으로서 함께 활동하였으므로 '대간'이라는 명칭으로 불렸다.

19 제시된 자료 (가)는 「송하보월도」, (나)는 「몽유도원도」 (다)는 민화이다.
(가) 「송하보월도」는 조선 전기의 화가 이상좌가 16세기에 그린 것으로 전하는 산수화이다. 바람에 날리는 솔잎과 덩굴, 고사의 옷자락이 서정적인 분위기를 높여준다.
(나) 「몽유도원도」는 조선 전기의 화가 안견의 산수화로 15세기(1447년)에 제작되었다.
(다) 민화는 조선후기에 유행하였다.
※ **조선의 화풍**
- 조선 전기 화풍(15세기) : 화원화·문인화로 분류하며 독자적 화풍을 개발하였고, 일본 무로마치 시대의 미술에 영향을 주었다.
- 조선 중기 화풍(16세기) : 다양한 화풍이 발달하였으며, 산수화나 사군자를 그리는 것이 유행하였다.

20 제시된 자료에서 '정조의 총애', '한강의 배다리 준공' 등을 통해 정약용임을 알 수 있다. 정약용과 관련이 없는 사실을 고르는 문제이다. 한강 배다리는 수원화성으로 행차하는 정조가 한강을 편하게 건너가기 위해 정약용이 설치한 것이다.

⑤ 혼천의는 천체의 운행과 그 위치를 측정하여 천문시계의 구실을 하였던 기구로 제작기록은 1433(세종 15)가 처음이다.
① 정약용은 초계문신 출신이었다.
② 목민심서는 목민관, 즉 수령이 지켜야 할 지침을 밝히면서 관리들의 폭정을 비판한 책으로, 정약용이 저술하였다.
③ 마과회통은 조선 후기에 지은 마진(홍역) 치료에 관한 책으로 정약용이 저술하였다.
④ 거중기는 무거운 물건을 들어올리는 데 사용하던 재래식 기계로, 다산 정약용이 고안하였다.
※ **신유사옥**: 중국에서 들어온 천주교는 당시 성리학적 지배원리의 한계성을 깨닫고 새로운 원리를 추구한 일부 진보적 사상가와, 부패하고 무기력한 봉건 지배체제에 반발한 민중을 중심으로 퍼져나가면서 급격히 확대되었다. 천주교세에 위협을 느낀 지배세력이 종교탄압을 하자, 이를 구실로 노론 등 집권 보수세력이 당시 정치적 반대세력인 남인을 비롯한 진보적 사상가와 정치세력을 탄압하였다.

21 제시된 자료는 다른 나라와 무역을 강조하고, 상공업의 중요성에 대해 역설하는 조선 후기 북학파(중상학파)들의 주장이다. 북학파(중상학파)에 대한 올바른 이해를 묻는 문제이다.
② 북학파는 농업 중심의 유교적 이상 국가를 탈피하려 하였다.
① 북학파는 기술혁신을 통해 생산성 향상을 주장하였다.
③ 북학파의 대표적인 학자인 박제가는 청나라 문물의 적극 수용을 강조하였다.
④ 북학파의 대표적인 학자인 박제가, 박지원은 선박, 수레의 이용을 강조하였다.
⑤ 북학파는, 화이론에 입각하여 명나라의 사대 때문에 청의 문물을 수용하지 못하는 조선 정부를 비판하였다.
※ 박지원은 수레와 선박을 이용하여 물류의 효율성을 높일 것과 화폐유통을 강조하여 상공업을 발달시켜야 한다고 주장하였다. 박제가는 청과의 통상을 강화하고, 수레와 선박의 이용을 강조하면서 소비는 생산을 촉진한다고 주장하였다.

22 자료에 나타난 윤휴, 허목, 윤증은 남인·소론 계열의 성리학자들이다. 대표적으로 윤휴와 박세당을 들 수 있다. 남인과 소론 계열의 학자들에 대해서 이해하고 있는지를 묻는 문제이다.
㉠ 남인과 소론 계열의 학자들은 성리학을 상대화하고 6경과 제가백가 등에서 모순해결의 사상적 기반을 찾으려는 경향성을 보이는 등 주자의 학문 체계와 다른 해석을 하였다.
㉡ 남인과 소론 계열의 학자들은 유교경전에 대한 독자적 해석을 통해 주자의 학설에서 탈피하고자 하였다.
㉢ 이이의 학문을 계승하여 기호학파의 주류를 이룬 인물은 송시열이다.
㉣ 주자의 학문 체계와 다른 모습을 보였기 때문에 노론의 공격을 받아 사문난적으로 몰렸다. 즉 당시의 집권층이었던 노론계열에서 정적인 남인·소론 계열을 정치적으로 탄압하는 명분으로 쓰였다.
※ **사문난적**: 원래는 유교에서 교리를 어지럽히고 사상에 어긋나는 언행을 하는 사람을 일컫는 말이다. 그러나 조선 중엽 이후 당쟁이 격렬해지면서부터 그 뜻이 매우 배타적으로 되어 유교의 교리 자체를 반대하지 않더라도 그 교리의 해석을 주자의 방법에 따르지 않는 사람들까지도 사문난적으로 몰았다. 즉, 당시의 집권층이었던 노론계열에서 정적인 남인·소론 계열을 정치적으로 탄압하는 명분으로 쓰였다.

23 제시문의 '포구를 거점으로 활동하던 선상', '운송업' 등을 통해 경강상인에 대해 묻는 문제임을 알 수 있다. 조선 후기 등장한 여러 사상들의 활동과 여러 가지 형태의 상업을 이해해야 된다.
② 경강상인은 운송업에 종사하면서 한강을 근거지로 삼아 미곡, 소금 등의 운송과 판매를 장악하였다.
① 대표적인 사상인 송상은 전국에 송방이라는 지점을 설치하여 활동기반을 강화하였다.
③ 송상은 주로 인삼의 재배·판매를 하고 대외무역에도 깊이 관여하여 부를 축적하였다.
④ 동래의 내상은 왜관을 통해 은, 구리, 황 등을 수입하였다.
⑤ 보부상은 농촌의 장시를 하나의 유통망으로 연계시켰다.
※ 우리나라는 동, 서, 남의 3면이 모두 바다이므로, 배가 통하지 않는 곳이 거의 없다. 배에 물건을 싣고 오가면서 장사하는 장사꾼은 반드시 강과 바다가 이어지는 곳에서 이득을 얻는다. 전라도 나주의 영산포, 영광의 법성포, 흥덕의 사진포, 전주의 사탄은 비록 작은 강이나 모두 바닷물이 통하므로 장삿배가 모인다.

24 제시된 지문은 이앙법, 모내기법과 관련된 내용이다. 모내기법과 관련하여 틀린 내용을 고르는 문제이다.
⑤ 이앙법으로 농가소득이 증대하여 일부 부농이 출현하였고 농민이 분화되는 현상이 발생하였다.
① 직파법은 4, 5차의 제초 작업이 필요하고, 작업도 대단히 어려워 많은 노동력이 필요하였으나, 이앙법은 2, 3차로 족하고, 또 그 작업이 상대적으로 편해 비교적 적은 노동력으로도 가능하였기 때문에 농민들은 정부의 금지에도 불구하고 시행하였다.

② 정부는 이앙법을 법령으로 금지하고 있었다. 그 이유는 가뭄의 피해 때문이었다. 직파법에서의 가뭄 피해는 아무리 심해도 어느 정도 수확이 가능한 데 비해, 이앙법은 가뭄이 심하면 수확량이 거의 없는 경우가 많았기 때문이다. 또한 당시는 수리 시설이 미비해, 가뭄의 피해를 면할 길이 없었는데, 이앙법의 보급으로 더욱 심각해졌다. 이 결과 대규모 기근이 발생함에 따라 큰 사회 문제로 대두되었다.

③ 이앙법은 가뭄에 약하기 때문에 이를 대비한 저수지 축조가 활발하였다.

④ 이앙법으로 인해 벼와 보리의 이모작이 가능해졌고, 단위면적당 생산량이 많이 증가하였다.

※ 이앙법은 직파법에 비해 경작 노동이 2할 밖에 필요하지 않아 경작 능력을 약 4배로 증가시켰다. 이에 직파법에서 필요하던 노동력이 불필요하게 되어 필요 이외의 노동력은 농촌을 떠나지 않을 수 없게 만들었다. 이들은 어쩔 수 없이 유민이 되어 도둑 · 유개(流漑: 거지) · 거사(居士: 도덕과 학문이 높으면서도 숨어살며 벼슬을 하지 않던 선비) · 사당(社黨: 2인 이상이 모여 결속한 무리) · 전대군 등으로 전락해 갔다.

25 제시된 자료는 임진왜란 이전에 새로 들어온 작물을 이용하여 만든 음식에 대한 설명이다. 임진왜란 이전과 이후의 작물을 구별하는 문제이다. 고구마, 감자, 호박, 고추 등 지금도 많이 먹는 여러 가지 작물이 임진왜란 이후에 조선에 들어왔다는 점을 유의하도록 하자.

ⓒ 백김치는 임진왜란 이전부터 존재했다.
ⓒ 두부는 임진왜란 이전부터 존재했다.
㉠ 고구마는 임진왜란 이후에 들어온 작물이다.
ⓒ 호떡의 호(胡)는 오랑캐를 뜻하는 한자로 호떡은 '청나라에서 만든 떡'을 의미한다고 한다. 19세기 후반~20세기 초반에 해당된다.

※ **김치의 유래**: 오늘날의 김치 모양은 1600년대 고추가 상용화되기 시작하면서 나타났다. 그러나 실제 김치의 기원은 삼국시대로 거슬러 올라가야 될 만큼 오랜 역사를 가지고 있다. 인류는 음식을 오래도록 보관하기 위한 방법으로 먼저 말리는 방법, 즉 건조를 통해 수분을 증발시키는 방법이었다. 이후 소금으로 절이는 방법으로 발전했다. 그 다음 단계가 발효시키는 식품저장방법이 나왔다. 김치도 이런 식품저장 발전과정과 궤를 같이 하고 있다. 우리조상들도 염장에서 생산되는 소금을 이용해 식품을 절이는 방법을 개발했고, 이것이 김치의 시작이었다.

26 제시된 자료에서 '양역을 절반', '호포', '1필로' 등을 통해 영조가 실시한 균역법임을 알 수 있다. 균역법과 관련된 내용을 고르면 된다. 자료는 균역법 실시와 관련된 영조의 교서이다.

ⓒ 군역을 두 배, 세 배로 부담해야 하는 상황이 늘어나면서 역의 부담을 이기지 못해서 유망하는 농민이 증가했다. 이런 상황은 균역법을 실시하게 되는 배경이 되었다.

㉣ 감영과 군영 등에서 독자적으로 군포를 징수하면서 농민의 부담이 늘어나 균역법이 실시되었.

㉠ 중앙 관청의 서리가 공물을 대신 납부하고 그 대가를 챙기는 방납의 폐단이 심화되어 농민의 부담이 증가하였다. 이제 조선 정부는 국가 재정을 보완하고 농민들의 부담을 덜어주기 위해 대동법을 실시하였다.

ⓒ 세종 때 실시된 연분 9등법은 토지 1결당 풍흉에 따라 최저 4두에서 최고 20두를 납부하는 조세 제도이다. 즉 풍흉에 따라 거두는 세금은 연분 9등법으로 균역법과는 관련이 없다.

※ **군정의 문란**
• 백골징포: 이미 사망한 군역 대상자에게 군포 징수
• 황구첨정: 16세 미만의 어린아이에게까지 군포 징수
• 족징: 군포 부담자가 도망을 가면 친척에게 군포 징수
• 인징: 이웃에 연대책임을 지워 군포를 징수

27 제시된 신문기사에서 '서북민', '평서대원수' 등을 통해 홍경래의 난임을 알 수 있다. 몰락양반인 홍경래가 세도정치의 부패와 지주제의 모순에 대해 비판하자 농민 · 중소상인 · 광산노동자 등 세도정치 아래서 고통받던 피지배층이 함께 호응해 일어났다.

③ 세도정치의 폐단, 서북인에 대한 정치적 차별 등으로 홍경래 난이 일어나게 된다.
① 문벌귀족의 무신차별로 무신정변이 일어나게 된다.
② 몽고와의 강화 이후 권문세족이 집권하게 된다.
④ 성리학적 질서 강화는 조선 중기 이후의 일이다.
⑤ 훈구 세력과 사림 세력간의 정권 다툼은 사화와 관련이 있다.

※ 홍경래의 난은 상인층과 빈농층이 난을 일으켜 수령의 수탈과 서북인의 차별을 타파하고 세도정권 타도를 목표로 한 반봉건항쟁으로 19세기 농민항쟁의 선구적 역할을 하였다.

28 제시된 자료는 '향약'에 대한 설명이다. 향약은 사림 세력들이 향촌의 풍속 교화와 영향력 증대를 위해 중국의 예에서 조선의 실정에 맞추어 변형하여 전파한 것이다. 향약의 4대 덕목은 이른바 '덕업상권', '환난상휼', '과실상규', '예속상교'로 일컬어진다.

⑤ 향약은 전통적 공동조직과 미풍양속을 계승하면서, 삼강오륜을 중심으로 한 유교윤리를 가미하여 교화 및 질서 유지에 알맞게 권한 것이다.
① 선현에 대한 제사와 후진 교육의 기능을 한 곳이 '서원'이다.

② 서로 이웃하고 있는 다섯 집을 하나로 묶어서 관리를 한 것은 '오가작통법'이다.
③ 향약이 잘 운영될 때도, 중앙에서는 지방관을 파견하였다.
④ 경재소는 중앙 정부가 현직 관료로 하여금 연고지의 유향소를 통제하게 하는 제도로, 중앙과 지방의 연락 업무를 맡았다.
※ 오가작통법은 후기에 이르러 호패와 더불어 호적의 보조수단이 되어 역을 피하여 호구의 등록 없이 이사·유리하는 등의 만성화된 유민과 도적의 은닉을 방지하는 데 이용하였고, 헌종 때에는 통의 연대책임을 강화하여 가톨릭교도를 적발하는 데 크게 이용하였다.

29 제시된 자료는 1919년 3·1 운동 이후 일제가 문화통치를 실시하면서 수립한 '조선 민족 운동에 대한 대책'의 일부이다. 일제는 문화통치를 실시하면서 친일세력을 육성하여 우리 민족을 분열시키려는 술책을 부렸다.
① 문화통치를 통해 일제는 조선인의 불만을 달래고 우리 민족을 분열시키고자 하였다.
② 일제는 조선의 자치권을 인정한 적이 없다.
③ 신사참배와 황국신민서사의 암송 강요는 1930년대의 일이다.
④ 전쟁에 필요한 자원을 수탈한 국가총동원령은 1930~40년대의 일이다.
⑤ 학교와 관공서에서 한국어 사용 금지는 1930년대의 일이다.
※ **신사참배** : 일제가 민족말살정책의 하나로 강요한 것으로서, 신사란 일본 왕실의 조상신이나 국가 공로자를 모셔놓은 사당이다. 일본이 천황 이데올로기를 주입하기 위해 곳곳에 신사를 세우고 한국인들로 하여금 강제로 참배를 시켰는데, 신사는 일본의 민간 종교인 신도의 사원이다.

30 제시된 자료는 '광주 학생 항일 운동'의 격문 중 일부이다. 특히 격문의 내용 중 '학생', '검거된 학생'을 통해 광주 학생 항일 운동임을 짐작할 수 있다. 광주 학생 항일 운동은 조선인 여학생을 일본인 남학생이 희롱한 것이 직접 발단이기는 하였지만, 저변에는 일본인에 비해 차별 대우를 받았던 조선인 학생들의 누적된 불만이 쌓여 있었던 것이 컸다. 이들은 사회주의자들과 함께 독서 모임을 통해 항일 의식을 높이고 있었는데, 이 사건의 처리 과정에서 차별적 대우가 나타나자 본격적인 항일 운동으로 전국적으로 확대되었다.
⑤ 신간회가 진상 조사단을 파견하여 광주 학생 항일 운동을 지원하였다.

① 순종의 인산일을 계기로 대규모 만세 시위가 일어난 것은 6·10 만세 운동(1926)이다.
② 아시아의 반제국주의 민족운동에 영향을 준 것은 3·1 운동이다.
③ 일제가 무단통치에서 문화통치로 전환하게 되는 계기가 되는 것은 3·1 운동이다.
④ 종교계 지도자들이 계획하고 학생들이 참여한 운동은 3·1 운동이다.
※ **광주 학생 항일 운동**(1929)
• 배경 : 학교 항일 결사 조직, 신간회의 활동으로 의식 고조, 일제의 차별 교육
• 전개 : 학생들이 식민지 교육 철폐와 일제 타도, 민족 해방을 부르짖으며 동맹 휴학, 가두시위
• 의의 : 3·1 운동 이후 최대 규모의 민족 운동, 만주의 민족 학교, 일본 유학생까지 시위 확대

31 제시된 자료의 '백동화'라는 용어를 미루어 볼 때 일본이 주도하여 전개한 '화폐정리사업'이라는 것을 알 수 있다. 메가타의 화폐 정리 사업은 일본인 자본의 조선 진출이라는 당초의 목적 외에 조선의 토착 상업 자본을 붕괴시키는 결과를 가져왔다.
③ 일본인 재정 고문의 화폐 정리 사업으로 백동화가 무효화되었다.
① 3·1 운동의 전국적인 확산은 일제 병합 이후의 일이다.
② 1896년 친·러세력과 러시아공사가 공모하여 비밀리에 고종을 러시아공사관으로 옮긴 사건이 아관파천인데, 화폐정리사업 이전에 발생한 일이다.
④ 군국기무처에서 추진한 개혁 내용은 갑오개혁과 관련이 있다.
⑤ 독일인 묄렌도르프 고문 임명은 청의 내정 간섭 시기였던 1880년대의 일이다.
※ 일본의 한국 침략은 매우 체계적으로 진행되었다.
한·일의정서 → 1차 한·일협약 → 2차 한·일협약 → 한·일신협약 → 기유각서 → 한·일합방조약 이러한 순서대로 진행되면서 차츰 대한제국의 권한을 잠식해 들어갔다.

32 신채호의 '조선 혁명 선언'을 주된 사상으로 삼고 있는 의열단에 대해 묻고 있다. 신채호는 조선 혁명 선언에서 문화 운동과 자치론을 배격하고, 민중과 폭력이 결합하여 민중 혁명을 일으켜야 한다고 주장했다.
② 의열단은 외교론, 자치론, 준비론, 문화 운동론 등을 비판하며 혁명적 무력투쟁만이 민족의 해방을 가져올 수 있다고 주장하였다.
① 의열단은 이승만의 외교론도 비판하면서 다른 나라와 연합하는 것에 부정적으로 생각하였다.
③ 의열단은 먼저 독립의 역량을 키우자는 안창호의 준비론도 부정적으로 생각하였다.

④ 비폭력적 투쟁은 1919년 3·1 운동이 대표적이다.
⑤ 미국과 연합을 통한 투쟁은 한국광복군과 관련이 있다.
※ **신채호의 조선 혁명 선언** : 신채호가 1923년 의열단의 요청에 따라 쓴 글로, '의열단 선언'이라고 부른다. 이승만, 이광수, 안창호 등이 주장한 외교론, 자치론, 준비론, 문화 운동론 등을 비판하며, '민중 직접 혁명 수단을 취함'을 선언하였다. 독립을 이루는 길은 오직 민중의 직접 혁명밖에 없으며, 의열단의 폭력투쟁은 민중을 일깨워 직접 혁명을 이끌어내기 위한 선구적 행동이라고 주장하고 있다.

33 제시된 자료는 고종이 대한제국을 선포하고 원구단에서 황제 즉위식을 한 뒤 1897년 광무개혁을 시작하는 과정을 보여준다. 문제에서는 광무개혁의 내용을 고르면 된다.
② 광무개혁 때 근대적 토지소유권 확립 및 일본인의 불법적인 토지침탈의 문제 대책과 각종 개혁에 소요될 재정을 지세를 통해 확보할 목적으로, 양지아문을 설치하고 근대적 토지소유권 제도라 할 수 있는 지계를 발급하였다.
① 광무개혁은 고종이 러시아 공사관으로 옮겨간 아관파천이 일어나고, 고종이 러시아 공사관에서 궁으로 다시 돌아온 그 시점에서 시작한 개혁이다.
③ 광무개혁은 입헌군주체제를 추진한 것이 아니라 자주독립과 황제의 전제권 강화를 표방하였다.
④ 토지조사사업은 1910~1918년 일본이 한국의 식민지적 토지소유관계를 공고히 하기 위하여 시행한 대규모의 국토조사사업이다.
⑤ 1880~1881년 정부는 개항을 한 뒤 꾸준히 개화 정책을 추진하였다. 그 일환으로 5군영을 무위영, 장어영 2영으로 통합하였다. 5군영을 2영으로 통합한 것은 광무개혁 때의 일이 아니다.
※ **광무개혁**
· 정치 : 대한국 국제 9조
· 경제 : 양전 사업(지계발급 : 토지 소유권 증명 문서)
· 외교 : 해삼위(블라디보스토크)설치, 간도 관리사 파견
· 군사 : 원수부 설치(황제 직속군대), 시위대, 진위대, 무관학교 설립

34 제시된 자료는 신간회의 강령이다. 신간회는 기회주의 배격을 내세워 자치운동을 배척하였던 일제 강점기에 가장 규모가 큰 항일사회운동 단체였다.
ⓒ 광주학생운동을 지원하였고, 광주학생운동 보고 대회, 민중대회 등을 개최하려 하였으나 일제의 철저한 탄압으로 중단되었다.
ⓒ 근우회는 여성계의 민족유일당으로 신간회의 자매단체로 활동하였다.
ⓐ 비밀결사로 활동한 단체는 신민회이다.
ⓔ 신간회는 비타협적 민족주의계 인사들과 사회주의계 인사들이 함께 참여하였다.

※ 신간회는 민족주의 계열 내에 타협적 노선이 등장하면서 사회주의계에서 신간회 해소를 주장하게 되었다. 그리고 일제의 철저한 탄압과 계급투쟁을 강조하는 코민테른의 지시로 해소하기로 하였다.

35 제시된 정약용의 시는 군포 징수 과정에서 나타난 폐단 중 백골징포와 황구첨정을 소개한 것이다. 흥선대원군은 민생 파탄의 원인이 삼정의 문란에 있다고 보고, 이를 개혁하여 민생을 안정시키고 국가 재정을 튼튼히 하려고 하였다. 그리하여 종래 상민들만 내던 군포를 양반들도 내게 하는 호포법을 실시하여 군정을 바로잡고 조세 부담을 공평히 하였다.
⑤ 호포제는 호를 단위로 군포를 징수하는 방법으로 농민 장정에게 부과하였던 군역의 의무를 양반에게까지 확대한 군역제도이다.
① 서원철폐는 붕당의 근거지를 정리하고, 농민을 보호하며 국가 재정 확충을 위해 시행되었다.
② 경복궁 중건은 왕실의 권위를 회복하기 위해서이다.
③ 척화비를 건립하여 통상수교 거부의지를 대내외적으로 천명하였다
④ 사창제는 민간에서 곡식을 저장해두고 백성들에게 대여해주던 것으로 환곡제도이다.
※ 흥선대원군은 고종이 성장함에 따라 최익현이 상소를 올려 고종의 친정을 요구하게 되었고 이 사건으로 하야하게 되었다(1873).

36 제시된 자료는 개항으로 서구 문물이 조선에 수용이 되면서 등장한 사회적 변화 중의 일부를 묻는 문제이다. 특히 자료에서 '설립 기념 우표', '축하연 계기로 정변'이라는 표현을 통해 우정국에 대한 내용임을 추론해 볼 수 있다. 우정국은 1884년 창설이 되는데, 공교롭게도 우정국 축하연 때 갑신정변이 발발하여 한동안 폐지되었다.
② 우정국 개업축하연에서 벌어진 갑신정변으로 개업 19일 만에 폐쇄되었으며, 1895년 우체사가 설치될 때까지 10년 동안은 다시 역참제에 의한 통신방법이 계속되었다.
① 급진개화파의 주요 인물이었던 홍영식이 초대 책임자인 총판으로 임명되었기 때문에 갑신정변 준비가 가능하였다.
③ 근대적인 우편 업무를 통해 종래의 역참제는 점차 쇠퇴하게 되었다.
④ 한국 최초의 우편행정관서는 우정국의 설립에서부터 시작되었다.
⑤ 한동안 복설되지 못한 우정국이 다시 설치되는 시기는 을미개혁 시기이다.
※ 역참제는 중국에서도 일찍부터 시행되었으며, 우리나라에서는 삼국시대에 이미 역을 설치한 기록이 있

다. 고려시대 때 제도적으로 정비되었으며, 조선에서는 고려의 역참제를 이어받아 더욱 체계적으로 운영하였다. 약 30리마다 역을 설치하여 전국에 걸쳐 500여개의 역이 있었다.

37 제시된 사진은 '독립신문', '독립문'이다. 이를 통해 독립협회임을 알 수 있다. 독립협회는 민중계몽운동의 일환으로 독립신문을 발간하였으며, 민족의 자주의식을 나타내기 위하여 영은문 자리에 독립문을 건립하였다. 독립협회는 1896년 7월에 창립되어 1898년 12월에 해산하였다. 이 시기의 역사적 상황에 대해 묻는 문제이다.
㉠ 러시아가 일본의 선례에 따라 저탄소 설치를 위해 절영도의 조차를 요구하자, 독립 협회는 만민 공동회를 개최하여 일본의 저탄소 철거까지 주장하여 마침내 러시아의 요구를 좌절시켰다.
㉣ 황국협회는 독립협회에 대하여 테러행위를 자행하고, 탄압하였다.
㉡ 1880년에 조선 수신사로 일본에 갔었던 김홍집은 「조선책략」을 가지고 귀국하였다.
㉢ 흥선대원군이 붕당 근거지를 정리하고, 국가재정 확보를 위해 만동묘 철폐와 47개소 이외의 서원을 철폐하자 궁궐 앞에서 유생들이 서원 철폐 반대운동을 전개하였다.

※ **황국협회**
• 이길동, 길영수, 홍종우 등으로 조직된 어용단체
• 독립협회에 대하여 테러행위 자행
• 그 후 1899년 상무사로 개칭되면서 애국단체로 활약하다가 공진회로 개칭, 일제의 침략에 본격적으로 저항

38 제시된 자료의 '각 대신은 일본과 동복이 되어 짐을 협박'이라는 표현에서 을사조약에 대한 내용임을 알 수 있다. 을사조약의 핵심은 대한제국의 외교권을 일본이 행사하겠다는 것이다. 따라서 고종은 맹렬히 조약 체결을 반대하였다. 그러나 이토 히로부미는 일본군을 배치하고 이완용을 위시한 다섯 대신들에게 조약의 승인을 받았음을 내세워 대한제국의 외교권을 강탈하였다.
⑤ 해산된 군인이 의병대열에 합류하여 전투력을 향상된 것은 정미의병과 관련된 것이다. 을사조약 이후의 일이다.
① 민영환을 비롯해 수많은 사람들이 자결로 항거하였다.
② 고종은 헤이그에서 열리는 '만국평화회의'에서 을사조약의 무효를 관철하고자 특사를 파견하였다.
③ 장지연의 '시일야방성대곡'이 황성신문에 게재되어 을사조약의 부당함을 알렸다.
④ 이상설, 안병천, 조병세 등은 조약파기 상소를 올렸다.

※ **을사조약 반대 운동**
• 고종의 헤이그 특사 파견(이상설, 이준, 이위종)
• 오적암살단(나철, 오기호)
• 황성신문(장지연), 시일야방성대곡 게재
• 이토 히로부미 사살(안중근-하얼빈), 이재명의 이완용 암살 실패
• 워싱턴 특사파견(헐버트)
• 상소운동(이상설, 안병천, 조병세), 민영환 자결
• 서울 상인 철시, 학생들의 동맹 휴학

39 제시된 자료는 대한매일신보와 창간자인 영국인 베델(1872~1909)에 대한 설명이다. 이와 관련 없는 것을 고르면 된다.
㉠ 발행인이 영국인 베델로 을사조약 이후 항일운동의 선봉에 섰다.
㉣ 항일운동의 선봉에 섰으며, 의병운동에 호의적이었으며, 국채보상운동을 주도하기도 하였다.
㉡ 한성순보는 최초의 신문으로 정부 관료가 주요 독자였다.
㉢ 장지연의 '시일야방성대곡'은 황성신문에 게재되었다.
※ 시일야방성대곡은 「황성신문」의 주필인 장지연이 1905년 11월 20일 「황성신문」에 올린 글의 제목이다. 시일야방성대곡이란 "이 날에 목놓아 통곡하노라."라는 의미이다. 장지연은 이 글에서 황제의 승인을 받지 않은 을사조약의 부당함을 알리고 이토 히로부미와 을사오적을 규탄하였다.

40 제시된 자료는 「조선책략」의 내용에 반박하여 정부의 개화 정책을 비판하는 위정척사 운동인 영남 만인소의 내용이다. 당시 개화 정책에 대한 반발과 한반도를 둘러싼 시대적 상황에 대한 이해를 묻는 문제이다. ㈎는 '임진왜란'을 통해 일본임을 알 수 있다. ㈏는 청은 조선과 미국의 조약 체결을 알선하였는데, 이를 통해 미국임을 알 수 있다. ㈐는 '우리가 섬기는 나라'를 통해 중국임을 알 수 있다. ㈑의 국가를 미워할 필요가 없다는 것으로 미루어 볼 때 러시아임을 알 수 있다. 조선책략은 러시아의 남하를 막기 위해 조선, 일본, 청이 펼쳐야 할 외교정책을 제시한 것이다.
④ 대륙 침략을 노리던 일본은 1905년 러·일 전쟁 중 독도를 강제로 자국 영토로 편입시켰다.
① 임오군란을 계기로 일본과 제물포조약을 맺었다.
② 박정희 정부는 베트남 파병의 대가로 미국으로부터 한국군의 현대화를 위한 장비와 경제 원조를 약속하였다.
③ 조선과 청나라 사이에 백두산 일대의 국경선을 표시하기 위해 세운 백두산정계비를 세웠다.

⑤ 「조선책략」의 내용에 반박하여 정부의 개화 정책을 비판하는 위정척사 운동인 영남 만인소의 내용이다.

※ **제물포 조약** : 1882년 임오군란의 사후처리에 관해 조선과 일본 사이에 맺은 조약이다. 임오군란으로 공사관이 불타고 10여 명의 사상자를 낸 일본은 협상을 요구했다. 청나라 마건충의 중재로 조선 측 이유원, 김홍집과 일본 측의 하나부사 사이에 협상이 이루어져, 본조약 6개조와 「조·일수호조규 속약」 2개조가 조인되었다. 그 내용은 조선 측의 50만원 배상, 일본공사관에 일본경비병 주둔, 공식사과를 위한 수신사 파견, 군란주모자 처벌 등이다.

41 제시된 자료는 현대사의 주요 사건들이다. 이러한 사건들을 시기 순으로 나열하는 문제이다.

㈎ 청계천에 있는 전태일 동상으로 '전태일분신자살사건'과 관련 있다. 이는 1970년 11월 13일 서울 동대문 평화시장에서 피복공장 재단사로 일하던 노동운동가 전태일이 노동환경 개선을 외치며 온 몸에 휘발유를 붓고 분신자살한 것이다.

㈏ 5·18 민주화운동이다. 이는 1980년 5월 18일에서 27일까지 전라남도 및 광주 시민들이 계엄령 철폐와 전두환 퇴진, 김대중 석방 등을 요구하며 벌인 민주화운동이다.

㈐ 6·25 전쟁이다. 이는 1950년 6월 25일 새벽에 북한 공산군이 남북군사분계선이던 38선 전역에 걸쳐 불법 남침함으로써 일어난 한국에서의 전쟁으로 1953년 7월 27일 휴전 협정을 맺었다.

※ 17세의 나이로 평화시장 피복공장 노동자가 된 전태일은 채광·통풍시설이 없는 비좁은 작업장 속에서 최저생계비의 1/5도 안 되는 저임금으로 하루 15시간 이상 중노동에 시달리는 동료 노동자들의 참상을 목격, 평생을 바쳐 평화시장의 노동조건 개선을 위해 투쟁을 한다. 그러나 전혀 개선될 기미가 보이지 않고 70년 11월 13일 피켓시위를 벌이려다 경찰에 의해 강제해산 당하게 되자 휘발유를 끼얹고 분신하게 된다.

42 제시된 자료는 1949년 6월에 공포된 농지 개혁법에 관한 내용이다. 광복 후 토지를 분배하는 과정에서 북한과 남한의 차이를 묻는 문제가 자주 출제되니 정리 해두자.

㉠ 북한에서 실시된 토지 개혁과 완전히 다른 방식이었다. 북한은 사회주의 영향아래 무상몰수 무상분배로 토지 개혁을 한 반면, 남한은 유상매수 유상분배의 토지 개혁 방식을 택하였다.

㉢ 일단 국가가 농민에게 토지를 유상으로 매수한 뒤에, 토지를 분배받은 농민이 상환액을 평년작을 기준으로 해서 주생산물의 1.5배로 하고, 5년 동안 균등 상환하게 하여 유상매수를 하였다.

㉡ 농지 개혁으로 지주들에게 토지 대금으로 준 지가증권은 돈으로 바꾸기가 쉽지 않아, 지주층이 산업자본가로 변모하기에는 어려웠다.

㉣ 농민들은 토지 개혁에 적극적이었다.

※ 농지개혁의 시발점은 일본의 간섭으로 부터 해방된 직후, 지주들이 소유하던 토지를 소작인들에게 균등하게 배분함으로서 농업경영을 합리화 하기위해 실시되었다고 볼 수 있다. 일제강점하의 농촌에서는 일본인 지주의 출현, 소작쟁의의 격증, 부재지주의 증가, 자작농의 몰락, 소작농의 증가, 이농 등의 현상이 일어났는데, 8·15 광복 직전에는 전농민의 70%가 소작농이었다.

43 제시된 ㈎는 노태우 정부이다. 이 시기에 해당하는 역사적 사실을 묻는 질문이다.

① 1991년 남북한 유엔 동시 가입 신청은 안보리에서 만장일치로 채택되었는데 노태우 정부 때의 일이다.

② 개성공단 조성사업은 2000년 8월 현대와 북한 조선아태평화위원회가 합의한 사업으로 김대중 정부 때의 일이다.

③ 선진국 진입의 관문격인 경제협력개발기구(OECD)에 1996년 12월 12일 가입한 일은 김영삼 정부 때의 일이다.

④ 1970년 4월 1일 조강 연산 103만톤 규모의 종합제철공장 건설에 착공하여 1973년 7월 3일 포항제철소 1기 설비가 준공되었는데, 박정희 정부 때의 일이다.

⑤ 1997년 11월 21일 대한민국 정부가 국제통화기금(IMF)에 구제금융 요청을 한 것은 김영삼 정부 때의 일이다.

※ OECD는 경제발전과 세계무역 촉진을 위하여 발족한 국제기구이다. OECD의 정책방향은 다음 세 가지로 요약할 수 있다. 첫째로, 고도의 경제성장과 완전고용을 추진하여 생활수준의 향상을 도모하고 둘째로, 다각적이고 무차별한 무역·경제 체제를 마련하기 위해 노력하며 셋째로 저개발 지역에의 개발 원조를 촉진한다.

44 제시된 자료는 1980년대의 상황을 나타낸 6·29 민주화 선언문이다. '국가의 미래요 소망인 꽃다운 젊은이를 죽여 놓고, 그것도 모자라 뻔뻔스럽게 국민을 속이려 했던 것'은 1987년 '박종철 고문 치사사건'을 말하고, 국민적 여망인 개헌을 일방적으로 파기한 4·13 호헌 조치는 박종철 고문 치사사건으로 시위가 발생하자 전두환 대통령이 내린 조치였다. 이 두 사건에 반발하여 발생한 6월 민주항쟁의 6·29 민주화 선언과 관련된 내용을 묻는 문제이다.

① 노태우는 6월 항쟁에 의해 6·29 민주화 선언을 함으로써 대통령 직선제 개헌을 수용하였다.

② 전두환 정부가 출범한 1981년에 대통령 7년 단임제가 되었다. 1980년과 1988년 사이의 일이지만 제시된 선언문과는 관련이 없다.
③ 박정희 정부의 유신체제 때 치열한 노동운동이 전개되었으며, 이는 반독재운동으로 이어졌고, 이러한 움직임은 부·마항쟁으로 절정을 이루게 되었다.
④ 1979년 박정희 대통령 암살 이후 국내는 혼란기에 빠졌다. 이 와중에서 1979년 12월 12일에 전두환이 군사 쿠데타로 대통령으로 취임하였다. 이 사건에 시민들은 반발했고, 비상 계엄령 철회 및 민주적 정부의 수립을 요구하였다. 특히 광주 시민들이 계엄령 철폐와 전두환 퇴진, 김대중 석방 등을 요구한 5·18 민주화운동을 전개하였다.
⑤ 긴급 조치는 국민의 자유와 권리에 대하여 무제한의 제약을 가할 수 있는 초헌법적 권한으로, 반유신 세력에 대한 탄압 도구로 악용되었다.
※ **이한열 열사 사건** : 이한열은 1987년 6월 9일, 다음날 열릴 예정의 박종철 고문치사사건 은폐 규탄 및 호헌 철폐 국민대회를 앞두고 연세대에서 열린 6·10 대회 출정을 위한 연세인 결의대회 후의 시위 도중 전투경찰이 쏜 최루탄에 뒷머리를 맞아 한 달 동안 사경을 헤매다가 7월 5일 사망하였다. 대낮에 길거리에서 한 청년이 죽음에 이르게 되었다는 점에서, 박종철 고문치사 사건과 함께 전두환 정권의 잔인성에 대해 전 국민적인 분노를 이끌어 내었고 6월 항쟁이 걷잡을 수 없이 격해지는 계기가 되었다.

45 제시된 자료는 자유당의 이승만이 1960년 대통령 선거에서 3·15 부정 선거를 통해 다시 당선되려고 하는 과정을 보여준다. 이것은 4·19 혁명의 직접적인 원인이 되었다.
④ 4·19 혁명의 직접적인 원인이 된다. 4·19 혁명은 학생과 시민이 중심이 되어 독재정권을 무너뜨린 아시아 최초의 민주혁명이었다.
① 박정희 정부의 유신체제에 반발하여 부산, 마산에서 부·마 항쟁의 일어나게 된다.
② 반공을 국시의 제일로 삼는 것은 1961년 정권을 장악한 박정희를 중심으로 한 군부 세력이 발표한 것이다.
③ 5·18 광주 민주화 운동은 1980년 5월 18일에서 27일까지 전라남도 및 광주 시민들이 계엄령 철폐와 전두환 퇴진, 김대중 석방 등을 요구하며 벌인 민주화운동이다.
⑤ 박정희는 1972년 헌법 개정(유신 헌법)을 통해 영구 집권과 독재 권력 강화를 위한 체제 개편을 했다. 통일주체국민회의에서 간접선거로 대통령을 선출하도록 하였고, 긴급조치권과 국회해산권 등 대통령의 초법적 지위를 강화했다.
※ 반공은 북한의 대남혁명노선에 대응하는 한국의 체제수호정책과 활동이다. 반공은 그 자체가 목적이 아니라 자유민주주의 정치체제를 수호하고 구현하려는 것이기에 자유민주주의와 표리가치로서의 성격을 지녀왔다. 반공이 한국에서 정책이념으로 작용한 것은 정부수립 당시부터이지만, 전국민적으로 반공의식이 심화된 것은 6·25 전쟁 이후부터이다.

46 제시된 자료는 모스크바 3국 외상회의로부터 5·10 총선거가 이루어지는 사이의 역사적 사실을 찾아내는 문제이다.
㉠ 소련은 총선거가 실시될 경우 인구가 적은 북한에게 불리하다고 판단하여 유엔 한국임시위원단의 방문을 거부하였다. 이에 유엔 한국임시위원단이 접근할 수 있는 남한에서만 총선거를 치르자고 결의 하였다.
㉢ 제2차 미·소 공동위원회가 결렬되면서 미국은 UN에 한반도 문제를 이관하였다.
㉡ 1948년 5월 10일 총선거를 실시하여 구성된 제헌국회는 반민족행위처벌법(반민법)을 제정·공포하고, 반민족행위특별조사위원회(1948.10)를 구성하였다.
㉣ 여수·순천 10·19 사건은 1948년 10월 19일에 제주도 4·3 사건 진압을 위해 여수 주둔 군부대에 출동 명령이 떨어지고 군부대 내의 좌익세력이 제주도 출동 반대와 통일정부 수립을 내세워 봉기한 것으로 5·10 총선거 이후의 일이다.
※ 소련이 불참한 가운데 11월 13일 열린 유엔총회는 유엔 감시 하의 남북 총선거안을 43 대 0(기권6, 결석8)으로 결의하였다.

47 제시된 자료 (가)는 진전사지 3층 석탑, (나)는 화엄사 4사자 3층 석탑, (다)는 월정사 8각 9층 석탑이다.
⑤ 월정사 8각 9층 석탑은 고려시대의 석탑이다.
① 진전사지 3층 석탑의 기단에 새겨진 아름다운 조각과 탑신의 세련된 불상 조각은 진전사의 화려했던 모습을 엿볼 수 있다. 그리고 지방 호족의 새로운 문화 능력을 과시한 것이라 볼 수 있다.
② 화엄사 4사자 3층 석탑은 상층 기단에는 우주 대신 연화대 위에 무릎을 꿇고 앉은 암수 2쌍의 사자를 지주 삼아 네 귀에 배치하였다. 사자들이 에워싼 중앙에는 합장한 채 서 있는 스님상이 있는데, 기존의 기단부와는 다른 모습이다.

③ 월정사 8각 9층 석탑은 고려시대 유행한 화려한 다각다층 양식으로 안정감 부족하나 자연스러우며 송나라의 영향을 받았다.
④ 진전사지 3층 석탑, 화엄사 4사자 3층 석탑은 지방 호족 세력의 지원을 받아 건립되었다.

※ **월정사 8각 9층 석탑** : 자장율사가 창건한 월정사 안에 있는 탑으로, 그 앞에는 공양하는 모습의 보살상이 마주보며 앉아 있다. 고려시대가 되면 4각형 평면에서 벗어난 다각형의 다층석탑이 우리나라 북쪽지방에서 주로 유행하게 되는데, 이 탑도 그러한 흐름 속에서 만들어진 것으로, 고려 전기 석탑을 대표하는 작품이다. 당시 불교문화 특유의 화려하고 귀족적인 면모를 잘 보여주고 있으며, 전체적인 비례와 조각수법이 착실하여 다각다층석탑을 대표할 만하다.

48 제시된 자료 ㈎「삼국유사」, ㈏「연려실기문」, ㈐「동사강목」, ㈑「동국통감」에 서술되어 있는 내용을 이해하고 있는 지를 묻는 문제이다.
㉠「삼국유사」의 고조선에 관한 서술은 한국의 반만년 역사를 내세울 수 있게 하고, 단군신화는 단군을 국조로 받드는 근거를 제시하여 주는 기록이다.
㉢「동사강목」은 조선후기 안정복이 고조선으로부터 고려 말까지를 다룬 역사책으로 민족사적 독자적인 정통론(삼한정통론)을 제시하고 고증사학의 토대를 마련하였다.
㉡「연려실기문」은 실학자였던 이긍익이 조선사까지의 한국사 일반을 저술한 책이다.
㉣「동국병감」은 고조선부터 고려 말까지의 전쟁사를 위주로 저술되어 있다.

※ **조선 후기 국학 연구 저서**
- 「해동역사」 : 한치윤, 500여 종의 중국 및 일본의 자료를 참고하여 해동역사를 편찬하여 민족사 인식의 틀을 넓히는데 이바지
- 「동사」 : 이종휘, 고구려 역사 연구
- 「발해고」 : 유득공, 발해사 연구 심화
- 「지봉유설」 : 이수광, 실학이 발달하고 문화 인식의 폭이 넓어짐에 따라 백과 사전류의 저서가 많이 편찬되었음

49 자료는 독도의 역사에 대해 알고 있어야 풀 수 있는 문제이다.
㈎「삼국사기」가 우리나라 최고의 역사서라는 특징을 알았다면, 지증왕 때 우산국을 정벌한 사실이 나와 있는 역사서를 몰랐더라도 풀 수 있다.
㈏「세종실록지리지」에서 우산도(독도)를 울릉도와 함께 강원도 울진현에 편입시킨 것을 볼 수 있다.

※ **일본의 억지 주장** : 일본이 독도를 자기 영토라고 주장하는 국제법적 논리는 고유의 영토라는 주장과 선점설 두 가지이다. 일단 고유의 영토라는 주장은 이미 삼국시대부터 독도가 우리 영토임을 기록한 사료가 있을뿐더러, 일본은 1905년에서야 시마네 현에 독도를 편입시키는 것으로 영토임을 주장했기 때문에 근거가 없는 주장이다. 선점설 역시 이미 우리가 자국 영토임을 확고히 한 땅에 대한 선언이므로 성립할 수 없다.

50 제시된 자료의 '달이 가득 찬 날', '상원', '세시풍속에서는 가장 중요한 날'을 통해 정월대보름이라는 것을 알 수 있다. 정월대보름과 관련이 없는 풍습을 찾는 문제이다.
④ 그네 타기는 단오와 관련이 있는 풍속이다.
① 지신밟기는 정월 대보름을 전후하여 집터를 지켜준다는 지신에게 고사를 올리고 풍물을 울리며 축복을 비는 세시풍속이다.
② 달맞이는 정월 대보름날 달을 보며 기복하는 풍속이다. 동쪽에서 뜨는 달을 맞이한다 하여 영월이라 하기도 하고, 달을 바라본다 하여 망월 혹은 달보기, 망월에 절하기, 망우리라고도 한다.
③ 달집태우기는 정월대보름날 밤 달이 떠오를 때 생솔가지 등을 쌓아올린 무더기에 불을 질러 태우며 노는 풍속이다.
⑤ 오곡밥은 정월대보름날 다섯 가지 곡물을 넣어 찰밥을 만들어 건강을 기원하며 먹었다.

※ 대보름날은 우리 민족의 밝음사상을 반영한 명절로 다채로운 민속이 전한다. 대보름날의 각종 풍속은 전체 세시풍속 중 1/4이 넘을 정도로 풍부한데 설 풍속을 합치면 전체의 절반이 넘는다. 이것은 정초와 대보름 명절이 우리 민속에서 중요한 비중을 가지고 있고, 동시에 이들은 상호 유기성을 가지기 때문에 정월 중에 많은 세시행사가 모여 있다.

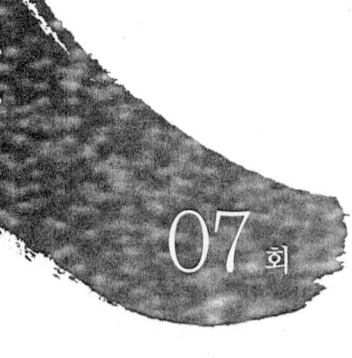

07회 정답 및 해설

정답	배점	정답	배점	정답	배점	정답	배점	정답	배점	정답	배점	정답	배점	정답	배점	정답	배점	정답	배점
1 ①	2	2 ②	2	3 ①	1	4 ③	3	5 ③	2	6 ①	3	7 ④	2	8 ④	2	9 ④	2	10 ⑤	1
11 ⑤	2	12 ②	2	13 ④	3	14 ⑤	2	15 ②	2	16 ②	3	17 ⑤	2	18 ⑤	2	19 ①	2	20 ②	1
21 ②	1	22 ④	2	23 ③	2	24 ④	3	25 ④	2	26 ②	2	27 ③	2	28 ①	1	29 ②	2	30 ①	2
31 ③	2	32 ①	1	33 ①	1	34 ③	3	35 ⑤	2	36 ④	2	37 ①	2	38 ④	2	39 ①	1	40 ⑤	2
41 ④	2	42 ④	1	43 ③	2	44 ③	3	45 ④	1	46 ①	2	47 ⑤	2	48 ③	3	49 ⑤	3	50 ④	2

답지번호별 빈도표

번호 내용	①	②	③	④	⑤	계
문항 수	11	7	8	15	9	50

문항배점별 빈도표

배점 내용	1	2	3	계
문항 수	10	30	10	50
점수	10	60	30	100

1 제시된 자료의 '큰 강, 해안지역', '농경생활 시작' '평등한 사회' 등을 통해 신석기 시대임을 알 수 있다. 신석기 시대의 사회상과 특징을 묻는 문제이다.
① 신석기 시대에는 조개껍데기, 동물 모양 조각품 등을 통해 예술 활동을 하였다.
② 농경무늬 청동기는 밭을 가는 모습이 새겨져 있는 청동기시대의 의기이다.
③ 세형동검은 청동기 후기~초기 철기의 유물로, 한반도 안에서 독자적인 발전을 이루어내어 만들어낸 동검이다.
④ 다호리 붓은 경남 창원 다호리 유적에서 출토 되었으며, 중국과의 활발한 교류를 하였으며 한자를 사용했다는 증거이다.
⑤ 청동기 시대 민무늬 토기의 한 형태이다. 이전의 빗살무늬와 다르게 손잡이가 생긴 것이 특징이다.
※ 신석기 시대는 부족사회였고, 부족은 혈연을 바탕으로 한 씨족을 기본구성단위로 하였다. 계급이 발생하지 않은 평등한 사회였으며 연장자나 경험이 많은 자가 자기 부족을 이끌어 나갔다. 이러한 사회형태를 이룬 이유는 아직 도구와 기술이 뒤떨어졌고 계절이 반복되는 기후 때문에 씨족 단위로 20~30명씩 무리를 지어 사냥과 고기잡이 등의 공동 작업을 하였다.

2 ※ **고조선 관련 문학의 분포**

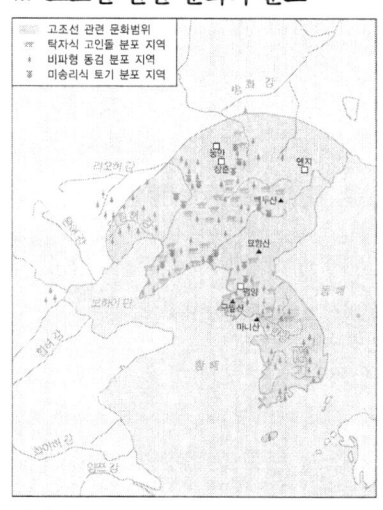

제시된 자료는 고조선의 8조법이다. 고조선은 요령지방을 중심으로 성장하였으며 한반도 대동강 유역까지 발전하며 세력범위를 넓혔다. 고조선의 세력범위와 관련 있는 유물, 유적을 묻는 문제이다.
㉠ 비파형 동검의 출토지역과 고조선의 세력범위가 일치한다.
㉢ 북방식 고인돌의 출토지역과 고조선의 세력범위가 일치한다.
㉡ 빗살무늬 토기는 신석기 시대의 유물이다.
㉣ 반달돌칼은 곡물의 이삭을 따는데 쓰인 청동기시대의 농기구이나 고조선의 세력범위와는 관련이 없다.

3 제시된 포스터의 '백제 문화재'라는 제목을 통해 백제와 관련 있는 유물을 찾는 문제임을 알 수 있다. 각 삼국의 유물에 대해 묻는 문제는 자주 출제가 되는 편이므로 각각의 유물을 특성을 시대별로 나누어 정리할 필요가 있다.
  ① 백제 금동대향로는 도교사상과 불교사상이 가미돼 당시 백제인의 삶과 종교 그리고 문화를 여실하게 보여준다.
  ② 호우명 그릇은 신라의 호우총에서 발견된 고구려의 그릇이다.
  ③ 삼국시대 신라의 무덤인 황남대총에서 발견된 신라의 금관이다.
  ④ 고도의 제철기술로 만들어진 가야의 판갑옷이다.
  ⑤ 발해 상경용천부에 있는 거대한 석등으로 발해의 고구려 계승의식을 엿볼 수 있다.
  ※ **백제금동대향로** : 여의주를 물고 마치 승천하려는 듯 꼬리를 높이 치솟으며 다리 하나를 치켜들고 서 있는 봉황 모습의 몸통. 다리와 꼬리가 뒤엉켜 향로를 떠받치고 있는 용의 머리 등 전체 높이 64cm, 12cm 높이의 뚜껑과 뚜껑 옆 부분에 새겨진 말은 탄 기마상, 책을 보고 있는 사람, 코끼리를 타고 가는 인간, 악기를 연주하는 사람들 등 다채로운 백제인의 형상. 꿈틀거림의 선율이 뒤엉켜 역동감을 자아내는 백제 금동대향로는 한마디로 유럽의 바로크 악곡을 압도하고도 남는 우리 문화의 시각적 교향곡 그 자체라 할 수 있다.

4 제시된 자료의 '신라 말년', '궁예' 등을 통해 신라 하대임을 알 수 있다. 신라 하대의 사회 모순에 대한 이해를 묻는 문제이다.
  ③ 신라하대에 선종은 지방 호족 세력과 결탁하여 각 지방에 근거지를 마련하였다.
  ① 과도한 농민수탈로 농민들의 부담이 가중되면서 일부 농민은 초적이 되기도 하였다.
  ② 견훤은 충청도·전라도 일대를 장악하고 후백제를 건국하였고 반신라정책을 추진하였다.
  ④ 신라하대에 골품제의 모순과 진골귀족들의 왕위쟁탈전이 심화되었다.
  ⑤ 풍수지리설은 신라 말기 도선 등 선종 승려들에 의해 전래되었다. 산세와 수세를 살펴 도읍, 주택, 묘지 등을 선정하는 인문 지리적 학설로써 경주 중심의 지리 개념에서 탈피하여 지방 호족의 사상적 바탕이 되기도 하였다.
  ※ 신라 하대에는 참선을 통해 마음속에 본성을 깨달아 부처가 되려는 선종이 유행하였다. 선종은 지방 호족 세력과 결탁하여 각 지방에 근거지를 마련하였다. 선종을 통해 각 지방은 문화적 역량이 증대되고, 고려 사회 건설의 사상적 바탕을 마련하게 된다. 관련 유물로는 승탑과 탑비 등이 있는데, 승탑 양식은 석탑에 영향을 주어 양양 진전사지 3층 석탑처럼 각 면마다 불상을 조각한 석탑이 등장하게 된다.

5 제시된 사진 자료는 '신문왕 호국행차길'이다. 이를 통해 신문왕 대에 있었던 역사적 사실을 찾아내는 문제이다.
  ③ 신문왕은 집사부의 장관인 시중의 기능을 강화하고 귀족세력의 이익을 대변하던 상대등의 세력을 억제하였다.
  ① 신문왕은 강력한 중앙집권적 전제왕권을 확립하였다.
  ② 신문왕은 유교정치이념의 확립을 위해 교육 기관인 국학을 설립하였다.
  ④ 신문왕은 중앙집권강화를 위해 9주 5소경을 설치하여 지방행정조직을 완비하였다.
  ⑤ 신문왕은 중앙군인 9서당, 지방군인 10정을 조직하였다.
  ※ **9서당 의의** : 통일 이후 신라는 당나라의 점령 지역에서 도망해 온 많은 유민들에게 피난처를 제공하면서 반당 세력을 구축해야 했음은 물론, 백제와 고구려의 잔민을 포섭, 융합해야 하는 민족적 과제를 안게 되었다. 따라서 거족적인 대당 투쟁을 수행하기 위해서는 민족적 융합이 요구되었다. 이러한 점 외에, 정복된 백제와 고구려의 백성에게도 국정 참여의 길을 열어줌으로써 새로운 민족 국가의 출범을 확인시키려는 뜻도 포함되어 있었다.

6 제시된 자료의 '김춘추', '보장왕', '구원병' 등을 통해 나·당 동맹이 맺어지기 직전의 상황임을 알 수 있다. 백제 의자왕의 신라 공격으로 40여 개 성을 빼앗기게 되자 신라는 김춘추를 통해 고구려에 구원 요청을 하지만 당시 고구려의 실권자였던 연개소문은 요청을 거절하고 이에 김춘추는 당나라에게 구원요청을 하면서 나·당 동맹이 결성된다. 이번 문제는 신라가 고구려에게 원병을 요청하였던 당시의 상황을 묻고 있다.
  ① 백제의 의자왕이 신라를 자주 공격하여 40여 개 성을 빼앗자 김춘추는 원병요청을 위해 고구려로 가게 된다.
  ② 백제와 신라의 나·제 동맹은 진흥왕이 한강 유역을 독차지하면서 결렬되었다. 제시된 자료 이전의 시기이다.
  ③ 신라의 진흥왕은 대가야를 정복하였다. 제시된 자료 이전의 시기이다.
  ④ 고구려는 수나라를 상대로 을지문덕 장군이 살수(청천강)에서 대승을 거두었다. 제시된 자료이전의 시기이다.
  ⑤ 연개소문이 죽자 후계자 계승을 둘러싼 다툼은 제시된 자료 이후의 일이다.
  ※ 신라가 고구려와 백제의 압박에 대항하여 당과 외교관계를 수립하면서 동·서 연합이 형성되었다. 당은 고구려를 멸망시키고 한반도를 지배하려는 야욕을 채울 목적으로 신라와 연합을 맺었으며 이후 이 연합을 통하여 신라는 한반도를 통일하게 되었다.

7 제시된 자료는 신라시대의 유물이다. 특히 천마도는 경상북도 경주시 황남동 천마총에서 출토된 신라시대의 말 그림이다. 천마도가 벽화가 아니라는 점은 기억해 둘 필요가 있다.
④ 신라시대의 유물이다.
① 선사시대와는 관련이 없다.
② 가야와 관련이 없다.
③ 고구려와 관련이 없다.
⑤ 백제와 관련이 없다.
※ 천마도는 1973년 발굴된 신라시대 고분인 천마총에서 발견된 것으로, 말의 안장 양쪽에 달아 늘어뜨리는 장니에 그려진 말그림이다. 천마도의 천마의 모습 및 테두리의 덩굴무늬는 고구려 무용총이나 고분벽화의 무늬와 같은 양식으로, 신라회화가 고구려의 영향을 받았음을 알 수 있는 그림이다. 또한 신라회화로서 현재까지 남아있는 거의 유일한 작품으로 그 가치가 크다.

8 제시된 자료는 삼국시대의 역사적 사건을 연표로 나타내 설명하고 있다. 삼국시대에 시대별로 어떤 사건이 있었는지를 제대로 파악하는지 묻고 있는 문제이다.
④ 백제의 성왕(재위 523~554)은 사비로 수도를 천도하고 국호를 남부여라 고치고 중흥을 꾀하였다.
① 제시된 표의 고구려의 국내성 천도는 고구려 2대왕 유리왕의 업적이므로 주몽의 고구려 건국은 맞다.
② 제시된 표의 고구려의 평양 천도는 장수왕(재위 413~491)의 일이므로 소수림왕(재위 371~384)이 태학을 설치하고 유교 경전을 교육한 것은 시기가 맞다.
③ 장수왕(재위 413~491)의 평양 천도로 본격적인 남진정책이 시작되자 백제와 신라는 서로 동맹을 체결하였다.
⑤ 신라의 선덕여왕(재위 632~647)은 황룡사 9층탑을 건립하였다.
※ 황룡사는 신라의 제일급의 대찰이었다. 창건설화에 의하면 새로운 궁전을 지으려 하였으나 황룡이 나타나므로 신궁건축의 계획을 바꾸어 황룡사를 지었다고 하는데, 황룡사가 호국·호법의 신인 용과 관련지어진 것을 볼 수 있다. 황룡사에 관한 기록은 「삼국사기」에서 어느 사찰보다도 월등히 많이 볼 수 있다.

9 지도의 ㈎는 발해이고 ㈏는 통일신라이다. 지도를 통해 두 국가를 올바르게 파악하고, 두 국가의 경제활동에 대해서 이해하고 있는 지를 묻는 문제이다.
④ 주작대로는 발해 수도 상경에 있는 큰 도로로 당의 장안성에 있는 도로를 모방하여 만들었다.
① 발해의 대조영 '천통', 무왕 '인왕', 문왕 '대흥', 선왕 '건흥'이라는 독자적인 연호를 사용하였다.

② 고구려 유민이었던 대조영이 발해를 건국하였고, 지배층 대다수가 고구려 유민으로 이루어졌으며 지배층은 고구려 계승의식을 뚜렷이 가지고 있었다.
③ 신라의 신문왕은 전국을 9주로 나누고 5소경으로 정비하였다.
⑤ 발해와 신라는 대립하기도 하였으나, 신라도를 통해 교류를 하기도 하였다.
※ 신라에서 고려시대까지는 발해를 양면적으로 인식해 왔다. 즉 삼국사기·삼국유사에는 발해를 말갈발해·북적으로 적대적인 표현을 사용하거나, 북국이나 발해로 다소 중립적인 표현을 사용한 곳도 있다. 고려 말 이승휴의 제왕운기는 발해사를 민족사의 한 줄기로 파악하고 있다.

10 제시된 자료의 '삼별초', '배중손' 등을 통해 몽고와의 항쟁 시기임을 알 수 있고, 강화도의 삼별초는 몽골에 복속하여 개경으로 환도한 원종의 고려정부에 반기를 들고 봉기하는 것임을 알 수 있다. 이와 관련된 시기를 찾는 문제이다.
⑤ ㈒는 개경환도 이후 무신정권은 붕괴되고, 권문세족이 집권하게 된다.
① ㈎는 고려 초기의 시대이다.
② ㈏는 거란의 침입이 있었던 시기이다.
③ ㈐는 문벌귀족이 집권하던 시기이다.
④ ㈑는 무신들이 집권하던 시기이며, 몽고와의 항쟁이 일어나던 시기이다.
※ 삼별초의 항쟁은 13세기 고려가 몽골에 대항하여 최후까지 항쟁한 대표적인 사례이다. 삼별초의 항전은 고려 대몽항전의 최후를 장식한 것으로서 이후 고려는 14세기 중반까지 원의 정치적 관리 하에 놓이게 된다.

11 제시된 자료의 '기철', '인사이동을 마음대로', '법을 혼란' 등의 표현을 통해 권문세족이 중앙 정계를 장악하고 있었던 원 간섭기임을 알 수 있다. 이 시기에 있었던 정치, 사회, 경제적 상황을 이해하고 있는지를 묻는 문제이다.
⑤ 원 간섭기에 결혼도감·과부처녀추고별감을 설치하여 처녀·과부를 공녀로 바치게 하여 이후 조혼제도가 유행하게 되었다.
① 전제 개혁을 단행한 과전법의 실시는 고려 말 우왕 때 실시되었다.
② 고려 초기 광종은 노비안검법을 실시하여 국가 수익을 증대시켰다.
③ 고려 초기 소손녕이 이끄는 거란이 침입하였지만, 서희의 외교담판으로 강동 6주를 얻게 된다.
④ 김윤후는 몽고의 2차 침입 때 처인성에서 적장 살리타를 죽이고 몽골군을 격퇴시켰다.

※ 과전법은 고려의 문란한 토지제도를 바로잡기 위하여 1391년(공양왕 3) 사전개혁을 단행하여 새로운 전제의 기준으로 삼은 토지제도이다. 과전법에 의한 토지개혁은 경자유전에 의한 균등분배가 아니고, 수조권의 재분급에 불과하였으므로 토지소유의 불균등과 빈부의 차에서 발생하는 모순뿐만 아니라 토지의 세습화가 될 여지가 있었다.

12 제시된 자료에서는 고려 초기 불상의 특징에 대해 설명하고 있다. 이번 문제는 이와 관련된 유물을 찾아내는 것이다.
㉠ 논산 관촉사 석조미륵보살입상은 우리나라에서 제일 큰 불상으로 흔히 '은진미륵'이라고 불리며 높이가 18m에 이르는데, 당시 충청도에서 유행하던 고려시대의 지방화된 불상양식을 대표하는 작품이다.
㉢ 안동 이천동 석불은 자연암벽에 불신을 새기고 그 위에 머리는 따로 제작하여 올려놓은 거구의 불상이다. 얼굴의 강한 윤곽이나 세부적 조각 양식으로 보아 11세기 무렵에 제작된 불상으로 추정된다.
㉡ 이 불상은 현재 남아 있는 발해 이불병좌상 중에서 그 형태가 가장 완전한 상이다. 또한 고구려 불상 조각의 전통을 가장 잘 계승한 것으로 보인다.
㉣ 백제의 미소라 불리는 서산 마애삼존불상이다.
※ 고려전기는 논산의 관촉사 석조 미륵보살 입상이나 안동의 이천동 석불처럼 사람들이 많이 지나가는 길목에 지역특색이 잘 드러난 거대한 불상들이 건립되기도 하였다. 고려 후기의 부석사 무량수전의 소조 아미타여래 좌상은 고려시대를 대표하는 가장 우수한 불상으로 신라 양식을 계승(전통양식)하였다.

13 제시된 표를 통해 개정전시과에 해당하는 사실을 찾는 문제이다. 고려시대 전시과에 대해 전반적으로 이해를 해야 풀 수 있는 문제이다.
④ 관품만을 고려하여 현직·전직관리에게 18등급으로 나누어 지급하였다.
① 개정 전시과에서 이르면 지급기준으로 관품만을 반영하였다.
② 개정 전시과는 현직관리, 전직관리에게 지급하였다.
③ 경기도에 한하여 전지를 지급한 것은 과전법이다.
⑤ 개국공신과 왕실의 세습적인 경제기반이 된 것은 조선시대의 과전법이다.
※ **역분전** : 고려 태조 때에 공신에게 그 공의 차에 따라 일정한 면적의 토지를 나누어 주었던 토지 제도가 바로 이 역분전이다. 태조 23년(940) 왕건은 자기를 도와 새로운 왕조를 세우고 후삼국을 통일할 수 있게 큰 공을 세운 조신, 군사에 대하여 관계를 논하지 않고 다만, 성행의 선악과 공로의 다과를 헤아려 토지를 분급하였다. 역분전은 이렇게 개국공신에 대한 논공행상적 성격이 강하였으며, 경종 때에 마련된 전시과의 전신이지만, 공훈전에 더욱 가깝다고 볼 수 있다.

14 제시된 자료는 고려의 왕들이 왕권을 강화시키고 호족 세력들을 견제하기 위해 펼친 정책들이다. 제시된 정책들이 공통적으로 추구하는 결과를 묻는 문제이다.
⑤ 제시된 정책들은 호족 세력을 약화시키고 중앙의 지배력을 강하게 하기위해 추진한 것이다.
① 성종 때 지방관이 파견되었지만 모든 군현에 지방관이 파견이 된 것은 조선시대의 일이다.
② 제시된 왕들의 정책은 왕권을 강화시키고 호족들을 견제하기 위한 것이다.
③ 성리학적 지배질서가 자리 잡게 되는 것은 조선 중기 이후의 일이다.
④ 제시된 정책들은 향리들의 세력이 점차 득세되는 것과는 관련이 없다.
※ 기인제도는 고려 태조가 실시한 호족 통합 정책이다. 태조 왕건은 지방 호족의 자제를 볼모로 중앙에 머물게 하는 기인 제도를 실시하였다. 기인 제도는 호족 세력을 견제하여 왕권을 강화하기 위해 실시하였다.

15 주인과 따로 살며 신공을 바치는 고려시대 외거노비에 대한 설명으로 옳은 것을 고르는 문제이다.
④ 외거노비는 노력에 따라 경제적 여유를 얻을 수 있었으며, 자신의 토지를 소유 할 수 있었다.
① 노비는 조세, 공납, 역의 의무가 없었다.
② 공공기관(궁중, 중앙관청, 지방관아)에서 잡역에 종사하면서 급료를 받고 생활하는 노비는 공노비 중 공역노비이다.
③ 솔거노비는 귀족이나 사원에서 직접 부리는 노비로 주인의 집에서 살면서 잡일을 돌보았다.
⑤ 외거노비는 독립된 경제생활을 누릴 수 있어 지위 상승이나 재산 증식이 가능하였다.
※ 고려 후기 호적에 의하면 솔거노비의 경우 주인의 호적말미에 부록되고, 외거노비의 경우 호를 구성하더라도 반드시 소유주를 밝혔다. 이들에게 본관은 없었지만, 호적에 본관이 기록된 경우에는 양인이 형벌이나 기타의 사정으로 노비가 된 예외적인 경우였다.

16 제시된 자료는 지눌이 주장한 내용이다. 지눌이 주장한 내용인 것을 모르더라도 지문의 '관념의 감옥', '내 마음' 등의 표현을 통해 교리나 경전보다는 개인의 참선이나

수양을 중시 여긴다는 것을 알 수 있다. 즉 고려시대에 이러한 선종을 중시한 사람은 지눌이다.
② 지눌의 수선사를 중심으로 전개한 선종 계통의 새로운 신앙운동이 수선사 결사운동이다.
① 고려 시대 선종은 무신정권의 후원을 받았다.
③ 초조대장경이 완간된 뒤 대각국사 의천이 중심이 되어 만든 것이 속장경이다.
④ 의천은 천태종을 창시하고 천태교학 강의를 본격적으로 시작하였다.
⑤ 교종의 입장에서 선종의 통합을 주장한 사람은 의천이다.
※ 지눌은 교종의 세속화에 대해 비판을 하였다. 그는 승려 본연의 자세로 돌아가 독경과 수행, 노동에 고루 힘써야 한다고 말하였다. 그리고 수선사(참선을 중시 여기는 모임)를 조직하여 불교 순화 혁신운동을 추진하였다.

17 제시된 자료에서 '어머니 혜경궁 홍씨'를 통해 정조임을 알 수 있다. 정조가 실시한 정책들을 이해 하는지 묻는 문제이다.
⑤ 친위 부대인 장용영을 설치하여 군사적 기반을 강화한 것은 정조이다.
① 홍문관은 성종 때 옛 집현전의 직제를 예문관에서 분리하여 홍문관에 이양함으로써 비로소 학술·언론기관의 위상을 갖추게 되었고, 이것은 정조대에 와서 규장각으로 이어진다.
② 민생 안정을 위해 균역법을 시행한 왕은 영조이다.
③ 속대전을 편찬하여 통치 체제를 정비한 왕은 영조이다.
④ 가혹한 형벌을 폐지하고, 사형수에 삼심제를 시행한 왕은 영조이다.

※ **영조 때 서적 편찬**

구분	내용
동국문헌비고	우리나라의 제도, 문물을 총망라한 한국학 백과사전
속오례의	국조오례의를 보완한 의례집
속대전	교정, 조례를 모아 법전을 재정리한 법령집
속병장도설	무예법을 재정리한 병서
무원록	관리의 행정지침서

18 제시된 자료의 '오대산 사고본', '국보 제151호' 등을 통해 조선왕조실록임을 알 수 있다.
⑤ 조선왕조실록은 사관이 기록한 사초를 바탕으로 편찬하였다.
① 민간에서 구전되어 온 설화를 수집하여 기록한 것은 일연의 「삼국유사」이다.

② 발해의 역사를 신라사와 더불어 최초로 서술한 것은 안정복의 「동사강목」이다.
③ 간경도감은 조선 세조 때 설치되고, 불경을 번역하고 간행하던 기관이었다.
④ 단군신화를 서술하여 단군을 국조로 받드는 근거가 서술된 것은 일연의 「삼국유사」이다.
※ 조선왕조실록은 조선시대 역대 임금들의 실록을 합쳐서 부르는 책 이름이다. 조선왕조실록은 특정한 시기에 특정한 사람들이 의도적으로 기획하여 편찬한 역사서가 아니라, 역대 조정에서 국왕이 교체될 때마다 편찬한 것이 축적되어 이루어진 것이다. 국왕이 승하하면 그 국왕대의 일을 기록한 사초를 바탕으로 편찬이 시작되었다. 1997년 유네스코 세계기록 유산으로 지정되었다.

19 조선 후기에 불교의 사회적 지위가 향상되고 향반 지주층이 경제적으로 성장하면서 사원의 재건축이 활발하게 진행되었다. 이와 관련된 건축을 찾아내는 문제이다.
㉠ 화엄사 각황전은 17세기 조선의 대표적인 건축물이다.
㉡ 법주사 팔상전은 17세기 조선의 대표적인 건축물이다.
㉢ 봉정사 극락전은 고려 후기의 건축물로 주심포 양식을 사용하였다.
㉣ 수덕사 대웅전은 고려 후기의 건축물로 주심포 양식을 사용하였다.
※ 17세기 말 18세기 초에는 조운업으로 자본을 축적한 서남 해안의 선주들이 많은 사찰을 조영하였다. 주로 포구 가까운 곳에 크고 예쁘장한 절을 지었다. 이들은 화려한 다포양식으로 천장을 치밀하게 장식하고, 문은 꽃살문으로 꾸미는 등 대단히 조각적이고 깔끔하게 다듬었다.

20 제시된 자료에서 '조선 후기', '최북', '조선의 산천을 찾아 직접 화폭에 ……' 등의 표현을 통해 조선후기에 유행하였던 진경산수화임을 알 수 있다. 중국의 남종 화법과 북종 화법을 결합하여 우리의 고유한 자연과 풍속에 맞춘 새로운 화법으로 그린 것이 진경산수화이다.
② 정선은 「금강전도」를 그려 진경산수화의 진면목을 보여주었다.
① 신사임당의 작품이다.
③ 김홍도가 그린 풍속화이다.
④ 「송하보월도」는 조선 전기의 화가 이상좌가 그린 것으로 전하는 산수화이다.
⑤ 「영통골입구도」는 19세기 조선의 화가 강세황이 그린 것으로 바위에 명암을 표현한 데서 서양화풍의 영향이 나타난다.

※ 민화는 정통회화에 비해 묘사의 세련도나 격조는 뒤떨어지지만 익살스럽고 소박한 형태·파격적인 구성·아름다운 색채가 특징적이다.

21 제시된 책에는 율곡 이이, 퇴계 이황이 등장한다. 이 둘의 이론, 성리학에 미친 영향 등 전반적인 이해를 묻는 문제이다.
- ㉠ 퇴계 이황의 이론은 일본 성리학 발전에 큰 영향을 끼쳤다.
- ㉢ 율곡 이이는 공물로 쌀을 받는 수미법과 같은 통치체제의 정비와 수취 제도의 개혁을 주장하고 부국강병에 관심이 많았다.
- ㉡ 퇴계 이황의 문인들은 후에 남인을 형성하고, 율곡 이이의 문인들은 후에 서인을 형성한다.
- ㉣ 고증학에 영향을 받아 실생활에 유용한 학문을 연구한 학파는 실학파이다.

※ **서인과 남인의 비교**

서인(율곡학파)	남인(퇴계학파)
부국강병에 관심	수취체제의 완화와 자영농 육성에 치중
상업과 기술발전에 호의적, 노비 속량과 서얼 허통에 적극적	상업과 기술발전에 소극적
신권 중심주의	왕권중심주의·삼사의 정책비판기능 중시

22 제시된 자료는 조선 후기에 변화된 경제상황에 대해 설명하고 있다. 조선 후기 농촌 경제는 심한 빈부격차를 초래했다. 그와 관련된 조선 후기에 나타난 여러 사회상을 묻는 문제이다.
- ㉡ 일부 농민이 소득을 증대시켜 부자가 되는 경우도 있지만, 토지를 잃고 몰락해 가는 농민도 증가하였다. 부세의 부담, 고리채의 이용 등으로 가난한 농민은 헐값에 자신의 토지를 내놓았다. 농촌을 떠난 농민은 도시로 옮겨가 상공업에 종사하거나 임노동자가 되었다.
- ㉣ 농민들은 시장에 팔기 위한 작물을 재배하여 가계 수입을 증가시켰다. 장시가 점차 증가하여 상품의 유통이 활발해짐에 따라, 농민은 쌀, 목화, 채소, 담배, 약초 등을 재배하여 팔았는데 특히 쌀의 상품화가 활발하였다.
- ㉠ 금난전권을 폐지, 관영수공업이 쇠퇴하고 민간수공업이 발달, 대동법의 시행 등으로 상품화폐경제의 발달로 자연스럽게 상업이 발달하게 된다.
- ㉢ 조선 후기에 이르면 신분제가 크게 동요되게 된다. 부의 축적을 통해 농민의 지위가 향상되면서 양반의 신분을 매입하거나 족보를 위조하면서 양반의 수가 증가하게 된다.

※ **양반의 계층 분화**

구분	내용
권반	정권을 차지, 관료로 진출하여 사회적·경제적 특권을 독차지
향반	관직에 등용되지 못하고 향촌사회에서 겨우 위세를 유지
잔반	양반의 흔적이나 남을 정도로 완전히 몰락한 양반, 사회적 불평 세력화, 사회개혁이나 민란 등에 앞장섬

23 제시된 사진 자료를 통해 보부상임을 알 수 있다. 그리고 제시된 지문의 '농업사회 유통 경제의 중심적 역할', '조선팔도를 떠돌며 치열한 삶' 등의 표현을 통해서도 보부상임을 알 수 있다.
- ③ 보부상은 농촌의 장시를 하나의 유통망으로 연계시킴으로서 상품의 원활한 유통을 담당하는 역할을 하였다.
- ① 운송업에 종사하면서 거상이 된 것은 선상과 관련이 있으며, 대표적으로 경강상인이 있다.
- ② 의주의 만상, 동래의 내상, 개성의 송상은 대외무역에 깊이 관여하여 부를 축적하였다.
- ④ 정부로부터 금난전권을 받아 사상을 억압한 것은 시전상인과 관련이 있다.
- ⑤ 포구를 거점으로 운반업과 금융업은 객주, 여각이 하였다.
- ※ 보부상이란 나무 그릇, 토기 등의 비교적 조잡한 일용품을 지게에 지고 다니면서 판매하는 등 짐장수를 말하며, 보상은 비교적 값비싼 필묵, 금·은·동제품 등을 보자기에 싸서 들고 다니거나 질빵에 걸머지고 다니며 판매하는 봇짐장수를 가리킨다.

24 제시된 자료는 영조가 시행한 균역법이 시행된 배경에 대한 설명이다. 균역법은 군역을 부담하지 않는 대신에 군포를 납부하는 대립제가 농민들에게 많은 부담을 가하자 기존의 납부액을 2필에서 1필로 줄이는 정책을 말한다. 대신 반으로 줄어든 것으로 인한 국고의 부족은 여러 방법으로 충당하였다.
- ④ 균역법 시행으로 줄어든 세금을 채우기 위해 지주들에게 결작을 부과하여 토지 1결 2두를 징수하였다.
- ① 대동법의 실시 이후 상품 화폐 경제가 활발해진다.
- ② 대동법은 지주들의 반발로 제도가 정착되기까지 100년이란 세월이 필요하였으며 평안도, 함경도, 제주도를 제외한 전국적으로 확대된 것은 숙종 때이다.
- ③ 종래의 연등 9등법에 관계없이, 토지 1결당 미곡 4두로 고정하여 전세율을 인하한 것은 영정법이다.
- ⑤ 양반도 군포를 부담하게 되는 것은 호포법이다.

※ 조선 건국 후 중농정책이 시행되면서 세종 때에 150여만결 이상의 토지가 확보되었다. 왜란을 거치면서 토지가 황폐화되고 토지대장이 소실되어 국가가 파악한 토지는 50여만결에 불과하였다. 그 후 지속적인 토지개관과 토지조사로 순조 때에는 다시 140여만결이 넘었으나, 광무 8년에는 일제의 토지약탈로 인해 토지 면적이 대폭 줄었다.

25 제시된 자료의 '한글 반포 550돌 기념우표', '훈민정음언해본'을 통해 조선 세종임을 알 수 있다. 세종의 경우는 정치·경제·문화 등 여러 방면에 걸쳐 업적을 남겼는데, 시험에 출제가 자주 되므로 꼼꼼하게 정리를 할 필요가 있다.
④ 세종은 우리나라 한양을 기준으로 하여 역법서인 칠정산을 만들었다.
① 성종은 조선시대 다섯 집을 1통으로 묶은 호적의 보조조직인 오가작통법을 실시하였다.
② 태종은 16세 이상의 남자에게 호패를 가지고 다니게 하던 호패법을 실시하였다.
③ 태종, 세조는 6조직계제를 시행하였고, 세종은 의정부서사제를 시행하였다.
⑤ 태종은 구리활자인 계미자를 만들었고, 세종은 갑인자를 만들었다.
※ 계미자는 1403년(태종 3) 계미년에 만든 조선시대 최초의 구리활자이다. 서적이 적다하여 왕명에 의하여 주자소를 설치하고, 이직, 박석명, 이응 등이 제조가 되어 임금이 하사한 구리와 대소 신료와 유지들이 바친 구리로 활자를 만들었다.

26 이번 문제는 철종이 재위했을 때의 사회상을 묻는 문제이다. 철종은 조선왕조 제25대 왕(재위 1849~1863)으로 1844년 가족과 함께 강화에 유배되었다가 1849년 궁중에 들어와 헌종의 뒤를 이어 즉위했다. 1852년부터 친정을 시작했으나 정치에 어둡고 외척인 안동 김씨 일파의 전횡으로 삼정의 문란이 극에 달했다. 즉 세도정치기의 사회상을 찾아내면 된다.
㉠ 세도정치기에 중앙정치를 주도하는 정치집단은 소수의 가문으로 축소되고 이들이 권력을 독점하였다.
㉢ 세도정치기에는 정치기강이 혼란해지고 삼정의 문란으로 농촌경제가 파탄지경에 이르러 전국 각지에서 민란이 일어났다.
㉡ 세도정치기에는 유력 가문이 권력을 독점하여 사적 이익을 추구하고 왕권 및 의정부와 6조는 유명무실화 되었다.
㉣ 붕당 간의 균형과 왕권강화를 위해 실시한 탕평 정치는 세도정치기 전에 있었던 영조·정조대에 활발히 시행되었다.

※ 18세기 이후 세도정치기에는 학식, 덕망, 인격보다는 국왕과의 정실관계로 집권한 왕실의 외척이 국왕의 총애 하에 정보와 사찰, 인사행정을 장악하여 폐쇄적, 독점적인 정치풍토를 조성하였다.

27 제시된 자료에서 '동전을 주조하여도 돌지 않고', '전황'이라는 표현을 통해 조선 후기에 발생한 전황임을 알 수 있다. 이러한 상황과 관련된 사실을 찾아내는 문제이다.
③ 지주나 대상인들이 고리대나 재산축적에 화폐를 이용하였기 때문에 동전의 발행량이 늘어나도 제대로 유통되지 못하였다.
① 실학자 이익은 화폐의 역기능을 들어 폐전론을 주장하였으나, 시행된 적은 없다.
② 전황은 상평통보와 관련이 있다. 건원중보는 고려 성종 때 주조된 한국 최초의 화폐이다.
④ 정부는 각 기관으로 하여금 동전의 발행을 권장하였다. 그러나 통제가 해이해지면서 사적으로 주조하는 경우가 생기기도 하였다.
⑤ 동광 개발로 18세기 후반부터 동전의 원료인 구리의 공급이 쉬워졌다.

※ **고려와 조선의 화폐**
- 고려 : 건원중보(성종), 활구·삼한중보·해동통보·동국통보(숙종)
- 조선 : 저화(태종), 조선통보(세종), 상평통보(인조), 당백전·당오전(고종)

28 제시된 자료는 김홍도의 '신행도'이다. 김홍도가 조선 후기 대표적인 풍속화가인 것을 추론하면 조선 후기의 결혼 풍속 및 여성의 지위와 관련된 문제임을 알 수 있다. 그리고 재가를 금지하는 내용의 글을 통해 여성지위가 약하였던 조선 중기 이후의 일임을 알 수 있다.
① 조선 후기에는 상속에서 장자를 우대하게 된다.
② 조선 후기에는 일부일처제가 원칙이었으나 첩을 따로 두는 것을 금지하지 않았다. 그러나 축첩이 허용되었기 때문에 엄격한 의미의 일부일처제는 아니다.
③ 조선 후기에는 후사를 이을 아들이 없는 집은 양자를 받아들여 제사를 모시게 했다.
④ 조선 후기에는 부계 위주 족보의 편찬이 적극적으로 이루어지고 동성마을이 형성되었다.
⑤ 조선 후기에는 과부의 재가를 금지하였으며 효자와 열녀를 표창하여 모범으로 삼도록 하였다.

※ **가족·혼인제도의 변화**
- 고려시대~조선 중기 : 남귀여가혼, 자녀균분상속, 자녀가 돌아가며 제사 지냄
- 조선 후기 : 친영제도, 장자중심상속, 장자가 반드시 제사를 지냄

29 창씨개명을 강행하던 시기는 일제의 민족말살정책이 실행되고 있던 1930년대 말과 1940년대이다. 이 시기와 관련된 사진자료를 찾는 문제이다.
② 신사참배는 1930년대에 들어 일본이 천황 이데올로기를 주입하기 위해 곳곳에 신사를 세우고 한국인들로 하여금 강제로 참배하게 한 일이다.
① 헌병 경찰제는 1910년대 일제가 우리나라를 지배하기 위해 실시한 경찰제도이다. 일본은 우리 민족을 억압하고 공포 분위기를 만들기 위해 군인인 헌병이 경찰 역할을 하게 하였다.
③ 물산장려운동은 1920년대에 일제의 경제적 수탈정책에 항거하여 벌였던 범국민적 민족경제 자립실천 운동이다.
④ 3·1 운동은 1919년 3월 1일을 기점으로 일본의 식민지 지배에 저항하여 전 민족이 일어난 항일독립운동이다.
⑤ 고종은 1919년 1월 21일 오전에 덕수궁 함녕전 서온돌에서 68세 일기로 갑자기 사망하였다.
※ **창씨개명** : 조선인에 대한 동화정책을 추진하던 일제는 중일전쟁 후 황민화정책을 더욱 가속화하였다. 그 일환으로 민족정신과 전통의식을 유지하는 요소인 신앙·생활습관·언어생활 등을 통제하는 것은 말할 것도 없고, 피의 전통을 의미하는 고유한 성까지 파괴하려 드는 창씨개명을 강요하였다. 창씨개명은 궁극적으로 조선인의 혈통에 대한 관념을 흐려 놓음으로써 민족적 전통의 뿌리를 파괴하는 것이 목적이었다.

30 제시된 자료를 통해 임시정부가 '외교론'과 '무장 투쟁론'의 활동방향을 두고 치열하게 논의되고 있음을 알 수 있다. 이승만의 '위임 통치 청원서' 제출이 알려지면서 임시정부의 격렬한 논쟁이 일어나게 된다. 대통령 중심제를 집단 지도 체제로 바꾸고자 시도되었던 '국민대표 자회의'는 독립운동의 노선의 차이만 남기고 끝났다. 이후 김구, 이동녕 등이 임시정부를 재건하여 활동하지만, 독립운동 단체의 대표성은 상실하였다.
① ㈎시기에는 외교론, 독립전쟁론, 실력양성론 등의 대립이 격화되었다.
② ㈏시기에는 제시문과 같은 외교독립론과 무장투쟁론의 갈등으로 인해 국민대표회의가 소집되게 된다. 이승만의 탄핵은 국민대표회의를 거치며 가결되었다.
③ ㈐시기에는 김구를 중심으로 임시정부는 한인 애국단을 조직하여 활동하였다.
④ ㈑시기에는 한국국민당을 창당해 우파 계열의 독립단체들을 통일하고자 하였다.
⑤ ㈒시기에는 충칭에서 한국광복군을 창설하고 독립 준비를 위한 활동들을 전개하였다.

※ 국민대표회의가 소집되지만 각 종파들은 서로의 입장을 좁히지 못한 채 2개로 분열되었다.
• 개조파 : 실력양성을 우선으로 하면서 자치활동과 외교 활동 강조
• 창조파 : 무력항쟁을 강조하면서 조선공화국 수립을 의도

31 제시된 자료는 동학농민운동의 전개과정을 이해하는데 꼭 필요한 단어들이다. 이러한 단어들을 추론하여 전개과정을 시대 순으로 나열하는 것을 묻는 문제이다.
㈏ 교조 신원 운동은 억울하게 죽은 교조 최제우의 명예 회복과 포교의 자유 획득을 요구하였다. 1982년 11월 1차 신원운동을 시작으로 1893년 3월 3차 신원운동까지 이어진다.
㈎ 1894년 4월 1차 봉기가 일어나면서 황토현, 황룡촌 전투에서 관군을 격퇴하게 되고, 같은해, 4월 27일에 전주성을 점령하게 된다.
㈐ 폐정개혁안과 집강소 설치는 1894년 5월 8일 전주화약을 체결하면서 이루어진다.
㈑ 전봉준이 이끄는 주력 부대는 1894년 11월에 공주 우금치에서 일본군과 정부군에게 패퇴하면서 체포당한다.
※ **시기별 성격**
• 고부민란의 성격 : 종래의 농민봉기와 비슷한 형태
• 1차 봉기의 성격 : 반봉건 투쟁의 성격이 강함
• 집강소 시기의 성격 : 우리 역사상 최초로 피지배층인 농민이 지방자치권을 행사
• 2차 봉기의 성격 : 항일 구국 투쟁(반침략 투쟁)

32 제시된 자료는 조선형평사의 취지문이다. 이번 문제는 1920년대에 전개된 형평 운동과 관련 있는 사진 자료를 찾는 문제이다.
① 형평운동 포스터이다.
② 브나로드운동의 포스터이다.
③ 일제강점기 시절의 어린이날 포스터이다.
④ 물산장려운동의 포스터이다.
⑤ 근우회의 포스터이다.
※ 갑오개혁으로 신분제는 법적으로 사라졌으나 천민에 대한 사회적 차별은 여전하였다. 특히, 일제는 의도적으로 이러한 차별을 그대로 유지하는 정책을 썼다. 백정은 호적에 '도한'이라고 기록되거나 이름 위에 붉은 점이 찍혀 있었다. 또 학교에 들어가기 위한 입학원서나 취업을 위한 이력서에 반드시 신분을 기입하게 되어 있어서, 실제로 직장에 취업하는 것은 사실상 불가능하였다.

33 제시된 자료는 홍범 14조이다. 2차 갑오개혁 때의 조항이다. 특히 모든 재정업무를 탁지부가 관장하는 것에서 갑오개혁과 관련됨을 알 수 있다.
① 홍범 14조는 2차 갑오개혁 때 발표된 것이다.
② 을미개혁과는 관련이 없다.
③ 광무개혁과는 관련이 없다.
④ 동학농민운동과는 관련이 없다.
⑤ 갑신정변과는 관련이 없다.
※ 갑오개혁은 일본의 지원으로 추진되어 전반적으로 타율적인 개혁임을 부정할 수 없으나 갑오개혁을 추진한 개화파 관료들은 개항 후 1880년대 초반에 외교사절단원이나 유학생으로 외국에 있으면서 세계정세를 익히고 일본과 청나라의 개혁 등을 살핀 후 조선에 필요한 개혁방안을 실천에 옮긴 것이므로 자율적인 개혁이라고도 할 수 있다.

34 제시된 자료는 1883년 미국에 파견된 보빙사 일행의 이동 경로와, 미국 대통령에게 조선식으로 절을 하는 모습이다. 그리고 지문의 '샌프란시스코'의 지명을 통해 보빙사임을 짐작할 수 있다. 보빙사와 관련된 내용을 묻는 문제이다.
④ 보빙사의 일원이었던 유길준은 미국과 유럽을 돌아본 뒤 기행문인 「서유견문」을 국한문혼용체로 집필하였다.
① 최초의 하와이 이민은 일제 합병 이후 극심한 수탈을 견디지 못한 농민들이 가게 된다.
② 신사유람단은 강화도 조약 체결 이후 1881년에 일본에 파견한 시찰단이다.
③ 1881년에 중국으로 간 영선사 일행은 1882년 말 귀국하여 병기제작소인 기기창을 건설하였다.
⑤ 우리나라 최초의 근대적 신식 군대인 별기군은 일본인 교관에 의해 훈련되었다.
※ **근대문물 시찰**
- 일본(1881) : 신사유람단(조사시찰단)
- 청나라(1881) : 영선사 → 귀국 후 기기창 설치
- 미국(1883) : 보빙사

35 애국 계몽 운동가들은 한계성을 인식하고 독립 전쟁론을 제기하였다. 연해주의 블라디보스토크 신한촌에서는 망명한 의병과 애국 계몽 사상가들이 힘을 모아 권업회를 조직하였다. 이와 같이 의병 투쟁과 애국 계몽 운동은 독립 전쟁론과 공화주의 정치이념으로 결합되면서 독립 전쟁을 수행할 수 있게 되었다.
⑤ ㈑ 지역은 블라디보스토크로 대한국민의회, 권업회 등이 조직되어 활동한 지역이다.

① ㈎ 지역은 북만주 지역으로 주요 활동은 안중근의 의거가 있다.
② ㈏ 지역은 독립군 부대인 서로군정서가 활동한 지역이다.
③ ㈐ 지역은 1930년대 조국광복회가 활동한 지역이다.
④ ㈑ 지역은 신흥무관학교가 설립되어 활동한 지역이다.
※ 신한촌은 일제강점기에 러시아 연해주의 블라디보스토크에 자리 잡고 있던 한인집단 거주지이다. 일명 신개척리라고도 한다. 신한촌에서의 1910년대 초기 한인활동 가운데 가장 두드러진 것은 권업회의 항일 민족운동이다. 권업회는 신한촌 건설과 같은 시기인 1911년 5월에 조직되어 1914년 9월까지 3년여에 걸쳐 활동한 한인결사였다. 권업회는 조국독립을 위한 계몽활동과 민족주의 교육, 농상공업 등 실업 권장을 통해 한인사회의 정치적 지위향상을 도모하면서 독립전쟁론을 실현하는 것을 최고이념으로 삼았다.

36 제시된 자료는 독립신문에 게재되었던 상권수호운동과 관련된 기사이다. 즉 당시 상권수호운동과 관련된 내용을 찾는 문제이다.
④ 황국중앙총상회는 1898년 시전상인들이 결성한 단체로 외국인 상인의 국내 진출을 막고 국내 상업인의 권익과 상권을 수호하고자 결성되었다.
① 영선사는 1881년 신식무기의 제조 및 사용방법을 배우기 위해 김윤식을 영선사로 삼아 유학생 69명을 인솔케 하여 청나라로 보낸 것으로 귀국 후 기기창을 설치한다.
② 헤이그 특사는 고종은 1907년 을사조약의 부당함을 알리기 위해 헤이그에 파견한 사절단이다.
③ 군국기무처는 1894년 6월 청·일 전쟁 때 일본의 강압으로 관제 등을 개혁하기 위해 임시로 설치했던 기관이다.
⑤ 「조선책략」은 청국인 황준헌이 러시아의 남하정책에 대비하기 위해 조선, 일본, 청국 등 동양 3국의 외교정책에 대해 서술한 책이다.
※ 청, 일본 등 외국 상인의 내륙과 서울 진출로 많은 상인들이 피해를 보게 되자 철시운동을 벌이는 상권수호운동을 전개하였다.

37 이번 문제는 신민회에 대해서 묻고 있다.
㉠ 신민회는 회장에 윤치호, 부회장에 안창호, 총감독에 양기탁, 이동녕, 이동휘, 신채호 등의 주도적 인물이 조직하였다.
㉡ 신민회는 사회 각계각층의 인사들이 망라하여 조직한 비밀결사였다.
㉢ 신민회는 국권 회복과 공화정체의 근대국민국가 건설을 지향하였다.

ⓒ 물산장려운동은 1920년대의 실력양성운동이다.

※ **신민회의 목표**

구분	내용
표면적	문화적·경제적 실력양성운동을 전개하였다.
내면적	독립군기지의 건설에 의한 군사적 실력양성을 기도하였다.

38 제시된 자료의 (가)는 아관파천 당시 공사관 내 고종의 거처를 통해 '러시아'임을 알 수 있다. (나)는 제너럴셔먼호 사건을 응징하기 위한 미국군함 콜로라도호를 통해 '미국'임을 알 수 있다. 근대시기에 조선이 관계를 맺었던 외국에 대해 묻는 문제이다.
④ 가쓰라-태프트 밀약은 1905년 10월 러·일전쟁 종전 직후에 일본 총리대신 가쓰라와 미국 루스벨트 대통령 특사 태프트 육군장관이 한국문제를 중심으로 하여 맺은 비밀협약이다. 이 밀약은 미국의 필리핀 지배를 일본이 인정함을 전제로, 미국은 한국을 식민지화하는 일본의 침략정책을 묵인·방조하는 내용을 담고 있다.
① (가)에서 지칭하는 국가는 러시아인데, 최초로 최혜국 대우를 허용한 국가는 미국이다.
② (가)에서 지칭하는 국가는 러시아인데, 천주교 전래 문제로 통상조약이 지연된 국가는 프랑스이다.
③ (나)에서 지칭하는 국가는 미국인데, 묄렌도르프를 파견하여 내정 간섭을 강화한 국가는 청나라이다.
⑤ (가)에서 지칭하는 국가는 러시아, (나)에서 지칭하는 국가는 미국인데, 동학 농민 운동 시기에 조선에 군대를 파견한 국가는 일본과 청나라이다.
※ 아관파천은 명성황후가 시해된 을미사변 이후 일본군의 무자비한 공격에 신변에 위협을 느낀 고종과 왕세자가 1896년 2월 11일부터 약 1년간 조선의 왕궁을 떠나 러시아 공관(공사관)에 옮겨 거처한 사건이다. 아관파천 1년간은 내정에 있어서도 러시아의 강한 영향력 밑에 놓이게 되어 정부 각부에 러시아인 고문과 사관이 초빙되고, 러시아 무기가 구입되어 중앙 군제가 러시아식으로 개편되었으며, 재정도 러시아인 재정고문에 의해 농단되었다.

39 제시된 자료는 안중근 의사(1879.9.2.~1910.3.26)와 관련된 것들이다. 이번 문제는 안중근 의사가 이토 히로부미 암살을 한 지역을 찾는 것이다.
① 안중근 의사는 만주 하얼빈에서 침략의 원흉 이토 히로부미를 사살하였다.
② 안중근 의사는 대한민국임시정부가 설립되기 전에 1910년에 사형집행을 당했다.
③ 조선총독부는 1910년 국권피탈로부터 1945년 8·15 광복까지 35년간 한반도에 대한 식민통치 및 수탈기관으로 안중근 의사가 죽은 이후에 설립되었다.
④ 동양척식주식회사는 1908년 일제가 조선의 토지와 자원을 수탈할 목적으로 서울에 설치한 식민지 착취기관이다.
⑤ 안중근 의사가 서거한 곳은 뤼순에 있었던 뤼순감옥이었다.
※ **연해주 지역의 독립운동**: 연해주의 블라디보스토크 신한촌에서는 망명한 의병과 계몽 운동가들이 해외 독립 운동 기지를 만들고자 노력하였다. 대표적인 단체로는 권업회와 성명회가 있으며, 1914년에는 공화주의를 바탕으로한 대한 광복군 정부가 결성되기도 하였다.

40 제시된 자료에서 책자에 조선의용대라고 한자로 적혀있으며, 지문의 '김원봉', '중국국민당 정부의 도움' 등을 통해 조선의용대임을 알 수 있다. 조선의용대는 조선민족혁명당이 중·일전쟁 직후 중국국민당 정부의 도움을 받아 조직하였고 중국국민당 정부군과 더불어 항일전쟁에 참가하였다.
⑤ 조선의용대는 충칭에 남은 일부와 그 지도부는 임시정부의 한국광복군에 합류하였다.
① 자유시 참변으로 무장 해제를 당한 것은 대한독립군단이다.
② 미국과 협조하여 국내 진공 작전을 준비한 것은 한국광복군이다.
③ 군정과 민정 조직을 갖춘 자치 기구는 참의부, 정의부, 신민부이다.
④ 105인 사건으로 해산하게 되는 것은 신민회이다.
※ 3부(참의부, 정의부, 신민부)는 민주적 민정기관(동포들의 자치행정 담당)과 군정기관(독립군의 훈련, 작전담당)을 갖추고 무장독립군을 편성하여 한·만 국경을 넘나들며 독립전쟁을 전개하였다. 일제의 세력이 강한 북간도를 제외한 전체 만주의 교포사회를 나누어 통치한 사실상 3개의 자치정부였다.

41 한국 현대사의 연표를 보고 각 사건이 일어난 시기를 알아 맞히는 문제이다. 이런 문제를 위해 현대사 부분은 대략적인 연도를 외우는 것이 도움이 된다.
④ 남북정상회담은 남북한 원수 간의 회담으로 2000년 6월 13일~15일까지 북한 국방 위원장 김정일이 남한의 김대중 대통령을 평양으로 초청해 분단 이후 처음 성사되었다.

① 1960년 4·19 혁명으로 제1공화국이 붕괴된 후, 6·15 개헌에 의해 설립된, 대한민국 역사상 유일의 내각제 기반 공화 헌정 체제이다. 의원내각제는 참의원(상원의원)과 민의원(하원의원)으로 양원제로 구성되었다는 점이 특징이다. 대통령은 윤보선, 국무총리는 장면이었다.
② 박정희 대통령은 경제성장에 힘입어 제6대 대통령 선거에서 재선되면서 대통령 3선 연임을 허용하는 개헌안(1969년)을 통과시켜 장기집권의 기반을 마련하였다.
③ 유신헌법은 1972년 10월 17일에 선포된 유신체제하에서 동년 11월 21일 국민투표로 확정된 헌법이다. 이는 대통령의 권한이 비정상적으로 강화되고 의회와 사법부까지 장악 할 수 있게 되었다.
⑤ 우루과이라운드 협정은 1986년 9월 우루과이에서 첫 회합이 열린 이래 여러 차례의 협상을 거쳐 1993년 12월에 타결이 되었고, 1995년부터 발효가 되었다.

※ **헌법 개정**

5차 개헌 (1962)	군사정부 (5·16군사정변)	• 강력한 대통령 중심제, 3선금지 • 국민투표를 통해 확정됨
6차 개헌 (1969)	박정희 정부 (3선개헌)	• 대통령 3선 허용 • 국민투표를 통해 확정됨
7차 개헌 (1972)	박정희 정부 (유신헌법)	• 통일주체국민회의에서 대통령 선출(임기 6년) • 대통령의 권한 크게 강화, 국민투표를 통해 확정

42 제시된 자료는 광복 이후 발생한 노동 운동과 관련된 사진이다. 주요 노동 운동의 시대적 배경과 순서를 묻는 문제이다.
㈐ 전태일 분신 자살 : 1970년 11월 13일 서울 동대문 평화시장에서 피복공장 재단사로 일하던 노동운동가 전태일이 노동환경 개선을 외치며 온 몸에 휘발유를 붓고 분신자살한 사건이다.
㈎ YH무역 사건 : 가발제조업체인 YH무역이 부당한 폐업을 공고하자 이 회사 노동조합원들이 회사 정상화와 노동자의 생존권 보장을 요구하며 1979년 8월 신민당 당사에서 농성을 벌인 사건으로 정부는 경찰을 앞세워 폭력적으로 진압했다. 이 과정에서 여성 근로자 한명이 사망하였다.
㈏ 노사정 위원회 발족 : 우리나라에서는 1997년 말 외환위기를 겪은 이후 잦은 노사 갈등으로 인한 국력 소모를 막아야 한다는 공감대가 형성되었다. 이에 노동현안에 대한 원활한 해결을 위해 근로자 단체, 사용자 단체 그리고 정치권과 정부가 합의하여 1998년 1월 15일 제1기 노사정위원회가 대통령 자문기구로 발족되었다. 동 위원회는 근로자의 고용안정과 근로조건 등에 관한 노동정책 및 노사관계 발전 등을 위한 제도 개선 등에 관하여 협의하며, 국가경쟁력 강화 및 사회통합의 실현을 통한 국민경제의 균형발전을 도모하기 위하여 설치한 것이다. 이에 1999년 5월에는 '노사정위원회의 설치 및 운영 등에 관한 법률'이 제정되었는데 이를 통해 노사정위원회의 제도적 기반이 마련되었다.

※ 노사관계는 사용자와 노동자간의 자율적인 계약관계이다. 사용자는 노동자를 고용하여 생산에 필요한 노동을 제공받고 노동자는 그에 대한 대가로 사용자로부터 임금을 받는다. 이처럼 상호 의존관계인 사용자와 노동자는 서로에게 이익이 될 수 있는 관계임에도 불구하고 각자의 의견을 관철시키기 위해 갈등을 겪기도 한다. 경우에 따라서 이러한 노·사 갈등은 사회적으로 큰 문제를 야기한다.

43 1960년대 정부는 경제 개발 정책을 추진하면서 우선 섬유, 신발 산업과 같은 경공업 위주의 수출 중심 정책을 편다. 이 당시의 상황으로 알맞은 것을 고르는 문제이다.
③ 제1·2차 경제개발 5개년 계획(1962~1971)때 경공업을 육성하고 수출 주도형 성장 전략으로 가발, 섬유산업 등 낮은 임금을 이용한 노동 집약적 산업이 중심적으로 발달하였다.
① 삼백산업은 중공업이나 첨단 산업이 발달하기 이전에 1950년대 후반기부터 발달했던 산업으로 미국의 원조를 받아 제분(밀가루), 제당(설탕), 면방직(섬유) 공업이 성장하였다.
② 제3·4차 경제개발 5개년 계획(1972~1981)때 재벌 중심으로 수출 주도형 중화학공업을 육성하였다.
④ 고리 원자력발전소는 1971년 11월에 착공하여 각종 시험을 거쳐 1978년 4월부터 본격적인 상업가동에 들어갔다. 한편, 원자력발전소의 가동은 수입 에너지원의 다원화에 의한 안정된 장기 에너지 확보의 길을 열었고, 또 관련된 원자력산업의 육성을 위한 기술축적 및 고급기술인력 양성 등에도 크게 이바지하였다.
⑤ 1995년 우리나라는 WTO에 가입하고 농산물 시장을 개방하였다.

※ **제1차 경제개발 5개년계획**(1962년~1966년)
① 농업 생산력 증대
② 전력·석탄 등의 에너지 공급원 확충
③ 기간산업 확충과 사회간접자본 충족
④ 유휴자원 활용

⑤ 수출증대로 국제수지 개선
⑥ 기술진흥 등. 정유·비료·화학·전기기계 등의 기간산업과 사회간접자본의 확충에 집중투자

44 제시된 사진자료의 '부정선거에 화난 국민들이 부숴버린 투표함', '망가진 자유당 당사'를 통해 1960년에 일어난 3·15 부정선거를 규탄하는 시위로 시작되어 전국적으로 확산된 4·19 혁명임을 알 수 있다. 4·19 혁명은 표면적으로는 자유당 정권의 초법적 장기 집권과 부정부패에 기인한 바가 크지만, 미국의 원조 경제가 중단되어 경제난이 심화된 것에 대한 국민들의 불만이 고조된 것도 주요 요인이다.
③ 정·부통령 다시 선거를 다시 하라는 구호를 외친 것은 1960년 4·19 혁명에 해당하는 내용이다.
① 4·13 호헌 철폐, 직선제 쟁취를 외친 것은 1987년 6월 항쟁에 해당하는 내용이다.
② 미국의 수교 요구와 경제 개발에 필요한 자본을 확보하기 위하여 굴욕적인 한·일회담이 전개되자 이에 학생들을 중심으로 6·3 시위(1964년 6월 3일)가 발생하였고 계엄령을 선포한 가운데 한·일협정이 체결되었다.
④ 발췌개헌은 이승만이 재선 가능성의 희박함을 알고 국회를 통한 간접선거를 피하기 위해 대통령 직선제와 국회의 양원제를 골자로 한 개헌안을 1952년 5월 7일에 통과 시킨 것이다.
⑤ 10·26 사태 이후 12·12 사태로 전두환, 노태우 등의 신군부 세력이 권력을 장악하게 된다.
※ **12·12 사태**: 1979년 12월 12일, 전두환과 노태우 등을 중심으로 한 신군부 세력이 최규하 대통령의 승인 없이 계엄사령관인 정승화 육군 참모총장, 정병주 특수전사령부 사령관 등을 체포한 사건이다. 당시 보안사령관이던 전두환 소장은 12·12 군사 정변으로 군부 권력을 장악하고 정치적인 실세로 등장했다. 이후 1980년 5월 전두환을 중심으로 하는 신군부는 5·17 쿠데타를 일으켜 정권을 사실상 장악했고, 5·17 쿠데타에 항거한 5.18 민주화운동을 무력으로 진압했다. 전두환은 8월 22일에 육군대장으로 예편했고 1980년 9월 대한민국 제11대 대통령이 됐다.

45 제시된 자료의 영화 포스터는 '포화속으로', '고지전'으로 6·25 전쟁을 배경으로 하고 있다. 6·25 전쟁의 결과를 묻는 문제이다.
④ 1953년 7월 27일 한국전쟁이 종결된 직후, 북한이 다시 침략할 때 미국 등 우방국이 개입할 법적 근거가 필요하다는 주장에 따라 한국과 미국은 상호방위조약을 협의하였다.

① 1960년 3·15 부정선거가 계기가 되어 일어난 것이 4·19 혁명이다.
② 1948년 4월 3일부터 1954년 9월 21일까지 제주도에서 일어난 민중항쟁으로, 일본 패망 후 한반도를 통치한 미군정 체제의 사회문제와 남한 단독정부수립에 반대하는 과정에서 일어났다.
③ 남·북한의 총선거 무산으로 남한만의 단독선거 실시가 결정되자 김구, 김규식 등은 통일정부 수립을 위한 남북협상을 추진하기 위해 북한을 방문하여 남북협상을 개최(1948. 4)하였다.
⑤ 반민족행위특별조사위원회는 일제강점기 34년 11개월간 자행된 친일파의 반민족행위를 처벌하기 위하여 1948년 10월에 제헌국회에 설치되었던 특별기구로 1949년 8월 31일에 해체하였다.
※ 반민족행위특별조사위원회는 이승만 정부의 비협조와 정부와 경찰 요직에 자리 잡은 친일파의 방해로 총 680여 건 조사에 실형 선고는 12명에 그쳤다.

46 제시된 지문은 모스크바 3국 외상 회의 결정문이다. 38도선을 경계로 한반도가 분단되고, 남과 북에 미군과 소련군이 군정을 실시하는 가운데 개최된 모스크바 3국 외상 회의에서는 한국에 임시 민주 정부를 수립하기 위하여 미·소공동위원회를 설치하고, 한국을 최고 5년 동안 미·영·중·소 4개국의 신탁 통치하에 두기로 함으로써 우리 민족의 신탁통치반대운동을 불러일으켰다.
㉠ 제시된 지문은 모스크바 3국 외상 회의의 내용이다.
㉡ 신탁통치 결정으로 국내 정치 세력이 좌익세력, 우익세력으로 나뉘어 극심한 대립을 하게 되었다.
㉢ 1945년 9월 2일 소련의 한반도 단독 점령을 막기 위한 미국의 38도선 분할 제의를 소련이 수용하게 되면서 미·소 점령군이 진주하게 되었다.
㉣ 조선건국준비위원회는 광복 직후의 일이다.
※ **조선건국준비위원회**: 설립목적은 민족의 총역량을 일원화하여 자주적으로 과도기의 국내질서를 유지하는 데 있었다. 강령의 내용으로는 '① 우리는 완전한 독립국가의 건설을 기함, ② 기본요구를 실현할 수 있는 민주주의적 정권의 수립을 기함, ③ 우리는 일시적 과도기에 국내질서를 자주적으로 유지하며 대중생활의 확보를 기함'이었다. 조선건국준비위원회는 일본 경찰조직을 밀어내고 각 지방의 조직으로 확대되었고 지방마다 조직의 이름은 달랐지만 치안대, 보안대 등의 이름으로 145곳에서 조직되었다.

47 제시된 자료의 '다케시마의 날'(일본어 : 竹島の日)은 1905년 2월 22일 독도를 일본 제국 시마네 현으로 편입 고시한 것을 기념하기 위해서, 2005년 3월 16일에 시마네 현이 지정한 날이다. 독도가 일본의 땅이라는 주장에 반박할 수 있는 증거를 묻는 문제이다.
⑤ 일본이 다케시마라고 부르며 영유권을 주장하고 있지만 독도는 엄연한 대한민국의 영토이므로 국제사법재판소에 독도문제를 상정하는 것 자체가 말이 안되는 논리적 모순이다. 또 하나는 국제사회는 힘의 논리에 입각하여 이루어지는데, 국제사회에서는 한국보다 일본이 더 큰 영향력을 끼치므로 국제사법재판소로 독도 문제가 넘어갈 경우 패배할 수도 있다.
① 신라의 이사부는 우산국(울릉도, 독도)을 정벌하고 신라에 귀속시켰다.
② 조선 숙종 때 안용복은 일본에 가서 우산양도감세관이라 사칭하고 독도를 우리 영토로 확인 받았다.
③ 일본 정부의 태정관 문서에는 울릉도와 독도를 조선 영토로 기술하고 있다.
④ 연합군 최고 사령부 훈령 677호는 1946년 일본제국 해체작업의 일환으로 울릉도·독도 등을 이관하는 등의 내용이 담긴 각서이다.

※ **일본 출처의 독도가 우리 땅이라는 증거**

구분	내용
대정관 보고서	일본 메이지 정부의 최고 국가기관인 대정관이 1869년에 작성, 울릉도와 독도를 조선 영토로 기술
조선국교제시 말내탐서	일본 외무성이 1869년 작성한 문서로, 독도를 조선 부속령으로 밝힘
해군성 지도	일본 해군성이 1876년 발행한 수로국 지도, 원본에 독도를 한국령으로 표기

48 제시된 (가) 지역은 중국의 산둥반도이다. 산둥반도는 지리적으로 한반도에서 서해를 건너면 바로 마주하기 때문에 고대로부터 한반도와 해상 교역이 활발했다. 백제는 전성기에 요서, 산둥에 진출했으며, 신라와 발해는 이 지역에 교역 네트워크를 만들었다.
③ 신라의 진흥왕은 한강 유역에 당항성을 축조하여 중국 당나라와 직접 교류를 하였다.
① 732년 9월 발해 무왕의 명령에 따라 장문휴는 해군을 이끌고 중국 당나라의 산둥반도 덩저우를 공격했다.
② 백제의 전성기 였던 4세기 후반, 근초고왕이 요서, 규슈 지방과 함께 산둥반도로 진출하였다.
④ 벽란도는 고려시대 대외 무역의 발전과 함께 국제 무역항으로 번성하였다. 특히 고려의 대외 무역에서 가장 큰 비중을 차지한 것은 송과의 무역으로 벽란도와 산둥반도를 잇는 무역로가 크게 발달하였다.

⑤ 신라관은 신라가 중국 당나라의 산둥반도 등주에 설치한 사신의 유숙소로 중국으로 들어가는 사신이나 유학승의 유숙·접대의 편의를 제공하였다.

※ **신라와 발해의 대당 교역** : 통일신라와 발해는 활발하게 대당무역을 전개했다. 신라는 그 일환으로 신라방, 신라원, 신라소 등을 산둥반도에 설치했으며, 특히 장보고가 세운 법화원이 유명하다. 한편 발해는 덩저우(등주)에 발해관을 설치하여 교역을 담당하게 했다. 신라와 발해는 상인뿐 아니라 다수의 유학생을 보냈으며, 이들은 당나라에서 외국인을 대상으로 실시하는 과거인 빈공과에서 수석을 다투었다.

49 제시된 자료의 (가)는 '조영', '동모산을 거점', '진국왕'이라는 표현을 통해 발해의 1대 왕인 '대조영'임을 알 수 있다. (나)는 '인조실록'과 '전군이 오랑캐에게 투항함으로써'라는 표현을 통해 조선의 15대 왕인 '광해군'에 대한 설명임을 알 수 있다. 이번 문제는 대조영, 광해군에 대해 알고 있는지를 묻는 문제이다.
⑤ 광해군은 인조반정으로 유배를 가게 된다. 대조영은 해당되지 않는다.
① 대조영은 천통이라는 독자적인 연호를 사용하였다.
② 발해는 고구려를 계승하였다. 이를 보여주는 유물·유적은 정혜공주 묘, 돌사자상, 모줄임 천장구조, 온돌, 발해석등 등이 있다.
③ 광해군은 대동법을 양반들의 반발에도 불구하고 경기도에 시범적으로 실시하였다.
④ 광해군은 인목대비를 유폐하였다.
※ 광해군은 세자 시절 선조를 대신하여 임진왜란에 종군하면서 조선의 전쟁을 이끌었다. 선조 사후 즉위하여 전후 복구와 함께 명, 후금 교체기에서 적극적인 외교 정책으로 후금을 자극하지 않으려고 하였으나, 사림 층의 반발을 가져와 후일 인조반정의 원인이 되기도 하였다.

50 제시된 자료의 '장묘 문화 공간', '제례 의식 등 무형의 유산', '국조오례의, 의궤, 능지 등 고문서가 풍부' 등의 표현을 통해 조선시대 왕릉임을 알 수 있다.
④ 조선왕릉은 한국의 조선시대(1392~1910) 왕실과 관련되는 무덤으로 '능(陵)'과 '원(園)'으로 구분된다. 왕릉으로 불리는 능(陵)은 '왕과 왕비, 추존된 왕과 왕비의 무덤'을 말하며, 원(園)은 '왕세자와 왕세자비, 왕의 사친(私親)의 무덤'을 말한다.
① 안동 하회마을은 민속적 전통과 건축물을 잘 보존한 풍산 류씨의 씨족마을이다.

② 경주 양동마을은 한국 최대 규모의 대표적 조선시대 동성취락으로 수많은 조선시대의 상류주택을 포함하여 양반가옥과 초가 160호가 집중되어 있다.
③ 창덕궁은 조선왕조 제3대 태종 5년(1405) 경복궁의 이궁으로 지어진 궁궐이며 창건시 창덕궁의 정전인 인정전, 편전인 선정전, 침전인 희정당, 대조전 등 중요 전각이 완성되었다.
⑤ 종묘는 조선왕조 역대 왕과 왕비 및 추존된 왕과 왕비의 신주를 모신 유교사당으로서 가장 정제되고 장엄한 건축물 중의 하나이다.

※ **세계문화유산 등재기준**
- 현존하거나 이미 사라진 문화적 전통이나 문명의 독보적 또는 적어도 특출한 증거가 돼야 한다.
- 인류 역사에 있어 중요 단계를 예증하는 건물, 건축이나 기술의 총체, 경관 유형의 대표적 사례여야 한다.

공무원시험/자격시험/독학사/검정고시/취업대비
동영상강좌 전문 사이트